藏籍译典丛书

[宋] 弟吴贤者 著

阿贵 译注

弟吴宗教源流

青海人民出版社

图书在版编目（ＣＩＰ）数据

弟吴宗教源流 /（宋）弟吴贤者著；阿贵译注 . --
西宁：青海人民出版社，2019.10
（藏籍译典丛书）
ISBN 978-7-225-05864-1

Ⅰ . ①弟… Ⅱ . ①弟… ②阿… Ⅲ . ①喇嘛宗—佛教
史 Ⅳ . ① B946.6

中国版本图书馆 CIP 数据核字（2019）第 227059 号

藏籍译典丛书

弟吴宗教源流

（宋）弟吴贤者　著

阿　贵　译注

出 版 人　樊原成

出版发行　青海人民出版社有限责任公司
西宁市五四西路 71 号　邮政编码：810023　电话：（0971）6143426（总编室）

发行热线　（0971）6143516/6137730

网　　址　http://www.qhrmcbs.com

印　　刷　陕西龙山海天艺术印务有限公司

经　　销　新华书店

开　　本　720mm×1010mm　1/16

印　　张　25.5

字　　数　400 千

版　　次　2021 年 11 月第 1 版　2021 年 11 月第 1 次印刷

书　　号　ISBN 978-7-225-05864-1

定　　价　98.00 元

目录

1

译文序

　　《弟吴宗教源流》，藏文原标题为《弟吴贤者所著〈印度和吐蕃佛法源流广本〉》。作为一部重要的藏文史籍，深得当今藏学界重视，已成为研究藏族古代历史文化的重要史料之一。藏族学者巴桑旺堆在20世纪90年代初发表的《藏族十大历史名著概述》[1] 一文中，对《弟吴宗教源流》的史料价值给出了较高评价。尽管该文未能全面展示《弟吴宗教源流》的全部价值，但在一定程度上使《弟吴宗教源流》成为藏学研究者热切关注的参考文献之一。但时至今日，对大多数国内学者而言，仍然未能很好地掌握、利用这部重要的藏文史籍。虽然，2013年底《弟吴宗教源流》被翻译成汉文并在国内公开出版，但也只是大致译介，而并没有实现完全意义上的学术价值转换 [2]。20世纪末，通过恰白·次旦平措等老一辈藏学家们的不懈努力，该史籍的藏文版得以顺利出版，加之巴桑旺堆、卡尔梅·桑木旦先生等一批学者的推介，开启了国内外研究《弟吴宗教源流》的先河。笔者在前贤研究基础之上，就《弟吴宗教源流》的作者、成书年代、版本、内容特色及史料价值等相关问题，再做进一步探讨。

一

目前出版的《弟吴宗教源流》有详（以下称B版本）、略（以下称A版本）两个版本。

1987年，西藏人民出版社邀请当时的藏学专家对两个版本进行校对、整理、编辑后将其公开出版。编辑恰白·次旦平措撰写了"前言"，对两个版本的作者及成书年代等问题做了初步考订。[3]

这两个版本的作者一个叫弟吴·贤者（ མཁས་པ་ལྡེའུ། ），一个叫底吾·琼赛（ ལྡེའུ་ཇོ་སྲས། ）的缘故，因而都叫作《弟吴宗教源流》。关于这两个作者，目前多数学者认为是两个不同的人。但是，他们二人历史上究竟是同一个家族的两位学者，还是根本系同一人？如果说他们是不同的两个人，那么他们之间又是什么关系？关于这些问题，目前学界还没有一个确切的考证结果。一般认为，先有A版本，而B版本为A版本的注释。

过去的藏文古籍中，经常出现一部叫作《德顿宗教源流》（ ལྡེ་སྟོན་ཆོས་འབྱུང་། ）的史籍。它到底是指上述A版本，还是B版本，目前还不清楚。其他一些藏文史籍中，有引自这部宗教史籍的内容，但是因所引词句基本相同，故很难分辨究竟出自哪一版本。但是，我们能看出两个版本所依据的蓝本应该是同一个。如两个版本当中，都出现了引自《正文》（ གཞུང་། ）和《王统宝积》（ རྒྱལ་རབས་རིན་ཆེན་སྤུངས་པ། ）的内容，据此可以得知所谓《正文》和《王统宝积》很可能就是它们的蓝本或主要参考文献。从这个意义上看，《弟吴宗教源流》更像是一部史料汇编。

底吾·璆赛这个名字当中的"璆赛"（ ᠌ᢥᠴᠠ ）意为"觉卧之子"，有"怙主之子""年纪小"等含义。如果说上述两个版本的作者为同一个人，那么我们认为A版本早于B版本的另一个原因是，此人很可能在年轻的时候著成了A版本，即一部简略的《宗教源流》，到了晚年，再对原有著作进行详细注解而有了B版本，这种可能性是存在的。因为，过去的多数藏文史籍都有详、略版本之分。所谓的"详本"，就是对原有"略本"的注释，特别是吐蕃分裂割据时期，一部著作分详、略两个版本的情况较为普遍。因此，说上述两个作者系同一人，也不是完全没有道理的。这方面，还需要有更多的支撑材料，有待进一步深入研究。

上述A版本，据说是从锡金图书馆发现的。20世纪80年代初，国外出现了一部藏文史料集，其中就收录了这部A版本。这部史料集是一部油印本，目前所看到的由西藏人民出版社出版的版本，就是根据油印本编辑整理而成。其原始版本，目前在什么地方并不清楚。上述史料集当中，收录了不少嘎托·仁增次旺诺布的文集，其中就包括《弟吴宗教源流》A版本。这些史料，有可能是早期从西藏境内流失的古籍，也有可能是属于在当地新发现的史料。B版本是属于哲蚌寺五世达赖时期的私人藏书之一，上面有哲蚌寺的标记。后流入民间，目前收藏于拉萨市政协。哲蚌寺藏书目录当中有《德顿宗教源流》，应该就是指B版本。过去的史料当中，一般称其为《德顿宗教源流》，而未见有《弟吴宗教源流》的说法。所谓的《弟吴宗教源流》是现代人的一种叫法，是根据其作者命名的。

目前发现的这两个版本都是手抄本，历史上似乎不曾刻印过。其中，收藏于拉萨市政协的B版本，从字迹等特征来看，可能是一部于14世纪左右根据另一个蓝本抄写而成的副本。

两个版本，一个是简本，一个是详本，其内容、总体框架基本一致。因在词汇等方面有不少错误、遗漏之处，出版编辑时，曾进行过对刊、补充。总体上，二者总体框架、治史方法亦保持基本一致。

二

关于这部宗教史籍的著作年代，目前有几种不同的观点。如法国藏学家卡尔梅·桑木旦认为《弟吴宗教源流》著于1261年 [4]；目前出版的《弟吴宗教源流》的前言中，编者恰白·次旦平措认为著于12世纪中叶；《底吾史记》的前言中，编者认为其作者底吾·璆赛为1109年之前的人。

过去关于该宗教史籍成书年代的各种观点，都是根据史料中出现的同名人物的年代推理出来的，具体说到《弟吴宗教源流》著于何时？要确定一个具体的年代，目前来讲，还是比较困难的。

从《弟吴宗教源流》的内容来看，其作者也有可能是三个人，是三个人先后完成的。因为，书中提到了有关这方面的一些信息，如《弟吴宗教源流》中，在记述"顶礼"的功用、目的、对象等时说："过去的贤者格西觉蚌（དགེ་གཤེས་ཆོ་འབུམ），现在的贤者觉朗（ཇོ་ནང），之后为众后人讲学者等。""'等'，是指杰嘎那德瓦（གནད་པ）之后人，觉卧达擦（ཇོ་བོ་སྟག་ཚ）等为佛法有功者[5]。"只是最后一个叫作"弟吴"的人的名字，书上并没有写全名，只是称他为"弟吴贤者"。如果这是一部由三个作者先后完成的作品的话，那么上述卡尔梅·桑木旦根据书中出现的纪年法所提出的《弟吴宗教源流》著于1261年的观点，应该符合最后一个作者的抄写时间。

目前收藏于拉萨市政协的B版本，是一部大约出现于14世纪的手抄本 [6]。这个时间是指这个版本的抄写时间或成书时间，在这之前应该还有一部原始底本。底本的著作年代，应早于这个手抄本。我们可以从它的字迹、数字代词的用法等特征，可以断定它出自一个原始蓝本。早期的藏文古籍，在字迹、数字代词、缩写等方面有许多特色，可以作为断代依据。但是，目前出版的版本当中对此多有改动，因此，对著作年代的断定方面带来了很多困难。

　　总之，《弟吴宗教源流》的著作年代不会早于11世纪。原因是它里面引用了库敦·尊追雍仲所著《广史》，说明它著于《广史》之后。库敦·尊追雍仲，一般认为离世于11世纪60年代，那就是说《广史》是11世纪60年代之前的作品。因此，《弟吴宗教源流》的著作年代也不会晚于13世纪，应是12世纪的作品。

　　值得关注的是，"弟吴"(ཏྲེའུ)为吐蕃一古老姓氏，该家族曾有人官至大臣，有功于赞普王室，后赞普下明文加封，保护、稳固该家族的权势及田产。此事见于今山南洛扎县吐蕃摩崖石刻铭文。今洛扎县境内有两处吐蕃时期的摩崖石刻，其中一处位于第吴村附近，现取名为"第乌迥摩崖石刻"；另一处石刻位于洛扎县麦塘沟附近。两处石刻内容基本相同，皆反映了赞普对弟吴家族的赏赐、加封等，同时也提到了赞普王室及后人对于该家族墓葬的维护承诺[7]。这个线索，或许与《弟吴宗教源流》作者有关。一方面，历史上在藏传佛教噶当派大师当中，有不少叫作"弟吴"的人，他们多数都生于西藏南部地区。另一方面，史料中所说的有"德麦第乌迥"之人所修建的"洛普曲齐拉康"神殿，其遗址位于今山南市洛扎县一带。因为，"洛普曲齐"这个地方是藏传佛教噶举派祖师玛尔巴译师的出生地，是重要的历史地名，这个地方就在今洛扎县境内。从这些资料来看，《弟吴宗教源流》的作者很可能是吐蕃重臣德麦第乌迥的后人，出生于今洛扎县一带，那里曾有过较为强大的该家族势力。

　　但是，作者并没有在自己的著作当中详细记述祖先或家族的历史。关于这一点，笔者初步推测可能与他们的先祖德麦曾参与了毒杀牟尼赞普事件有关。因为，牟尼赞普是位扶持佛教的赞普，并且作者所撰写的也是一部佛教史，因此，可能存在不便过多提及先祖事迹之处。

　　另外，约成书于11世纪的苯教祖师顿巴辛绕的传记《赛米》(མདོ་གཟེར་མིག)

的一部写本中，提到该写本[8]的资助者为觉赛蚌加（ཇོ་སྲས་འབུམ་རྒྱབས།）。不知此人与书中所提到的作者的先祖"格西觉蚌"同为一人，若是如此，《弟吴宗教源流》的作者与苯教祖师传记的作者也有密切关系。苯教祖师传记及其相关问题的研究，将有助于进一步确认弟吴贤者的身份和成书年代。从《弟吴宗教源流》作者的史学观来看，存在这种联系是有可能的。

三

《弟吴宗教源流》的整体结构，根据内容可分为四个部分，分别是前言、第一总纲、第二总纲和第三总纲。前言部分为书首礼赞及誓愿之类的内容；第一总纲主要讲礼赞、誓愿的必要性及三世佛等。

第二总纲共分四章，分别是佛的法、报、化三身，千佛传和佛陀释迦牟尼传。其中佛陀传又分为五节，第一节为关于菩提发心的内容；第二节记述了佛语的产生；第三节为十二功行之三转法轮的情况；第四节记述佛法在印度以外的地方流传情况；第四章为"佛教在吐蕃的传播"。

第四章，是本书的重点，也是本书中篇幅最长的部分。佛教在吐蕃的传播情况这一节，是由三个部分的内容组成的，其中第一、二部分只是礼赞、誓愿之类的内容，重点是该节中的第三部分即"国王总相及世俗王传承史"部分，这是全书的主体，具体再分为四大块：一是世间王总相；二是"众人共奉之王"的后裔及其历史传说；三是"封王之史"，主要讲述吐蕃远古的历史传说，包括十二"旺增"（དབང་མཛད།）[9] 时期的历史传说、十二小邦及四十二小邦的相关历史；四是有关聂赤赞普的三种历史传说，在这个标题下，作者较为全面地阐述了吐蕃史和佛法在吐蕃的传播情况等。其中分别在叙述完聂赤赞普的历史传说和整个吐蕃史后，简要介绍了现已失传的藏文古籍《五史册》的相关内容。紧接着在叙述完吐蕃史之后，作者较为详细地记述了吐蕃后裔云丹和欧松两派的斗争、随后发生的庶民起义、割据势力的形成及藏传佛教后弘期的出现等情况，这部分内容应为真实反映了作者所生活的那个年代的吐蕃社会。

第三总纲，事实上就是该书的后记，篇幅不长，只用了几句简短的话来表明作者著书的目的。

作为一部早期的历史文献，这部著作可谓是一部完整的吐蕃通史，不仅具有独特的史学观念、编写体例、叙事风格及叙事文体，而且具备了完整的断代、分类体系，在藏族史学史上起到了承上启下的重要作用。此外，该宗教史籍当中还有许多在其他史籍中少见的内容，如吐蕃小邦、吐蕃法律制度、吐蕃寺庙、藏传佛教后弘期初期的历史以及已失传的珍贵古籍史料等，都是它的独特之处。

从内容特色、史学价值来看，这部史籍具有以下明显的特点：

（一）印度佛教史

在这一部分内容里，与其他藏文古籍相比，本书中有大量的宗教术语及其阐释，并对佛语、论典的传承历史和分类体系做了较为翔实的介绍，这不仅对研究宗教文化有所帮助，而且对研究佛教史、佛教文献等具有重要意义。

（二）吐蕃历史

1.书中较为详细地介绍了"顶礼"的定义、目的等，这对研究文化史等具有重要意义。

2.对早期历史的认识上，作者有自己独到的见解，如在叙述"王"的起源时，作出了如下分类或断代：

（1）把吐蕃小邦历史归为"封王"史

在"封王"史当中，作者叙述了两个部分的内容，一是有关所谓"十二旺增"统治时期的历史；二是关于吐蕃小邦时代的历史。特别是有关吐蕃小邦的史料，其价值不亚于吐蕃出土文献。不仅如此，这对解读吐蕃出土文献具有相当高的史料价值。

该宗教史籍中，在记述吐蕃远古史时，出现了众"旺增"统治时期，并且这些统治者的名字往往以"神""魔"之类来表述。对此，多数现代学者采取了把它视作纯粹的神话故事而置之不理的态度。但是，不同的历史时期，人们对某种概念、词汇的理解有所不同。多数现代人，当他们听到"神"这个词的时候，认为这是一种生活在天上的"物种"而不会把它与人类历史联系起来。但在古代人的观念里，未必如此。古籍中所记述的这段历史传说，需要从时间、空间两个方面来理解。不管古籍里所说的"神""魔""玛桑""非人"等词汇术语的现代含义如何，在古代可能是些氏族部落的名称或图腾，这种可能性是存在的。

在国外学者当中，有些比较重视对这种神话或历史传说的研究，他们认为不管它是否属于历史的范畴都具有意义。他们通过神话或传说去探讨作者的思想以及当时的社会背景等，特别重视作者通过这些想要表达的内容。

(2) 把吐蕃第一个赞普以后的历史称之为"突显王"史

《弟吴宗教源流》中的关于"众敬王""众封王"及"突显王"等，反映了一种古代的史学观念。宗教史当中，在谈到佛陀历史时，就会讲到释迦族源。据说释迦族是"众敬王"的后人。藏传佛教源于古印度，因此，藏文的宗教史籍里都会有一定篇幅的关于古代印度历史的内容，这也是它的特点之一。另外，过去的史学家，不管是写宗教史，还是写家族史，都喜欢追溯其历史渊源，希望自己所写内容有一定的历史渊源或有一种较为远古的根据，认为这样做更具有说服力。

所谓的"突显王"，意思是说他既不是众人供奉为王的，也不是追认的，是一种突然出现的王。吐蕃王，既不是被众人所敬而产生，也不是通过某种仪式封王，所以称"突显王"。如吐蕃最早的赞普（王）是突然被众人抬上肩座而成了赞普。后来在讲述聂赤赞普的来历时，为了使他的来历具有某种说服力，所以，不顾真实的来历而编造出各种神话或传说，如根据苯教徒的说法，他是"天神入住人间为王"。这样就有了一种特殊的来历，具有说服力，也为人们所信服。

同时，与"突显王"密切相关的还有一种"坚古"（九宝）的传说。"坚古"是指过去收藏于赞普王室宝库之内的奇珍异宝，这里面包括水帘宝座、水纹佛像、重心铜器、带柄银勺等，是赞普王室的一种身份标志。据说历史上，赞普的后人继承了这些宝物，作为赞普王室的身份标志，宝物中除了上述"坚古"之外，另外还有自聂赤赞普传下来的矛、盾、铠甲等。据说这些宝物后来作为佛像、佛塔的装藏，被供奉于神殿之内。

（3）关于吐蕃赞普或吐蕃史

A　在叙述聂赤赞普的历史传说时，作者分别介绍了三种不同的说法，这不仅反映了作者的治史态度，而且为后人了解当时的历史、史学、史料、社会文化等提供了丰富的参考资料，具有较高的研究价值。

B　在叙述前吐蕃史时，作者不仅介绍了许多在其他史料当中难以寻得的信息，而且这些信息与吐蕃出土文献的内容相一致，如止贡赞普的历史传说内容等。

C　在吐蕃史的撰写上，不管是篇幅设计、详略甄别，还是内容的方向把握上，都与其他史籍具有较大的区别。同时，对历史事件、地名、人物等方面为后人提供了非常珍贵的史料信息，如"德麦"这个历史人物的记述对解读洛扎吐蕃摩崖石刻具有重要意义。

（4）关于松赞干布

A　对松赞干布这个历史人物，作者的叙述内容虽然有宗教成分，但与其他宗教史籍相比还是有所不同。作者用几句简短话语交代了松赞干布名称的含义、执政时间、在世时间等信息，看得出主要还是以记述人物的历史事件为主。

B　详细记述吐蕃王臣、法律、制度等。

这部分内容，对吐蕃历史文化研究、解读吐蕃出土文献都具有重要意义，已经引起来了许多国内外学者的关注。一些国外学者，对《贤者喜宴》中的相关内容进行了对比研究，认为《贤者喜宴》的内容来自《弟吴宗教源流》B版本。同时，对敦煌出土吐蕃历史文献的研究和解读也都离不开《弟吴宗教源流》的相关史料。

《弟吴宗教源流》并没有把大量的精力花费在各宗教历史人物的那些神奇传说上，而是以叙述重要历史事件为主，用大量篇幅记述吐蕃政治军事制度的同时，记载了何人在何地创建神殿等方面的情况，为我们今天研究吐蕃宗教史、考证吐蕃重要历史地名等方面提供了具有较高参考价值的相关信息。在叙述这部分内容时，从字里行间可以看得出，作者似乎很注重历史事件、人物、地点等信息的传达。这一点与《敦煌本吐蕃历史文献》有几分相似之处。这也是《弟吴宗教源流》作为后弘期早期藏文史籍的重要特点之一，它既继承了吐蕃史学的一些特点，又开启了一种全新的藏族史学之先河，在吐蕃史学发展史上起到了承上启下的作用。也为后来《智者喜宴》等具有重要史料价值的藏文史籍的出现，埋下了伏笔，奠定了基础。

（5）吐蕃宗教史

对吐蕃宗教史而言，作者交代了两个部分的内容：一是关于吐蕃时期的神殿或佛堂的记载；二是吐蕃译经史以及早期佛教经典的传承内容。

关于神殿的内容也包括两个部分。

A　在宗教史的撰写上，除了有相关人物的历史事迹外，重点介绍了据称是吐蕃时期由赞普王室、大臣、各大家族势力等资助修建的神殿（祖拉康、拉康）共有100余座。其中多数较为著名的神殿，据考证目前都有相关的历史遗迹或其他证据，说明作者所记符合史实。同时，其他多数神殿的记述资料也对历史人物研究、地名研究、宗教史研究等方面具有较高的参考价值。

B　在众多神殿中，作者专门详细记述的主要有大昭寺和桑耶寺。这种做法似乎与吐蕃佛教史的总体脉络有关。

（6）译经

除了记述有神殿方面的内容外，另有译经、法脉传承方面的内容。对于藏传佛教史研究而言，法脉传承是个关键性因素，因此这方面的史料价值也是不言而喻的。

（7）转引古籍文献

A　《五史册》是11世纪流传于吐蕃社会的5部重要史籍，现已失传。现代学者都是通过《弟吴宗教源流》了解了这些早期的史料信息，并在国内外出现了不少关注和研究者。

B　除了上述《五史册》以外，该史籍中还提到了一部叫作《密集小册》的古籍。这是一部关于吐蕃王陵的文献，对吐蕃历史、考古研究具有较高的史料价值。从书名来看，过去关于王陵的内容是保密的，不被公开宣扬的。因此，这部分内容显得非常珍贵。

（8）分裂割据时期的史料

A　历史：书中关于阿里王系等的记载内容，属于作者所生活的那个年代的历史，具有较高的参考价值。

B　宗教史：书中有较为详细的佛经翻译方面的内容，特别是关于密法传承方面的内容在其他史籍当中比较少见。

C　关于"坚古"（九宝）的记载：在这部宗教史籍当中，提到了一个有趣的历史事件，那就是在吐蕃王室中关于"九宝"的传承情况。这对研究吐蕃历史，特别是文化史具有重要意义。"九宝"，被认为是自吐蕃第一个赞普传下来的一些珍贵宝物，是赞普王室身份的标志。因此，在吐蕃解体以后的历史，往往与"九宝"的争夺有关，故值得进一步深入探讨。

从国际通行的文献解读方法上讲，一部重要的历史著作当中所涉猎的在其他史籍当中没有的新内容、它的篇幅设计及其原因、史料当中被

11

作者刻意隐瞒的内容、被作者修改的内容以及作者著书的原因、目的、是否接受了某人或某团体资助？他们之间是否存在利益关系？等问题，都是值得深入研究和挖掘的。

以上是笔者通过数年的努力，所总结出来的关于这部藏文古籍的内容特色及研究价值所在。虽然笔者水平有限，所述之内容可能存在不尽全面之处，但仍然以为上述所提到的每一个内容都值得去撰写一篇高质量的在吐蕃历史文化研究领域具有一定学术贡献的学术论文。

四

这一时期的多数史籍，在编写体例方面，一般都是按照世间佛教史的规模、规格来撰写的。因此，不管是对于佛教史，还是对于吐蕃政教史来说，都是属于通史类著作。通史体例是史学发展趋于成熟的一个重要标志。吐蕃分裂割据时期，通史体例的出现表明这一时期史书编写水平比吐蕃时代有了进步，史学家对于历史的整体认识也有了较大提高 [10]。

在叙事风格方面，后弘期成书的多数藏文史籍都是以人物为中心来叙述各地历史事件的，即每个章节荟萃了众多相关历史人物，按年代先后分别叙述他们的历史活动。人物又可分为两类：世俗王和高僧大德。这两类历史人物事迹的记述，基本上是以藏传佛教发展史为线索。与多数这样的传统藏文史籍相比，《弟吴宗教源流》作为一部宗教史籍，有着明显的不同。它没有过多地叙述人物的相关细节，也没有特意强调某个历史人物对于佛法传播的贡献，书中甚至对莲花生、贝若遮那那样的著名宗教历史人物也未专设章节来叙述。这与同时代的《娘氏宗教源流》之间形成了鲜明对比。《娘氏宗教源流》的内容共分为三大部分，第一部分是关于"外部的器世界"；第二部分讲述的是印度佛教史；第三部分讲述佛教在吐蕃的传播情况，在这部分里对法王三尊、莲花生及贝若遮那等对佛教传播具有贡献的历史人物以专设章节的方式进行了较详细的记述。[1]显然与同时代的著作相比，《弟吴宗教源流》已经具有了自己的特色。

过去的藏文《宗教源流》，大多是引用前人的著作，似是前人著作的汇集。过去的多数历史学家，非常重视引用、汇集、总结前人的作品。若在前人的作品中出现几种不同的观点，他们往往采用或引用自己所认可的观点。因此，《宗教源流》中引用的内容占有很大的篇幅，这是过去藏文王统史记、宗教源流的一种明显的特点。对此，也有人认为是为了不失前贤之福泽。

《弟吴宗教源流》在编写体例、叙事风格等方面具有与著作年代相符的特点，因此，书中较多地保留了对吐蕃历史文化研究具有较高参考价值的史料信息，如吐蕃远古历史传说及众小邦相关信息、吐蕃政治军事制度方面的信息、12世纪以前流传于吐蕃社会的众多藏文古籍方面的信息以及吐蕃分裂割据时期社会历史状况方面的信息等。在今天看来，这些正是它的可贵之处，更是我们今天值得深究的地方。一方面，根据《弟吴宗教源流》所提供的信息，我们可以了解到在后弘期早期，当时社会上还流传有诸如《五史册》，即《瑜伽神离册》《九重联脊册》《凌乱蓝首册》《具印秘密册》《红铜缺尾册》，库顿·尊珠雍仲的《广史》及《弟吴宗教源流》中多次被引用的《王统》等史料。另一方面，通过《弟吴宗教源流》得知，后弘期早期，民间普遍流行私人撰写历史或宗教史，并且在编写体例、叙事风格方面皆有别于后期的其他藏文史籍。当时由私人撰写并署名的宗教史籍大多还保留着参考、引用当时其他历史文献的传统，并且由于时代原因，当时的史籍受宗教思想影响较小，基本没有教派偏见之谈，观点较为中立。与此同时，这一时期的文献，在一定程度上受到了吐蕃治史方法的影响，保留了一定的吐蕃时期文献风格特点及内容，如在叙述一些具体历史事件时，多用隐喻而不直接叙述事情经过等。可谓既延续了吐蕃史学的传统，又开启了后弘期史学之先河，是承上启下的关键时期。

《五史册》等史籍往往被当作六个半史册来讨论，显然这是一种简称或一种综合性的称谓，是指过去已有史料之集成。但是，究竟是谁汇编了这样一部史料集，我们并不清楚。《五史册》这样的概念、术语，应该出现于《弟吴宗教源流》之前和《广史》著成之后。或许这些都出自《弟吴宗教源流》当中所引用的所谓《正文》或《王统宝集》等当中。某个内容引自《正文》，这样的说法在过去的藏文古籍当中比较普遍，而且多数《宗教源流》其实就是原有《正文》的注释。据此，我们可以肯定，在作者编著《弟吴宗教源流》时，当时可以见到《五史册》这样的史料集成，也能读到《广史》。《五史册》等一批早期文献的介绍，对我们了解、复原现在已经失传的古籍文献原貌有很大的帮助。根据这部史籍，学界对吐蕃历史文化的很多方面的认识有了实质性的突破。如《敦煌本吐蕃历史文献》等出土文献的真伪和可靠性，曾在学界引起了很大的争议，《弟吴宗教源流》等传世文献被发现后，发现里面也较为详细地记述了有关吐蕃历史文化的情况，并且与出土文献的内容基本相同。这对辨别出土文献内容的真伪和可靠性，起到了重要作用。《五史册》等，一般被认为是吐蕃晚期的作品。但是，在后期的历史中也可能经历了多次被抄写而传世，但其内容基本保留了原先的特色。从史料价值上讲，《弟吴宗教源流》很好地利用了《五史册》等早期文献。《五史册》等应该是从吐蕃时期传承下来的历史文献，因此，其内容反映了早期的吐蕃历史。

在叙事文体方面，《弟吴宗教源流》中除了一小部分引自其他资料的偈颂体外，全书基本上用散文体写成，总体上文风朴实无华，没有过多华丽辞藻的堆砌，语言简洁流畅，且章节与段落清晰。由于目前公开出版的《弟吴宗教源流》是根据目前所能寻得的唯一手抄本进行整理而来的，加上藏文手抄本中一般别字过多，无法进一步探讨叙事文体方面的问题。尽管如此，我们依然可以在《弟吴宗教源流》的这种编写体例和叙事风格中，能够捕捉到不少有益的史学信息。

五

这样的宗教史籍，一般既有引自早期史籍原文的内容，也有作者自己的注释。如果要翻译引自原文的句子，原文与译文之间会有很大的差距。如我们在上面谈到的《五史册》等，只能意译，要完全表达藏文原文中的意思，并且具有那种藏文原始古籍的味道是很难做到的。其次，《弟吴宗教源流》中有许多原先翻译过的藏文史料中没有提到的内容，而且在观点上也有分歧。如在记述吐蕃"突显王"历史传说时，有佛教的观点、苯教的观点以及所谓的秘密观点等，这些内容理解起来并非易事。在翻译时，最难的是那些出自原文即《正文》的诗句，这些内容要把它按照《弟吴宗教源流》本身的用法、含义表达出来，非常困难。这些内容所涉及的时代气息、古文特征等，要在译文中表现出来，有时是一件难以实现的事。

2013年，许德存先生的《弟吴宗教源流》汉译本出版 [12]。译文的问世，向国内学界介绍了这部宗教史籍的基本内容。但是，许译本中有不少漏译的内容，另外，对原文的理解方面也有不少出入。最重要的一点是，作为一部学术资料，应该尽可能地保留原文面貌，并且对一些无法理解的词句、内容需要进行详细的注释。但在许的译本中未能实现这一点，不可不说是一大遗憾。当然，要对原文进行逐字逐句翻译，并对所存在的所有问题，包括人物、地名、别字等进行详细注解，是一件长期的也是严肃艰苦的研究工作，需要花费不少时间和精力。

六

综上所述，《弟吴宗教源流》是根据多部珍贵早期原始资料写成的藏文史籍，虽书中所引介的早期史籍现均已失传，实属憾事，但《弟吴宗教源流》本身是一部史料较为丰富、论事较为客观、受宗教思想影响较小、治史方法独具特色、成书年代稍早及文辞简朴的重要藏文史籍。在内容结构编排、编写体例设计和叙事风格上都具有一定的独特之处，在藏族史学史上曾起到了承上启下的重要作用，是研究吐蕃历史文化、解读敦煌古藏文文献、研究认识宋代汉藏关系及后弘期早期吐蕃社会文化和当时藏族史学等方面的一部难得的藏文古籍史料。同时，全书较完整地保留了部分古代历史传说，延承了吐蕃史学的一些风格特点，参阅了12世纪以前部分藏文古籍及其观点。在今天看来，这些内容恰恰是难得的和值得深究的。

注释：

[1] 巴桑旺堆.藏族十大历史名著概述 [J] .西藏研究，1993（1）.

[2] 弟吴贤者.弟吴宗教源流 [M] .许德存译，拉萨:西藏人民出版社，2013.

[3] 底吾·璩赛·底吾史记（藏文）[M] .拉萨:西藏人民出版社，1987.

[4] 卡尔梅·桑木旦.《五史册》所披露的有关第一位藏王的历史传说 [J] .索朗曲杰等译，西藏研究，1999（2）.

[5] 弟吴贤者.弟吴宗教源流 [M] .拉萨：西藏人民出版社，1987：182. 原文（写本）P103.

[6] 根据对西藏大学藏文古籍研究所西热桑布研究馆员的访谈资料整

理。

[7] 阿贵.洛扎县吐蕃摩崖石刻中的历史人物及相关问题 [J] .中国藏学（藏文），2014（2）.

[8] 据悉该写本目前收藏于德国某大学图书馆。

[9] "旺增"（ དབང་མཛད། ）是藏语音译，具有"统治""治理"等意思。根据早期藏文文献的记载，主要是指吐蕃远古一段历史传说时期，称为"十二旺增时期"，也有学者译为"十二酋长时期"。具体参见：阿贵.试论与藏文'旺增'一词相关的藏族古远历史传说 [J] .中国藏学（藏文），2004（1）.

[10] 孙林.藏族史学发展史纲要 [M] .北京：中国藏学出版社，2006：214.

[11] 娘·尼玛沃色.娘氏宗教源流（藏文） [M] .拉萨：西藏古籍出版社，1988.

[12]弟吴贤者.弟吴宗教源流[M].许德存译,拉萨:西藏人民出版社,2013.

书首礼赞与著书立誓

三时善逝极具大悲日光者，

成就慈爱无边众生利他业，

圣徒龙树[1] 论师降下甘露雨，

向传法妙光之诸弟子顶礼。

圣法之义如实解，[2]

贤者见了生惊奇，

慑服愚昧诸有情，

应随吾诸弟子请，

依据显密上师造。

注释：

[1]龙树，佛教史上非常著名的一位大师，为大乘佛教开派大师之一。关于他出世的年代，按西藏许多历史学家的说法是在释迦牟尼灭寂以后四百年。根据觉囊·多罗那它所著《印度教法史》，龙树大师下半生到南印度的时间应是公元1世纪初。他后半生主要常住在印度南方边地麒麟国王官附近的吉祥山上，弘传佛教的中观见地。他的著作在论的方面有《中观根本智论》《正理六十论》《空性七十论》《破邪论》《细研论》《集经论》《梦幻如意宝言论》等；在居士戒律方面有《诫王书》《国王善行宝鬘》；在僧人戒律方面有《菩提资粮》；在概述密宗见修方面有《怛特罗总集》；在中观见地方面有《菩提心释》；在讲述密宗修习次第方面有《集论》《杂论》《二十曼荼罗仪轨》；在密宗圆满次第方面有《五次第论》《医方明论一百剂》；对众生教诫的有《规矩养生论》；对国王大臣教诫的有《一百智论》《棋盘香论》；历算方面的有《顺缘起唯一经论》等。他的著作都译成了藏文，除个别以外大多于吐蕃赤松德赞时期翻译，后收入了藏文大藏经《丹珠尔》。

[2]原文ཚོན་པ་བསྟན་པ་དག་གི་འབྲེལ་ཚལ་མ་ནོར་བ་བླགས་པ་ཞིག此处藏文འབྲེལ་ཚལ意为"释义"。

导言：一切法皆摄于二谛、经教与证悟 或经与论典

　　总之，清净圆满之佛法，据说皆摄于二谛 [1]、经教与证悟，或经与论之中。关于摄于二谛的情况，龙树《中观根本慧论》（ དབུ་མ་རྩ་བའི་ཤེས་རབ། ）[2] 上说：

　　众佛所授法，

　　皆依二谛法；

　　一为世俗谛，

　　一为胜义谛。

　　若觉不明经教义理，《父子相会经》（ ཡབ་སྲས་མཇལ་བའི་མདོ། ）上说：

世间圣贤无他求，
依止清净二谛义，
世俗谛与胜义谛，
除此别无第三谛。

何为二谛？胜义谛，为远离戏论，非凡夫思想之行境，为智慧之行境；世俗谛与此相反，为不离凡夫之思想。对此，慧不尽（ སྒྲ་སྤྱིའི་ཞེ་དག ）[3]说：

真谛非是心行境，
心行境是世俗谛。

不明了二谛义之过，说：

清净二谛义，
不明其分别，
非是佛与法，
僧等所示故。

关于明了二谛之功德，《中论》上说：

智辨二谛义，
明了正法谛，
圆满积资粮，
丰富至彼岸。

关于摄于经教与证悟二者的情况，弥勒佛说：

佛之圣法有二，

为经教与证悟。

证悟之法，境法自性离垢破，有境无相慧道明。如此说。声闻部之证悟，有情无我；独觉部证悟，一个半无我；大乘部证悟，无、我二者，此为证悟之法。

关于经教之法，分别说一切有部，认为词汇文字为资粮；经部，持词资粮见；唯识部，持明心具有声串相，或持住见；据说，中观部，持唯地断见。

词资粮有二，即经与论。关于摄于此二者之说，《圣天子请经》(ཕག་
དམ་པས་ཞུས་པའི་མདོ།) 说：

一切摄经论，

善说与注释；

故释迦佛法，

将长住世间。

离净善说称为"经"；对其作注称为"论"。《宝性论》(འཕགས་པ་རྒྱས་པ་
རྒྱུད་བླ།)[4] 说：

结缘善法故，

远离三界患，

智者得解脱，

此乃仙人说，

23

何以辩驳破？

这是指"经"义。

任何师尊等圣贤，
专摄有意所说法，
又与解脱道结缘，
亦是圣法应顶礼。

这是指"论"义。

一切经皆源自"五丰富"（ཕུན་སུམ་ཚོགས་པ་ལྔ།）说；一切论典皆传自"五源"（རྩ་བ་སྒོ་ལྔ།）或"四分支"（ཡན་ལག་བ་གདད་ཚུལ་བཞི།）说。

著者、所著及作品名，与此名称相符合的内容有三：前言（ཀླད།）、正文（གཞུང་）及后记（མཇུག）。

注释：

[1] 二谛，指真谛与俗谛。谛，谓真实不虚之理。真谛，又作胜义谛、第一义谛，即出世间之真理；俗谛，又作世俗谛、世谛，即世间之真理。

[2] 《中观根本慧论》简称《中论》，为龙树菩萨所造。在藏地的各大寺院中，《中观根本慧论》《入中论》以及《中观四百论》，是修学中观的必修课程。

[3] 此处，可能是指古印度的安慧论师。安慧（475—555；梵名：Sthiramati），南印度罗罗国人，佛教唯识学派十大论师之一，精通因明（逻辑学），擅长辩论，与那烂陀寺住持护法属于同一时期人物。其主要

著述有：《大乘广五蕴论》《大乘中观论释》《大乘阿毗达摩杂集论》《唯识三十颂释论》《俱舍实义释》等。

[4] 《宝性论》，全称是《究竟一乘宝性论》，又译《大乘无上续论》，为佛家重要论典。

前言

前言有二：简要礼赞文（ཨ་ཚོན་པར་བརྗོད་པ་མདོར་བསྡུན་གྱི་ཚིགས།）和谦虚立誓（ཙོམ་
པར་དགམ་བཅའ་བ་ཞིངས་སྤྲང་ད།）。[1]

礼赞内容有三：功用（དགོས་པའི་དོན།）、摄义（བསྡུས་པའི་དོན།）及词义（ཚིག་གི་
དོན།）。

功用有二：对自己的功用和对他人的功用。

对自己的功用有五：为显示自己的素养及行为合意而顶礼、因顶礼
而福资粮圆满、远离非福、远离危难去除魔障及著述圆满吉祥。

对他人的功用有四：信众因信仰而入、词汇精妙而入、证士存疑而
入及善义而入。

摄义，是指对上师及三宝，著书者于行为、方法上要以心、语、意

三合而礼赞之。

词义，是指圆满佛陀，即佛之三身，要从果赞；"佛法八万四千等"，即三法 (ཆོས་གསུམ།)，要从道赞。

三法，是指正法解脱离苦、佛法经典十二分支 (གསུང་རབ་ཡན་ལག་བཅུ་གཉིས།) 及修法圣贤道八分支 (འཕགས་པའི་ལམ་ཡན་ལག་བརྒྱད།)。

"结集者金刚手等"，即指赞颂三僧 (དགེ་འདུན་གསུམ།)：声闻、独觉、菩萨三部僧众，是为因之三有情赞 (རྒྱང་རིག་གསུམ།)。

"向佛法之光龙树等上师顶礼"，即指赞颂上师等四宝。因上师与三宝等，或高于三宝，故置于三宝之上。对此，《上师颂》(རེ་བཙུན་ཉིད།) 上说：

上师佛与上师法，
如此上师也是僧。

这是经典上把上师视同三宝的依据。《佛说密意集经》(དགོངས་འདུས།) 上说：

比起万劫佛，
众师最尊贵。
各劫所现佛，
皆依上师来。

如此，把上师视作比三宝更为尊贵。

著书立誓，有"过去、未来"之说，以一偈诗句所示。对它的注释要具备四个内容：内容 (བརྗོད་བྱ།)、注释 (འགྲེལ་པ།)、功用 (དགོས་པ།) 及功用之必要性 (དགོས་པའི་དགོས་པ།)。

关于著书、立誓及谦虚之词，说：

过去现在和未来，

无数圆满佛住世。

又说："略讲此善劫之佛陀传记"，这是立誓正词。"无法言语"，
表示谦虚谨慎。

在此，从立誓之词出发，略讲三世佛之由来。为消除三界 [2] 有情众
生之愚苦，自妙颈发出大梵天之语；自白螺般洁白的牙缝伸出幻化之舌；
自面之宝瓶流出佛法甘露。

于何时传何法？三世经《普贤行愿品》（ བཟང་སྤྱོད། ）上说："三时如来
众人狮。"《文殊根本续》（ འཇམ་དཔལ། ）[3] 上说：

过去众佛说，

未来佛如此，

现世佛圆满。

见有如此之说。

过去佛的情况，也依据佛经传授。《佛说密意集经》上说："在过
去大劫 [4] 时出现了一万三千佛。最后出现了普贤，有子善护（ བདེ་སྐྱོངས། ）、
达列扎（ ད་ལི་ཟ། ）、内业施（ ནང་ལས་བྱིན། ）、弘布热（ རྒྱས་པུ་ར། ）、妙舍（ དཔལ་གྱི། ）。
是刹帝利（ རྒྱལ་རིགས། ）、吠舍（ རྗེ་རིགས། ）、民种（ དམངས་རིགས། ）、婆罗门（ བྲམ་ཟེའི་
རིགས། ）、首陀罗（ གདོལ་པ་ཅན་གྱི་རིགས། ）五种姓之子。五子发心，现为五种姓佛
（ རིགས་ལྔའི་སངས་རྒྱས། ），为自续部（ རང་རྒྱུད། ）、化身（ སྤྲུལ་པ། ）及自续部之前发心
（ རང་རྒྱུད་པ་གོང་དུ་སེམས་བསྐྱེད། ）的五子。"

化身（ སྤྲུལ་སྐུ། ）、法身（ ཆོས་སྐུ། ）、报身（ ལོངས་སྐུ། ）证觉时，自心而出至帝释
天门前讲法。

之后，出现百愚劫。之后，在具圆满劫时，出现了一千零一百万佛。之后，出现了边地 [5] 百劫。之后，在具善劫时出现八千零八十四万佛。之后，出现愚暗五百劫。之后，在见喜劫时出现一千零八十万佛。之后，出现愚暗七百劫。之后，具喜劫时出现一千零六十万佛。之后，出现了现在的善劫，说有两千佛出世。

未来劫如何出现的情况，《佛说密意集经》上说："在此之后，将出现边地劫六恶种。之后，出现有名劫时，将有一万佛。此后，将出现恶种劫八万。之后，在如星劫中，有佛八万。之后，有三百愚暗劫。之后，在具美劫时将有佛六万五千。"此等见于《佛说密意集经》十一品。据《贤劫经》(བསྐལ་པ་བཟང་པོ།) 的说法，知识饰劫中有佛八万四千，但与上述说法不符。

《贤劫经》中，没有说清过去佛的由来，但讲述了未来佛出现的情况。对此，《经》上说，此后将出现六十五恶趣劫。此后，在巨耳劫时说有佛约一万。之后，出现无佛八十劫。之后，出现如星劫，此时有佛八万。此后的三百劫中，将无佛出世。此后，在知识饰劫时，王有妃子八万四千，皆成了佛。

《证悟经》(རྟོགས།) 上也讲述了过去佛出现的情况，说：在以前种姓之子出现时，在九十一劫中出现胜观佛 (སངས་རྒྱས་རྣམ་པར་གཟིགས།)。之后，有宝髻佛 (གཙུག་ཏོར་ཅན།)、一切胜佛 (ཐམས་ཅད་སྐྱོབས།)、拘留孙佛 (འཁོར་བ་འཇིག)、金寂佛 (གསེར་ཐུབ།) 及饮光佛 (འོད་སྲུང།)。

如此出现之众佛，皆依明、暗相之劫交替出现，为二明行有情而来。如此交替出现的情况，《离苦经》(འབྲ་བ་བརྒྱ་པ་དག) 、《日夜佛有情》(ཉིན་མཚན་སངས་རྒྱས་སེམས་ཅན།) 及《华严经》(མདོ་སྡེ་པ་པོ།) 都讲述了三世佛之由来。妙幻仙女也说：在此善劫之前，曾有如青莲色劫。此时，她侍奉万佛，故于现善劫中她成了两万两千佛之母。

要简述在此善劫中，佛如何出现的情况，一般众佛不会出现于递增劫中而出现于递减劫中。《俱舍论》(མཛོད་པ་མ་རྫོད) 上说："有佛出现之劫递减，至百寿劫时出现之情如此。"

在递减劫中出现众佛，是否因众佛未积福资粮所致？非也。《俱舍论》中说明了其中的原因：自有情众生十寿劫，递增至八万寿劫中无佛出现。为何如此？是因为在递增劫中，众有情难有出离心，天资愚钝多安逸，少苦，不能成为佛法之根器。此时，多有转轮王统治。人之寿命自八万岁逐渐递减时，众有情少有安逸而容易产生出离心，天资聪慧而多苦，容易成为佛法之根器。

为何众佛不出现于三洲 (གྲིང་གསུམ) 而出现于赡部洲 (འཛམ་བུའི་གླིང) 呢？是因为三洲之人多安逸，不信仰佛法。赡部洲为业地，众生因愚钝而受苦，故需脱离苦海。三世佛皆于金刚座 (རྡོ་རྗེ་གདན) 证觉。对此，莲花戒 [6] 引用《定王经》(ཏིང་འཛིན་རྒྱལ་པོ) 说：

王宫之东边，

圆满千佛现。

众佛之跟前，

习得定妙学。

说三世佛皆已证觉。

那么，众佛之出现，诸因缘是否合乎经义？根据《密经》(གསང་སྔགས་ཀྱི་མདོ་ལས) 了义而言，证觉无定；从不了义而言，证觉合乎经义，首先发心，其次积资粮，最后经十二如来事业而成佛。如此，依据《佛等加行续》(སངས་རྒྱས་མཉམ་སྦྱོར་རྒྱུད) 所说："一切佛皆等如法身种。"至此，礼赞、立誓等前言内容结束。

注释：

[1] 原文ཁེངསལྡང疑似ཁེངསལྡང (谦虚)之别字。

[2] 三界,指众生所居之欲界、色界和无色界。

[3] 原文འཇམདཔལལགྱུད此处疑似 འཇམདཔལརྩརྒྱུད 即《文殊根本续》。

[4] 劫,按照佛教的说法,在无边无际的宇宙中,从前一个世界完全消失到现在这个世界开始形成以前,中间有许多亿年的间隙,这是前一个世界的黑暗劫。从这个世界开始形成到世界上最初出现人类,也经过了许多亿年,称为形成劫。从世界上最初出现人类到世界开始消亡,称为住世劫。在这期间,世人的寿命从能活一万岁减到能活十岁,然后再增加到能活一万岁,这两者轮流在住世劫中形成二十个中劫。二十个中劫结束后,由于自然灾变,世界开始毁灭,到最后完全消失,再到新的世界形成,又要各经过二十个中劫。这样,一个新的世界从形成到住世、毁灭、黑暗四个劫总计八十个中劫,合称为一个大劫。

[5] 边地,是指如来四众弟子即佛教徒足迹未到的地区。原文ཡངཉིད正确写法应是藏文མཐའཁོབ一词。

[6] 莲华戒,生卒年不详,约活动于 740—795 年之间,音译为噶玛拉希拉,古印度佛教僧侣,为寂护大师之徒,对于藏传佛教前弘期佛教教义的奠基,有着巨大的贡献。在寂护大师二次入藏时,曾跟随其师入藏,随后他返回那烂陀寺继续修行。吐蕃赞普赤松德赞在位期间,将佛教定为国教,这使得佛教在吐蕃得以迅速发展。其时在吐蕃传教的僧人不仅有天竺僧人(主张渐悟的一派,称为"渐门"),还有唐朝信仰禅宗的僧人(主张顿悟的一派,称为"顿门"),两派所主张的修行方法不同。随着佛教被定为吐蕃的国教,两派势力的发展越来越壮大,最终互相攻击诋毁,达到水火不相容的局面。于是在 792 年,赤松德赞派人至泥婆罗,敦请天竺密教上师莲花戒以及益西旺波入藏,随后以密教上师莲花戒为首的渐门僧人与禅宗僧人摩诃衍为首的顿门禅僧在逻些城进行长达三年的激烈辩论。顿门禅僧在这次辩论中先胜后败,被逐出吐蕃,这就是藏传佛教史上的"顿渐之诤"。从此,藏传佛教以寂护大师与莲花戒的见解为主流。

第一章　佛之三身

现在讲本书第三个部分的内容，即正文之内容。这部分内容，可分为三身之史、一千零二佛之史及佛陀释迦牟尼传三个部分。

南无迦耶瓦迦孜达（ᨕ᯦ᨗᨗᯗᨗᨗᨗᨗᨗᨗ）。总之，正法究竟有多少呢？要知皆为圆满佛所讲。佛是修法之果，是具三身五智者，对此众人皆认可。成佛之因为众有情，聚因（ᨗᨗ）、道（ᨗᨗᨗ）、果（ᨗᨗᨗᨗ）而生法，故法分大小三种，即上、中、下三法。要讲法之正源即三身之历史，根据阿阇黎无垢月（ᨗᨗᨗᨗᨗᨗᨗᨗᨗᨗ）的说法，由二十五事（ᨗᨗᨗᨗᨗ）而定。说：

> 本性定义与分类，
> 所依自性与概念，
> 解脱相应与正解，
> 执有及其转化等，

所处徒众与三界，

对象数量次第定，

比喻因缘及转处，

知识智慧与总摄，

疾苦过去与积集，

地界及其入门等，

古楚及其辩答等，

以此二十五事等，

决定三身之历史。[1]

如此，何为法身之自性？法身，为离戏论之身。对此，《金刚经》（རྡོ་རྗེ་གཅོད་པ།）讲：

若谁见我身，

或能言我身，

皆为入邪道。

我身不可见，

一切皆法身，

是为明法性。

何为报身之自性呢？为如同影子，而有相好所饰者。如《现观庄严论》（མངོན་རྟོགས་རྒྱན།）中讲：

具有法相三十二，

为是妙相之本身。

受用如来之福报，

故称圆满之报身。

化身的自性是什么呢？无定数，为度化众生而化为色身者。《现观庄严论》讲：

永恒轮回中，

行诸利他业，

又行平等身，

此乃为化身，

永世不断故。[2]

关于法身的定义，"法"为正法，为离苦得涅槃者；"身"，为积知识功德。报身，众对象圆满受用福报，具足如来功德，故称"报身"。

（原文此处缺漏）化身之定义，并非有一，为度化众生而现色身，故称"化身"。

其分类有二、三、四种，或五种。其中，二种为法身和色身。对此，说："法身如同虚空而无分别；报身如同彩虹而分明。"

若分三种，其中之一是报身。要知三身中，其一摄如来身。

若分四种，分别为自性身、圆满果报身、报身和化身。《顶经》(ཀྲིག)中讲：

金刚萨埵授灌顶，

此乃认作自性身；

金刚妙授宝灌顶，

此乃圆满果报身；

金刚正法授灌顶，

此乃圆满之报身；

接受金刚业灌顶，

此乃幻化之化身。

若分五身（ཀྱ），是指上述三身，加之自性身和圆满果报身，共为五身。这是关于如来五身之分法。

若问法身之根基为何？法界清净，藏识境变圆镜智，二者无别，故称法身之根基。

烦恼者心境生变，名平等性智。诸心智境变，生遍知智慧，是报身的根基。

五门（ཀྱ）识境变，生事成智慧，是化身之根基。

法身的自性是什么呢？为平等不变，且不堕轮回。

报身的自性如同幻化，恩惠不断。化身的自性，亦如幻化，恩惠不断（原文缺漏）。

法身的定义是，界智无别，非有、触二者之行境者。

报身的定义是，如镜面上，或如擦拭后的水晶，但未成触境者。

化身之定义是，为度化众生而化色身，行利众事业而生有、触二者之色身。

法身，为心、境二者离有。报身，为明无我，离名与义。化身，是依靠慈悲和愿力，虽行利众事业，但不住也不生贪念而得解脱者。

又云：法身与一切如来同身；报身与一切如来意同；化身与一切如来行同。

法身，能除智障；报身，能除烦恼障；化身，能除业障。

法身，自性清净，离突生之垢而与一切无漏法无别。

报身，具四定（དེས་པ་བཞི）：境定色究竟天；眷定十地菩萨；法定大乘法；身寿定常住。

化身，有三种变化。

又云：法身自性清净；报身智慧清净；化身禅定清净。

又云：法身本空有；报身阳焰有；化身身色有。

法身具四智（ཡེ་ཤེས་ཀྱི་རྣམ་པ་བཞི།），为一切遍知所行处。

报身心本清净，具诸种妙相，为十地菩萨所行处。

化身，为各度化对象之感觉、信仰和行为所行处。

《经典》上的"功业等"一句，说的是：四功业或二十一功业，行有情众生事业。

此情又分为两类，一是无所谓种姓者菩萨发心，积福资粮，于三无数劫中涅槃而行三身事业；二是有一无种姓之有漏者，先修声闻部和独觉部之道而获得果报，之后发心、积福资粮获得果报而生二身。其中，化身见众生事业时，行三身业，如同乘船渡苦海；五蕴或自性身见众生事业时，为众生脱离轮回之苦而行业，如同为渡苦海者造船。此为阿阇黎善狮子（སེང་གེ་བཟང་པོ།）之观点。

何为法身？法身住于法之虚空；报身，于色究竟天禅修；化身，因福泽之故住于金刚座等地。

法身之眷属为二色身（གཟུགས་སྐུ་གཉིས།）；报身之眷属为十地菩萨（ས་བཅུའི་བྱང་ཆུབ་སེམས་དཔའ།）；化身之眷属为八声闻部（ཉན་ཐོས་སྡེ་བརྒྱད།）。

法身之境如同虚空；报身之境有根基和妙花所饰；化身之境有无数大千世界。

法身的度化对象为未成佛者；报身的度化对象为众清净者；化身的对象为未得清净者。

关于定数，修道之果只有自利和他利。此二者依三身获得圆满。自利，因化身而获得圆满；因圆满而积智慧资粮。他利，因二色身而获得圆满，其因为福资粮。此为三摄。分四身或五身者，其实皆摄于此三。

关于次第，如同因缘而生。化身依报身而生，报身依法身而生，法身不依其他。此情如同法身为虚空，报身为云，化身为雨水。

依何因而获得三身？由智慧资粮获得法身；由福资粮获得二色身。

变何境而获？基境变而获得法身；烦恼之心和心识变境而获得报身；五门识变境而获得化身。

何身摄何知识？圆满成就由法身所摄；依他成就由报身所摄；遍计所执性由化身所摄。又说，胜义谛由法身所摄；世俗谛由二色身所摄。

何身摄何智慧？法境和镜智二者由法身所摄；平等性和遍计所执性由报身所摄；事成智由化身所摄。

何身摄涅槃？离蕴无余和有余二者由法身所摄；无余由报身所摄；有余由化身所摄。

何身摄何境界？法身摄如来地及个别如来；报身摄一地至十地菩萨；化身摄大资粮道至加行道以下。又说，化身摄三地、有情、六道众生及赡部洲千万有情众生。

"古楚"为如此。法身的法身（阿底瑜伽心智），是胜乐佛（བདེ་མཆོག）；法身的报身（阿奴瑜伽心智），是普贤菩萨；法身的化身（摩珂瑜伽离智），是五部佛；报身的法身（瑜伽四部心空智），是大日如来佛；报身的报身（心法智），是雪海佛；报身的化身（心境智），是金刚勇识；化身的法身（平等心智），是金刚持；化身的报身（遍知智），是释迦牟尼佛；化身的化身（成事智），是六如来。这是"古楚"的一种说法。另一种说法是，法身之身，是普贤菩萨；语，有生起和圆满两种；意，是法界智慧。报身的身，是雪海佛；语，是（原文此处缺漏）三外续；意，为四智。化身（原文此处遗漏）之身，为释迦牟尼；语，为《三藏》（སྡེ་སྣོད་གསུམ）；意，为金刚般的定心。这些是身、语、意的"古楚"。

由身延伸而讲身、语、意，如同身有三身或五身等，语有九乘，意有住续禅定。

对此，再分"古楚"，外身为舍利，内身为神像修生起次第，密身为如来。

外语，为火声和水声以上；内语，为《四藏》；密语，是由身、心生起的音。

外意，现于外；内意，本心现五门；密意，为四身变化而来的念想。

功德和事业等，若要讲，有无数，无法言语。以上是三身之教诲。

辩答有如下：三身中，二身出自法身，或出自另一身，自性或出自无法言语之身。若出自法身，三身便有因果关系。因遍及实有法，而实有法又遍及生灭，因此，法身就有了生灭。若说从另一个生身起，不仅有能仁不存的缺陷，也没有出自其他的根据。若说出自自性或无法言语之身，又与三身的数量相矛盾。若说三身之关系如同金子及其颜色（黄色）的关系，一方面与数量相矛盾，另一方面也没有这种说法。非自金子产生黄色，也非黄色产生金子，因此，此说不能成立。

那么，究竟如何？法身与其他二身并非因果关系。对于清净对象而言，二身皆为法身之幻化。因此，说二身为无所知生。此情如同虚空，虽无分别，但日月星辰为心识所作故。所以，佛之法身如虚空，报身如云或日月，化身如雨或光明。其他《经典》上也讲："法身如同虚空无分别，色身如同彩虹且分明。"

那么，若说佛之恩德对于众清净对象而言有，而对于非清净对象而言无，此为为何？是否佛之恩德有了分别？其实并非如此。对于众清净对象而言实有；对非清净对象而言，因非清净而非实有。通过深奥经、续口诀而变有，逐渐变得清净。

对于非清净对象而言，为何非实有？这不是因为佛之恩德有分别所致，正如阳光普照大地，但不可照射向阴的岩洞。非清净对象，如同向阴的岩洞，照不到阳光，但此事非阳光之过。如此，佛之恩德本无分别，但因众生念想和业不清净之故，所以，像向阴的岩洞般未被佛法之光普照。这是我们的业、愿不清净所致。对此，《经典》中说："师尊恩德无分别。"又如《金光明经》(གསེར་འོད་དམ་པ།) 中所讲："有是化身但非报身者,有是报身但非化身者,也有非此二身者。这是因为如来涅槃后,愿力不等,依所见如实利益众生之故。"七地有何身?为清净十地所现之诸身,其余身等离苦身皆为法身。

注释:

[1] 原文:རྟོ་བོའི་ཆེག་དབྱེ་བ་དང་། གཞི་དང་རང་བཞིན་མཚན་ཉིད་དང་། སྐྱོལ་དང་མཚངས་དང་དཀའ་བ་དང་། འོད་པ་དང་ནི་གྱུར་པའོ། གནས་དང་འགོར་དང་ཞིང་ཁམས་དང་། གདུལ་བྱ་སྒྲུབས་རེས་གོ་རིམ་རེ། དཔེ་དང་རྒྱུ་དང་གནས་གྱུར་དང་། ཤེས་བྱ་ཡེ་ཤེས་གང་བརྟུབ་དང་། སྲིན་ཆེན་འདས་པ་གང་བསྟུབས་དང་། མ་མཚམས་དང་ནི་འཇུག་སྐྱོ་དང་། དགུ་ཕྱུགས་དང་ནི་ནོན་ལན་སོགས། རྣམ་པ་ནི་ཤུ་རྩ་ལྔ་ཡིས། སྐུ་གསུམ་གཏན་ལ་དབབ་པར་བྱ།

[2] 弟吴贤者著,许德存译《弟吴宗教源流》(文章简称为"许译本"),西藏人民出版社,文中漏译了此句.(见许译本,2013.P8)。

第二章　两千佛

其次，是两千佛的历史。"圆满诸佛如此，"用此等十二句说明正文。两千佛，发心有两种：共心和不共心。

圆满诸佛讲"发心有两种，共心和不共心"。"发共心之情可从《宝积经》(ད་ཀོན་མཆོག་བརྩེགས་པ།) 得知。"对此，《密不可思议经》(གསང་བ་བསམ་གྱིས་མི་ཁྱབ་པའི་མདོ།) 做了解释：此劫为贤劫；此前为杜鹃劫；其前为大法镜库，广大无量；其前为妙有劫。以上为过去劫。在阿僧祇之再阿僧祇劫，在广大无量、无边、不可思议之时，出现了妙有劫。在此庄严世界，有一位如来无量功德宝庄严王，寿限为一千零三十六万年。此时，人没有夭折之事。该清净之城 (གྲོང་ཁྱེར་རྣམ་པར་དག་པ།)，南北有六十四由旬，东西有四十二由旬，被上万座花园点缀。[1] 此时，转轮王持国天王 (ཡུལ་འཁོར་སྐྱོང་།) 出世，他的宫殿宽约十六由旬。王有七十万王妃和上千个王子。王子们皆具法相，身发佛光，拥有小神通。天王将此佛作为供养的对象，向每位比丘献三名侍从。有一次，国王莅临花园时，王妃玛曼巴（ཨ་མནད་མ）和无喻母（དཔེ་མེད་མ）各化生了一个具有法相的王子，诸天为他们取名为法勇识和法智慧。国王的两千个王子用神通在空中飞行，并且向他人传法："喂，朋友们，请信佛听法吧！这样的善缘一百劫都难遇啊！"如此宣法。

国王心想："据说未来的善劫中，将会有两千零二佛出世，那些佛会不会是我的这些儿子呢？"如是问佛。佛说："是。"于是，国王便请求佛为他们宣说证得佛果之法。佛说"他们现在还都是凡夫，如果直接授记，他们会生悲喜心。将王子们的名字装入宝瓶内灌顶后，即可传法。"如此，从宝瓶中取出写有名字的签，佛依次为他们授记。首先，授记王子法智为拘留孙佛，那是最早成佛的王子。之后，战胜部出世，即为金寂佛。其后大宝部出世，即迦叶佛。不空成就佛出世，即释迦牟尼。随后为王子童子带，即为弥勒佛。法智成就佛狮子；从启蒙天出妙花；贤王成就妙法王；从光祥出花吉祥；日莲成就星王；无垢光成就妙目；弓尘成就贤手；智慧王成就光芒；智庄严成就星天；方圆满成就圣逝；从庄严出无量功德；从清净身生智佛；圣雄长者生珍宝；共许珍宝生普照庄严佛。按长幼授记九百九十九个王子后，授记幼弟无尽智为胜解佛。两位化生王子的名字没有出来，于是就问他二人。法勇识说："我是千位兄长之法的结集者。"[2] 法慧说："我是引荐妙法的梵天。"言毕，便化为梵天。所有上千位兄长，藐视法慧，说他是"小宫王"。法慧祈祷并承认此事，说："佛法如同虚空。无论我怎样祈祷，都将被众生看作是无尽的。但是，戒律将会成就我的誓愿。我的誓愿如何？请大家悉听！无论您的寿限有多长，无论资粮王的资粮有多丰富多空，愿一切空性将成为我的寿限！愿我的众比丘也能如实获得一切！"佛也说："希望如此"。据说，此时为如此。此时，王为燃灯佛。两千王子是此贤劫中的两千佛。《宝积经》上如此记载。

关于不共发心，《贤劫经》（བསྐལ་པ་བཟང་པོའི་མདོ）中讲："此劫中，自两万有情中将出现三位佛"。他们在后劫中发心。《贤劫经》中说："如来拘留孙佛，向如来人师献金伞，首先发殊胜菩提心。""如来金能出现时，向如来狮力献花，先发殊胜菩提心。迦叶佛成为婆罗门之子时，向如来如胜献腰带，首先发殊胜菩提心。"如此，前三佛首先发心，其次积资粮，最后成就佛果。在人寿八万岁时，拘留孙佛出世。此时，为四时中的圆满时节。国王为圣手，城为具贤城，种姓为屠夫种，父为供施，母为梵天王，子为上师，侍者为有智。众生寿限八万年，佛自己四万。信法离欲。佛法住世四万年。传经典法十二年。不讲贪欲、证法，讲续法。

如此，三分时金寂佛出世。人寿两万岁时，国王为具天（ལྷ་ལྡན།），城为五城，种姓为婆罗门，父为不舍，母为上师，子为殊胜部。人寿三万岁时，法为三藏法，佛法住世千年，不传证悟法和密法，讲续法。

二分时，国王为直直王。此时，有迦叶佛出世。城为咋扎那（ཙཏྲན།），种姓为婆罗门，父为梵施，母为财主女，子为人主。人寿皆为两万。不传律藏。佛法住世七万年。不讲证、密二法，传续法。这是寿限八万、四万、三万及两万时，三佛出世的情况。

"百寿时，释迦牟尼出世。"此意为，斗净劫之百寿时，国王胜光王（གསལ་རྒྱལ།）[3] 执政时释迦牟尼出世。城为迦毗罗卫城。种姓为具十六功德之刹帝利。祖先为狮面、婆罗门女光源、公婆持棍及婆罗门女具美（མཛེས་ལྡན།）。父为净饭王，母为天美（摩耶），子为罗睺罗。住世八十二年。讲因果法。佛法住世五千年。侍者为阿难陀。说："自此，在此劫中示现圆满。"须知以上四佛皆摄于此。此劫被看作是"善劫"。以上是佛法源流之"正文"内容。

注释：

[1] 此处原文有"赤"（ཁྲི）字，许德存译为"宝座"（见许德存译本《弟吴宗教源流》，2013. P11.）。

[2] 此处许德存译为"我是千位兄长的召集者"（见许德存译本《弟吴宗教源流》，2013. P11.）。

[3] 胜光王，又译波斯匿王、胜军王，是古印度舍卫国国王。据传与释迦车尼同年同月同日生，继位后常从佛听闻佛法。后被其臣下摈逐，前往未生怨王处求救时死于途中。

第三章　释迦牟尼传

佛法源流之最后部分即释迦牟尼传，有五个部分的内容：成佛、传法、结集[1]、示现人间及边地吐蕃法源。

分为五个部分来讲解的原因是，说经教法的人们认为：补特伽罗闻者不入法的原因是，不知如来和佛法的历史、功德，或不明佛法难易、功效，故不信佛法或不敬佛法。为了让其相信佛法并依法行事，故须讲解如来及如来所传法之功德。因此，事先需要讲解佛法和传法之情况。对多数众生而言，需要有经典引文、文字依据，故，须讲解结集者结集的情况。虽然结集者结集了，但神、鲁（劉）等拥有神通者把全部经卷各自带走，故人间没有了佛法。因此，需要讲解如同第二佛陀般的上师们从各地取回经文及人间佛法兴盛的情况。虽然法源天竺，即佛陀之出生地有佛法，但我等愚暗的吐蕃，本无佛法。经译师、班智达 [2] 等前贤的不懈努力，在菩萨化身之领主时期 [3]，才有了佛法。因此，在讲完前四个内容后，需要讲解吐蕃之法源。不需多出五个部分的内容，也不能少于这五个，所以，这里所讲内容是五个部分。

第一节　关于菩提发心

首先，显示佛陀如何成佛。

关于佛法，《经》上说："现在佛法之主释迦能仁，也是先发殊胜菩提心"。虽然都是发心，但方法有大小乘之分。

据小乘说法，曾经，释迦牟尼也因业力，生为捕鸟者和渔夫。因造恶业而生于地狱，名为瓦西达（བ་ཤེད།）。他的妻子魔天舍，在地狱时也称伽玛若巴（ཀརྨ་རབ།）。在地狱，需要人拉木车时，迦玛若巴不肯拉车。地狱有一官员名叫阿瓦牛头（ཨ་བ་གླང་མགོ）。此官全身发黑，性格暴躁，口中喷火，鼻孔冒烟。口中能发出天杵（གནམ་ལྕགས།），右手持铁锤（ཐོ་བ།），左手持三叉枪（མདུང་རྩེ་གསུམ།）。此时，该地狱官员把三叉枪插入了迦玛若巴的心脏时，她发出了"阿爸！"（ཨ་པ།）的凄惨哀叫声。瓦西达对此生悲悯之心，请求官员说："她的那一份罪，由我来替她受，别让她受如此之痛苦！"（官员）答："此等善业，你虽可成就，但她的苦还是不要转嫁到你身上吧！"说完，用三叉枪刺死了瓦西达。瓦西达虽未寿尽，但因对妻子生起菩提心而从业得解脱，生为恶种陶匠之子[4]。虽然没有发心，但因生起慈悲之心而称"发心"。

首先，发心的情况，在三个无数劫之前，在妙劫时，于巨城巴茹地方，释迦能仁佛出世。在城中心宣说佛法。此时，正值五浊、寿限百岁以及人身矮小之时，故，此佛也即时出世。

最初的弟子有比丘传法王，即圣尊文殊出世。因为他有超群的定力，因此与定力齐名。现在，谁盛？谁衰？谁具慧根？谁人会堕入地狱？他都能——预知。他发现下等种姓陶匠之子朗吉（陶匠之子名）具备慧根，为度他，比丘手持从城里讨来的一钵米粥来到了陶匠的住处。见其父母外出制陶，只有小孩独自玩耍。朗吉来到比丘前，问："尊者，您手里拿的是什么？"宣法王（比丘）说："这是具足百味的美食。""那就赐给我吧！"加持后赐予。由于贪爱美食并且非常饥饿，所以，跟随比丘而来。释迦能仁要抵达宫中，需走十二年之久。但是，因有了大悲观音的法力，加之朗吉本人业清净之故，据说在手臂伸缩之间就到达了（王宫）。[5]

比丘用神通来到了市中心附近，朗吉看见佛后觉得非常惊讶。于是就问："这是谁？"回答："是尊者。""他已经成佛了。""是什么原因（成佛）？""是发心、积资粮之故。""我也能吗？""如果发心，就能成。"于是，他生起信仰，献上一钵米粥，并发菩提心。此时，陶匠夫妇四处寻找儿子，最终在市中心被找到。朗吉向父母请求出家，并得到了父母许可。于是，朗吉向佛祈祷，要求出家。佛同意了他的请求，并叫了声："比丘过来！"说毕，他的头发和胡须自然落地，变成了一位身着袈裟的比丘。如此，依靠乞讨来的一钵米粥发了菩提心。朗吉向佛敬献了五个海贝、一双鞋、宝伞和盛满水的陶器，并发心祈祷：

依靠广施力，

众生自成道。

未被救度者，

愿我能救度。

愿我之善根，

早日能成佛，

除去不净心，

终得能仁名。

《贤劫经》上说，成为医师功德友（ཀླུན་པ་ཡོན་ཏན་བཤེས་གཉེན།）之子后，献上米粥而祈祷：

善逝如来啊！

您的妙相是如何？

您的眷从是多少？

您的寿限有多长？

您的圣善又如何？

愿我也能如此成！

如此发了心。

一些大乘经上说：释迦能仁曾生为王子精进行，后从光蕴佛处发了心。即便如此，佛说：

未悟圣义前，

不可入正道。

说明，此等不属于三阿僧祇耶劫（གྲངས་མེད་གསུམ།）[6] 中。

一、于三大阿僧祇耶劫中集福资粮的情况

中间，于三阿僧祇耶劫中，积累资粮。《经》上说：三阿僧祇耶劫中积聚资粮，镇一、八、十地，作十地菩萨之导师。

在三阿僧祇耶劫中，行六度，侍奉众佛。毗婆沙部认为，于三阿僧祇耶劫中从资粮道。

关于行六度，菩萨转生为旁生后，向众有情施舍头颅等，以此圆满布施；转生为海商时，断头、截肢而不动，以此圆满持戒；生为忍说仙人时，忍受砍去四肢之痛，以此圆满忍辱；菩萨生为星王之时，于火焰般的如来山顶修定，一脚拇指绕身前，以此偈颂，圆满精进；在生为药臣时禅定圆满；生为不空成就时，智慧圆满。《经》上也说：

大悲慈爱赐众生，
施等六度得圆满。

承事一切佛而获得初地；敬仰宝髻佛至燃灯佛之间的七万一千佛，得第二地；侍奉燃灯佛至胜观佛之间的七万七千佛，得第三地。《俱舍论》上说：

胜观宝髻燃灯佛，
三大无数劫后出，
释迦能仁为第一。

这是小乘或共乘的说法。

根据大乘佛教的观点，释迦如来之前，有胜观佛出世。他作为婆罗门童子，生于释迦族，获得初地；在燃灯佛出世前，生为婆罗门法云，得第八地；尸弃佛最后出世，生为婆罗门迦毗罗，得第十地。胜观佛出现于此后的九十一劫，人寿八万岁时，生为千劫千比丘，行梵行，在贤劫中授记成佛。释迦如来，生为婆罗门释迦族，户主具慧（ཁྱིམ་བདག་བློ་གྲོས་མཆོག）也成了草商扎西（ཚོང་དཔའ་བཀྲ་ཤིས）。

部分大乘或共乘经典上说，释迦能仁发菩提心时，三阿僧祇耶劫尚未开始。此时，生为商主之子现喜，他为成为大丽佛而发菩提心，因此成为同分解脱的大善根。据说，此时三阿僧祇耶劫尚未开始。善根圆满，进入第一无数劫，生为尊胜寿王之子精进行，向焰炽佛蕴结集般若六度经，听讲无量法，开始了三阿僧祇耶劫，至尸弃佛之间，多次承奉供养。加行道以下为第一无数劫。

第二无数劫之始，生为商主之子贤慧，供养佛宝支，至第七地之间，脱离我执等不净地，获得修道以下的第八地。这是第二个无数劫。

第三阿僧祇耶劫时，生为婆罗门童云，供养燃灯佛，圆满三净地，第三阿僧祇耶劫完结，获得第八不退还地。进入第三阿僧祇耶劫后，在赡部洲出现调伏怨王和婆罗门燃灯主。婆罗门燃灯主生下燃灯佛，生活于王妃之中。净居天的天神们鼓励他出家为僧，说：

生活王妃眷从中，

难以成为功德源，

从大仙胜幢之地，

能够证达胜菩提。

出家的当天晚上，住在从如来至燃灯佛之间的地方。他的名声被调伏怨王听到，带兵前来恐吓，大声说："佛，到我跟前来！"于是，佛与弟子去了王的莲花宫。

释迦能仁生为婆罗门子童云时，从雪山出发，来到精通《吠陀经》的婆罗门宝跟前，圆满学习《吠陀经》。为了得到喜欢的知识，和五百商人结伴去经商，最后来到了市中心的莲花集市，见诸天手持鲜花，弹奏妙乐。上前问这是何故？答："在供养燃灯佛。"于是，心生信仰，认为是婆罗门师傅的功德。为了更好地侍奉燃灯佛，商人去寻找鲜花，然卖花者坚决不肯卖花予他。此时，有位名叫小贤的婆罗门姑娘拿着五朵莲花前来，但她不愿把花卖给商人。姑娘提出，如果与她做夫妻就把鲜花卖给他。商人答应了姑娘的要求，得到了五朵莲花，投向燃灯佛，并献上兽皮垫。用须发作垫十二年后，得到了授记。[7] 他的妹妹也得到了授记，成了恒河女神 [8]。从七万五千佛到胜观佛之间一直行供，圆满三净地，结束了三阿僧祇耶劫，步入究竟道而得第十地。

之后,住遍火地，赞颂如来星王，行苦行。此等事件，发生于尼旦城（近城）。

最后，迦叶佛之时，婆罗门童子成为上师，在一劫之内修成资粮，究竟一切地道，圆满一切资粮道，在三阿僧祇耶劫内，集聚资粮而成佛。

二、地与道

据部分小乘经典记载，用三阿僧祇耶劫不能成佛，需要三十六劫。相传，资粮道和加行道各需要三阿僧祇耶劫，共六劫才能修成佛。从初地至第十地，各需三阿僧祇耶劫，共三十六劫，才能修得佛果。有如此一说。

关于"获得初地、第八地及第十地"，总体上，要修成佛果，须依靠地和道。其中，"地"可分为：性质、字义和分类。"地"的性质，住而依止，故名地；"地"的字义，十地中，于初地见修众生事而生欢喜，故名欢喜地。

地分三种，即凡夫地、菩萨地及佛地。

凡夫地，分三种：胜解行地、资粮道地和加行道地。

以上三地的字义，先生敬仰心，然后因生信仰而行，故名"胜解行地"；资粮道地，弃非善，用身、语、意向善知识听法，积资粮，故名"资粮道地"；加行道地，根据上师的教导，加行无相正法，故名"加行道地"。

菩萨地分十种：是初地欢喜地至法云地。欢喜地，其字义如上所述。法云地，其字义为，如云二法遍布各处，故名"法云地"。

十地与六度的关系，初地中已无吝啬之情，故布施圆满。如此，至十地之间，证达本住之义，故智慧圆满。

如来地有三：普光地、莲目地及字轮地。

普光地，是界智无二之果，为法身地。

莲目地，是法身地，但不无化身。

字轮地，是大资粮地，犹如五勇士之剑，调伏一切对象，为化身地。

道，需从其性质、字义、类别三方面来解释。道的性质，是行境，故名。

道分资粮道、加行道、见道、修道和究竟道。

资粮道有十二：四念住、四正断和四神变足。何故名资粮道？用身、语、意作善业，积累资粮，故名。

加行道有十：五根和五力。何故名叫加行道？自温道、顶道、忍道、圣法道加行至见道，故名"加行道"。自此，再无自生之温，故名"温道"；对此产生信心，故名"顶道"；无自性之执，故名"忍"；对此产生了信仰，故名"世间圣法"。

见道有七，即七支菩提道。何谓见道？能见前世所见，故名"见道"。见何？观见诸法如虚空。

修道，分八支圣道[9]。何谓修道？见法性之义，并反复询问，故名。

究竟道，指第九地至第十地之间的道。究竟自他事业，故名。

另有无间道、解脱道、无学道等不同名者。无间道，证悟如金刚般的禅定，无间断，故名；解脱道，解脱一切烦恼障，故名解脱道；无学道，因此时声闻部不学四谛，独觉部不学缘起之理，如来部不学五道，故名"无学道"。

若把地和道看作是同一法，那么，资粮道、加行道属于十地中的凡夫地；见道，属于菩萨地，即初地欢喜地；修道，属于初地至第八地之间；究竟道，属于第九地和第十地之间。

从自利、利他和二者三个角度来看，从胜解行地至欢喜地之间，主修自利；从第二地至第八地之间,主修自他二利；从第九地至第十地之间，唯修利他。

如此，"镇地而作十地菩萨的导师。"意思是，住十地之菩萨只行利他事业。

认为先前愿力和行利他事业之故，修成正果。来到三处天，修成报身。这些，被称作在三阿僧祇耶劫中集资粮事业。

三、 修成正果，示现三身

现讲释迦如来发心而集资粮，成正等觉而示现三身的情况。示现法身和报身之处，为色究竟天；于赡部洲示现化身。对此，《楞伽经》上说：

欲界与无色界，

不可修得圣果；

色界与色究竟天，

远离贪欲而成佛。

《月秘经》(ཟླ་གསང་ཐིག་ལེ།) 上说：

舍弃净居天，

于色究竟天，

密严证化身，

于此修正觉。[10]

《经典》上记载："于色究竟天成报身佛，之后，在喜足天作诸天之导师，安排弥勒作补足佛。"如此，以三句示意。十地菩萨前往色究竟天，依三有之定和不动禅定行境。三有，是指死有、中阴及生有。

死又分两种，一为异熟非死，一为不可思议转变之寿终。此后，以菩提身前往须弥山，躯体留于美丽城中而祈祷：

> 待我成佛而证色身变化，
> 证声之变化而说法时，
> 愿我所留身成狮子宝座，
> 愿我在宝座之上传圣法。

于中阴，以八天女之身行走。于生有，生于色究竟天。在报身佛国净土，众清净者皆有蛇心旃檀所造的房屋，此屋有五百一十三万根柱子。在此屋中，化作一棵莲花树，身着世俗服装而假生。此时，十方诸如来认为，此菩萨有密教之根器而集体传授灌顶。当准备传授口诀时，那菩萨虽断除了烦恼障，却被所知障习气障蔽而心生傲慢。菩萨心想：诸善逝与我证悟没有区别，只有舍离之差别。他因修行而成了佛，我因未修行而未成佛。我虽无修行口诀，然没有必要请授口诀，也没有必要接受他们的恩情。于是，诸如来纷纷离去。

之后，以不动六随念法，身行不动禅定七法；语行断呼吸；意弃能执。在此基础上，又修所依随念佛宝、四无量缘、二所知谛、道方便智慧、五种因口诀、三昧耶律仪和成等正觉果等。在如此修行时，见如同秋季正午般的虚空。后因入八幻喻而思维错乱。心想：我已修行，并除去有漏，但无论如何朝向阿罗汉修行皆无果，[1] 是否已修成正果？又因诸如来前来督促而起身时，见面前坐有诸如来。于是，心生悔恨而向诸如来顶礼，并祈求传授口诀。诸如来异口同声地说："善男子，妙观察自心。"如此，传授了口诀。后通过修五义等，以二十五菩提正觉。为自利而先作法身，众弟子未见，即住空性。

之后，从空性中如同鱼出水般示现报身大日如来，为诸菩萨说法。

据说，此时众弟子见五种报身佛，在三天界转法轮。

此时，为圆满劫。在二分时和三分时，没有说法。四分时即斗净时，从根本身分化出一金刚菩萨，于色界作大力藏。

之后，于欲界作白幢佛，作诸天的导师，以报身佛作清净天之事。

四、十二如来事业

(一) 兜率降世

化身，为做不净者之事，来到南赡部洲。此情由"观见四照见，或五照见生为净饭王子""以十二宏化行各种苦""化身于金刚座"等三句表示。燃灯佛曾授记说："婆罗门童子，您经过此生成为色界菩萨具力藏，在那里做事吧！"之后，成为欲界白幢，向喜足天众说法。于赡部洲，用十二宏化做众生事。后又来到色究竟天，融入法身。不管是白幢，还是高幢，住喜足天法高无量宫时，向诸天说法。诸菩萨自十方鼓励：

啊！

广大福德多资粮，

无量智慧好慧光，

无比有力能力大，

请思燃灯佛授记。

止戒尸罗及忍辱，

布施精进禅定慧，

千万劫中利他行，

成就大种请善思。

此时不可等引修，

因具妙祥所依故，

兜率天宫变美丽，

然皆因具慈悲心，

世间胜幢降法雨。

献你四个乞化钵，

颂你四大救世主；

何时你来善鼓励，

千万梵天亦称颂，

具种大种贤慧中，

你属尊者之种姓。

菩萨知道，调伏教化的时机已成熟，故解下自己的头冠，献于弥勒，并嘱咐作未来佛。说：

亲手解头冠，

戴于弥勒顶，

为是殊胜者，

但愿作法王。

(二) 入住母胎

释迦如来准备去南赡部洲时，青年天子们抓住他的脚，问："您走了之后，谁来做我们的导师？"答："在我之后，由弥勒做你们的导师。"回答了诸天提问后，说："我去赡部洲，做何种姓？谁是父亲，谁做母亲？"个别天神说："谁也无法胜过阿阇世王。"白幢说："阿阇世王有一次杀父之过，不可为父。"大家议论，认为没有一位清白无漏者。此时，如来开口说："自己必须观四照见。"所见之洲是南赡部洲；出生时间为胎生时；种姓为刹帝利；出生地为中印度金刚座。

问："用何种方式入胎？"梵种天威严地说："化成大象之子，以六牙白象入胎。"于是，释迦如来自天而降，入住母胎。鼠年仲夏，四月十五日，母亲入长净之时，从兜率天下凡，顺着母亲右腋进入胎中。此时，王宫被四束巨光照射，诸天看着幻化母，心想可能要降生一菩萨。在凡人看来，将会出世一位转轮王。母亲把自己的梦境说给父亲听："陛下，我梦见一个小白象进入我的胎中，不知是喜是恶？"净饭王说："过去，父王罗刹王与母亲正见喜生下善慈，最后成为拘留孙佛，可能是他的身体变化后进入你胎。极喜和仙女占玛（ᘖᘖᘖ）生下先巴（ᘖᘖᘖ），最后成为毗舍浮佛，也许是他身变化进入你胎。不亲切王和仙女具光生下除蕴，他成年后成为胜观佛，也许入胎的是他的化身。父王阔督那与母亲漏尊胜女生下饮光，他长大后成为燃灯佛，也有可能是他变化后入住你胎。"此时，母亲明显感到胎中比以前舒服，遂问净饭王其中的原因，净饭王说不清楚，叫来婆罗门相士。相士说：

不见任何不善处，

恭喜王妃有身孕；

你将降生一菩萨，

应是一位护法者。

世尊住胎时，大乘弟子们看见：于色究竟天，诸菩萨围绕毗卢遮那佛问疑并听闻正法；声闻弟子或小乘弟子看见：在须弥山北侧，有一金色的具有崖窠的岩洞，薄伽梵金刚勇识正在洞中思修；而那些尚未脱离烦恼的众生，则看见了一孕妇。大乘人、小乘人和凡夫所见各不相同。母亲舍弃十非善，不杀生、不予取、不说谎、不饮酒，舍弃混乱的凡行。这是不空成就佛母的法性。

（三）圆满诞生

摩耶夫人怀胎十一个月后仍不见王子降生，问相士其中的原因。相士说："王子不想在此地出世，因此，要去僻静的森林中迎生。"于是，母亲由侍女陪伴来到了蓝毗尼苑，开始有了预产疼痛。当她右手抓住菩提树枝时，悉达多突然从其右肋缝隙出世，速度之快犹如闪电，刹那间园林中百花争奇斗艳，出现了三十二种妙相。欲行的六万天女侍奉神变母摩耶。王子降生后，梵天和帝释天化成老妇人将出世的王子放进白绸袋中；龙喜与德叉迦龙王从天降下甘露细雨；四天王负责为其浴身。王子刚一出生，向十方各行七步，步迹处长出七朵莲花。"没有生死的诞生，自己向十方各行七步，这是我的边生。"这是由三世的唯一上师所说。当佛陀出生时，大地摇动，天空电光闪亮，帝释天抱起童子，仿佛无垢月光伞，被诸尊天置于头顶，龙王降下甘露细雨，四天王为他沐浴。

牛年仲春初八诞生，那天，出现八大妙相：宫殿的宝库门自动打开；周围芳香四溢；微风净化环境；自天空飘落朵朵鲜花；群鸟野兽齐聚王宫四周；身子稍有不适的妇女都生下男婴；婆罗门诵经祝福吉祥；天众前来祝贺。

同时，舍卫国王仓金生下胜光王；大莲花王的王子影坚王和乔赏弥国百军王子优陀夷也同时出生。在邬仗那城，无量边山之子光明出生。同时出生的还有阿难等五百释迦族人，以及持誉等五百释迦族女子与五百大臣等。

悉达多出生后七天，母亲摩耶去世，他由指派的三个奶妈抚养。她们是喂奶的保姆斯古达弥、负责卫生清洁的仓巴侍女等，共有三十二人之多，她们各负其责。

关于他的未来，请教婆罗门相士。相士说："王子若留在家中，将会成为转轮圣王；如果剃度出家，则会成佛。"

大仙无烦恼和外甥火施二人前来看望，净饭王问他俩为何事而来？大仙无烦恼说："陛下，我是来看王子的。世间之主度化者，愿可拜见此能仁。"净饭王说："王子经不起多人围观，不可以看。"大仙无烦恼说：

具种诸天子，

如同夜里眠；

若需可觅得，

不住人眼中。

国王抱起王子放在仙人怀中。仙人无烦恼问国王："相士说了什么?"国王说："将来会成为伟大的君主。"大仙说："国王有分别心，思想错乱，诤时不会出现转轮王，殊胜福德的法库，胜过声闻而成佛。如果名号不清楚，请不要管，他会成为四大洲的主人，名号十分清楚，叫能仁，是转法轮的佛。"言毕，大仙无烦恼突然昏倒在地，清醒后对水施说："你从能仁出家，做他的侍从弟子。"净饭王问大仙："这里没有不好的征兆吗?"大仙回答说："这里没有任何不好的征兆，如果王子成佛说法，那时我已经老了，受罪啊!"国王相信大仙所说，向王子施礼说：

诸天向你顶礼，

大仙向你供养，

世间一切所依，

我也向你顶礼。

不久，王子食用了许多金盘中的肉饭，大人无法阻止。他夺盘子的力气胜过大象，因此，取名为"千象之力"。有次，净饭王带领王子来到庙宇，小孩子们向释迦牟尼的守护神狮子有形行礼。当王子走近守护神像时，神像低头向王子行礼，并说："我是世间之神，从今开始向你行礼，你是佛之主。"释迦族人信以为真，故取名为"释迦能仁"。守护神

狮子有形弯身行礼，故名"释迦狮子"。之后，天神躬身行礼，故取名为
"天中天"。

（四）少年嬉戏

关于少年嬉戏，五百释迦族人敬献五百户；婆罗门臣用黑星制衣，
其上点缀"梅坚"（ཨ་ས་བརྒྱན）等（献上）。（王子），同两万个婆罗门孩
童、一万个释迦族孩童一起来到所有文人之导师森布古恰（ཤིན་ཏུ་གོག）跟
前，学习语言文字。王子说出了六十四种文字的名称，使善知识十分惊
奇，说：

有情众生皆惊奇，

一切文字之名称，

连我也不能全知，

童子说出真惊奇。

如此，王子无师自通。

随后，向大数学家孜珠（ཅིས་གྲུག）学习算术。王子指着数字问：从无
数如何算？据说，因为孜珠不懂，所以，王子教会了他。

在与寻香极喜比试工艺技能时，王子大获全胜。他还通晓盲文(ཕྲེན)、
饰（བརྒྱན）、骨卜（རུས）、仪轨（ཚིག）等六十四种技艺。

（五）受用妃眷

十八岁是人生迎娶幸福源泉妻子的年龄，父亲向王子提出娶妻之事。
王子心想，我不能与女人们一起玩耍，我应该去幽静的森林里居住。一
番思考后，他对父王说：

深思熟虑七日后，

我已看透欲望毒；

此为战争仇恨愁，

痛苦之源我不娶，

一切烦恼源女人。

父王说："莲花在泥泞和低湿处生长茂盛，以前的菩萨们娶妻后才出家，如果要成佛，一定要娶妻。"王子说："女人狡诈，如同恐怖的毒叶、火和刀刃，我不想妙欲。但是，父命不可违，若有适合的就赐给我吧!"父亲问："娶什么样的妻子?"王子答：

坐吃山空如盗匪，

态度恶劣通敌手，

欺压家长如妇官，

盗取小物败家魔，

暴躁无一可取处，

此等女子我不娶。

像母亲一样慈祥，

像妹妹一样美丽，

像仆人一样听话，

像女友一样可爱，

像夫人一样知耻；

晚睡早起肤色白，

身有香味无傲气，

具有慈祥母亲心，

乐善好施婆罗门，

种姓具有智慧者，

若有如此功德女，

不管她是刹帝利，

还是生处婆罗门，

皆可娶来做我妻，

种姓不是我所求。

若有步姿轻盈者，

说话温柔心胸阔，

远离阴险无别恋，

此等女子我考虑。

于是，王子用偈颂体写了一封书信，让仆人胜解带着去八大城市寻找符合条件的姑娘。五百释迦族人争相发问："我的女儿可以出嫁，不知是否符合条件？"答："不符合。"下午，胜解遇见持棒者的女儿耶输陀罗，她符合信中的条件。胜解问："姑娘你愿意嫁给我们的王子吗？"姑娘说："你说什么？"胜解说："净饭王之子身材俊美，有三十二相，容光焕发，神采奕奕，他把所要娶的姑娘的优点写在信上，谁具备这些优点，谁就适合做他的妻子。"他把书信拿给姑娘看，耶输陀罗说："出身于婆罗门种姓的我具备所有优点，适合与那位青年一起生活。如果王子同意，就请努力吧！"胜解禀报国王后，国王说："那就把她娶来吧！"但是，王子要求很高，有可能看不上她。于是，集中八大城的女子，让她们叩拜王子。姑娘们一一行礼，可是王子连看都不看一眼，且一言不发。当轮到耶输陀罗行礼时，王子两眼注视着她并说："满意！"王子将手上的金戒指抛向天空，戒指落地后绕着耶输陀罗的无名指旋转。耶输陀罗也目不转睛地盯着王子，因而受到了别人的指责。姑娘说：

坐卧站立及散步，

美丽胜过诸圣人；

珠宝珍宝及功德，

美丽如同幢顶飘。

胜解对国王讲了姑娘的优点。净饭王听了耶输陀罗的真情表述，说："我的孩子具有多种优点，你有何优点？"胜解说："如果两位青年相处相容，就像酥油与酥油精华相融。"

净饭王对姑娘的父亲执杖说："请你将女儿献给我的孩子。"执杖说："想娶我女儿的人很多，陛下你的侄子天授也想娶，丽阿难也想娶，天自在帝释还想娶，寻香王狮与猴王哈曼达、龙王五髻者等也想娶，求婚者快要踏坏门槛。""我有许多敌人，如果谁有能力打败我的敌人，我就将女儿嫁给谁。""你的孩子瘦弱得像父母跟前的虫子一样，没有什么能力，我不能把女儿嫁给他。"

净饭王心想：我的孩子现在还年轻，技能尚未成熟，为此整日闷闷不乐。王子知道事情的原委后，问："父亲是否生病了？""没有生病。""那么有何不顺心的事？"父亲将派人去向耶输陀罗求婚的经过说了一遍，并对王子说："耶输陀罗符合你的条件，但是她父亲说将女儿嫁给有能力的人。你现在还年轻，如果耶输陀罗不答应，就娶其他一位姑娘吧！"王子说："如果论能力，现在还没有哪个人能超过我，世上还没有适合我拉的弓。"父王问："需要什么样的弓？"王子说："要一把别人拉不动的弓。"父亲说："你祖父狮子面的力弓囊茹无人能用，现在就供在神庙里了。"王子说："那么，把它取出来。"五百人抬不动弓，就把弓从神庙里拖了出来。天授想拉没能拉开，但王子拇指轻轻一按就拉开了。射箭比赛时，靶子的距离定为七重罗树远，摆设七个铁猪，两个铁猪中间放置耶输陀罗的戒指作为靶心。天授和丽阿难只射准了七个铁猪中的五个，王子则射中了全部靶子和铁猪中间的戒指。箭穿过戒指，射到对面的岩石上。父王和弟兄们发出一阵惊叹，因为他们使出了全身的力气也未能拔出箭。王子不慌不忙，抓住箭笛轻轻一拔就拔出来了。泉水顺着箭眼涌出。就这样，王子在历算、语言文字、修辞、骨卜等方面的才能是他人无法相比的，别人惭愧不如。后来，广严城出现了一头宝象，当地人准备献给王子的时候，被天授一记耳光打死，阿难拖着象尸只走了七步，丽阿难用棍子扎着象肚。又说：天授杀死了圣象，阿难拖象走了六步，菩萨（王子）用手抛向空中，犹如投掷石子般扔到远处。王子把象尾缠在脚拇指上，将死象抛出三由旬远。据说，死象落在地上后砸出了一个窟窿，叫作"大象池"。相传，后来在那里筑了一座城池，七代后有祖父托瓦扎西出世。王子在这里玩耍，疲劳后，钻进阎浮树荫下乘凉。

此时，天子、魔从空中向王子敬礼。王子娶来耶输陀罗后，居住在尼连禅河边新建的九层王宫里。传说，王子担心产生分别心，没有使用阳具，但是次年生下了罗睺罗。

（六）从家出家

此时，天子知羞者们鼓励王子说："死亡时常有之事。身披狮子衣者，你顺应世间常理，享用妃子和仆人，已获得了世间之法。如今，实现出世意愿的时机已成熟。"据说王子因对轮回生厌，故来到了四城门外散心，由仆人胜解牵马。此时，帝释天化作生、老、病、死四相坐在四城门外。王子来到东城门时，见一产妇生子，痛苦不堪。问胜解："这是什么？"答："这是生苦。"王子又问："这只是她有，还是每个人都会有（指生苦)？"说："生苦是人生之规律，一切有情众生都出自此道。"王子听了胜解的回答后，感叹道：如果生苦如此，怎能忍受病、老、死苦？驾着马车速速回宫。

王子来到南门时，见一老者身子弯曲，看似十分可怜。王子发问："白头身屈四肢抖，邻里见了会心想：这样活着，还不如死了。气喘吁吁无体力，瘦骨包皮者是何人？"答："王子啊！此人深受衰老折磨，亲人欺凌无依靠，不能做事如树木。所谓衰老的这个躯体，该如何是好？"王子说："唯独这一人衰老体弱，还是其他人皆如此？"答："你的父母及亲友，无法摆脱衰老，无解脱之法。"据说，见众人过了壮年后，逐渐走向衰老、须发变白、手持拐杖，以此悟出了"老苦"。又说，此后，王子心生不悦而沉思。[12]父转轮王听到这些情况后，对王子起了疑心。[13]为了不让王子去林中修行，多赐五欲享用。

王子来到城西门时，见一位病人躺在地上，问："这是什么？"答："这是长期患病之人。"王子又问："疾病只是一个人有，还是所有的人都会有？"答："你的父母及亲友，无法解脱疾病之苦。"王子："若我也不能解脱疾病之苦，现在快乐喜宴有何用？"据说，见人体瘦弱、头发变白，受疾病折磨无法自主后，心想：我为何不能除去疾病之苦？之后，心生不悦而沉思。此时，父王又为了不让王子舍弃自我而念修行，供色、声、香、味、触五欲。

王子来到北门时，见一用布裹着的尸体，问："这是什么？"答："这就是死亡。"王子又问："是他一人会死，还是人人都会死去？"答："你的父母及亲友，无法解脱死亡之苦。""那么，虽然如今我活着，寿尽时将离识。"据说，见一无心识之尸体后，心想：为何我不能解脱死苦？心生不悦而沉思。虽然，人生如此无常，但是王却说：于妙城，成为神之神而如明灯。享用人间之欢乐，如同住于千眼乐园。王子说："就算没有了老、病、死之苦，但执着五蕴也是大苦，且不说老、病、死之果。木车返城，常念解脱。"在返回途中，遇见了一位菩萨变化的比丘。顿时生起信仰而问（他是谁？），回答：[14]"他是一位比丘。他已舍弃欢欲而苦行，灭我执而知足出家，离贪欲而四处行乞。"王子绕比丘转圈后，说："贤慧威严如雪狮，坚正形美如金橛，愿我能跟随。这是吉祥、少语、离欲之事，智者们会赞扬出家人。如此，不仅自利也能利众，行善合意之生活，为长生之果。"言毕，返回城里。

婆罗门相士听说，如果王子在七年、七个月、七日中不出家就会成为转轮王，于是就说："如果见他很善良，就必须守护七日。若能如此，就像王之大伞铺开，必定能得七政宝。你子若得七政宝，将会称王，疆土达海边，长久治国。若抛弃国土而林中隐修，将会成为一遍智，救度众生。"如此说。

王子一心想出家，于是，就对父王说："王子我出家的时机已经成熟，请您不要为我高兴，也不要为此悲伤！"又对王之侍从们说："不管心里有多少不悦之事，请你们忍耐。"国王含泪对王子说："请不要这样说！对我与王妃来讲，王子若不在了，就如同失去了额头上的眼睛，释迦族也将会消亡。我可增补你所好之物。"王子说："那么，请赐予儿子不老且青春永驻、无病且永不得病、长生而不老之法！"[15]王说："长寿仙人们也会消失，无法脱离生、老、病、死的畏惧。"王子又说："那么，请赐予我不转生之法！"但国王无法满足他的要求，于是下定决心出家。

净饭王召集释迦族人说："王子说要出家，而且刻不容缓，现在如何是好？"释迦族人说："有办法，他孤独一人，而我们人多，守护他七日即可。"净饭王说："请把所有的门都堵死，这个年轻人有可能会出走。"国王的话传达给了所有守夜者，说："世间昏睡如尸体，昏睡就像魔自在，不要昏睡保清醒，不要昏睡守好夜。"在四大城门，安排了四名力士和士兵、守夜者等多人看守，并准备了四食。

耶输陀罗把自己做的梦说给王子听，她说，梦见用左右手拔捋头发，拔光头发而捶胸大哭。这是前半夜的梦。王子解释说："手拔头发，眼流泪，预示耶输陀罗你断了烦恼网；出现明灯全身坏，暗示你速抛弃女人身，不久将得男人身。"接着，耶输陀罗讲述了后半夜的梦，说："我的牙齿全脱落，身体肩膀已折断，天空月亮掉地上，群星悲伤全哭泣。"王子解释说："你的牙齿在嘴中，月亮也在天空中，抛弃心中一切苦，不要担心安然睡！"耶输陀罗又说："做了一个可怕梦，梦见我心极担忧，这是一个痛苦夜，你我是否要分离？"王子说："今夜我与女人，共眠最后一夜，往后不能在家，与你相依相守。"

王子也同样做了五个梦，梦见以大地为床，以须弥山当枕，左右手伸向东西大海，双腿伸向南海，脐中长出草，而自己就处在尸体上。

帝释天鼓励王子说："善慧，站起来！舍弃国土来吧！遍知真欢喜，救度诸众生。"四大天王将王子将要出家的事告诉了四大金刚手，说："朋友，今晚午夜王子要离家，要从马的四蹄抬起。"四大金刚领命。帝释天说："我负责开门。"静慧天说："我负责让释迦族的人们昏睡。"天子央格达说："我负责唤醒王子。"五夜叉负责建造梯子。估计释迦族人全部入睡，午夜月亮升起之时，王子对胜解说："阇那陀起来快走，牵来我的宝马阿丹，去过去佛享受的欢喜园，如来们欢心的地方。"阇那陀睁开眼睛问："主人，你说什么？你去花园的时机未到。你心地善良，与他人无冤无仇，你也没有任何敌人，半夜三更要马做什么？"王子说："阇那陀，你从未违背我的话，现在到了我最关键的时刻，你要听我的话，你的资粮今夜会圆满，速将阿丹牵来。"胜解说："夜晚是可怕的，我不去牵马。"

无奈王子亲自来到马厩，对马说："阿丹，请驮载我最后一次吧！送我去难行的森林中，获得菩提利众生，用解脱雨水满足有情。"这是法性，牲畜接受后都不能拖延。

胜解反应过来后，急忙呼唤释迦族人起来，却没有一个人起来。他痛苦地说："我嚎叫你，就像在荒凉的地方惨叫，释迦族人却没有任何反应。"无奈胜解牵着马，准备走出，但被芒钦发觉后，请他不要离开。胜解对他说："诸智者迅速出现（或出家），对此，说不好是不当的，应该说很好才对。从被生、老、病、死苦所燃烧的世间之道可以看出，虽然它是欲望之源，但实不该入道。"如此，表达了自己内心的苦处。芒钦说："呜呼！净饭王受儿子的痛苦折磨，举起双手发出难以忍受的痛苦

73

声。耶输陀罗、名持、兽生等王妃以及眷属，因与顿珠（释迦王子）分别而将忍受巨大痛苦。"他叫醒名持妃，说："王子已离开王宫，主人痛苦难忍。世间夫妻之苦已解。你的丈夫已离开，此等事件世间罕见。这是你们夫妻最后一次见面。呜呼！无知小儿我在夜里嚎叫，可谁也听不到。就这样嚎叫，又有诸天加持，仿佛在荒野处惨叫，却没有一人醒来。"

王子轻声呼唤着父亲，并绕父亲的寝宫转了一圈，说：

我心多有心爱人，

我也眷恋我亲人，

然而轮回本性恶，

悟此之道我离开。

若无生老病死苦，

有谁愿意离开宫，

遭受别离亲人苦？

即便万般不情愿，

亲人眷从知心友，

心爱妻子堕轮回，

此时内心无安宁，

只想脱离轮回苦，

放弃亲友眷属等。

我若选择世俗道，

即便暂时得团聚，

终究还是要分离。

在我之后请深思，

勿念世俗愚昧中。

说完便离开了。

芒钦回禀净饭王："顿珠已经离去，请主人前去阻拦。王子也遭受痛苦折磨，痛苦不堪。当时，我怎么呼唤也无人反应。"

帝释天吩咐聂古、玛古热、叶衣佛母、具光佛母托起马的四蹄，顺着五天界的梯子下来。离开时，王子为使阿丹（坐骑）高兴而对它说："不要伤悲，不要伤悲，持力吧！今日能得众生事业果，不久将证得菩提，禅定解脱利众生。"把胜解也搭在王子自己的马后背上，经过释迦地、盖达地和嘉地，来到三由旬远的无喻城时天已拂晓。从此行抵麦那雅城，王子将马和衣服给了胜解，说："调头，你把我的马和衣物带去布施给念修者，现在我舍弃过多的欲望，要在这里出家为僧。欲望像一把利刃，像燃烧的火坑，是苦的根源。为了利益世间众生，我以悲心抛弃一切，漂泊荒野不回家。"这时，阇那陀两眼含着泪水说："荒山野岭满是狮虎，圣者仅以悲心在林中修身怎么能行？"菩提萨埵说：

生时孤身一人来，
死时也是一人去；
现在经受诸痛苦，
生死皆无亲友陪。

胜解问："呜呼！童子未见痛苦，赤足不乘象辇，步行草地石中，不知去往何处？""死神之惧虽几番，不失欢喜也几许，不论怙主与圣种，不论英豪与凡人，死神之惧生于过分欢喜，即便碌碌无为，依然走向死亡。"国王年事已高，整日为儿子的事而伤心，这样下去一定会愁死。传说在阇那陀走过的地方都建起了塔，称为"阇那陀返回塔。"

之后，王子来到清净塔前，向那里的一位老僧请授出家戒。老僧说：

"你是转轮王，我不敢授出家戒。"言毕，加持王子的左手为堪布，加持右手为利刃，让王子自己剃除头发，说："因为是燃灯佛，所以是出家人。"帝释天拿着剃下的头发问王子："善男子，你不后悔吗?"说完带着头发去三十三天 [16] 建了取顶髻塔。猴年五月初八日，是不空成就出家的时间。

胜解返回王宫途中，遇见寻找王子的释迦族人问他是否见过（王子）? 胜解回答："是我送走了王子。"释迦人问："现在能回来吗?"胜解回答说："王子说不住王宫，不回来"。

胜解带着王子的马和衣物来到王妃跟前。耶输陀罗搂着马脖子自责说："宝马，你把圣人送往何处，我为你做了什么错事?"在场的其他王妃都失声痛哭。

耶输陀罗念诵道：

弃女寡妇及大妃，
愿做尊者之妻妾；
柔暖无绒无衣领，
愿做僧人之衣裳；
边鄙荒地无水处，
愿做尊者安身地；
老马驴子和骡子，
愿做尊者之物资；
酥汤无汁及无面，
来做大德之食物。

胜解来到净饭王跟前。王问："吾儿王储去了何处? 你要如实回答。"胜解说："陛下，请听我说! 午夜妇孺全入睡，胜解奉命牵宝马，我唤男女快起来，他们昏睡未听见，也未听见王子说。"王子在幽静的青山绿水边的清净塔下出家，由于其他剃度师担心受到国王的处罚，无人敢为其剃度，只好由王子自己剃去头发。没有法衣袈裟，帝释天拿走富户人家献给木母的已故妇人的衣服，然后化成狩猎老人将衣服献给了顿珠，而王子的衣裳被帝释天带走了。因此，有了帝释带给王子迦尸迦城衣服的传说。婆罗门具种莲花等，将王子尊为上宾。

（七）行苦难行

行苦难行，于神山伽耶山首领城之旦杰附近有二王处。目的是，以苦行调伏心魔。此时，妙镜之子仁普，有三百声闻弟子。于广严城，见仁普及其弟子们，在没有任何侍从的情况下学修阿耶恒那戒行法，拖牛轭而四处乞化。前去拜师，学习禅定，仍感到不满足。因此，为寻访更好的名师而四处行走。此时，被底多王的人看见后感到十分惊奇，他们怀疑他是帝释天或梵天的化身，于是有不少好奇之人前来围观。

此时，猛喜子之子胜行在王达哈罗（ཌཧར）处，向七百弟子讲授有无识戒行法。那里，婆罗门、仙人和施主们，贪念欲望，身心不入静，难见圣智。梵天与遍入天等，希望通过养身之业获得圣道。为转变他们的幻相，在此苦行六年。[17] 修色等识法。在两年的时间里，王子每天只吃两粒果实，喝一滴水。因两年未进食，故身体十分瘦弱，脊椎变得像发辫一样纤细。

自从王子出走后，净饭王每天派人去寻找。母亲的化身也经常从三十三天前来问安，并顶礼和转经。恶魔欲天说："这就是净饭王之子所说的成佛。"五善王，每日给王子送一粒米。此时，有恶魔欲天跟随六年，未找到任何谋害的机会。对此，佛说："罪恶缠身的恶魔，你是为自利而来。我虽有少量化缘，但没有一点私心。"说毕，消失了。

苦行结束后，欢喜女和喜力女送来饭菜；妙生女送来千牛酸奶。王子吃了以后身体逐渐好转，如同镀金。

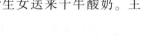

六年后，释迦牟尼希望能找到一块遮身布，捡起村姑妙生女的已故女仆珠巴姆的衣服，在神水里洗净后穿在身上。此时，净居天宫的天子无垢送来天之法衣袈裟。

释迦牟尼在尼连禅河洗浴后，寻找居住的地方时，发现有一巨大岩洞，周围生长着鲜花和果树。当他来到那里时，山岩已坍塌。他正在考虑岩洞坍塌的原因时，诸天说："地不敢索取者有两种含意，一是善根断，二是善根圆满。您是善根圆满者，所以地不能接受您。这不是您的住处，您应该去金刚座。"于是，来到了金刚座。这是关于行苦难行的事业。

（八）趋金刚座

当他准备前往金刚座时，父王派来了使者，请求见王子一面。王子说："不见！如果我向父王敬礼，将会成为身体的障碍。"父王祈求："我可以向王子敬礼，无论如何要见一面。"于是，父亲净饭王向释迦牟尼行礼，并说："起初的生地、阎浮树所蔽及如今具慧的你，向三者敬礼。"

此时，父王问："乘坐大象车，可前往英雄城。但现在满地荆棘，王子的脚怎能忍受？"王子回答说："过去乘马车、大象、神变马，依靠它们的力量前行；如今，无车马可乘，但照样能遍行。烦恼之刺是扎不进我身的。"

父亲问到衣服时，说："过去，你穿着华丽上等迦尸迦衣，如今身披粗糙的袈裟，孩子你的身体怎能忍受？"王子回答说："我身着洁净的法衣，乃是出家人的丽衣。"

父亲问到食物："过去配制丰富的食品，放在金盆和银盘中。如今却吃乞讨来的食物，王子怎能下咽？"王子回答说："舍弃世间一切美食，然为关爱世间众生而现于父王眼前。"

父亲净饭王准备返回迦毗罗卫城，临别时问："我做施主，长期弘扬佛法不行吗？"王子说："我不回城，我必须做有情众生事业，度剩余众生。请父亲自己回去吧！"父亲带着不悦的心情回去了。

之后，坐于由草商扎西所提供的草垫上，并对草商说："今天，你把草给我，我成就后行度众事业。"此时，欲界的天众及其仆人们问梵天："天界有一佛，如今无忧王的地方摩迦那也有一人证觉成佛，此二者是否为同一佛？"答："不知。"巨天说："此二者实为一佛，需要供养。"据说，当诸天铺设金刚座迎请之时，其他天神抓住衣襟不放。

（九）调伏魔军

关于调伏魔军之事，来到金刚座后，曾曰：

直至一切苦之边，
漏尽未得正果前，
就算生命将终结，
不能离开跏趺坐。

说着，坐于金刚座之龙王宝座。

此时，欢喜魔化成可怖的样子，匆忙前来，说："迦毗罗卫城被天授控制，毁坏了宫殿，杀尽了释迦族人，你为何还坐在这里？"虽受魔骚扰，但未起三分别心：一是除欲心而离三妻；二是对天授没有产生仇恨之心；三是对后生释迦族人未起念住心。

之后，生三善分别：出离分别心、无嗔分别心及不害分别心。对此，受到了八木天女的赞颂。

此时，天授前来说："你在这里做什么？"答："我已成佛，所以在此传法。"天授说："如果你已成佛，那我也成了佛。"此时，佛说："你连一次供养都没有，怎能觉悟成佛？而我于无数劫中积资粮、行圆满，故成了佛。"天授说："你知道我没有行供养，但你圆满所作，我并不知情。因此，你我都没有证人可证明各自所行事。"答："有人能证明，自从大地形成后，就有地母"。天授说："我们看不见地母。"这时，释迦牟尼唤来地母，地母斥责天授说："十恶不赦的家伙，你听着，佛所积累的资粮多如三千大千世界的尘土；你所做的法施却像脚底的灰尘。"天授羞愧难当，呼唤非人欢喜魔王。佛在草垫上东向而坐，从眉间射出摧毁妖魔坛城之光，黑暗覆盖魔地等，出现了三十二梦境。这时，众魔出动，右侧是魔主善慧；左侧是恶慧。他俩前来观阵，但因无法战胜而心脏破裂。魔王德班桑波急忙说："这样不能战胜（佛）。"于是，用武器之雨袭击。佛以修慈定使器雨变成了鲜花与甘露。如此调伏魔军。对此，魔说："如果你证觉成佛，我也能成佛，我与你没有区别，有何区别？"佛答道："你听着，我有八种瑞相：我的头为吉祥宝伞；我的眼睛为金鱼；我的颈部为宝瓶；我的手脚为宝轮；我的牙齿为海螺；我的舌头为莲花；我的身体为胜利宝幢；我的心为吉祥结。以上每一种能再分出四种，共有三十二相。每种还可以分化出十种，共有八十种妙相。"此时，释迦牟尼的身体已经不是普通之蕴，而能摧毁内蕴之魔。之后，又有三魔女前来引诱，示现各种贪欲之境，并祈求：

魔王已至发情时，
如同树木枝叶繁。
我等若能充天享，
远离菩提慈悲心，
尽情享用我等身。

佛说：

酷似莲花诸老妇，
所谓贪欲之烦恼，
如同盐水解外渴，

80

有谁稀罕此等事？

说毕，弹指，使三魔女变成了三老妇。于是，三魔女就逃跑了。此时，释迦牟尼没有生起烦恼而除去了烦恼之障。此后，寿命延续，从而除去了死主魔。[18]

之后，有一天佛之子罗睺罗和阿难陀出生。王子释迦牟尼离家出走，弟弟阿难出生，净饭王十分高兴，故取名为阿难。有人议论说，罗睺罗不是顿珠的儿子。耶输陀罗予以驳斥，她把罗睺罗抱在怀里，骑上磐石后跳入井水中，并说："如果不是顿珠的儿子，就让我们沉入井水中；如果是顿珠的儿子，就不要沉入水中。"结果，因未沉入水中而终止了恶人的议论。这是调伏魔军事业。

（十）成正等觉

关于成正等觉，在菩提树下禅修时，金刚持用资粮传授四灌顶，内具现等觉之相。他学习所有的禅定法，黄昏时分修得天眼通；午夜修得他心通；凌晨修得无漏三摩地通，舍弃要舍弃的一切，获得要得到的一切，即获得三身五智而成佛。如此，对觉者来说，他的化身在金刚座现等觉成佛。

对此，《月秘明点续》(གཟའ་ཟླ་གསང་བ།) 有不同的说法：在色究竟天，成佛者叫庆喜。[19] 释迦友认为，十地菩萨来到兜率天而生为白幢，作众天的导师。之后，从兜率天降世，出家苦行之时，通过意念升色究竟天，以五部佛成佛的方法而成佛。之后，再进行苦行，在金刚座修行成佛。佛密[20]说："十地菩萨以后，不随业力，在此世间轮回受生者，作十二种事业后，来到色究竟天，先成为报身，然后融入法身。因此，乐欲教诚亦非圣者，对父母、病人、说法者、后生菩萨来说，价值无法估量。"庆喜藏说："为化身，为最后一世。"释迦师说："虽为化身，然一世成道。"此二者皆认为非自续，而是化现，为上说；佛密持自续见，故为次说。上说与次说，与上述《楞伽经》《月秘明点续》的说法相同。

如此，化身转法轮事业，以"无量事迹"等宣说。现在"所说法等"有详细内容，以下细说。

（十一）示现神变

神变分四种：本性神变、教诫神变、加持神变及神通神变。

本性神变，犹如明净的虚空出现群星，仿佛大海所显的影子。法身如虚空，报身像日月，化身做众生事业。

教诫神变，犹如常啼菩萨，为寻法而舍身。

加持神变，从佛顶髻发出万道光芒，使本尊之光变得暗淡。

神通神变，如外道六师，有不沉水的神通，佛精通方便，具大悲心，神通广大，故下身十八相，是神通神变。天龙的神通神变是制伏神变。

（十二）入大涅槃

释迦牟尼80岁时，妖魔来问："据说你讲无常法，为何自己常住而不离苦？必须脱离轮回之苦。"此时，四方发出八种要求推迟涅槃的呼声并献吉祥之物。

五、十二境、十二目的、四住处及三行

十二如来事业分十二境、十二目的、四住处及三行。

十二境者，佛自天降世，建天降塔；诞生蓝毗尼园，建莲聚塔；嬉戏迦毗罗卫城，摄政释迦城，建大菩提塔；出家清净塔前，建相好所饰塔；苦行尼连禅，建变化塔；菩提树下伏魔，成佛金刚座，建文殊塔；在波罗奈斯转法轮，建法轮塔；在迦毗罗国示现神变，涅槃拘尸那迦[21]城，建涅槃塔；在芸香树下安放遗体，建舍利塔。

十二目的，为调伏众生而入住母胎；为做众生事业而生；为眷属与受用而嬉戏；为受用而摄政；为众生信仰而出家；为示现艰苦而苦行；为无敌而伏魔；为誓愿而成佛；为众生成熟而转法轮；为使众生信仰而现神通；为说无常法而涅槃；为得福泽而建舍利塔。

四处，指一切死的四处，即入胎、诞生、嬉戏及娶妻。为获得第一禅定的根本位，有受天鼓励、出家为僧两种宏化；离贪色方面，有苦行、伏魔、成佛三种宏化；随顺涅槃方面，有转法轮、涅槃、留舍利三宏化。

三行，分世间五行状、出世间五行状和无止二行状。

六位菩萨出家修成六位佛，一切都是如来佛的行状。

所谓"现正等觉"，即在无数劫之前，释迦牟尼名叫善逝自在幢，成佛后为做佛的事业而现佛相。如说："千万正觉佛，示现成为佛，没有知足想，复又想佛陀，叫作'乌'（ཨོག）"。[22]

大小乘佛教中，小乘佛教的共乘坚持上述有关佛的说法。

部分大乘经典认为，始初释迦牟尼生为白幢，将涅槃与舍利说成一种。《宝性论》（རྒྱུད་བླ་མ།）说：

大悲知世界，

遍观人世间，

静心住法身，

各种变化性。

兜率天转椿，

住胎及诞生，

精通工艺学，

王妃皆嬉戏。

出离艰苦行，

逝去菩提藏，

圆满毁魔军。

转动菩提轮，

离苦得涅槃，

一切非净田，

依世法居住。

第二节　佛语及论典的产生

现讲第二总纲之如何说法之情。这有五个内容：如何说法、法之自性、法之定义、法之分类及诸法特征。如何说法分二：佛语如何产生与如何著论典之情。

此情，《经》上以"所说法等"等七句明示。首先，世尊释迦牟尼37岁时，猪年腊月初八成道，至夏月（四月）二十八未说法。关于未说法的原因，《广戏经》（རྒྱ་ཆེར་རོལ་པ།）上说："头七未生法身，住心于无二身；二七专注于菩提树而积功德，住心于自十地至金刚座间的各种功行；三七从狮子宝座起身，前往三千世界，统治三千世界；四七自东至西海，如贵族般安住（མི་དྲག་ཚུལ་དུ་བཞུགས་པ།）；五七住于龙王当桑（ཀླུའི་རྒྱལ་པོ་བཏང་བཟང་།）处，此时龙界起飓风，众龙皆缠于佛身藏匿，感受了前所未有的安乐而生出离心；六七于哈雅卓达（ཧེ་ཏུ་གོ་ད།）、若迥（རཱ་ཙུ་ད།）、若强（རཱ་བ་འཇམ་ས།）树下禅修；七七于卓觉林园禅修。"

住于卓觉林园（སྐྱ་རྒྱུའི་ཚལ།）时，有商人迦贡（ག་གོན།）与桑波（བ་ཟང་།）赶着骏马、大象从外海运宝回来，见园中住有佛，献上满宝器蜂蜜请法未果。佛说："在我忍苦修行时，燃灯佛向我开示：对无边世界中的众生要有慈悲心。但是，若他人不祈祷我就不讲法。"又说："请为我们这些常走远方的人讲一些远离灾危之吉祥之法！"于是讲了《礼赞经》（ཤེས་པར་བྱ་བའི་མདོ།），并预示商人将成为蜂蜜源佛。

此时，有四天王献上了四珍宝钵，四个都接受后化作一金刚钵。心想：我要将圣法传于世间聪慧之人远行之子余行和通艺之子远飞时，据说二人中的一个在一天前去世了；另一个也在三天前已离世。

之后，心想：不管懂与不懂，要传法于释迦族，因为他们对我有恩。释迦族人说："据说因听从众神之言而使他成道，此事不可信。在尼连禅河边没有死，发现王位重要后，又想回到王宫里生活。不该饮用的奶也饮用了。我们不能听信这个贱种的法。"并发了毒誓。此时，他心想：吾法深奥难懂，只有圣贤才能懂，其他人等无法领悟。我要住于森林中，并示现静灭一次，留下舍利作为众天人积资粮之需。他看着菩提树说：

无法言语妙圣法，

如同甘露且难悟，

如何宣讲无人懂，

我便独往林中修。

此言传到了梵天界以下的地方，于是，众生都前来听法。又说：

远离文字与言语，

所依之法如虚空，

非是众生心所及，

唯有圣贤才能知。

识字亦难知深意，

谁也无法了其义，

过去诸佛及有情，

听闻此法并起信。

过去无数时劫中，

过去佛处我请法，

如今世间诸有情，

无人能懂所传法。

众人笃信梵天等，

并向梵天等祈祷，

梵天若拜我足下，

善意顶礼请我法，

如此便可传授法。

说完，从眉间发出一道光，射向三千世界。

梵天及其属众心想：若不前去请法，将不会传法于我们。于是，梵天对属众说："朋友们，如来已经成道，但不传法于我们。若不传法，世界将变为不净之地，所以，我们要前去督促如来。"于是，集合部众前去拜见如来，并对如来说："啊！如来虽已成道，但若不传法，世界将变为不净。在此世间也有聪慧、能懂佛法之有情，能明了佛法深义，具备善慧根器，请为他们传授善法！"又说："善修大智坛城，佛光照亮十方。以智慧之金开启心莲，佛言日舍梵住。以圣财接待众有情，使千万生灵气生。世间众生生起信念，还取决于如来身。请敲响佛法之鼓，吹响佛法之螺，建起圣佛之塔，点燃佛法之灯，下起佛法甘露雨，使众生脱离苦海！我等天人在此相聚，向法王祈祷。"为慈念世间众生，如来无语而立。梵天部众见如来不语后，向如来顶礼、供养后便消失了。

如来心想，世间众生心向佛法，梵天善根圆满。梵天为传甚深之法，已返回天界真实住。我之法深且细，若他人不能明了其义，即便我讲了也无意义，我也要回到森林中修行。

因如来做功之故，梵天明了如来之想法，于是对帝释天说："如来不传法于众生，为何不去说服？应该去说服他！"帝释天说："朋友说得极好，一到傍晚我们就出发。"与三界天神一道，傍晚来到了卓觉林园。

帝释天赞如来曰："如月远离星耀，如来之心已远离二障。愿如来战胜敌手！愿如来慧光除去世间暗障！"如此祈愿请法，但如来不语。又有梵天说："愿如来战胜敌手，愿如来慧光除去世间暗障。为众生生起信念，请如来传法！"此时，如来对梵天说："吾虽有文法，但吾道非同寻常，甚深且难见，非欲界众生所能见，故即便我传法也无作用。众生有欲，常住其中。我法大深，如此传法无用。"梵天等生苦、心烦而消失。

此时，摩迦达（अग्गाद）地方之众人也陷于苦海之中，他们说："现世间已无风无雨，孕妇也将不能生育。"

梵天与摩迦达人明白了如来之想法后，傍晚来到如来跟前顶礼，并祈求："摩迦达地方过去有法，但追随了不清净之有垢法。请打开甘露佛法之门，讲解离尘无垢之法，以度化众生。过去世尊有传法思想，现时机已成熟，现在世尊肯定已到达彼岸，请以正法之妙光普照我等众生。请以佛法之灯除去黑暗。请举起如来胜利宝幢，讲法时机已经成熟。"此时，如来以佛眼观世间众生，发现有情众生有上、中、下士，或有高、低、极低之分。发现有情之蕴也有三：邪蕴、正蕴及不了蕴。

如此，佛心想，面对此等有情众生，我可以讲法也可以不讲法。邪蕴众生，不能明了此法；正蕴众生，永远能明了此法；不了蕴众生，若讲可明了，若不讲则不可明了。于是，针对不了蕴众生而生菩提心。

如来心持真实智慧，对梵天说："甘露之门有我开，谁愿听闻除疑虑？梵天等人众所愿法，非戏言而今略说。梵天及摩迦达众生，认真听法且信仰。远离恶识常念佛法，为此打开甘露法门。"得到了佛法甘露后，心生满意，梵天消失。

此时，地上众神对虚空中的众天神说："朋友们，现在佛祖已开始讲法了。阿修罗种将被阻隔，天界兴起法而将度化六道众生。"色究竟天以下皆听到了这个声音。

如此，发现佛祖开始传法时，住于菩提树下的天神法政、法欲、法

行、法智等询问："如来将于何处讲法?"回答说："将于波罗奈斯城之鹿野苑[23]传法。"天之子说："波罗奈斯城人口稀少,有许多野兽,树林也比较小,所以,若有比较富裕、人口多的城市,请于那里讲法。"如来说："众善者,请不要如此说。因为,此处我已施供上千次,有六千万佛加持。波罗奈斯是过去仙人的住处,此处有神、龙所敬仰且常施法。我想起了过去的九千万佛,于鹿野苑转圣法轮。清净如实现禅定且有野兽住,因此,于鹿野苑转圣法轮。"

梵天如此请法而得到了圣法。此时,从东边世界发心而即刻转法轮。献上金伞后求法说："度化众生者您已成道,有燃灯佛预示度众。向您足下合十顶礼,请释迦王转首次法轮!"

出现两次请法的情况,是否相互矛盾呢?其实也不矛盾,是属于同一性质的两个方面,一是千善劫之请;而另一个是三世诸佛之请。要问何人首先明了法义?被认为首次有圣贤五比丘明了。圣贤五比丘住于波罗奈斯 (ཝ་ར་ཎ་སི) 沟壑时,见佛从南向北走来,在路上遇见了向南去的五百外道。诸外道心想,据说释迦之子无师成道,此事是否属实呢?于是就问:"您的上师为何人?"答:"我无任何上师,我独自悟道。别无同我者,为清净无漏之身。"又问:"您是否为阿罗汉?"答:"我乃世间阿罗汉,我为无上之上师,在天神与阿修罗之间,也没有如同我者。"那么,"您承认自己已经成道吗?"于是,佛开示:"在何地寻得绝有漏,要知能如我成道。从恶法中我成道,如同近度我证悟。"于是,众人相信了佛,问:"您前往何处?"答:"我去波罗奈斯,在色丹城 (གསལ་ལྡན),向如同盲人般的有情,点亮圣法明灯。"众人说:"我等也要做您的侍从!"说着向北走去。

佛与侍从等向北来到了波罗奈斯沟内,在那里有外道五比丘。听说佛祖前来后,他们以非侍从之身份前去拜访。遍知糕乌 (ཀུན་ཤེས་ཀོ) 没有皈依盟誓。见了佛祖后,因其光辉所致,便问:"有寿命的您是人之上师吗？心想光荣，但是否掌握了圣法？"说："不要说我是具寿命者，我已超出三界，为遍知，是除苦之树，是除疾之药。"于是，心生信仰而成了首个度化弟子。

此时，为传法收徒而敲檀板时，传出了："成为胜乐弟子之众有情，现佛祖降下圣法甘露雨。我等愿闻圣法者前去，甚深佛陀之语请细听！"等声音，于是，众人聚集到了波罗奈斯。

如此，所讲之法有二：为有限讲法和无限讲法。对此，经典上说："此时所讲诸法，有佛语与相续之论典。佛语可分有限和无限。"

无限之法如何讲解的情况，说："无限法之经典如《楞伽经》。"《楞伽经》上说："至识住有，乘无截止。识完全离时，无乘也无度。"如此，直至轮回完结皆传法，故称无限。

有限有四：为有情众生三转法轮；为对治而宣说《八万四千颂》；为分类宣说《十二分契经》。总摄于《三藏》。

首先，为众生起信，或为下士道转四谛法轮；中转无相法轮和二了义；为上士道传密法。

首次礼赞内容和离苦得乐法，是否摄于三法轮呢？或摄于何处？说：此二者虽是佛语，但非梵天所请，故不属于三法轮之法。三法轮加之礼赞、离苦得乐，共为五法。那么，是否与"三法说"相违背呢？其实也不违背。因为，一些《了义经》上说："众胜乐讲，五转法轮。"

一、初转四谛法轮

讲完经典和论典之后，现在讲其详细内容。对外道五比丘，讲小乘四谛法，被认为是首转法轮。如此，为下士讲四谛法，首次度化了五比丘。关于度化之情，佛祖说："众善面啊！此为苦；此为所依处；此为寂灭；此为道。"以十六刹那示义而生于见道续。

又针对未生于上道续众生，开示："明了苦为果之理；明了所依为因而远离；明了寂灭为果而实现；明了道为因而修行。"故，生修、道、

第三章　释迦牟尼传

续。

又针对未生于上道续众生，说事实上明苦后无不明；远离所依后再无所依离；道要修行，修完再无所修；寂灭要实现，现了再无所现。如此说法，获得了最终道续果位。这是谛之法轮中的四谛法轮，度化了首批弟子五比丘。

中度降服了迦耶护光、水龙护光等千众，末度降服了尼尔嘉（ཉེར་རྒྱལ）和邦纳杰（བང་ན་གྱེས）。此时，释迦族人也开始产生信仰，有五百人出家。这些是零散佛语之小乘法《对法七论》所度化之情。

《对法七论》为七阿罗汉后期所讲，能否算作佛语部呢？未必不可。佛祖首次讲散经，后有阿罗汉结集而使小乘佛语变为了大乘论典。如此，至四十二岁，差两个月就满七年的时间里，讲了许多小乘之法。

二、中转无相法轮

关于中转法轮，说：此后对大乘具种姓者，转大乘无相法轮。自四十二岁至七十岁，对弟子善现和庆喜等大乘具种姓者讲解一千零二十《般若经》、《安住王妃经》（གནས་འཇལ་པོའི་མདོ）或《鹰蕴山经》（བྱ་རྒོད་ཀྱི་ཕུང་པོའི་རི）等，为谛法之二谛法轮，即为不了义经而未分了义。

对共乘具种姓者，讲解了义法轮之无我法。于广严城（ཡངས་པ་ཅན）等处，[24] 自七十岁至八十岁之间讲解无我法。对弟子菩萨等讲解《了义经释》（ཚིག་དོན་གསལ་བ་ར་བ་འགྲེལ）等非胜义谛法。为何如此？曰："五法与三自性法，八识，无、我二法内，汇集诸大乘法。"如此，为未分不了义之了义经典。此二者归为中转法。

三、三转密法金刚乘法轮

"针对深邃之义，讲密法金刚乘。"此为讲解密法续部之情。佛祖八十寂灭，现法轮色身，对信仰密法之徒阿难陀（ཀུན་དགའ）等讲密法。于清净园讲《事部》；于他幻治地讲《行部》；于色究竟天和须弥山讲《瑜伽部》；于邬仗那讲《无上瑜伽》。如此，在不同的地方，以不同的化身讲解不同的密法。

于三转密法法轮时，化为离欲之色身，为小乘弟子明了圣法四谛义，开示离欲行；为信仰大乘佛法之有情，开示明了八识（ རྣམ་ཤེས་ཆོག་བརྒྱད། ）无我法，开示地与度化行；又化作法轮律色身，为那些追随深邃佛法之徒明了贪欲行，开示密法。

若有人说：密法非佛语，为佛寂灭后所作。那也不能成立。《密法密语》（ གསང་སྔགས་གསང་བ་ལུང་བསྟན་པ། ）上说：

因合是因法，
妙转圣法轮；
一果乘近道，
于未来示现。

据此，有漏有二种。佛陀寂灭前，文殊所请法与《妙律藏源后续》（ དཔལ་རྡོ་རྗེ་འབྱུང་བའི་རྒྱུད་ཕྱི་མ། ）上说：在"胜乐法，是否皆摄于您所示？"的问答中佛说：

在我示现寂灭后，
一百一十二年时，
有一精通佛法者，
他名传扬三天界。
赡部洲之东南边，
人称妙山之山顶，
将出手持金刚者，
人中有缘是圣人。
他将弘扬大乘法，

此等圣人常供养。

《口诀王经》（ གདམས་ངག་འབོགས་པ་རྒྱལ་པོའི་མདོ། ）上也有相同的记载：当问及"胜乐之法，是否仅摄于此？"时，佛祖回答：

当我从此消失后，
一百一十二年时，
将出对法有益者，
此乃人中之善缘。
将有人王名杂（ རྩ ）者，
终被观音所加持，
手持金刚现于世。

阿难陀父子之历史，也说明了这些情况。如此，从经教与证悟二者来看，都没有瑕疵。依龙树父子之思想修成，已破除了分别邪心之网。[25]

四、八万四千经之产生

经（佛语）的产生，由三转法轮所示，现讲对治法。关于对治法，所化烦恼有情八万四千，故有法蕴八万四千。有情具烦恼者八万四千众，故佛祖为度化而讲法八万四千种。对此，《四仙女所请经》（ ལྷ་མོ་བཞིས་ཞུས་པའི་ མདོ། ）上，也称有经八万四千。

有情持烦恼者贪业所化者有二万一千，为此讲对治修法二万一千；嗔、痴中，有内不合二万一千，为此讲对治法经典慈悲修法二万一千；愚痴中，内不合有二万一千，故讲缘起修法二万一千；三毒同住业有二万一千，故讲界品类论法二万一千。

对此，在经典上说：

贪欲巨大丑陋肉与脂，

见此皮肉瘦骨而解脱。

慈悲之水可灭嗔心火，

缘起之道可除痴心障。

此等诸法，皆摄于八万四千经。《四仙女所请经》上说：

为除烦恼等诸界，

宣讲八万四千法。

《天神经》(ལྷའི་མདོ།) 上也说：法之经典，有八万四千部 (ཆོས་ཀྱི་ཕུང་པོ།)。如何界定部品（数量）？称每一内容、界为一部（经）；或称每一千偈颂为一部；或称大象护地的一驮为一部。

为品类义而讲十二分契经或九部经。经典等十二分契经中，首先，"经"是指经中从"如是我闻"等语句开始，至"如是礼赞"为止的经文内容。这是言简意赅，或义简言赅的表达方式，如"波罗树"(བཀྲ་ཤིས་རྒྱས།) 等语句意味着佛经至此结束。或如佛祖对舍利弗所说："谁见了缘起就是见了法；谁见了法就是见了佛。"等言简而意赅。

第二，所谓妙音所讲部 (དབྱངས་ཀྱིས་བསྙད་པའི་སྡེ།)，如同《善慧女所请经》(དགེ་སློང་མ་བཟང་མོས་ཞུས་པ།)，偈颂体以妙音开示，有《时赐》(དུས་སུ་བྱིན།)、《无悔》(འགྱོད་པ་མེད།)、《满意施》(ཡིད་ཚིམ་སྦྱིན།)、《无望正果》(རྣམ་སྨིན་མི་རེ་བ།) 等。

第三，预示部经。据《了义经》(ངེས་པའི་དོན་གྱི་མདོ།) 说：未来佛皆有所预示，如预示：无敌未来将成为海螺王，后成道而得名弥勒，如同释迦牟尼得到了燃灯佛的预示。

第四，偈颂体部。以偈颂体传授经文，如《摄义》《善行》《说名相》

等。

第五，专讲部。为所喜专讲法，如佛说："众比丘啊！为脱离苦海，不寻有偿为善；少贪为善；知足为善。"这些无人所请，为师尊专门所讲。

第六，前言部。如为谁而讲，或结合有漏的教授。说：过去在聂（གཉན）地方有人抓住一小鸟，喂水米后放飞。对此，佛祖说：

不以善小而不为，

不以恶小而为之。

若以滴水常积累，

最终可满巨容器。

第七，传记部。何为"传记"？是以比喻所传，如《五胜乐传》（བདེ་གཤེགས་རིགས་ལྔ་རྟོགས་པ་ཆེན་པོ་ལ་སོགས་པ）等。

第八，"如此源"部。为何？具备先前所行，众比丘来到世间所讲，为界经部，如福护佛所讲《五甘露》（བདུད་རྩི་ལྔ）；大日如来所讲《圣法明灯》（ཆོས་ཀྱི་མར་མེ）；迦叶佛所讲《空性》（སྟོང་པ་ཉིད་རབ་པར་བྱེད་པ）。

第九，世系部。如菩萨行世系等。

第十，广细部。为大乘法深义，如虚空般之《华严经》等。

十一，精妙部。如为声闻部、独觉部，诸佛讲解妙法；佛祖降世后，即刻行走七步；或有猴子献上蜂蜜；或白狗听法；或诸魔未能加害于佛等，若一一认定，如同顶饰。

十二，决定部。为法之定义不违而示，是佛祖所讲《五经》等认真确定而作之经典。若要认定，如过去经。

事实上，龙树认为只有九部。前言、传记、决定三者，被归为其他九部。《明句经》（ཆེ་གཱ་གསལ）上说：

诸佛所讲法,

皆依二谛来。

五、三藏经之产生

为摄义所讲法,无一不包括于三藏之中。按摄义思想,十二分契经皆摄于三藏。

如何所摄?《经典》等前五部、加之《广部》《妙部》等七个摄于经;《前言》等四部摄于律藏;《决定部》摄于论藏。

又说:

经藏可分二与三,

为此诸因摄于九。

如此,前有三对治,中有三学,后有法与义。

为何胜乐归于藏?为根本烦恼,置对治法经藏;为近烦恼二边,置对治法律藏;为持自见为上近烦恼,置对治法论藏。

或为圆满三学而置三藏;为定学而作经藏;为戒学而作律藏;为慧学而有了论藏。

又说,为讲法与义而著经藏;为清净住法与义而著律藏;为确定关系语法与义而著论藏。

对此,《经庄严论》(འདོ་སྟེ་རྒྱན།)说:

经律论三法,

总摄于四义。

为示境与义,

为法有经藏；

经生取及源，

为此有律藏；

为了又现法，

为愦有论藏。

那么，密法摄于三藏中的哪一部？说"持明为自律。"有持密法为一藏者。也有人说："精妙部是密法，故密法摄于经。"为此，《桑扎哈经》(སང་བག) 上说："此经为善说。"《胜金刚》(རྡོ་རྗེ་རབ་རྩོགས།) 上说："若听闻此经。"大贤者贤德 (གནད།) 也说："深法精要为经藏。"据此，密法被认为是归于经藏。佛陀寂灭前，为善居士或铁匠之子增达 (ཙུན) 遗言大、小经。

六、著述论典

现在讲如何著述论典之情。对此，有"根据佛语而著述论典"之说。要说何人、何时、如何著述论典？根据"三藏"之说法，论典也分为三个部分即与三转法轮之时相符。据说世尊涅槃后的第二个夏天，有五百阿罗汉聚集于密岩洞，对佛法进行结集，著佛在此所说十万偈《俱舍论》(མཛོད།)。

此时，有一阿罗汉作与此义相符之《对法七论》(མཆོས་པ་སྡེ་བདུན།)：《发智论》(ཡེ་ཤེས་ལ་འཇུག་པ།)、《品类四论》(རབ་ཏུ་བྱེད་པ་བཞི།)、《识身论》(རྣམ་པ་ཤེས་པའི་ཚོགས།)、《法蕴论》(ཆོས་ཀྱི་ཕུང་པོ།)、《施设论》(གདགས་པའི་བསྟན་བཅོས།)、《集异门论》(འགྲོ་བའི་རྣམ་གྲངས།) 和《界身论》(ཁམས་ཀྱི་ཚོགས།)。这些属于过去世尊所讲散经，故可称之为经。又因这是于世尊涅槃之后所作，也被视作论典。

世尊涅槃后三百年时，由王达摩阿输迦资助，阿阇黎薄瓦迦 (འདུ་བ་ག) 著声明类著作《波你尼文法》(པྲ་ཎི།)。

之后，出现阿罗汉法护，据说他依据《宝聚经》(མདོ་དཀོན་མཆོག་བརྩེགས་པ།) 著四部现量品和三部比量品著作。如见烟，可知有火；见水鸟，可知有水。如此说。

阿阇黎陈那[26] 著《集量论》，并初授予自在军（ དབང་ཕྱུག་སྡེ ）。自在军，传授给了法称[27]论师。法称论师以此为据著《因明七论》，包括三根本论和四支论。

根据《四部经》，阿阇黎功德光（ ཡོན་ཏན་འོད ）[28] 著《根本经》《业根本实践论》九品及《根本经大疏》五十品。阿阇黎释迦光（ ཤཱཀྱའོད ）[29] 著《三百颂》及其注释八品。迦湿弥罗僧人桑波著《迦利迦经》（ ཀ་རི་ཀ ）。

七、分出各声闻部

佛陀涅槃后一百一十年，出现了一商人之后，名叫大天（ བཙུན་པ་ལྷ་ཆེན་པོ ）。此人在父亲外出经商期间与母媾合，并合谋杀害了父亲。为了躲避他人说闲话而逃往外地，在那里遇见了自己曾经供养过的一比丘。为了阻止比丘传言自己的劣迹，诱引比丘至家中并毒死。又发现母亲与他人有染，因心生嫉妒而杀之。如此，于三无间中罪孽深重，仍未醒悟。后忏悔行善，来到众僧人前要求出家。因此人天资聪慧，加之，勤奋修行而成为一贤者，得到了王与众人的尊敬。他成名后，又因为心生傲慢而谎称自己已证得阿罗汉果。有幸被国王请至王宫时，众人看见此人因见到了王妃而阳具勃起，从中流出了精液。众人问："为何如此？"答："是恶魔所作。"弟子详细询问时，对一些弟子说："只要你等坚持修行，就会有所成果，如将获得阿罗汉、独觉及预流等果位。"众弟子又问："我等什么也不会，又如何得知获得诸果位？"他回答："什么都可以获得。"在另一个时间里，他对众弟子讲了许多非法邪见，并在夜里叫喊："啊！大苦呀。"被弟子听到后问明原因时，他答："若不住于圣道而叫喊，则不能修成。"他为随众所讲解邪见之词，后被编成了偈颂说词：

众天不明被错引，

对法持疑被他入；

道出我法自音续，

此乃佛陀之圣法。

这是大天修行独觉法时所说。在那里，有听闻佛法的智者，他们考究了上述说词后，发现这些违背了佛法经典，也无意义。于是，对大天说："大天你往后不要再讲这些了，这些并非佛法律藏之词。"为此，两派之间为这些词而争论不休，王与重臣前去调解未果。大天一派问："过去佛陀没有讲过无诤之法吗？"有些人回答说："讲过。"于是，同意阿罗汉观点的人站一边，同意大天观点的人站在一边。此时，站在大天一边的有许多傲慢的青年，而站在阿罗汉一边的只有少数老年人，由此形成了上座部和大众部两派。

佛陀涅槃后二百年，大众部内部出现分歧而分出了不属于根本四部的五派：东、西、雪山、过去部和假立部。

佛陀涅槃后三百至四百年间，上座部内部出现分歧而分为三部：上座部、持一切有见部和正量部。

上座部又分不属于根本部之三部：神殿部、祇陀林住部和无畏山住部。

说一切有部又分成了七部：说一切有部、饮光部、护地部、护法部、多闻部、红衣部和分别说部。

正量部也分为三部：鸡胤部、守护部和可住子部。

如此，佛涅槃后三百至四百年以来，由于观点不同而发生了七次争论。众僧人也分为本部和支部，共分十八部或二十二部，各部阿阇黎皆著有许多论典。如何著述论典的情况，根据外道诸师所见，"无我"并非说蕴、界、处皆无，而是非无。对此，持说有者居多。

对此，《楞伽经》上说：十八或二十二部，皆源自一乘，非无亦非有，未来说"我"。详情见于《思焰择论》(རྟོག་གེ་འབར་བ།) 等。这些论点，在顺天所著《三见论》(བདེན་པ་གཉིས་ལྟ་བ་གསུམ།) 中也有详细的说明。

如此分裂为二十部派之时，据说，阿罗汉果梅赞扎 (ཀུན་ཙན་ན།) 也著有《戒律论》。这些是初转四谛法轮时所传之论典。佛经上，讲述初转法轮时，著述论典的情况，有如此说。

八、中转法轮时所著论典

现讲中转法轮时所著之论典。对此，有"世尊涅槃后四百年"等二偈所示。世尊涅槃后四百年，出现了婆罗门萨罗哈 (ས་ར་ཧ།) 与圣贤龙树师徒。二人一同住于吉祥山时，因菩萨智慧宝加持之故，修行有成。据说，萨罗哈依据龙树之教诲，著大、小《道歌集》和《佛顶续释》等。龙树师徒著密法论典《精义》《明灯论》等，又依据般若经著《理聚六论》等。他们的后人智藏等东方三师 [30] 著有医学论典《八支论》《月尘经》等。为何著述？在外部器世界和内部有情世界，诸法若无世俗谛定义，则无法明了其自性。胜义无自性，今世多有持无者。这些是依据圣法《般若经》及其注释所造《中论》法，视为一巨车经或一部品法。

出现论典之情，以"世尊寂灭九百年"等三偈表示。世尊寂灭九百年后，无著二兄弟出世。无著向弥勒学习大乘法，从而有了《慈氏五论》。又依据《五论》著《地论十七品》《二律》及《集论》。

世亲[31]向善僧学习小乘法。为重兴已衰败的论藏法，他向迦湿弥罗善僧学习下部论藏法，并著《俱舍论本注》。师从兄长，著有声明《八品论》。他的弟子慧固著《五蕴论疏》。

如此，婆罗门僧人智光，或无自性罗汉等著许多论典。

正法论藏受三敌而衰弱后，又在此时兴起。如何衰弱？又如何复兴？世尊寂灭九百多年后，论藏法曾受三敌：首先，外道与内道发生争论，外道胜出，部分论藏衰。

其次，大食王来犯而衰。

最后，论藏略兴之时，有两个外道前来那烂陀 [32] 寺行乞。但二人未能乞讨到食物，反而被夹于门间，又被人洒了沸水后逃离寺院。其中一人说："我有修日口诀，若能修成，将烧毁一切所见物。"在那里，两乞丐生活于地洞中，修行三年未果。准备离开时，人们要求再修三年，依然失败而告终。又想离开时，有人说："若修日不成，就杀于洞中。"无奈二人再修三年，终于修成。从地洞中走出后，以所修之法烧毁一切。因此，内道神殿全部被烧毁，论藏法也大多失传。

此时，有一女居士名叫明戒（ གསལ་བའི་ཚུལ་ཁྲིམས ），她心想：若论典失传，佛法将如同日落西山。我生为妇女，对此无能为力。我若有子，就让他们重兴佛法。于是，她与吠陀生下了长子无著 [33]；与婆罗门生下了次子世亲。

给二人教授利智仪轨而提升了智商。按天竺习俗，子要继承父业。因此，二子向母亲询问父亲的情况，母亲答："你不是为继承父业而生，你要担当起重兴佛法之重任。"

于是，二子各自去学法。世亲来到天竺西部，从阿阇黎善僧出家，学习小乘法而成了一班智达，为后人著言简意赅的《阿毗达摩俱舍论》及其注释。

阿阇黎无著心想：凭我的能力无法实现论典复兴，需要去修行弥勒法。向一上师请授口诀，于南鸡足山修行四年未果。在回来的路上，见滴水穿石，心想自己修行时间不够而返回再修四年，依然未能修成。在回来的路上，见一老妇手持羊毛制成的斧头磨铁树，问其何故？答："在磨针。"他说："这不可能实现。"老妇答："若坚持时间长，可以实现。"此时，他又想自己修行时间不长而回去修行四年，依然未果。在回来的路上，于山口见一受伤而下身腐烂的母狗，因心生慈悲而割下自己身上的肉喂狗，并驱赶腐肉上的驱虫时晕死过去。醒来时，不见母狗，也不见自己身上的伤疤，只见弥勒佛立于身前。于是，他说：弥勒佛缺乏大悲心。弥勒回答："并非我恩泽小，而是因为你自己心有障碍而未能看见我，我自始至终都在你身旁。"你若不信，请背上我上街向人们展示。背负弥勒上街后，结果谁也没有看见他身后的弥勒。

弥勒问："想要何种成就？"答："希望圣法论典复兴。""请抓住我的袈裟一角吧！"于是他抓住袈裟一角后，被带到了喜足天。于天界闻法半晌后，携带《慈氏五论》《细论》《五部瑜伽行》等回到了赡部洲 [34]。为了未来的众有情，把佛经书写于文字。此时，世亲听闻无著著有大乘法后，诋毁说："无著在森林中修行十二年后，未能寻得禅定之学，但著了足够一大象驮的经书。"

阿阇黎无著听后，得知已到了度化的时机，于是命两个弟子背熟《十地经》与《智不绝颂》后前去。二人见到世亲后，向他展示经文内容，结果世亲深信大乘法，并对之前的言语表示忏悔，说："一切罪孽都是舌头所造，请割去我的舌头！"答："现在不必割舌。兄长有去除舌障之能，请随我前去。"于是前去拜见兄长，相互顶礼后立马进行了辩论。辩论时，世亲对辩无阻，无著不擅长辩论。究其原因，说："在五百世中你都是班智达，因此聪慧善辩论；我只是根据弥勒所传对答，故有阻。"弟弟深信弥勒，想亲见弥勒佛。弥勒说："这一世我与世亲无缘。请对大乘经多作注释，供诸有情修行；对《慈氏五论》进行注解；供顶髻尊圣佛为本尊。如此，来世可转世为我的侍从。"此时，无著作译师，听闻一切大乘法。精通一切甚深佛法后，写下偈颂体诗歌说：

> 我兄犹如天上龙，
> 我辈等同思雨鸟。
> 龙王虽降甘露雨，
> 思雨鸟喉进水少。

之后，视小乘法有误而著大乘经注释《五百品》。对《弥勒四法》作了注。又著声明《八品论》。对过去的《俱舍论》做了注释，从而被世人称为第二佛陀。

此为一车即一部法。"中转法轮时所著论典，为二转法轮时所讲法。"一句是二者合而为一的说法。这些论典，是《华严经》《多芒》（ མདོ་མངས། ）等经的注释。这些如何著述？识境定义为无自性，从而破"有"边；世俗与胜义二谛中非无，从而破"无"边。此乃圆满理聚。此为中法轮之论典如何著述之情。

九、三转法轮时所著论典

三转法轮时所著论典，有"论典三法轮"等四偈所示。主要见于《二集经》（ འདུས་པ་གཉིས། ），有《父续》、《关系论》（ འབྲེལ་བ་བརྟགི ）等无数。根据《黑敌续》（ དགྲ་ནག་གི་རྒྱུད། ），《妙持》（ དཔལ་འཛིན། ）由罗毗热、黑足、日名等所著；《大威德》由桑达毗热、阿摩迦、青年等所著。

《母续》十四部及其注释，由诸阿阇黎所著无数。胜乐方面，有金刚持的《赞疏》以及迦摩拉、罗诃巴、黑藏等的注释；喜金刚方面，有《金刚精要注》（ རྡོ་རྗེ་སྙིང་པོའི་འགྲེལ་པ། ）及莲花（ པདྨ། ）[35]、珍珠月（ མུ་ཏིག་ཟླ་བ། ）、毗瓦巴（ བི་ཝ་པ། ）、正词金刚（ དབང་ཚིག་རྡོ་རྗེ། ）和先德巴（ གནའ་དུས་པ། ）等的注释；摩诃摩耶（ མ་ཧཱ་མཱ་ཡཱ། ）方面，有古古日巴（ ཀུ་ཀུ་རི་པ། ）、庄严（ བརྒྱན་པ། ）、先巴德（ གནའ་ཏི་པ། ）等的注释；四座（ གདན་བཞི། ）方面，有莲花戒的作品等；佛加行（ སངས་རྒྱས་མཉམ་སྦྱོར ）方面，有静灭师、贡嘎宁波等的注释；时轮方面，有观音菩萨等的注释。如此，也有许多其他《续》方面的论典及注释。这是三转法轮时的论典。以上是如何传法之情。

十、法之自性、定义及分类

讲完如何传法之情后，现讲法之自性、定义、分类及特征等。首先，法之本性为何？

证法之本性，《宝集经》上说：

远离文字者，

是为法自性；

远离心与智，

是为空自性。

据此，法之自性为难以言语。

经法之本性，由方便智慧自性二文字所示，摄于经教三妙口诀。对此，《天主所请经》(ལྷའི་དབང་པོས་ཞུས་པའི་མདོ།) 说：

法蕴有八万，

又四千等数；

摄处及父母，

因及其自性，

以二字示现。

艾 (ཨ) 与旺 (ཝ) 二字，

艾 (ཨ) 字变为母，

旺 (ཝ) 字称为父。

两字结合后，

变化甚奇妙。

如此，以上述"艾" (ཨ)、"旺" (ཝ) 二字作法因或法性。

理路法性，为诸明相源于方法与智慧自性。从声母、韵母二字生现八万四千法蕴等，故声、韵母二字之自性为"艾旺" (ཨཝ) 二字。

口诀中，二字可分为声字"艾旺"与书写字"艾旺"。声字，在天竺语里称"艾旺"，藏语称"我行" (བདག་གིས་བྱ) 。因此，一切经续之首皆有此二字，其后才有正文内容。

书写时，"艾"（ས）字呈三角形，为空性智慧，象征母体（阴）；"旺"（ཧ）字呈球形，为慈悲方法，象征父体（阳）。如此，二物和合而有了种。诸法皆源自方法与智慧，故摄于二字。

法之字义有二，为共法与不共法。共法，为明相总定义；不共法，为所示法之内容。

首先，共法，皆有定义，或称"法"，如"坚固者"为"土"之定义。以此类推，如"潮湿者"为水之定义；"炙热者"为火之定义；"能动者"为风之定义；"无边者"为虚空之定义等。不共法，所讲法之定义为不共，如能结善果，故称"法"，即远离烦恼，为获得正果之因。

对此，《明经》（མདོ་སྡེ་ལུང་རབ་གསལ）上说：

持世俗定义法，

是为世间之法；

断除烦恼之法，

为妙善过去法。

法之类别有二，为外道与佛法两乘。对此，有"总分五，支分二。"等三偈、三句所示，又分经与论差别。

首先，经可分为外道与佛法。此等，《金刚乘》（རྡོ་རྗེ་ཐེག་པ་རྣམ་པར་གཏད་པ）上说："法有二：外道与佛法。"

十一、外道之类别

外道有三百六十种，分三十二种邪见，总摄常、断二见。其中，持常见者，有持螺者（དུང་གཀང་དང་འཛིན）；持断见者，有哲哈哲达（འཇིག་བ་འཇིག）等。

外道内部，有持邪见者三百六十二、持萨迦耶（身）见者六十、持我见者二十、外道六部、持因见者四部、吠陀四部、根本经四部和九乘。

三百六十二持邪见者，分别是持过去边者一百二十、持现时边者一百二十和持未来边者一百二十，加之，断、常二根本，共为三百六十二。这些皆源自八邪见处（རང་བཞིན་ལྷུན་གྲོལ་བ་བརྒྱད།）和十二反见处（ཕྱོགས་ལོག་གོལ་བ་བཅུ་གཉིས།）。

六十二持萨迦耶见（འཇིག་ཚོགས་ལྟ།）者，可分为四持常见者、四持断见者、四持边者、二持无因见者、四说错词者、十六说识者、十六说无识者、八说有识者、五说见法者及七说断见者。

持我见者二十：有持我为色者、持我为受者、持我为识者、持我为行者和持我为魂者，持我具色者五，持我为色者五，持我住色者五，共为二十。

外道六部：狐头部（ཝ་མགོ་རེ་བོང་ཅན་གྱི་སྡེ།）、人肉部（ཏྲིག་ལག་ཤའི་སྡེ།）、黄子驴部（སེར་བུ་བོང་ངེ།）、顺世派（རྒྱན་འཕེན་པ།）、断见派（ཆད།）、邪见派（ཆལ།）。

四持因见者：自性因见者（རང་བཞིན་རྒྱུར་ལྟ།）、作因见者（བྱེད་པ།）、梵天因见者（དབང་ཕྱུག）和时因见者（དུས་རྒྱུར་ལྟ།）。

四吠陀：迦利香巴（གར་རི་ཁམ་པ།）、具网（རྒྱན་གྱི་དྲ་ཅན།）、肉鼻（གཟུགས་ཅན།）和吠陀母（རིག་བྱེད་མ།）。

四根本经部：外道、着边（ཕུ་ཐེགས་ལུར་དུ་ཕྱག་གཉིས།）和二顺世派（རྒྱང་འཕེན་ཕྱལ་པ་གཉིས།）[36]，共为四。

九乘：持整因外道（རིལ་པོ་རྒྱུར་ལྟ།）、持作因见（བྱེད་པ་རྒྱུར་ལྟ།）、细行（ཕྲ་མོ་སྤྱོད།）、略持经典（ལུང་གི་ཕྱོགས་ཙམ་འཛིན་པ།）、种边（རིགས་ཀྱི་མཐའ།）、说密（གསང་བར་སྨྲ།）、禁戒行（བརྟུལ་ཞུགས་སྤྱོད་པ།）、传律部（རྒྱལ་པོ་བཀག་པ།）和戒法行（བཅལ་བ་བབས་སྤྱོད།）。

这些可归结为四类：顺世派（འཇིག་རྟེན་རྒྱང་འཕེན།）、裸形派（གཅེར་བུ་པ།）、数论派（གྲངས་ཅན་པ།）和具种派（རིགས་མ་ཅན།）。

若再分，还可以分为持外境有，但不承认内心有的顺世派；不承认内心实有，也不承认外境有之说密派；持外境、内心都实有的数论派；胜论派等。

也有人说，有外之外道和内之外道。

外之外道，有六师、六臣。师银光，有臣日月名；师毗达子，有臣得乐；师迦达子，有臣遍知义；师仙人护，有臣吉祥；师裸形子，有臣无畏；师胜发衣，有臣具名等。

内之外道，有正外道、持密及大密。

这些，皆可摄于常、断二根本见。常见有六，断见有三。

六常见：持有情常见、持我常见、持天或帝释天常见、持吠陀密语常见、持三欲常见和持总常见。

三断见：持前后世断见、因果断见和果位、恶趣断见。

持邪见外道有四：持邪见者（ཚུལ།），如同小鸟落于坝子时不着边，外道不明善恶二边，一切愚钝；顺世派，远离胜义，顺世而行；着边派，不明胜义，持一切随生断见。（少一个）

外道，为持法边者，如：以自身大小为依据，认为人之大小，大如布袋（ཆེ་བ་རྡོག་ཅན།）；中如豆子（འབྲིང་སྲན་མ་ཙམ།）；小如微粒（ཆུང་བ་རྡུལ་ཙམ།）。持此等常见。虽身语守戒，然心不明三而不得解脱。[37]

三百六十持邪见者，可摄于四：一是外道如同咒师，不明真实义，持不明见，一切依赖于五官所见；二是顺世派，同于苯波（བོན་པོ།）[38]，来世远置，为今世而作；三是持邪见者，等同于舞者（རྩེད།），不明善恶，人生虚度于歌舞；四是着边派，如同凡夫，未闻圣法口诀，不明前后世又杀生，故名着边。

十二、佛教内部之派别

现在讲内道之派别。内道，分教与证两种。《庄严论》（མདོ་སྡེ་རྒྱན།）上说："世尊正法有两种，教法与证法。"对此，又称"义"与"文"，说"应知义与文"。了义之法，在词句上没有分别。教法，分经与论两种。对此，《正知理路》上说："一切正法分经与论。"

经分两种，即总经和分经。总经又分三种：所说经、随许经和加持经。

口授经：如：总摄或名号。

随许经：世尊涅槃时，阿难有四问，佛说：开头写："如是我闻"，中间写"作答"，最后写"随喜"。对此，《涅槃经》上说：

圣法明灯熄灭前，
弟子请问如何说？
起首写明"如是说"，
所讲正法喜念词，
定要写于文之末。

如此教导。

加持经分两种：与有情续无关之色加持和与有情续相关的持明（识）加持。

色是否属于经部呢？《白莲经》上说："度众世尊薄伽梵曾说，一切、利乐、导师、山、莲花、大鼓及制胜等，皆为经。"《俱舍论》上说：

奇妙之心所示之，
教与证等所统摄；
虚空与色等一切，
如说皆从虚空生。

《顶经》上说：

木与莲花一切中，
能生法音也能闻。

《华严经》上说：

群鸟以及树木等，

一切光芒及虚空，

皆生法音不间断，

有情皆能听得见。

这是加持色、识二者之经。

具明加持（ རིགས་ཅན་ལ་བརྟགས་པ། ）也分二：总加持与分加持。总加持，《摄论》（བསྡུད་པ།）上说："独觉、声闻和一切导师，所说法、妙圣及一切。"分加持有三：身、语、意加持经。身加持，佛将手置于金刚藏菩萨头顶而说身加持经，犹如向解脱月讲《十地经》；语加持，如佛告知须菩提："此教为你说！"如此能讲法，或佛对目犍连说："你来讲解释迦族起源！"如此能讲《观生经》（མདོ་སྡེ་མངོན་པར་འབྱུང་བ།）等；意加持，犹如世尊如来修禅定而加持观世音菩萨为说法者，加持舍利弗为听者而讲说《心经》（ཤེས་རབ་སྙིང་པོ།）。

分说大小，是指大乘和小乘。《如来密意续》（རྒྱལ་བ་དགོངས་པའི་རྒྱུད།）上说："释迦如来佛，正说二乘法，大乘与小乘。"

小乘，分声闻乘和独觉乘。《密集》（གསང་བ་འདུས་པ།）上说："声闻说此证词，独觉说此证词（དགྲ་བཅོམ་པའི་ཚིག་བཅད།）。"

声闻乘，包括有部和经部。细分有三：静行（ཞི་བ་སྒྲུབ་པ།）、具嗔（མཆོག་པའི་རྒྱལ་ལས།）和幻化道（སྒྱུ་མའི་ལམ།）。

独觉分二：如麟角独觉（བསེ་རུ་ལྟ་བུ།）和部行独觉（ཚོགས་མཆེད་སྤྱོད།）。

声闻部的论著有：决定所知论经典《俱舍论本注》，有经部的《八分论》。二者皆可修法是《四分律》（ལུང་སྡེ་བཞི།）、《广释》（རྒྱ་ཆེར་འགྲེལ་པ།）和《根本经论》（མདོ།）等。《四分律》有毗奈耶十七事：

出家长净及诸事，

解制夏季及皮革，

药衣及其功德衣，

乔赏弥与业之根，

红黄具与诸有漏，

品类细微听法者，

法与长净及置住，

卧境及其争辩事，

僧人挑拨及聚合。

品类，有比丘、父、母、请示、度化者等共十事。独觉之经典有《佛说稻秆经》(ས་ལུ་ལྗང་པ།) 等。

大乘，分因乘与果乘。因为性相；果为密法。对此，《示大乘续》(ཐེག་པ་ཆེན་པོ་ཡོངས་སུ་སྟོན་པའི་རྒྱུད།) 上说："大乘分二：般若乘与无上金刚乘。"

"因法有唯识与中观。"意为因乘有二：唯识和中观。

唯识，分唯识实相师和唯识假相师。两派的主要经典有《慈氏五论》(བྱེ་ལྔ།) 和《二律》(སྡོམ་རྣམ་པ་གཉིས།) 等。

中观，分如幻中观师和极无住中观师。后者分四：断极无所住、行舍极无所住、破极无所住和双运极无所住。两派的主要典籍有《中观理聚六论》和东方三师的论著等。

地道决定论，主要有《十四品》(སྐྱེད་པོའི་དོན་སྟོན་པ་བཅུ་བཞི།) 和《八时六师》(སྐབས་བརྒྱད་དྲུག་སྟོན་པ་ཙུག) 等。

果密乘，认为果分新、旧两种。这是边地之蕃人，根据自己的理解划分的。

新密认为，密法可分四续或五续。多数人坚持四续部。新密基本上坚持四续：事续、行续、瑜伽续和无上瑜伽续。《金刚经》(རྡོ་རྗེ་རྣམ་པར་བཀོད།)

上说：

> 佛陀所示密意续，
>
> 众人应知分四种，
>
> 事行瑜伽及无上。

为何分四续部？世间分四时：圆满时、二分时、三分时和四斗诤时，故根据四时而分四续部。《集密根本续》上说：

> 圆满时劫为事续，
>
> 二分时为行续部，
>
> 三分时为瑜伽续，
>
> 诤时无上瑜伽续。

又说：

> 时劫可分圆劫及，
>
> 三分二分和诤时，
>
> 依据时劫分四种，
>
> 从而密续分四部。

如此，又说根据四处说四续。《帐面怙主续》第四品（གར་མིའི་བཞི་རྡ）上说：

> 此经所说是四种，
>
> 为除人与诸天处，
>
> 空行处及细密处，

故讲身语意诸法。

另有以四种姓划分四续部。《阎摩德迦黑敌续》(དགྲ་ནག) 上说：

婆罗门及刹帝利，
首陀罗等四种姓，
为度四种说四续。

又根据四种根器划分四续部。《帐面怙主续》十三品说：

针对凡夫说事续，
为师以上说非事，
为诸圣贤瑜伽续，
无上瑜伽为以上。

又说，根据贪行划分四续部。《金刚手灌顶续》(རྡོ་རྗེ་དབང་བསྐུར་བའི་རྒྱུད) 上说：

怙主具有顶髻者，
其目少见之后作。

这是一见而心生满意之事续。
《大日如来观菩提续》(རྣམ་པར་སྣང་མཛད་མངོན་པར་བྱང་ཆུབ་པའི་རྒྱུད) 上说：

主尊具有金色面，
且带微笑如月光。

这是因微笑而内心清净之行续。

《顶经》(ཙེ་མོ་རིགས་པ་སྟུན་ཀྱི་ར་ཀྱི་ལ་འབོར་པ།) 上说：

左侧有天女，

紧握世尊手。

这是因接触而心生满意之瑜伽续。

《喜金刚》上说：

妙龄智慧女，

双手去拥抱，

金刚铃双运，

上师授灌顶。

这是二根结合而心生圆满之无上瑜伽续。

又说"事、行、瑜伽续，"意思是续有《喜金刚》等三部。

《本性不常住》(དེ་ཁོ་ན་ཉིད་རབ་ཏུ་མི་གནས་པ།) 上说续有五部：

事续行续瑜伽续，

无二方便智慧续，

第五即是无上续。

《智慧金刚集》(ཡེ་ཤེས་རྡོ་རྗེ་ཀུན་ལས་བཏུས་པ།) 上也坚持说有五部，说：事续有四
千；行续有八；二续有六；瑜伽续有十二；分别续有四。若再细分，则
有无数。

外续中，认为旧外续有二。外续有三续：事续、行续和瑜伽续。内

方便续也有三：生起、圆满和大圆满。其中，事续又分为总续和分续。

总续，包括外密续、明圣续（རིགས་པ་མཆོག་གི་རྒྱུད）和苏悉地迦罗续（སུ་སི་ཏི་ཀ་ར）等。

分续，包括十一部父续和三百六十部母续等。行续，有金刚手灌顶续，或根据《大日如来经》（རྣམ་སྣང་མངོན་བྱང）的说法，有《文殊幻网》（འཇམ་དཔལ་སྒྱུ་འཕྲུལ་དྲ）等。瑜伽续，有《根本续》（རྩ་རྒྱུད་རང་དྲ）和《四说续》（བཤད་རྒྱུད་བཞི）。近续，有《恶趣行续》（ངན་སོང་སྦྱོང་རྒྱུད）等。

内方便续分三种。生起摩诃瑜伽续有十八部。其中，身、语、意、功德和事业之根本五续：身续有《佛双运续》（སངས་རྒྱས་མཉམ་སྦྱོར）；语续有《月秘明点续》（ཟླ་གསང་ཐིག་ལེ）；意续有《密集》（གསང་འདུས）；功德续有《吉祥第一胜续》（དཔལ་མཆོག）；事业续有《白珠》（དཔལ་ཕྲེང་དཀར་པོ）。

宣说修行仪轨实践的有五续：身正行续《亥噜迦戏续》（ཧེ་རུ་ཀ་རོལ་པའི་རྒྱུད）；语正行续《胜马游戏续》（རྟ་མཆོག་རོལ་པ）；意正行续《慈悲游戏续》（སྙིང་རྗེའི་རོལ་པ）；功德正行续《甘露游戏续》（བདུད་རྩི་རོལ་པ）和事业正行续《除橛游戏续》（ཕུར་པ་རོ་རོལ་པ）。

总续之五支续：灌顶行续《山积》（རྒྱུ་རི་བོ་བརྩེགས་པ）；三昧耶所持续《三昧耶庄严续》（དམ་ཚིག་བཀོད་པ）；见断绳续《妙象续》（གླང་པོ་རབ་ཏུ་འཆིང）；禅定修行续《一境摄续》（ཇེ་གཅིག་བསྡམས་པ）；行所舍续《智轮续》（ཡེ་ཤེས་འཁོར་ལོ）等。加上前十部，共为十五部。在此基础上，后续有两部：即成就仪轨支《莲珠》（པདྨོའི་ཕྲེང་བ）和坛城入业支《大日如来幻网续》（རྣམ་པར་སྣང་མཛད་སྒྱུ་འཕྲུལ་དྲ་བ）。

摄持一切的一总续（བསྡུས་རྡོ）为《金刚萨埵幻网续》十万品（དཔལ་རྡོ་རྗེ་སེམས་དཔའི་སྒྱུ་འཕྲུལ་དྲ་བ་ལེ་སྟོང་ཕྲག་བརྒྱ་པ）。此根本大续供奉于邬仗那空行母洲，除了少数印度大成就者外，多数人未曾见过，故无藏译本。其他译成藏文的诸经续，统计后编辑成了《佛双运续》十品。后续有一品。后续之后续有十八品。《月秘明点续》中，《六坛城》以上前六品为本续，后续为《七坛城》。《密集》本续有十七品，后续有十八品。《说续》有四品，加之

113

衍生出的一续共为五品。《吉祥第一胜续》中，本续《广大功德庄严游戏续》有三十二品；后续有《趋入三昧耶续》十八品。《白珠》中，有《诸佛事业续》，《广大游戏续》十二品，后续《深义决定续》有十三品。相顺续《妙吉祥秘密续六十秘》有三十二品，《二十二秘》有三十七品。《亥噜迦游戏续》中，本续有四十三品，后续有十八品。《大自在本续》有七十二品，后续《次第分别续》有十七品。《大悲游戏续》有三十品。《甘露游戏续次第》有八品。第三段，《役使续》有十八品，相顺续《金刚甘露续》有十一品。清除的有《橛菩萨生源续》《五大曼荼罗次第分别根本续》，后续《格拉雅十二续》，注释续《摩怛理迦游戏尸林庄严续》，随顺续《涅槃续》。《山积续》有二十二品；《三昧耶庄严续》十三品；《大象面续》有二十八品；《一心摄略续》有十五品。这四部是独立的经续。《大象面续》本续有六十二品，后续有十三品。相顺续《闪电续》有十八品。方便续《方便本续》有四十二品，后续《趋入业海续》有一品。《金刚菩萨幻网续》分《秘密藏本续》和《注释续》。广本《幻网续》有八十品，其注释《护三摩地》有四十二品。《役使幻化上师续》有十三品。《幻化游戏续》有九品。《佛欢喜方便续》有三品，《忿怒力续》有一品，后续《一切分别摄续》有三十二品。后续之后续有一品，注释《幻网续》有九品，《幻网奇异释》有十二品。相顺续《幻化天女续》有十三品。

根据十八部秘密本续编成的要续分两种，即渊源与摄集。渊源要续，是由百种灌顶师从大灌顶集论中提取精华，或者从《亥噜迦游戏续》中提取经续等，各人从每一部经续提取所需而成。摄集要续，是每个人从不同的经续中摄取所需后，加以整理编集而成，如《胜乘密灯》等。瑜伽续，有本续七部和后续七部。七本续，是《遍集明王》《普明王》《大心教》《慧轮》《杜鹃》《甘露源》和《手印》。七部后续，是《灌顶王经》《六持明经》《殊胜持明经》《密门注》《金刚轮》《积灯》和《密意集》。又说，只有四

114

部或五部。四《集义》，是《集明经》《心教》《慧轮》《杜鹃》。

大圆满阿底瑜伽，一般认为有五百四十四部。简要地说，较著名的有殊胜业续中的《生起王续》《礼臣续》《释婆罗门续》《萨摩耶空续》和《三隐三角续》等五部。殊胜奇异续有三部，即《随眠广续》《鱼随眠略续》《智慧密续》。

《点金术续》有十二部：《口诀密库续》《无垢建续》《一口诀密续》《口诀无字续》《圆满口诀总续》《口诀摄本续》《无变化续》《禅定一续》《珍珠鬘方便续》《口诀行续》《圆满智慧续》《口诀虚空续》等。据载，这些经续都是伏藏。

据传，佛陀亲口所讲的经续有十六部，即本续五部、支续七部和注释四部。

五部本续：《吉祥不变光明住续》《圆满功德游戏续》《趋人诸地安立佛续》《入明点海续》《宝庄严分别续》。

七部支续：《普贤大成就续》《自然智本续》《圆满坛城续》《光明解脱续》《住续》《庄严续》《明义究竟续》。

四注释续：《秘密奇异续》《空性续》《空性大密续》《慧空庄严续》。

无上瑜伽续有二：母续和父续。

安立帐生故，

广说父续法；

调伏诸王妃，

故说母续法。

母续，《帐面怙主续》第四品中有十四部：空行乐（ མཁའ་འགྲོ་རོལ་པ། ）、大海乐（ རྒྱ་མཚོ་རོལ་པ། ）、虚空（ ནམ་མཁའ། ）、金雨（ གསེར་གྱི་ཆར་པ། ）、大喜（ དགའ་བ་ཆེན་པོ། ）、能食（ ཟ་བ། ）、大乐喜（ བདེ་ཆེན་དགྱེས་པ། ）、密意乐（ གསང་བ་ཡིད་འོང་། ）、金刚空行（ རྡོ་རྗེ་མཁའ་

）、金刚坛城（ཪྡོརྗེའི་དཀྱིལ་འཁོར།）、胜乐轮（བདེ་མཆོག་འཁོར་ལོ།）、帐（གུར།）、圆满丰富（ཕུན་སུམ་ཚོགས་པ།）等。"瑜伽母续为第六。"如此说。

如此，又可摄于两部：《喜金刚注释续》和《加持近续胜乐轮》。两部都分本续、注释、口诀和后续。本续，有五十一品。注释有六部：空行、生源、普行、胜续、无止和合续。口诀《阿若勒续》有二十五品。后续有六部。共为三十。

父续，分虚空续《密集》和合心续《妙吉祥阎摩德迦》两类。《阎摩德迦黑敌续》上说："摄集续究竟，幻轮究竟阎摩德迦。"《密集》分本续、后续和注释。本续，是应五部眷从请问，由金刚持佛所说。后续十八品，是应弥勒等菩萨所请，由五部佛所说。注释续有四部，包括为解答忿怒金刚明王等的疑问而编撰的《智慧金刚》，解答菩萨的疑问而编集的《密意授记》，解答结集者疑问而编集的《智慧金刚集》，解答诸天女疑问而编集的《四天女请问经》。妙吉祥阎摩德迦类经典有四部：《阎摩德迦黑敌续》《金刚大成德续》《敌主》和《六面童子续》。这四部集中了阎摩德迦类法的精华，属于父续。

十三、论典之类别

讲完经之类别后，现讲论典之类别。论典有二，即总论与分论。"总论有五，分论有二。"如此说。总论上，五明被认为是论典。对此，弥勒佛曾说：

若不学通诸五明，

圣贤也难成遍知；

断除其他后持明，

成就遍知需精进。

分论而言，论典有教论和慧论。

教论分四种：摄教、释教、集教和划分教论。

慧论分九种：无义、颠倒义、具义、闻净、修行、承负、狡诈、离爱和舍苦。

摄教论，是指八十经源流，或如本生。

释教论，如释一切经。

集教论，如一切论典。

划分教论，如从经典摄取精华而著述。

慧论分二：生慧与戏慧。

九种慧论：1.无义，如为乌鸦拔牙；2.颠倒义，如外道论典；3.具义，如佛法论典；4.闻净，如听闻声明与量学；5.修行，如修佛法；6.承负有三：闻、外和说；7.狡诈，如升两欺诈；8.离爱，如割肉、穿耳，或以毒、武器取他人生命；9.舍苦，如内道论典。

法之差别，如《经典》上说："第四，此等差别"等所示。内外道之差别，《金刚精要续》(ﾟﾟﾟﾟﾟﾟﾟﾟﾟﾟﾟﾟﾟﾟ) 分三：

两教之差别，

细分有三种，

第一圆满佛，

二三见与行。

如此，1.外道祖师无妙相；内道佛祖有妙相。对此，《业成品》(ﾟﾟﾟﾟﾟﾟﾟﾟﾟﾟﾟﾟﾟ) 上说：

相与妙好来装饰，

具足三身五智慧。

2.外道之见，有三百六十种，为常断见；内道之见，为离无我、常断。对此，《清净密意续》(ﾟﾟﾟﾟﾟﾟﾟﾟﾟﾟﾟﾟﾟﾟﾟﾟ) 上说：

舍弃人法二我执，

诸法空性离戏论，

界与智慧是一体，

此乃佛法殊胜见。

3.外道之行，希望获得三师之行而依止五火，行三棍等不善；内道之行，为十善及十波罗蜜多 [39]。对此，《智慧续》(རིག་པ་མཆོག་གི་རྒྱུད།) 上说：

常住十善义，

常行十般若，

久住智慧行，

终成上善行。

《阁苯都中道续》(ཨ་འགིན་བྲ་ལམ་དྲ་རའི་རྒྱུད།) 上说：

又分七大之差别，

所依导师相行见，

诸法差别有事果。

所依差别：外道之所依有梵天、遍入天及大自在天；佛法依三宝，如说"主尊三宝，"又说"皈依所依处"。

导师差别：外道以富蓝那迦叶等六如来为师；内道以佛为唯一导师，说："唯一导师众生师。"

标志（相）差别：外道以顶门、发辫或顶髻为标志；内道则以光头、赤足为标志，说："圆头大禁行者"。

行差别：外道行鸟苦等十非善；内道则以大悲、资粮而入十善，说：

118

"大慈自性无量。"又说："有福积福德，智慧智慧胜"。

见差别：外道认为，常者离一切生灭；乐者离一切害；我者自行成就一切法；净者为离垢。内道则认为，"无常无我苦空性"；或认为，"一切有为法无常，漏法涅槃得寂静"。

果差别：外道认为，轮回果为富有等；内道认为，涅槃之果为三身五智。对此，说：

到达轮回之彼岸，

解脱痛苦般涅槃，

殊胜第一记恩惠，

如来五身之主人。

又说，内外道差别有三：所依皈依差别、因悲悯差别和决定见差别。

皈依差别：内道皈依三宝；外道皈依三天。

因悲悯差别：内道有悲悯，外道无悲悯心。

经教与证悟之别：经教为文，证悟为义。对此，《庄严经》上说：

如此能持与能言，

加之能修为三者。

又说：

要知义与文。

义，为有漏、道和果；文，为明示有漏、道及果三者之义者。

十四、经论之别

"经与论差别"一句，有如此界定：佛在世时所说为"经"；佛寂灭后所著为"论"。

阿阇黎龙树说：

世尊涅槃后，

我与如我等，

对经作注释，

对此称论典。

从内容而言，"经"之本性为"离垢"。对此，《宝积经》上说：

诸佛所示法，

深邃清净合，

此法离尘垢，

随喜且传扬。

"论"之本质，按部派各自见地而寻：声闻部随色相，认为幻化般的论典如同梦幻，不常住且离戏言，其义从声，依总性相与关系而作。如此，"文字是否属于论典？"说：为色而非论典。

"经"之定义，为"离垢"。对此，说："如来正确说，真实说，无垢说。"意为：经为如来所说，为明示法义而作。对此，弥勒作"有义近法"等一偈。

"论"之定义，世亲说："除烦恼，从恶趣与世间得度。"

除去一切烦恼障，

恶趣世界得救度，

为护圣法称论典，

二者别处难寻得。

此为一偈。从意义上讲，阿阇黎为教授弟子而作论，故称"论"。

又说："论典为解脱之根本。"对此，弥勒作："此为世尊所说"等一偈。二者之别，如上所述。

同义者，"经"有显、密、陀罗尼及证悟经等；"论"，为明示"经"义者。

规格（ཚད་ཚོད），"经"需要具备起首之"五丰富"、中间的"问答"和最后的"随喜"等。

"论"之规格，要从丹田生气，通过八声生处发声；从字生句，从句生品类，品类丰富，再生论典。如此，需要具备四要素。

经的产生有三：说者为三身；所说方法有发心、积资粮、成道；所说数量有八万四千。

论典也有三：著因是智慧和慈悲，即为他、为己。智慧有二：所闻智慧生《五明》；所修智慧见天面，得加持。

慈悲，总为利他而著；次为有漏祈福而著。

所著之数量有《五明》，或本尊天神授记后得，或见其义，或依声明、因明而著等。

如何著述之情，如三转法轮时产生各自不同经那样，论典也出现了与三转法轮相应的论典。

经之思想：为烦恼之对治，为众有情，为断法执，也为离苦解脱。

论之思想：为美化佛典，为心生信仰，为结集论典，为解深义，也为复兴佛法。对此，世亲说：

美化生信仰，

结集释义兴。

十五、大小乘之别

大、小乘之别：智慧、慈悲大者为大乘；智慧与慈悲小者为小乘。对此，《智慧续》(ཡེ་ཤེས་རྣམ་པར་གོང་པའི་རྒྱུད།) 上说：

为了有情生慈悲，

智慧遍布法之界，

此为大乘之圣法。

与此相反是小乘。

如此，小乘，智慧小，持我事；慈悲小，无度化之心。

大乘，具大智，明法无我；具大悲，具有度化众生之心。对此，说：若无妙法，或智慧不够，无法度化他人，度化他人者为大乘道。

又说，大乘大于小乘，主要表现在七个方面：

一是持大，不为断义，而持深、广义。对此，说："义深义广"。

二是修大，为他胜过于己。对此，说："以度化六道众生为大。"

三是智大，持有漏无我胜过法无我。对此，说："真实无我如是。"

四是方法大，寂灭离苦不住，不住世间轮回，以智慧、慈悲不执世间。对此，《思想明经》(དགོངས་པ་ངེས་པར་འགྲེལ།) 上说："慈悲不住灭，智慧不念世。"另外，也说"以三苦灭苦。"

五是精进大，不为烦恼生苦，不为自利修，以精进灭苦。对此，说："以大精进除障。"

六是功德大，不为自利，修佛之一切功德。对此，说："因造佛之诸功德而得护佑。"

七是实修大，非修阿罗汉果，而修佛智慧和无畏等。对此，说："如来智海。"

另外，施大、心大、神通大等皆为入大乘妙法所致。说："以利器战胜魔幻。"如是说大乘法。

《幻化经》(སྒྱུ་འཕྲུལ།) 上说："方便大门大乘道。"大乘，门大，一切有漏皆能入；大方便，入门者皆得果；意大，自利、他利皆能成。小乘，门小，无有漏可入之门；方法小，唯有持戒；义小，只为自利。

因果乘之别。因果，名相各异，有因果、显密、般若、方法乘、金刚乘等。

因果乘中，因乘，为不了义，依福资粮而作比量道；果乘，为了义，依智慧资粮空性而授加持，或作现量道。对此，说：

三乘出离心，
唯住一乘果。

十六、显密之别

显密差别。显宗，主讲三学；密宗，主讲方便与智慧双运道。《大日如来幻网经》(རྣམ་སྣང་སྒྱུ་འཕྲུལ་དྲ་བ།) 上说：

唯住三学即是显，
方便智慧双运密。

般若乘与方便乘的区别。《业成品》(ལས་གྲུབ་པའི་རབ་འབྱེད།) 上有"不迷惑于任何一义，多方便。"等一偈颂。佛精通方便，行烦恼轮回法也得解脱；不需苦行，依妙欲也能成佛；方便迅捷，不必经过三无数劫的修行，一生即能成佛；若具慧根，授口诀也能解脱。对此，说："一刹那也能圆满成佛。"或"以大智刹那成佛。"

性相乘与金刚乘的区别。性相乘，人以自己的身、语、意、蕴、界、处、六度为因道，经过三阿僧祇劫，或六无数劫的修行才能得果。何谓

123

性相？分辨总法和自相，消除烦恼而证涅槃。

金刚乘人以自己的菩提心、身、口、心、蕴、界、处作为本尊的身、语、意，用三净或五菩提，或一刹那忆念修行，即生或中有，或十六生内成佛。如《地藏经》(ས་སྙིང་།)说："了义而言，此乘为果道。"何为"乘"？是以金刚持佛说为因，因上安立果名。《胜乐根本续》(དཔལ་འཁོར།) 提到成佛的时间，说：

此生或中有，

修证欢喜地，

他人十六生，

证得金刚持。

因果差别有四：本性、功德、体相和加持。

本性差别：性相乘认为，胜义无论如何都不可有，密乘则持相反的看法。

功德差别：因乘认为，无论如何性相不是胜义，密乘则相反。胜义有身、语、意、功德、事业、有和智慧。《八十颂》(བརྒྱད་བཅུ།) 说："胜义谛有七。"

体相差别：性相乘坚持胜义有，弃世俗；密乘承认胜义世俗有，任何一种都不能弃，二者自然成就。

加持差别：性相乘认为，世俗法如幻；密乘认为，修世俗法的目的是成就本尊。

又有一种观点认为，性相乘与密乘有三大差别：即因差别、方便道差别和果差别。

因差别：性相乘认为，波罗蜜多为暇满，尤为大乘而发菩提心，没有通过灌顶成就续，所以性相乘人只行波罗蜜道，得果的时间相对较遥

124

远。密乘认为，因之因所依补特伽罗通过灌顶成就续，行三身五智道，能迅速获得果位。

方便道差别：因相乘认为，通过三无数劫的苦修，只能证达菩萨十地，得菩萨位。密乘认为，即生能修成圆满道。《金刚地下新旧密法差别经》(རྡོ་རྗེ་གཏིང།) 说：

千万劫中难寻得，

师尊本身也精进。

此生就能得解脱，

唯是具有果之名。

如何以果为道？把界法身无生作为道，把智慧自证智作为道。

果差别：波罗蜜乘，通过三无数劫修行证达十地，而密乘不受灌顶则不成佛。受密教灌顶与教诀后能观见第一地的胜义谛，修生起次第法得第八地；修圆满次第语寂心寂法得十地；修光明法得第十二地；修双运法得十三金刚持地。

《密集》(གསང་བ་འདུས།) 说：

第一业加行，

能得第八地，

观见三现分，

极安住十地。

五种证菩提，

清净种子后，

将住如来位，

此生成遍知。

《时轮根本续》（ དུས་འཁོར། ） 上说：

金刚乘之果，

六佛金刚持；

五智五烦恼，

勤修等加行，

不知二分别，

获得三菩提。

也说因果二乘有三大差别，即外境差别、舍不舍蕴差别和灭不灭内
智慧生差别。

外境差别：性相乘认为，世俗非谛实；密乘则认为，世俗为本尊与
无量宫等。舍不舍蕴差别：性相乘认为，蕴不净，应舍弃；密乘则认为，
本尊天为幻化，不应舍蕴。灭不灭内智慧生差别：性相乘认为，四因灭
智慧，不成就任何法，应灭内智慧生。密乘认为，智慧作为修解脱的所
依是必要的，或者智慧无生灭常断，不应灭智慧。

十七、新旧密法之别

新密与旧密的差别，说："从金刚座翻译的密典是新密，从邬仗那
翻译的密典是旧密。"又说：

空行所传为新密，

智慧所传是旧密；

无伏藏者是新密，

有伏藏者是旧密。

这样的说法并不准确。那么，什么是新密和旧密？经典上做了详细

的说明，认为四无量和七无量正庄严中，从因金刚持转成果金刚持的经典即是新密；先修三昧耶，圆满成就果金刚持的经典是旧密典。实际上，在印度佛教中没有新密旧密之分，这是西藏学者的划分。

内续与外续的差别。外续，有事续、行续和瑜伽续。三续因见而成外续，不说一切法的自性为自然智。因行而成外续，不能受用圣物、五肉和五甘露。困灌顶而成外续，不能用深义讲三事。内续，包括生起摩诃瑜伽、教阿努瑜伽和大圆满阿底瑜伽。见、行、事与三外续相反。《金刚象经》(རྡོ་རྗེ་ལ་དེག) 上说：

见行灌顶三昧耶，

虚妄分别之分别。

又说，内续与外续有五大差别：处差别、师差别、轮回差别、供养差别、灌顶差别。外续，以须弥山或矮力士地方为住处；内续，以王妃生殖器为住处。大日如来所说为外续法，金刚持所说为内续。舍五毒道者为外续，以五毒为道者为内续。供养有四种，以外物供为外续，以内秘密性供及三供为内续。外续主讲宝瓶灌顶，内续主讲三灌顶。

三外续，是指五毒为制止的方法，能消除制伏五毒是外方法，将五毒作为成佛的方便者，则是内方便续。

外观慧，即从外寻找，故名外续。内观慧，即不能从心性单独成就本尊，故名内续。

四续部之间的差别。事续，胜义方面讲诸法离戏论。世俗上本尊与我如同主仆，以本尊为主，住自性。《分别解脱续》(རྣམ་པར་ཐར་པར་གྲོལ་བའི་རྒྱུད།) 说：

胜义离戏是空性，

世俗显现如幻天，

作为君臣勤修行，

修得成就即成佛。

行续者，胜义上说诸法离戏论，世俗上则如朋友。《慧海续》(ཤེས་རབ་རྒྱ་མཚོའི་རྒྱུད།) 上说："由清净胜义大慧修幻变法，用如幻的密道，修大解脱而觉悟。"

瑜伽续者，胜义上说诸法离戏论，世俗中则如点金术之液，修无二法。《圣金刚三昧耶现生续》(འཕགས་པ་རྡོ་རྗེ་དམ་ཚིག་མངོན་པར་འབྱུང་བ།) 上说：

胜义法之性，

自智修天身，

犹如点金液，

无别修得果。

无上瑜伽续者，胜义上承认本尊与我一体。《智慧密意无上续》(ཡེ་ཤེས་དགོངས་པ་བླ་ན་མེད་པ།) 上说：

胜义离戏论，

光明显法身，

修行无二法，

性相等双运。

幻变即是大乐身，乐空无别。

事续者，沐浴、清洁身体，更换三衣，舍三食。

行续者，以内念诵为主，同时讲手印和三摩地法，故名二者续。

瑜伽续，重点内修三禅定，也不放弃洁身净语。

生起摩诃瑜伽，依见行故名生起。圆满阿努瑜伽，依见圆满故名圆满。阿底瑜伽者，既不依见，也不依行，故名大圆满。

父续与母续的差别有三：修因为众生，修果为佛。

其一，因众生位的差别，化度男性徒众为父续，化度女性徒众为母续。《帐面怙主续》第一品说：

男性作对象，

故名父续法；

女性作对象，

故名母续法。

其二，修道时间的差别，密乘以乐为道，每个人身上有脉络近五千条，修脉产生快乐，依脉诀修果者，是母续。空乐无别，气搅动脉，人全身有气道三万多，气中寻空，气中觅果者，是父续。《智慧金刚遍集经》（ཡེ་ཤེས་རྡོ་རྗེ་ཀུན་ལས་བཏུས།）说：

以气寻圣果，

故名父续法；

以脉寻圣果，

故名母续法。

又说：先修仁慈是母续，先修悲悯是父续。在父母的柳叶结合中，慈爱救度众生，悲水滋润有情。

第三，果的差别。父续主讲智慧，母续主讲空性。对此，说："父是大智，母是慧度。"

另外，男眷多者，名父续；女眷多者，名母续。也有以男女请法者以及男女主等划分父母续者，然此等未见有经论记载。

"如此，数不胜数。"意思是，能用言语分类的都可以分出异同，如解脱轮回、涅槃与众生，胜义与世俗，密咒与明咒、陀罗尼咒，续、教、口诀，或三身五智等无数。

第三节　结集：如来转法轮事业

现在讲第三大内容，即结集者如何结集佛语之情形。对此，有"如此述及的结集者等"七句来表述佛法的结集。前面谈到释迦牟尼达到涅槃果位时，紧接着出现："之后，弟子们对佛语进行结集。"这句话。此处亦依此循序阐述。释迦牟尼三十七岁涅槃，最初向五比丘讲授四谛、破人我执，尚未讲到法无我。后来，佛祖在舍卫城等地讲《华严经》，为贪恋外境的人讲破境法，遂显内识。

在迦毗罗卫国，讲无相般若法，要求消除贪心，认识空性法。引导人人修佛法，使外道之人改投佛门，为声闻、独觉、菩萨弟子分别讲四谛法、缘起法和大乘法，使那些没有缘分的人进入善趣，虔信佛法；教化遍行妙贤和乾达婆王等诸王，以及其他徒众。八十岁时，应铁匠之子增达（ཟས་སྦྱིན）和木匠之子准提（ཤིང་བྱེད）请求，前往两地各住一月。

后来，为了部分懒惰弟子修佛法，为消除无语七户等人们以为佛陀永世长存的常见而示圆寂。

结集佛语之前，大家纷纷议论说："教法衰灭矣！"人们不了解佛陀教法的真谛，说：

如日佛陀已示寂，

治者大多已离世，

不见自性而自喜，

诸恶搅乱甚圣法。

如此释迦之佛法，

修道之人需谨慎。

如此，结集时，已造《毗婆沙论》(ཆེ་དག་པ་དང་བརྗོད།) 等。此等，如前所述。

据说佛陀涅槃前后，无三藏之结集，亦无文字记录的言教，而是以加持宣说大乘法。

佛涅槃之际，传唤阿难并说："阿难，我涅槃后，需将一切法结集成三藏。"为何如此说？因为，阿难是随侍弟子中多闻第一。世尊五十岁时，希望有一位近侍弟子。此时，目犍连等人愿做近侍弟子，然佛陀没有答应。佛陀看中了阿难。此时，大家推荐阿难做近侍弟子，然未能成事。师尊提出：能持守不吃剩食、不着余衣、有问必答等三事，才能作近侍弟子。

世尊八十岁时，一天，阿难陪他散步[40]。此时，有魔以加持堵住阿难的耳朵后请求师尊入灭。世尊问阿难："阿难，我已修得四禅定，能活千劫或与日月同存。现有魔请求我入灭，你说我该如何？"阿难因受魔控制而神志不清，故未能作答。因此，佛陀应魔之请求而入灭。

据说，阿难一直神志不清，梦见自己在一棵如意树倒下。

当时，释迦牟尼之子罗睺罗因犯罪而逃到了北方，住在一位轨范师处时，轨范师对他说："你的父亲已去世，你赶快回去吧！"他离开了师傅，继续往北逃跑。此时，轨范师又对他说："不管你到了什么地方都不要留在那里，回到你父亲跟前去吧！"罗睺罗在父亲临终前赶到，释迦牟尼对他说："你何须逃跑？你做了儿子应做的事，舍弃了烦恼障。我做了父亲的业，尽舍所知障而成佛传法。"以此消除了罗睺罗的痛苦。

第七天，佛将进入涅槃时，阿难恳求不要涅槃。佛说："我以前连问你三次，你没有回答。"没有答应阿难的请求。

阿难还处在昏厥之中。阿泥律陀站起来说："你那样没有什么用，不要那样，快起来。因为你未能及时作答，所以，佛肯定是要涅槃了。临终前，你赶紧请教四个问题吧！"如此做了提示。于是阿难清醒过来，向佛请教了以上问题："释尊您涅槃后，谁做我们的导师？我们的所依为何？如何与外道六师相处，又如何调伏外道？结集时，经之首尾写什么内容？"佛说："以戒律作导师；以四念住为所依；外道六师将会自然驯服；结集时，经续的起首写'如是我闻'，中间写'问答'，结尾写'随喜'。"舍利夫和目犍连说："我等不应在上师涅槃后仍留于世间。"于是，二人先于佛离世，接着有八万比丘亦辞世。

拘尸那城的人从玛拉雅山取来旃檀木架起，准备为释迦牟尼实行荼毗葬。荼毗时火燃烧不起来，帝释天祷告说："如果佛薄伽梵知诸法无常，诸法空性，诸法无我，涅槃寂静，火自燃吧！否则就不要燃烧。"此时，从佛心发出月色之火，点燃了法体。

一直烧了七天，火仍未熄灭。帝释天又祷告说："如果佛为未来的众生想留下遗骸，火，请自动熄灭吧！"话音刚落，火就熄灭了。

法体火化后，人们拾起了舍利子。婆罗门毗毗曼用布裹起头颅。舍利子的数量，以金质容器计量。以摩揭陀升计量，共有四克、四升、四把舍利 [41]，装满了四皮箱，由拘尸那城的人守护。阿阇世王获悉后，带着傲慢和嫉妒的心去抢舍利，被空中的天神发现劝阻说："大王，请不要那样，佛已究竟四无量，对一切人没有亲疏之分，你这样做是不好的。"阿阇世王感到后悔，从大象背上坠落在地上昏厥过去。苏醒后告诉随臣说："抢夺是不好的，我们去乞求几份舍利吧！"于是，带领大臣来到拘尸那城，发现释迦族人已经聚在那里互相争抢，乱作一团。

婆罗门制作了大小相等的几个升子，用布包裹头颅，将舍利分成八份，护送到八大城市，修建了八座塔。塔瓶中供放一升舍利。指骨舍利用阳气液擦拭干净后，又建两座塔，共有十塔。据说八份舍利中，七份留存于南赡部洲，另一份被罗刹带至龙界，并建塔供养。四颗大牙中，一颗被带到了三十三天；一颗带到措增（ཚོགས་འཛིན།）；一颗带到迦楞伽（ཀ་ལིང་ཀ）；还有一颗被罗刹或龙带走了。

一、第一次结集

结集总说，如《地品》（ས་འི་རྣམ་པར་བཤད།）等所示。《杂事品》（ཕུང་པོའི་ཚོགས།）上说：三次结集中，第一次结集分七种，结集时间是佛入灭后的第二年夏天。佛灭寂之后，众人和长寿天说："佛法将会衰败。佛涅槃之时，他的多位贤良弟子和获得长寿灌顶的比丘已经去世，由谁来念诵佛教的本母经《摩怛理迦》（མ་མོ་འདི་ནི）？"这些议论被长老迦叶听到，激发了他结集佛法的信心。于是，他发出召唤说："比丘们，请你们来这里吧！"阿那律响应，负责敲响檀板[42]召集比丘，获得阿罗汉果位的五百比丘除一人之外都来了。没有来的那位比丘由于以前犯戒，在五百世中转生为黄牛，现在尚未得人身，而生为丑陋的黄牛。得阿罗汉果位后，又受到其他比丘的斥责，罪恶极大。因此，佛让他住在三十三天夏日夏迦庙宇修行。

迦叶对阿那律说："愿富楼那身体健康，你去请来乔梵波提。"富楼那以神通而行，途遇乔梵波提。乔梵波提已离贪，知道佛已涅槃，便问富楼那："祝愿富楼那安康，佛薄伽梵未去他世吧？比丘僧没有争端吧？众生失去舵手，法轮未被外道阻止吧？朋友行如大，历经忏悔后没有虚度年华吧？没见觉醒的怙主吧？"富楼那用偈颂答道：

智慧之教存在故，

声闻僧人聚一起，

僧众心投意也合，
衷心祝愿你长寿。
我来此处作使者，
没有原因我不来，
请求尊者去一趟。

乔梵波提说：

可以前去富楼那，
请你不要这样说，
众生怙主灯住地，
我有所行的心意，
若是彼等去对面，
我也愿去慧世界，
携去钵盂三法衣，
请你献给众比丘，
入灭之后不转世，
你等众僧请节哀。

言毕涅槃了。

富楼那把乔梵波提的头发供养起来，带着钵盂和三法衣[43]来到拘尸那城，告诉长老们说：

乔氏闻悉佛涅槃，
自己异熟亦去世，
这是他的法衣钵，
他请众僧多原谅。

迦叶对比丘们说：

根据圣教来结集，
他人不得学涅槃，
继续去做需做事，
如是聚会利他行。

于是，大家发誓不涅槃。
迦叶又说：

如何成为福业田，
月城人乔梵波提，
不应如此去思考，
应为众生来聚会。

于是，比丘们讨论结集的地方，一部分人提出在拘尸那城结集，认为这里是佛涅槃的地方，不了解涅槃的人通过听讲历史悼念佛陀。另一部分人说："金刚座附近有个地方比较舒适，佛曾在那里证得法身，是个吉祥之地，适合结集。要么，在国王的秘密岩洞（七叶窟）结集，但那里没有施主支持。"还有人提出去摩揭陀的如来胜身洲结集，因为摩揭陀有信佛的阿阇世王，求得他的支持进行结集。阿难出游去了。迦叶一直往前走，遇见阿阇世王，问："迦叶长老去何处？"曰："佛已涅槃，现在准备去结集言教。"阿阇世王听了昏倒过去。

苏醒后，阿那律安慰说："对佛来说没有涅槃，而是向声闻弟子们示现涅槃相。"阿阇世王问："佛涅槃后，我们没有供养的对象，没有依靠，如何是好？"迦叶说："现在唯一的办法是结集佛法，拘尸那城不合适，我们考虑去竹林园结集。"阿阇世王说："竹林园是过去佛说法的地方，不太合适。"堪胜者说："尼拘卢有个秘密洞窟，名叫非天洞，那里比较安静，结集比较合适。"但是，尼拘卢没有人当施主，大家想去欢喜园。阿阇世王说："去秘密岩洞结集，我愿做加行的施主，提供夏季三个月的生活费用和卧具。佛与舍利夫未问我就涅槃了，圣者迦叶你们有不涅槃的自行力，如果涅槃请必须问我。"迦叶答应不涅槃，在四座大山间修禅定。据说有一次，弥勒送来法衣等，如常度化众生。

乔梵波提去世了，于是连五百个阿罗汉都凑不齐。大家议论：佛在世时，委托阿难住持结集，阿难合适吗？阿难是佛的预流弟子，大家怀疑他是否获得了阿罗汉果位？正在这时，阿那律发现阿难未得阿罗汉果位，他犹豫不决，不想结集佛法。阿那律想用一种办法让阿难获得阿罗汉果位，通过神通发现阿难，求他参加结集，遭到了拒绝。阿那律发现通过八责，可以说服他，于是，把此事告知了迦叶。迦叶望着阿那律问："这些比丘中，是否有未舍弃烦恼的比丘僧？"阿那律说："有，是阿难。"迦叶对阿难说："没有舍尽烦恼的阿难，请你不要留在聚集结集的胜地，你不能与我们同住。"阿难以奸诈的语言说："长老迦叶，我没有破戒，也没有损坏见、行、生活，也没有失去精进心，没有以僧人身份作孽，长老大迦叶为何如此说？若我有过错，请指出，我可以接受。"迦叶提出了八责：

饮用浊水踏法衣，

颠倒回答显法身，

显示密处比丘戒，

没有留住人世间，

舒心未请是八责。

迦叶说："阿难，你长期随侍佛的左右，不破戒有什么好稀奇的？应该恪守戒律。现在我指出你的诸过失。"阿难离垫而起，随即三千大千世界开始摇动，诸天发出"哎嘛"（ས྅འ）、"阿啦"（ཨ྅ར） 等赞叹声。如同迦叶佛于东圣胜洲那样，迦叶严厉地斥责阿难。

迦叶说："佛在娑罗树林园生病时，要你端水给他喝。当时，因为你端来了浊水，故佛陀入灭。"阿难申辩说："当时频婆娑罗王驱赶五百头大象渡尼连禅河，因此河水浑浊，没有找到清水。"迦叶又说："当华丽的宝瓶举向天空时，诸天会装满甘露水。"阿难说："此事未能如愿，请大迦叶谅解！"这是第一责。

"另有其他过失。在制作佛的法衣时，你以鞋底压踏衣角而缝制。"阿难说："没有找到持衣角者。"迦叶说："当衣服的一端抛向虚空时，诸天会按着那一端。"阿难说："请大迦叶谅解！"这是第二责。

迦叶斥责说："佛向你授教时，有时你答非所问。"这是第三责。

迦叶说："佛身如金，你向妇女展示，妇女们向金身吐口水，这是你的过失。"阿难说："我当时希望那些未得教化者（吐口水者），见到金身后能悔过；也希望那些相貌丑陋的人，将来成就佛一样的金身。"迦叶斥责说："也许你有这样的想法，但你也不能揣测他人的想法。"这是第四责。

迦叶说："你向佛弟子和品行恶劣的女人讲佛相马阴藏相，这是造罪。"阿难说："我这样想，经中说佛离本性贪，若见阴茎（男性生殖器），女人则离妇女身而得男身，因此才讲佛的马阴茎相。"迦叶说："圆满中产生如此智慧，如果用他善不得男人身，示现阴茎怎能得男身？"这是你的第五过。

迦叶说："阿难你说过没有为僧众造罪，怎么没有？佛没有说女人出家和授比丘戒的事，如果佛说了，女人就不做随从，你将姨母作为出家的内援，使佛教在住世五千五百年中，五百年沉寂。"阿难说："我想凡过去佛都有四种仆从，现在佛也应该有四种随从，比丘尼作为补足。另外，佛有奶妈。因此，想报恩而作亲属、亲戚。"迦叶说："你这样做不就是为了亲戚的利益而出卖了圣教吗？你说四种随从，当时随从们烦恼少，而且贪心小，即使有女性随从也没有关系，现今的人们烦恼障很深，不考虑他人的想法。这是你的第六过。"

迦叶说："魔问佛是否做有情众生的事，要求佛为他涅槃。佛答应为他而涅槃，于是叫唤你说：'阿难，我想修习神变四足，就会有无数劫不死的自由，现在涅槃还是留下？'你没有回答，不是吗？之后，佛未向魔说什么？答应涅槃，就这样佛涅槃了。当时，你只是为了魔的利益，没有恳请佛考虑众生而留下。"阿难说："当时，我受魔的加持而神志不清，耳朵也被魔遮掩，没有听见佛的问话。"迦叶说："你的罪不可饶恕，你常住佛处，佛舍弃一切臭气，制伏魔力等一切，你怎么受魔加持呢？"阿难说："此事未能如愿，请大迦叶原谅！"这是第七责。

第八过，迦叶说："一时，佛诵《别解脱戒经》时，如果诵《毗奈耶》和《毗奈耶杂事》，比丘们就会放纵，接受享乐，不慎重对待《杂事品》。当时，你应该问哪些是戒学，哪些是毗奈耶和毗奈耶杂事，你却没有问。现在那些经典被带到不同的地方。有些人说《四向彼悔》是戒学经典，其余是《毗奈耶》和《毗奈耶杂事》的经典；还有人说除百堕法外，其余都是《毗奈耶杂事》，如此等等，不同对待《毗奈耶》与《毗奈耶杂事》。如今，部分比丘僧守四他胜法；有些人守三僧残法。当时，外道僧、凡夫和不信佛的人认为，比丘乔达摩之教已衰败，乔达摩在世时，声闻弟子制戒，现在退还。面对这些，阿难你没有提出任何要求，这是造罪。"阿难说："当时，我为将要失去佛陀而痛苦，没有请问的勇气。"迦叶说："你随侍佛二十二年，佛说诸法无常，佛入灭是示现无常，岂能痛苦？"阿难说："那些事我不知道，请大迦叶原谅。"

之后，迦叶又说："如果是这样，长老（阿难）你是（佛）获得预流果的弟子，尚未得到圣道，不可与我们同住一洞，请离开至尊聚集的地方。"阿难心里十分难受，大声疾呼："呜呼！我逢时如此，佛在世时，我与佛一样受人尊敬，关爱大家。佛涅槃后，我受如此责难，为什么？"他告诉迦叶说："大迦叶，佛曾对我说：'阿难，你不要担心，我将你托给圣者迦叶。'佛把我托给你，如果你连如此小的错误都不能原谅，则难忍大过。你斥责我有八过。"迦叶严厉地批评道："阿难，我如此凶狠地骂你，并不羡慕抢夺你所拥有的善法。我说这些话希望你勤于佛事，因此，才不让你留在至尊们聚集的地方。"这话被天空中的诸天听到后，颇为惊奇，议论说：像佛一样的声闻大弟子斥责像佛一样的声闻弟子有八过。

阿那律问迦叶说："如果没有阿难，我们如何诵经？"迦叶说："阿难具有知解经义的能力，但是他贪心重，是个预流果弟子，不适合托他诵经。"阿难很不情愿地离开了岩洞。阿那律对他说："长老，你无论如何要舍弃烦恼，得阿罗汉果后做我们的师长。"

阿难前往格吉（ꡤ）地方，为邦切父子说法。后来，邦切出家修得阿罗汉果。他心里想：我们的上师是断除了烦恼后说的法，还是尚未断除烦恼？于是，通过禅定观察，发现阿难尚未断除烦恼，便用带着发令的口气说："轨范师，你的行为要检点一些，请记住要修禅定，不久就会得果位的！"阿难心生忧愧，心想：连自己的弟子都这样说，迦叶说的没有错。遂住进禅堂，腰系禅绳，修定七天，获得果位，对以前的做法十分后悔。

还想：迦叶将我从比丘众中逐出，实际上初衷在于用慈心除我嗔心。他用三摩咽多（根本定）观察，发现迦叶很有慈悲心，于是产生了敬仰之情。

阿难得阿罗汉果后，来到秘密岩洞敲门，洞内人回答说："如果来人是神变者就进来，哪里需要开门？如果不是得神通者，就不要进来。"

阿难通过神通进入洞内后，大家不认他了，于是产生了三种幻象。

三幻象：一是想这是哪位上师？二是想是否有魔等进入？三是是否阿难本人进来了？此时，天神在天空中用偈颂道：

何处有诸清净法？

三世将会常供奉。

不可怀疑此圣者，

他将如狮传诵法。

他传寂静之法后，

你等为得大乐法，

了义经要和圣要，

生起敬仰去聆听[44]。

众比丘用五百上衣盖住狮子座，请阿难上座。阿难登上狮子宝座，从"如是我闻"讲起。在座的人除一人外，其他人都认识长老阿难。迦叶等人请求开始结集佛法。

结集佛法的地点是秘密岩洞，结集者是佛的近住弟子。迦叶启请阿难：

佛说利世法，

佛说一切法，

诸法皆殊胜，

请你说律法。

请阿难讲说经藏。按照弟子们的记忆结集三藏，尚未编排成典籍。阿阇世王担任施主，五百阿罗汉是结集者。

二、 第二次结集

第二次结集的时间，是佛灭寂后一百二十八年。地点，在广严城的普尔摩普梨寺，由长老邬波毯多（小护）提议结集之事，并结集了三藏法。又说，审查大天所提出的十非事，[45] 结集为根本四部。大天或毗舍厘的比丘麦萨说：

呼噜随喜道德器，

调盐一道二指乱，

卧具以金替代等，

十个非事需戒除。[46]

清除了此等十非事后，形成了不同派别，即分裂成说一切有部、正量部、上座部和大众部。参加结集的七百比丘中，因少了一个而以九月师代替。对此，《毗奈耶杂事品》说：九月师未觉察，由信天召唤后，以神通前来。敲门时，里面的人问是谁？回答：

凡来即是红衣者，

持守比丘多闻戒，

诸凡比丘何来此，

比丘根寂在门口。

里面的比丘不知道是谁，要求出示标志。说："诸凡红衣者在守门。"于是，认出他是获得果位者，开门迎进，凑足了七百人。当时，比丘们把佛经熟记于心而未做文字记载。

三、 第三次结集

关于第三次结集，佛灭寂后三百年，在迦湿弥罗园林的阇烂达寺结集，此地别称迦纳毗那。住持这次结集的人是出生于贫民的菩萨世友和阿罗汉毗阇尼迦。参加结集的人有五百菩萨、五百阿罗汉、一万六千凡夫、加行施主和两名启请者迦腻色迦王。迦腻色迦王提供了夏季三月的生活费用和坐具等。他智慧超群，虔信佛法，为了纯洁佛法，拯救趋向衰退的佛教，就着手结集佛的言教，诵出尚不被人们了解的陀罗尼咒。为使佛教永驻，利益未来众生，用文字记录经藏，写成卷函，载重有五百象驮，全部整理好后，开光安放。

这次结集的法分成十八部，摄为四根本。如说："师长分别说，坚持十八部，导师非有异。"又说：

释迦狮子法，

细分十八部；

如此众生师，

往去事业故。

四根本部中首先从说一切有部分出七部：根本说一切有部、饮光部、法守部、多闻部、红衣部、分别说部和护地部。

大众部有五：东山住部、西山住部、雪山住部、出世间说部和说假部。

上座部分三：祇陀林住部、无畏山住部和住寺部。

正量部分三：鸡胤部、守护部、犊子部（可住子部）。

十八部摄为四部，整理成函，委托不同人管理。其中，《般若十万颂》委托龙王管理；《般若二万颂》委托帝释天保管；《般若一万八千颂》及《般若一万颂》等般若集论等微品，托弥勒之父百手（勒嘉巴）保管；《般若八千颂》托多闻子保管。密典全部托空行母保管。佛经存放在金刚座石窟。由于当时信仰佛教的人比较少，加上缺乏神通，没有得到经卷。据说，阿阇世王请了一象驮的经典。有些人认为，人间没有留下一部佛经，佛法将面临失传。上述为小乘佛教的结集。

据说，三乘中的大乘，金刚持说经部法，弥勒说律部法，文殊说论部。

共乘的观点是，在秘密窟集会之时，请求阿难说："长老，请你说经部"。阿难上午说经，然后向近住弟子们说律，故有半天时间结集律藏之说。请迦叶说论部。傍晚，迦叶结集论部。小乘的结集如上所述。

有人说，结集者很多，若每一种法需要一位结集者，那么，这与结集者看作一个人是否相违？非也。过去，共同发菩提心时，出现了法菩提。他就是以愿力所成的金刚手，是佛的变化，是化生而不是相续。《陀罗尼经》说：向多闻持密者阿难顶礼。阿难是声闻弟子，不诵持密咒。因他与金刚手无别，故说是持密者。另外，关于非共密法，《大瑜伽续》上说："阿难是普贤菩萨，也是金刚手。大金刚手也是他，无有其他。"说结集者是为一人，可以成立，他是佛的化身。

为何有多位结集者？性相法由阿难、迦叶和诸近侍弟子结集；总密法，由金刚手结集；瑜伽续，由金刚法结集；密教母续法，由金刚藏结集。此事传自过去的诸上师，也见于经典记载。佛入灭后，第一次向上首五比丘说四谛法，破除人我执，讲法无我。于舍卫城，宣说《华严经》等唯识法，以破有境，入内智法。之后，讲无相法，以破内智，明了空性法义，如此宣讲诸法，使一切有情成熟。让声闻弟子诵经闻经；让独觉弟子习缘起法；让菩萨讲大乘法；让无缘分的贪婪者生于善趣；最后，使一切见法者皆起信。度化优婆塞和乾达婆等。引导懒惰者学习佛法。为使一切常执者生起烦恼，于拘尸那城示现涅槃相。之后，由诸阿罗汉结集佛法。

第四节　如何著述论典之情

在讲完佛陀如何说法以及众罗汉又是如何对佛经进行集结之后，讲述论藏如何产生的情况。对此，有"在佛祖释迦牟尼涅槃后的第二年夏天，著《大毗婆沙论》"的说法。佛祖涅槃后的第二个夏天，在密岩洞聚集了五百名罗汉。此时，不需结集的佛语未入经典。为经注释之需而造了部分论藏，据说，在众罗汉意见一致的情况下，著了《大毗婆沙论》。

七罗汉为经作注，造《对法七论》《法蕴》《假立论藏》《入智》《世间资粮》《众生种》《识资粮》和《品类足论根本》。

佛陀涅槃后三百年后，受中部之王达摩阿输伽资助，出现了阿阇黎婆瓦迦（ཕྲ），著声明类著作《波尼语法》（ པ）。婆罗门胡哈著《字灯论》。阿阇黎旃陀罗阁弥（皎月）著《旃陀罗波字经（妙音）》八部。阿罗汉法护依据《宝云经》著四部《现量》和三部《比量》著作。

一、量论

阿阇黎陈那首先著《观所缘缘论》等《品类足论》一百卷，得知部分遗失而未能录入，故依据法护之经典著《集量论》，并初授予自在军。自在军，传授给了法称论师。法称论师依照此口诀，著《因明七论》，包括三根本卷和四支卷。三根本卷，包括《理滴论》三品，妙法阿阇黎对其做注；《量决定论》三品，慧源对其做注，名《隐庄严》《释量论》四品。四支论中，认为正理难以理解而著《正理滴论》；认为相属难以理解而著《观相属论》；为辩驳吠陀密论而著《成他相续论》；认为辩论困难而著《净理论》。后世亲著有《正理灯论》。以上是量理论藏著作的情况。

二、 律藏

律论著述的情况，根据《律藏四部经》，智光阿阇黎著根本经九品。迦摩商多著《业根本实践论》九品，又著《根本经释》十七品。释迦光阿阇黎为诸沙弥著《三百偈颂》及其注释《具光》百品。迦湿弥罗善僧著《迦日迦经》。比丘和僧人著《罗阇瓦》。据说，这些被认为是首转法轮时的佛经，为四谛法轮而造。

佛陀静灭后三百二十七年，出现了大天之人，他为随众讲解外道之词，说：

众天被错引，

道自音续出；

持疑被他入，

此乃佛之法。

他讲了五非法词。此处有听闻佛法的智者，他们考究了上述之词后，发现这些词违背了佛法经典，也无意义。于是对大天说："大天你往后不要再讲这些了，这些并非佛法律藏之词。"为此，两派之间为这些词争论不休，王与重臣前去调节，未果。大天一派问："过去佛陀没有讲过无诤之法吗？"有些人回答说："讲过。"于是，同意阿罗汉（大众部）观点的人站一边，同意大天观点的人站一边。此时，站在大天一边的人中有许多傲慢的青年，而站在阿罗汉一边的只有少数老年人，由此形成了两派。

佛陀涅槃后二百年，因对《华严经》的理解不同而出现了不属于四根本部的五支派：东部、西部、雪山部、过去部和假立部。

佛陀涅槃后三百至四百年间，大众部内部也分为三部：持一切有见阿罗汉部、正量部和上座部或不属于四根本部者。分住于大神殿、祇陀林和金吉日。说一切有部又分成了七部：说有根部、护光部、镇地部、护法部、多闻部、红衣部和分品类部。正量部也分为三部：鸡胤部、守护部和犊子部。

如此，三百至四百以来，由于观点不同，发生了七次争辩。众僧人也分为根本和分支两派，共分十八或二十二部，各部阿阇黎皆著有许多论典。

如何著述论典的情况，外道、众住、具识、有情及无我等本体，依靠境和生因之法非无，持说有者有情，持略有者居多。对此，《楞伽经》说：

十八或是二十二，

一切源自一乘法；

非是有亦非是无，

未来将出说我者。

详细情况见于《中观宝灯论》。这些观点，在顺天阿阇黎所著《论典三见》中有详细的诠释。

如此分裂为二十部派之时，据说杂长老也著有《律藏》论典。这些是初转四谛法轮时所传论典。经典上，在讲述初转法轮时，先后著述论典的情况如此。

三、中论、密法及医学

世尊涅槃后四百年，有两位阿阇黎著述《中观》《密法》及《医学》等论典。这时候，出现了婆罗门萨热哈与圣贤龙树二人。婆罗门萨热哈著《大手印法》《大小多哈经》等有关密法和性相方面的论典。圣贤龙树师徒著正法之注释《中观》论典。龙树本人著有《根本慧论》《正理六十论》《空性七十》《破邪论》《细研论》《梦幻如意宝言论》《集经论》等。圣天著有《四百》。月称著有《根本智慧经注释》《四百经注释》《入论注释六十慧》《空性七十注释》及《宝串注释》等。佛足也著有《根本慧注释》。清辩论师著《中观宝灯论》，观音持戒者对其作注。清辩论师著《因明论》。这些被称之为理路集或原典。之后，清辩论师之后人智要著《二谛》。无著之后人寂护著有《中观庄严》。莲花戒著有《中观明相论》。以上三种被称之为中观东三派，为自续派。以上皆符合《般若》之观点，故称《中观》论典。特别是，《般若经》之二十原典有论典十九部。犬牙部著《十万颂大疏》，陈那著《摄义》。弥勒著《现观庄严论》。无著著有《分别论》与《摄论》，龙树著《摄义》，圣天也著有《摄义》。世亲著有《两万颂本注》。圣解部著有《两万颂明相论》。独觉解脱部著有《圣精要》。善狮子著有《大疏》《八千颂注》和《八千颂小注》。先德巴著有《杂阿含经》。智足著有《慈氏五论》[47]。莲花戒著有《智要小疏》。毗玛拉弥扎[48]著有《般若经大疏》。据说，迦湿弥罗智室利也著有《现观庄严论疏》。

另外，龙树著《工巧明三十论》等，为臣著有《百智论》，为妃子著《香字经》等。关于医学论典，著有《大麻经》(སྨན་རག)《生活经》及《八分支论》，声明学《波尼注》等。这些是论典流派之一。

四、俱舍论

以"世尊涅槃后九百年"等四句说明《俱舍论》论典著述情况。弥勒著《五论》《现观庄严论》《庄严经论》《宝性论》《辩法法性论》及《辩中边论》。此等法也是根据《三藏》之需而作。为《经藏》之需而作《庄严经论》与《宝性论》；为《律藏》之需而作《现观庄严论》《辩法法性论》及《辩中边论》。此等五法由弥勒传授于无著，无著为明了诸经义，著有《瑜伽师五地》与《二摄颂》。其中，《师地论》为根本，其余为注释。《根本摄》为其义，为《三藏》如实释；《类摄》为示其义；《行摄》为把其义传授于弟子而作。《五论》摄于十七地，前九地为入轮回地，后八地为远离轮回地。

《二摄颂》为共乘之《阿毗达摩集论》和不共乘之《摄大乘论》。五《阿毗达摩集论》置于不共自性法。《摄大乘论》，统摄《知识境》十部为主的所有大乘经义。

"世亲精通大小二乘。"是说小乘法，世亲依善僧所传而著《俱舍论本注》。从兄长听闻大乘唯识论，为明其义著《品类足论》八部：《五蕴》《二十颂》《三十颂》《业成论》《中边释》《庄严经论释》和《大缘起释》等。世亲时代，论境者慧法著《五蕴释分别论》《论三十颂》和《辩中边注释》等。婆罗门僧人智光学习《五蕴释》。据说，沙弥僧无自性论者也著有《庄严经注》和《摄大乘论》。如此，无著兄弟二人著多部论典，使正法《俱舍论》受三敌而衰败后又复兴。此为另一流派，与前述合称二派论典。

五、 密法

"三转法轮之论典"等四句揭示了密法四续等的著述情况。"为《密集》作注者圣贤父子，莲拘摩等人。"《密集》等论典著述的情况，阿阇黎龙树造成熟《二十仪轨》。为解其意，生次第方面著《行经》和《色经》（ མདོ་བ ） 二部；圆满次第方面著《五道次第》与《菩提心释》等。又结合《母续》而作《四手印》。圣天为解其经义而著《摄行》，为加强印象而著《心障习》，为作普遍幻身著《自加持经》。月称著《明灯论》与《金刚萨埵修法》。后来，阿阇黎著《声明信》《六分支》和《甘露密修法》。释迦师著《二次第心住》。龙菩提师著《贡品》《现观菩提》《次第摄》及《金刚萨埵供养法》。其他阿阇黎也根据《密集》著《智成》《莲花密成》《无二成》和《无分支金刚法慧定成》。阿阇黎佛智足著《世间坛城》《善修法》。他的四弟子中，塔卡（ ཐོག ） 著《大小塔卡》；胜信多著《智分论》；尚迦那著《善修法注释：金刚宝》；无垢源著《境十七品注》。先德巴（ གོང་དུ ） 著《花经》。文殊称著《七口诀》。另外，贡嘎宁波、无垢友、

148

释迦弥扎、协巴多吉、曲吉奴古（ཚོགས་ཀྱི་རྡོ་རྗེ།）、三颈师（མགྲིན་པ་གསུམ།）、央聂布达林当（དབངས་སྙན་རྣམ་འདྲེན་གླིང་བདག）等人，据说著有许多密法方面的论典。"此等摄于阿阇黎经。"说：释迦师著《密集》注释《古萨拉经》（ཀོ་ས་ལ།）。佛密与贡嘎宁波二人著《上释》《下释》《修法》《言续》及《恶趣习》等许多注释。"《父续》有此等注释。"说：对《阎罗黑续》，妙持、尼拉毗热弥齐扎巴（ནི་ལ་བཛྲ་མི་ཕྱེད་པ་གསལ།）、黑足（ནག་པོ་ཞབས།）、燃灯佛（མར་མེ་མཛད།）、古玛热赞扎（ཀུ་མ་ར་ཙནྡྲ།）、先德巴等作有注释。"《母续》十四部义解。"其意在《帐面续》中分十四部。其修法之注释，有妙善金刚手著有《上释》《迦玛拉注释》《贡迦那释》《罗合巴》和《黑行》等多部。妙喜金刚著《精要释》。莲花师著《修法》及其注释《莲花母》。无敌月著《六支法》及其注释《古摩多》。先德巴著《修法》及其注释《珍珠宝串》。阿阇黎那波著《修法》及其注释。仲毗亥茹迦著《我不明》和《十五仙女》。另外，弥哲巴也著有不少论典，《玛哈摩耶》《古古热巴》《庄严》《先德巴》及《黑经》等属于他的著作。《四住》方面，有圣天所造论典等。一切共续中，比较特殊的有世尊之续《时轮经》及观世音所造经典等。关于事部和行部方面，事部有阿阇黎龙树所著《续集》和《持智藏》等。另外，弥哲王臣也著有《大手印法精要》。如此，其他续部也有其他贤者所著经典，不必细说。以上是三转法轮时，如何著述论典之情况，也是第四总纲即"天竺以外传法之情况"。

注释：

[1] 结集，又作集法、结经等，指诸比丘聚集诵出佛陀之遗法。佛陀在世时，直接由佛陀为弟子们释疑、指导、依止等，至佛陀入灭后，即有必要将佛陀之说法共同诵出，一方面为防止佛陀遗教散佚，一方面为教权之确立，故佛弟子们集会于一处，将口口相传之教法整理编集，称为结集。

[2] 班智达，梵文 (པཎྜིཏ) 的意译，亦称五明处、扳的达、板的达、班第达、班迪达、班哲达等，意为学识渊博的大学者。"五明"为声明、因明、医方明、工巧明和内明。佛教中，能够被称为班智达，代表他精通五种学问。后期，又发展出"小五明"，与五明合起来即为"十明"。五小明，是韵律学、修辞学、辞藻学、戏剧学和历算学。

[3] 菩萨化身之领主，指吐蕃赞普中"三法王"（松赞干布、赤松德赞和热巴坚）等扶持佛法的赞普。

[4] 许译本中翻译成了"太阳"。但是，此处应该是指"转生为恶种姓之陶匠之子"（许德存，2013.P15.）。另外，许译本中出现的"他的命掌握在我手里"一句，在原文中没有。

[5] 在许译本中有："囊协贪爱美味食品，由于经常腹中空空，也跟着比丘僧去化缘，在释迦牟尼的宫殿耽搁了十二年。据说，圣大悲观世音菩萨与囊协业清净，从一个乞讨者成为大德"（见 P15—16.）。

[6] 阿僧祇耶劫，藏文 (གྲངས་མེད་གསུམ) 原意为"三无数劫"或"三大无数劫"。

[7] 许译本中有："献上了兽皮垫子，用了十二年直到腐烂"（许译本，P18.）。

[8] 恒河，在印度外道典籍中的故事说：大自在天有两个妃子，一个叫仙女邬玛，一个仙女岗噶，仙女岗噶变为一条大河的身形最初降临人间时，落到冈底斯雪山上，分为七条，冲破雪山，大声喧闹，流向大海时，在雪山中修定的一位名叫扎哈努的仙人因水声打乱他的修定，大为愤怒，将岗噶化身的大河一口喝尽。后来，有个名叫都巾巴的国王的六万个儿于死后转生地狱，这以后的第五代国王格丹香达为了使自己的祖父们（都巾巴的儿子们）从地狱中解脱，想让岗噶化身的大河流出来，他便克服了许多困难，取得了大梵天的欢心，然后向大梵天请求。大梵天下令让岗噶流向人间，岗噶却不愿流出。大梵天说："你为何不听你

祖父的命令。"于是把岗噶装进自己的头发中，岗噶想跑出来，在里面转了仙界的一千年也没有找到头发的边界。后来，格丹香达国王又向大梵天请求，大梵天把自己头发拢地，岗噶化身的大河落了一滴到冈底斯雪山上，立即成为一个大湖，又变成七条大河：从冈底斯山东南面像大象嘴一样的崖中流出的是恒河；从西面像马嘴一样的崖中流出的是缚刍河；从南面像孔雀嘴一样的崖中流出的是印度河；从北面像狮子嘴一样的崖中流出的是悉多河；此外还有格河、称巴河、那勒那河。其中的恒河经过雪山流到地下，把在地狱里的都巾巴的六万个儿子的恶业冲洗掉，使他们从地狱转生善趣之道。因此，恒河的名字又叫格丹香达河，也叫大梵天头发河。

[9] 八支圣道：即圣道的八个要素，分为正见、正思维、正语、正业、正命、正勤、正念和正定。

[10] 此处，应是"于此赡部洲正觉"。许译本中，此处翻译为："变化者能成佛"（许德存，2013. P8.）。

[11] 此处，许德存译"调伏敌魔"。

[12] 此处，原文语句不通，且别字过多，难以理解。根据上下文内容来看，如此翻译，应较为合理。

[13] 此处，原文的意思是："父王听到了转轮之词，对青年人生疑。"笔者根据内容，对语句进行了适当的修改、调整。

[14] 许译本中，此处出现了"比丘僧问仆人胜解"一句。但是，根据上下文来理解，其大意应该是："（遇见比丘后）生起信仰而问：他是谁？回答：他是一位比丘，并介绍了比丘的特点。王子绕比丘转圈，并赞美比丘的行为和功德，祈祷自己将来也成为像他那样的人。"此处，文字深奥难懂，且句法不够通顺、连贯。理解这种语句，除了要有一定的藏文基础，还需要有一定的藏文古籍阅读习惯和经验。正如藏文版编辑整理者恰白·次旦平措和诺章乌坚两位前辈学者所说，藏文原文不仅有过

多的别字，而且句子难以符合一般藏文语法规则。虽然，前辈对此进行了大量的整理、校对及理顺工作，但仍然有不少句子，理解起来比较困难。另外，原文此处还有一组，解释了为什么菩萨要化身为比丘出现在这里。是因为菩萨（王子）已经具备了成为菩萨的"因力"，但还需要有"缘"，所以，化成菩萨比丘出现在那里。许译本中，遗漏了此句。

[15] 许译本中，此处有"愿父王青春永驻，神采依旧保青春，长生不老不衰亡"一句。原文大意是：国王说："我可以满足你的任何需求。"于是，王子提出，请国王赐予儿子长生不老、不受疾病之苦。国王回答：在无数劫中的仙人也会死亡，他们都无法解脱生老病死。王子又请求：请赐予我"永不转生"。但是，这也国王无法满足，故发誓出家。

[16] 三十三天，按佛教典籍《俱舍论》的说法，在山王须弥山顶上有与山顶相接的欲界三十三天，即大自在天十一，太阳守宫神十二，娄宿之子二青年等，通常称为三十三天。以上所述大自在天、太阳守宫神、娄宿之子等见于《俱舍论注释》(通常称为《青浦宝库》) 的第三章。

[17] 此处，原文不清，难以辨认。

[18] 此处，原文如下：དེ་ནས་ཐུབ་ཆེད་དུ་སྤྱི་ཚོར་བས་འཆི་བདག་གི་བདུད་བཅོམ་མོ། 许译本中，没有翻译此句。

[19] 庆喜，释迦牟尼一生的亲随弟子。释迦牟尼示寂后声闻迦叶波数其八大罪过给予惩处，不久后他得阿罗汉果，又由迦叶波等五百阿罗汉一致推选结集经藏，迦叶波临终时依释迦牟尼的遗命任命他为佛教教主，他的事迹详见于《戒律》。

[20] 佛密，又称班智达佛密，公元 8 世纪人，生于古印度。据说他是桑杰益西大师的弟子，曾为涅·若那古玛热等传授了密法。

[21] 拘尸那迦，是印度的佛教圣地，佛祖释迦牟尼圆寂之地，位于印度与泥婆罗边界附近。

[22] 此处藏文原文为ཨྰཾ字，不知何意。

[23] 鹿野苑，系中文意译。释迦牟尼在菩提伽耶觉悟成道后，首先来此传教并收度了5个门徒，故佛教将此处称为"初转法轮之处"。

[24] 广严城，古印度地名，位于恒河流域，今称毗萨尔。

[25] 原文གྱི་སྐྱབ་ཡས་སྲས་ཀྱི་དགོངས་པ་སྐྱབ་པ་དང་། ནན་ཚིག་དུ་པའི་ཚིག་པ་བཟསལ་བོ།

[26] 陈那，他是世友大师的门徒，精通因明学。他诞生在南印度甘则附近的僧伽格达地方，出身于婆罗门种姓。他幼年时学习外道教派很有成就，后随小乘说一切有部的朗波金大师出家，起名为陈那，学通小乘教法后，又跟随世友大师学习大小乘的多种经典。此后多年在东印度的欧德毕夏的岩洞中修定，有一次，一位外道论师苏杜扎雅到那烂陀寺要求与佛教的学者们辩论，当时在那烂陀寺的所有的佛教学者都不能取得辩论的胜利，于是从东印度迎请陈那大师前来，陈那大师调伏外道，将其驳倒，并使他皈依佛教。次年陈那大师又回东印度欧德毕夏，并在那里一直住到去世。他有时讲经，有时和外道辩论，并著书立说。他还在当地修建了十六座大寺院，建立了十六个僧团，并建立法园多处。他的门徒众多，但没有随侍身边的弟子。他在严守戒律的情况下死在当地的一片森林中。关于他活了多久，现在所见到的藏文史籍中没有记载。陈那大师的论著有很多，译成藏文的著作有：《因明总论》及其注释，《缘论》及其注释，《三时论》《九宗法轮》，以上都收入《丹珠尔》显宗部。此外，还有《阿毗达摩俱舍论注释明灯》，收入《丹珠尔》显宗部；《无量功德颂注释》，收入《丹珠尔》显宗部的33函中。这些著作除个别的以外，大多数都是11世纪中期由译师格微洛追等人译成藏文的。陈那大师的事迹记载在布顿仁波切《布顿教法史》和觉囊派多罗那他所著《印度教法史》第23卷。

[27] 法称，是陈那大师的门徒，自在军大师的亲传弟子。觉囊派多罗那他所著《印度教法史》中说他与吐蕃赞普松赞干布是同时期的人。他生在南印度的支玛拉雅地方，父亲是婆罗门种姓，名叫外道若年那扎。

他小时候学习五明和外道教法，十八岁时就很精通外道教法，后来读到佛教经籍，抛弃了外道教法，因而被父母亲和舅舅从家庭中驱逐出去。他到中印度依法护大师出家，学习各种佛教经典，他曾三次听旺秋德大师讲《因明总论》，先后驳倒前来那烂陀寺进行辩论的外道学者多人。后来他又到东印度和南印度调伏许多外道信徒，弘传佛法，新建寺院法园一百多处，他有门徒数万人，而随他同住的只有五人。他晚年住在南印度，最后在迦陵迦地方涅槃。法称大师的著作很多，译成藏文的著名作品有《释量论》《定量论》《理滴论》，这三部著作在11世纪末期由俄译师洛丹喜铙译成藏文，《因滴论》《关系论》《悟他论》《诤理论》，这四部著作在八世纪中期由译师班第南喀等人译成藏文，并收入《丹珠尔》显宗部95函中。法称大师的详细事迹载于布顿仁波切《布顿教法史》和觉囊派多罗那他《印度教法史》中。（《红史》注释71.)

[28] 功德光，律藏大论师。出生于婆罗门家族，依说一切有部出家受具足戒，拜世亲为师，精通《三藏》经典。在《毗奈耶》的造诣上超过了其师傅而成为古印度一著名佛学家。

[29] 释迦光，出生地及具体的时间已经无法考证，只知道他是功德光大师的高足，是公元8世纪左右的人，活跃于北印度地区的一位高僧。他对戒律十分精通，后被尊为"印度二圣六庄严"中"二圣"之一。他的相关著作不多，比较有名的是他有关戒律的一部论著《沙弥迦日迦三百颂》。另外，密宗经典中有一部叫《初会金刚顶经》，作者是一位署名为"释迦友"的人，而这位"释迦友"就是他的弟子之一。

[30] 8世纪，东印度佛学家智藏（著有《中观二谛论》）、静命（著有《中观庄严论》）、莲花戒（著有《中观光明论》）三人，弘扬中观自续派教法。三人被称之为"东方自续三论师"。

[31] 世亲，又译世友，他是无著大师的同母弟弟，父亲是婆罗门种姓。他生于无著大师出家后的第二年。他曾学习小乘全部三藏，又到迦

湿弥罗国向根敦桑布大师学习小乘十八种部派以及六种外道的教法经典，全部学成后，又到中印度摩揭陀国听无著大师讲说大乘全部经典，他记住了当时所有释迦牟尼的教诫，大、小乘经典总计五百部，并每年背诵一遍。由于世友大师从小乘转向大乘的影响，有五百名小乘学者转向大乘。此后，他常住在摩揭陀国讲论经典，修复旧寺，新创大乘法园一百零八处。他曾有一次去东印度欧德毕夏，讲经三月，新建法园一百零八处。他虽然没有去过南印度，但是据说依照他的吩咐在南印度建立法园甚多，总计他所建立的法园达六百五十四处。世友大师在世时，在印度的东部、南部、中部各地总计有他的弟子大乘比丘六万人，与大师同住的比丘有一千人。他在后半生带领博学弟子五千人到泥婆罗讲经、建立法园。后来因看见一个比丘像出家时穿袈裟那样耕地，故世友大师死在泥婆罗。他活了不到一百岁，死后由弟子们建塔纪念。

[32] 那烂陀，为古代中印度摩揭陀国首都王舍城北方之大寺院，其地即今拉查基尔北方约十一公里处之巴达加欧。公元 5 世纪初，笈多王朝之帝日王为北印度曷罗社盘社比丘建本寺，历代屡加扩建，遂成为古印度规模宏大之佛教寺院及佛教最高学府。《大唐西域记·卷九》详载那烂陀寺建寺之由来及沿革，谓其地原为庵摩罗园，佛陀曾于此说法三月，佛入灭后不久，帝日王即于此处创建伽蓝。

[33] 无著，他是佛教四部中唯识派的创立者，为大乘佛教的两位开派大师之一。关于他生活的年代在藏文史籍中没有明确的记载，只是在觉囊派多罗那他所著《印度教法史》中说他和世友大师是同母兄弟，世友大师与吐蕃赞普拉脱脱日聂赞为同一时期，在根敦群培所著的《白史》中说世友大师的弟子陈那大师与吐蕃赞普松赞干布是同时期的人；在多罗那它的《印度教法史》中又说陈那大师的弟子是旺秋德，旺秋德大师的门徒是法称大师，而法称大师与吐蕃赞普松赞干布是同时期的人。根据这些说法，无著大师大约是公元 4 世纪到 5 世纪末之间的人。无著的

父亲是王族，母亲是婆罗门女查噶萨悉拉（光明持律女）。他在少年时期就精通五明，后遵母命出家，为亲教师和轨范师以及僧团当了一年的仆人，然后请求授比丘戒，学习佛法五年。他每年能记住十万颂经文并了悟其意义。此后，他多年修习密宗教法和学习大乘经典，中年时在印度西方的邬仗那国和南印度弘扬佛法，新建寺院、佛塔、佛堂一百多处。据说他的门徒有数万人，但与他常住在一起的只有二十五个比丘，都是在佛教中有一定地位的人物。他后半生在中印度的那烂陀寺住了十二年。

[34] 赡部洲，时轮经所说作为大地结构的一个环形地带。俱舍论说，人类居住的这块大地叫作南赡部洲，是须弥山周围的四大部洲之一，位于南方。多数佛经，持此说。

[35] 全称"莲花金刚"（ པ་ཚ་སྐྱེ་བ་རྡོ་རྗེ།），这个词用来指"莲花生"。参见：《底乌史记》52 页。

[36] 原文：རྒྱད་འཕེན་ཕྱག་པ་གཉིས། 前面有རྒྱད་འཕེན་ཆལ་པ།一句，可见ཕྱག་པ和ཆལ་པ།同意。

[37] 原文：ཡིད་ཀྱིས་གཟུམ་མ་རྟོགས་པར་སས་ནས་རྒྱན་མི་ཐོབ་བོ།

[38] 苯波，从字面上看是指苯教，但本书中并未提及苯教祖师等其他任何历史信息。

[39] 十波罗蜜多：布施、持戒、忍辱、精进、禅定、智慧、方便、愿、力和智。

[40] 原文：ཕྱུ་འཆག译者根据句法结构，理解为"散步"。

[41] 计量单位：1 克等于 20 升；1 升等于 6 把。"把"，是粮食等一手掌的计量单位。

[42] 檀板，印度和西藏地方佛教僧人召集法会所用的一种发令工具。有八种样式，材料为担木，长短为一尺，两端粗中间细。

[43] 三法衣，是指祖衣、七衣、五衣。

[44] 原文中有大量的此等引用他处的偈颂体诗句。

[45] 原文 བཅུན་པ་ལྔ་ཚེན་པོས་བཀད་པའི་མི་རུང་བ་བཞི་བཅུ་བོར་ནས། 此处 བཞི་བཅུ། 应 གཞི་བཅུ། 是指"十非事"。释迦牟尼佛圆寂后 110 年时，印度广严城有比丘众认为可以不做犯戒处理，后在第二次结集中，大众认为非法，制为犯戒的十种行为：一、作非法事，口呼"负负"，即可听许；二、作犯僧残，得人随喜，即可听许；三、病中饮酒，状如水蛭吮吸，即可听许；四、土为共用，不伤生命，两手耕种，即可听许；五、调盐变味，非时而食，即可听许；六、用斋之后，行程不逾越半俱卢舍，再次用餐，即可听许；七、用斋之后，食物未做余食法者，两指拾食，即可听许；八、掺和定时及不定时食品，非时食用，即可听许；九、卧具补靪，不必如来一卡，即可听许；十、沙弥头上，顶戴小毦，内置钵盂，花鬘为饰，若得投进金银，便自接触，即可听许。是为十事非法。（见《藏汉佛学词典》）

[46] 呼噜，藏文：རུ་ལ། 调盐，藏文：ལན་ཚ། 铺，藏文：གདིང་། 此处原文缺漏。

[47] 《慈化五论》原文：ཡེ་ཤེས་ཞབས་ཀྱིས་བྱམས་ཆོས་སྡེ་ལྔ།

[48] 毗玛拉弥扎，又译无垢友，赤松德赞时期来吐蕃的一位印度佛学大师。藏文文献记载，赤松德赞至热巴坚之间，前后有两个比玛拉的大师。

第四章 佛法在吐蕃的传播

第一节　礼赞及顶礼的定义

现介绍第五个部分，即吐蕃佛教史，这部分有十二个内容。首先是礼赞及顶礼的定义。顶礼（ཕྱག），主要是向上师、三宝、本尊、飞天、护法、译师、班智达及祖孙三法王等顶礼。礼赞的内容分三个部分：一是目的；二是要义；三是词义。

目的，是为消除阻碍，为后人求得加持力。

要义，主要是指向何人顶礼及以何种方式顶礼。

向何人顶礼？主要向上师、三宝、本尊众神、空行、护法及祖孙三法王等顶礼。由何人顶礼？主要有过去的贤者格西觉蚌（དགའ་བཤེས་ཇོ་བཟང་）、现在的贤者觉囊（མཁས་པ་ཇོ་ནང་）以及后人中传承其法脉的人来顶礼。[1]

就词义而言，喇嘛（上师），意为"无上"；三宝，是指佛、法、僧三宝，为世间所稀有，本尊，是指心，六道众生皆有未清净之凡心，而清净心为得解脱之心，也是指坛城内外之天众；空行，是指精通佛法而能入虚空者，即空行母和众护法神。

消除阻碍的众护法，是指善法也有诸多阻碍，因能够为信徒解除阻碍而得名"护法"。

善逝藏，是指明心证悟者。明了显、空无二，明了三善行，故名。

众译师及班智达，善于把梵文佛经译成藏文者称"译师"，如同能者之人，皆称为"译师"；班智达，梵文称"那杂"（ནཛ་），吐蕃语称"五译"（བསྒྱུར་ཏེ་），是精通五明者；"众"（རྣམས་），是指过去乃至现在所有译师和班智达。

幻化王，是指吐蕃赞普拉托托日聂赞为菩萨之化身;[2] 松赞干布为观音之化身;[3] 赤松德赞为文殊菩萨之化身;[4] 热巴坚赞普为金刚手之化身。[5] 有恩，是指在这些赞普时期，佛法开始传入吐蕃，并于吐蕃兴起，最终实现全面弘扬，故称"有恩"。众，是指王那嘎德瓦（ནག་དེ་བ་）之后人觉卧达擦（ཇོའི་ལྷ་ཁ་）等所有扶持佛法事业的君王。

以上是礼赞部分的内容，现在介绍顶礼的含义。对此《经》（གཞུང་）上分为上解（སྟོད་འགྲེལ་）、中解（བར་འགྲེལ་）及下解（སྨད་འགྲེལ་）三种。[6] 上解，《经》上说：据说有本质（རྫས་）、词义（ངེས་ཚིག་）、种类（དབྱེ་བ་）、比喻（དཔེ་）、功及过（སྐྱོན་ཡོན་）等有六。揭示顶礼之本质，是为一；揭示其词义，是为二；揭示其分类，是为三；揭示其寓意，是为四；顶礼或揭示其过失，是为五；知行礼并揭示其功德，是为六。

顶礼之本质，是指身、语、意三种礼仪。其中，身礼，需弯腰鞠躬；

语礼，需赞颂；意礼，需信受。

义解，是指顶礼可消除身、语、意三种障碍。

顶礼可分为八种：明性礼（ཏོགས་པ་ཆོས་ཉིད་ཀྱི་ཕྱག）、九叩礼（དགུ་ཕྱག）、视礼（གཟིགས་ཕྱག）、吉秀礼（ཞེ་གཏོག）、起座礼（བཞེངས་ཕྱག）、王礼（རྒྱལ་ཕྱག）、触额礼（དཔལ་བེབས）、啄食礼（སྣོལ་མ་ཐུན）和信守礼（མོས་ཕྱག）。

明性礼，是指明了自心为佛。这如何成为礼仪呢？《五次第论》（རིམ་པ་ལྔ）上说：

> 如此视水为是水，
> 酥油为是酥油般，
> 何时善见自身智，
> 所见智慧即是礼。

九叩礼，是指具三师之礼。具三上师，是指向讲解密续者、授口诀者及统治者三种上师所行之礼。

视礼，是指遇见上师、密咒师及僧人时，或于自己的上师所见处行礼、使用敬语。

吉秀礼，是指遇见赞普、僧人和上师时所行之礼节。

起座礼，是指遇见前辈时，晚辈所要行的合十立礼。

王礼有三：会议礼（འདུན་ཆོགས）、三回礼（སྒམ་ཤོག）和二十一叩首王礼（རྒྱལ་ཕྱག་ཉི་ཤུ་རྩ་གཅིག）。

触额礼，是指声闻部僧人之礼。

啄食礼，是指妇女、王妃之礼（ཟམ་མོ་ཐུན་ཀྱི་ཕྱག），其形如同鸟儿啄食，故名。

信守礼，是见到圣法供物等时所行之礼，此礼需行三次。

行礼之形如何比喻？据说弯腰鞠躬之形，比喻为孔雀饮水；行礼之步伐，比喻为琉璃磐石滚动；疼痛之状，比喻为狮子受伤。

不懂行礼之过，就近而言，使人之辈分混乱，有失礼节；从长远来看，不能除去障碍。

行礼之功德，近不至于辈分混乱，为品行高尚之举；从长远来看，它能除去障碍。

以上为六"上解"，现在讲解"中解"。对此，《经》上说：

> 寻因奠基立所依，
>
> 除过装饰及正直，
>
> 离除三过共为七。

一是根据身体之三种需要而寻因 (རྒྱུབཙལབ།)；二是根据修 (སྒྲ།)、直 (སྲོང་།)、见 (མཐོང་།)三种奠基行礼 (གཞིབཚན་བ།)；三是根据傲慢 (འགྱིང་།)、微笑 (འཛུམ།)、会合 (སྲོ།) 而立所依 (ཉེངག་དག་བ།)；四是根据内、外、安立三种方法除去礼弊 (སྐྱོབབ་ལ་བ།)；五是根据前、后、侧三处所需而饰礼 (རྒྱན་གདགས་བ།)；六是以三种端正法 (དངཅིག་ཆརབ་ལ་ག་སྲ།) 保持礼之体性 (གཞུང་སྲོ།)；七是远离三敌处 (དགག་ཀླུ་ལ་སྲོ།)。

根据身之三需要而寻因，是指衣着端庄且具长袖，手脚灵活，谨慎且心气平和。

修、直、观礼，修，是指行礼时需明确方向、水流走势、三宝所供处以及行礼对象人物等；直，是指身体伸直，着装轻便；观，是指行礼时身体要保持首能见尾、尾能见首及中能见两端的姿势。

傲慢、微笑、会合立所依。轻慢，是指立身行礼时需后退一小步；微笑，是指面带微笑，上身微动，下身双脚并拢；会合，是指在整个行礼过程中，右手展开时挪动左脚，左脚挪动时同时挪动右手。

根据内、外、安立三种方法除去行礼之弊，是指外不伸长腿；内不双手交叉于背后；中不走神。

根据前、后、侧三处饰礼，是指面朝三宝和前座；背朝恶种和低贱者；另外，前后挪动时保持身体平衡而不走形。

以三种形式保持礼之体性，是指鞋压脚跟，眼角对准鼻梁，身持平衡。

远离三敌处，是指行礼时，一要地面舒坦；二要身心保持不躁；三要心生信仰。以上是七"中解"。

九"下解"，《经》上有三要（ གནད་གསུམ། ）、三式（ ལུགས་གསུམ། ）和三慎（ནན་ཏན་གསུམ།），共为九条，即三要诀、三式及三慎。

三要诀，是指立脚符合习俗、合理询问病情及步伐向后退缩。

符合习俗，是指在转经路上行礼要落脚（即停下脚步）；而在非转经道上行礼，则不需落脚。

合理询问病情。向人询问病情时，若向神圣赞普之妃子询问病情时，要说："啊！人主天神王妃法身啊！作为转轮王之受用身、化作世间人身及具三身之王妃，在法座之上是否安康？吉祥！"

若要问候法王（未出家之人王）的病情，则要说："啊！上天之神下凡，成为人间之庄严，天神人王菩萨之后，一心向佛转轮王，具善心并以法度化众生，有恩于天下众生者，在王宫之内是否安康？"但是，若王为非佛教信徒，则要说："啊！王啊！神之后人王，菩萨之后，三怙主之化身，黑头人之王，是否安康？"

若与王在路上相遇而王又在马背上时，要询问病情就说："啊！大地总主，天神之王，光明神之后，帝释天之身，所有黑头人之主，在马背上是否安康？吉祥！"

要询问王子之病情，则要说："生自无边虚空，在大地上具圆满不变之身，具父叔神子之权，世间幸福之伞，在父母跟前是否安康？"

向公主问候时，要说："恰氏之公主，穆氏之孙女，三氏化身之女，从幻化魔镜能见身影者，从五色彩虹生心者，像松石般美丽动人且身具金光者，是否安康？"[7]

若要问候赞普之妃，要说："啊！神之女王，玛旁雍错湖[8]之女，具金大地之主，吾王之服侍者，能够体谅庶民和侍从之情者，庶民之妃，所有黑头人之母，有福王子之母，在王宫之内是否安康？吉祥！"

若遇小王子之妃，要说："美丽动人的王子妃，因积福泽而成了黑头人之母，出身名门而生为太子妃身，身材美丽迷人，仆从众多且具慈悲心者，是否安康？吉祥！"

若要问候病愈之王，就说："啊！身体健康但气色欠佳，身心受苦而气色稍逊，是否忍受着身心巨大悲痛而坐于宝座？吉祥！"

若王已逝世，则要说：[9]"啊！阳光被遮，天色渐暗，圆圆的南云被风吹散，世界的根基中央山倒塌，先王已安息于天。虽王子面色稍弱，但请不要过于悲伤，一切悲痛都将会渐渐消失。"

若王死于剑下而需问候家眷，则要说："啊！不可能的事已经发生在身上了，坟场的狐狸杀死了巨牛，扎且（ཛ）箭射死了霍尔鸟，狗咬死了老虎，视土为金。[10]虽于心不忍，但愿早日脱离悲伤！"

若要向王禀告秘密之事，则要说："啊！打开肚皮后的肠子，虽没有什么可吃的，但请王秘密享用。"[11]

问候上师和经教师，则要说："啊！上师和我们在屋里相见，使用微小的敬语，可除去我们的障碍。"若在法会上遇见上师，但因座位的原因，未能正面相见时，要说："在没有相见的日子里，身如巨山坚固未变，如细水长流般的教授不曾间断，如日月般的诚心不曾被遮挡。讲法行善辛苦，贵体是否安康？"

步伐向后，是指不能重走行礼过程中已倒退的步伐。[12]

三种习俗，是指郭氏养老的习俗、秀布氏的养颜习俗和那囊氏之雅俗。

三慎，是指众仆从要在身、行各方面严格听从王命；要在言语上严格听从高素质人的教诲；对于喇嘛、上师及三宝要从心底里表示尊敬。这叫作"信守礼"。以上是"礼赞"和"顶礼"之定义。

第二节　立誓及思恩

现在讲"立誓"和"思恩"的情况。对此，《经》上以"边地吐蕃之地"等来进行叙述。在吐蕃有六十民族之一的人，也称讲野蛮语的吐蕃人，是九十一个边地之一。"边地吐蕃"，意思是没有佛法流传的地方。

关于佛法的传播，将在"赞普世系"一节中再做介绍。在此先以著书立誓之情继续讲述。

所谓"思恩"，天竺乃文化之源，佛祖亲临之地，佛法流传之地，有日月般的圣法。但我吐蕃处于如同黑暗般的时代，佛法没能流传。因菩萨之化身"三法王"[13]的努力之故而有了佛法。因赞普法王对弘扬佛法有恩，故结合赞普世系而讲述佛法史。

第三节　一切王的定义和世系王的历史

一、王之定义总述

在第三个部分中，讲述王的定义、世系及历史。[14]总体上，王也被归为两类，加之三百六十的分类方法，共为三类。这是简要的分法。两类，是指明王和无明色法王，或分人王和"非人王"两类。三百六十类，是指在封王四部之地有三百六十种语言。三类，是指封王（པ་བཀྲེས）、世系王（གདུང་རྒྱུད）和突显王（ལྷོ་བོད）三类。

关于无明色法五王（རིག་མེད་གཟུགས་པོའི་རྒྱལ་པོ་ལྔ）的详细情况，《经》上说：无明王有山王、雪山王、石头王、树王及湖王，即色法五王。其中，山王为须弥山；雪山之王为冈底斯山 [15]；树王为大香树；石王为阿木列嘎（ཨ་མོ་ལི་ཀ）；湖王为玛旁雍错湖或外之大海。

对此，《王统宝积》（རྒྱལ་རབས་རིན་ཆེན་སྤུང་པ）上说：山王为须弥山，它的四面由四宝构成，其上刻有宝眼；周围有七座金山、四大洲、八小洲及黑色围墙，故称山王。树王为大香树，其根部有五十由旬长；地面之上长有八万四千由旬；树枝向四面展开，覆盖大地五十由旬；绕其一圈有三百由旬；天神享用其果，故称树王。石王，为阿木列嘎，其四周大小有二百由旬；吉祥且美丽，使人心旷神怡；帝释天侍从三十和三十三天 [16] 众之宝座皆取自该石，故称石王。水王为大海，其中流入十六万条大河而不显高，流出而不显低；四大洲和八小洲也是它的象征，其内有各种宝物，也有八种瑞相，故称水王。海王为玛追巴（玛旁雍错湖），有龙王玛追巴住于此；世间之雨水来自那里；其四周有四大河，后流入大海；在此洗漱可除去三障碍，故称外海之王。雪山之王为冈底斯山，四大河从它下方流过；如同自成佛塔，转山三圈可除去五无间罪 [17] 障碍，不堕三恶趣而得天界之身，故称雪山之王。

明王（རིག་པ་ཅན་གྱི་རྒྱལ་པོ），可分为善趣十王和恶趣二十王。

地狱之王，为牛头热夏（དམྱལ་བ་ར་མགོ་ཅན）。恶鬼之王有二：四处有王为卡巴玛（吐焰王）和能入虚空者。能入虚空者有八王：曜王（གཟའ）为遍入天；魔王为其瓦贡仁；罗刹王（སྲིན་པོ）为那仁查米（长颈无肩王）；赞王（བཙན）为央雪玛波；龙王（ཀླུ）为恰比钦波（大降雨者）；聂（གཉན）王为卡强杰瓦；王（ᄒᄅᄀᄀᄀ）之王为李坚哈热；台乌让（ᄅᄅᄀ）[18] 之王为多杰列巴。这些是地狱和恶鬼界的十王。

旁生（ᄒᄅᄀᄀᄀ）之王有十：牛王为热杜登巴；野兽之王为狮子；马王为昂巴色登（金色马）；野生动物之王为茹茹（ᄃᄃᄀ）；猴王为哈奴门塔；鱼王为大鱼右木；狗王为古古热杂。飞禽之王有三：食肉鸟之王为大鹏鸟嘎茹那；食泥鸟之王为金色天鹅；拾果鸟之王，为萨林达嘎。这些是十旁生王。

对此，《王统宝积》（ᄅᄅᄀᄀᄀᄀᄀᄀᄀ）上说：

地狱热夏牛头王，

能辨善恶并判决；

恶鬼之王可分二：

四处有与虚空行。

四处有者吐焰王，

能从口中吐火焰；

虚空行者八恶鬼：

星曜王为遍入天，

能吞烈日与明月，

天神八部伴左右；

魔王其瓦贡仁者，

是为三界生命主；

罗刹那仁查米王，

双肩之上各有眼；

赞王央雪玛波者，

统治无数赞部众；

龙王恰比钦波者，

头顶双臂胸口及，

肚脐眼处有宝饰；

聂王卡强杰瓦者，

能解聂人之矛盾；

王之王李坚哈热，

统治南部赡部洲；

台让王者多杰列，

天地之间三台让，

皆是王之奴隶也。

现在讲十畜生王。

象王热杜登巴者，

其背能乘许多兵，

鼻持宝剑而杀敌；

野兽之王为狮子，

一声巨吼震四方，

可制一切野兽众；

马王昂巴色登者，

奔跑四蹄不着地；

野生之王为茹茹，

具有菩萨般心肠，

能舍自身皮与肉；

猴王哈奴门塔者，

具有先知之本领；

鱼王为大鱼右木，

身长达四万由旬；

狗王为古古热杂，

能统治四种同类。

飞禽之王有三种：

食肉鸟王大鹏鸟，

食用黑龙之肉体，

眼见八十由旬物；

食泥鸟王金色鹅，

能够分辨水与奶；

拾果鸟王萨林达，

能守戒律不食肉。

这些是三恶趣之王。

十天界王中，阿修罗王为踏桑日（妙纹王）；大千王为四天王；小千

王为梵天和帝释天；人王有世系王、封王及突显王。

对此，《王统宝积》上说：

阿修罗王踏桑具妙纹，

全身布满自生兵器图，

为是帝释天之亲兄弟。

须弥山边有四王：

东边有王持国天，

其臣文殊菩萨作，

统治天众王与臣；

南边有王增长天，

其臣马头明王作，

统治地狱王与臣；

西边有王广目天，

其臣顶宝龙王作，

统治龙界主与仆；

北边有王多闻子，

其臣乃是持金刚，

统治罗刹主与仆。

三十三天帝释天，

统治侍从三十二，

须弥山顶也归他。

世间之祖为梵天，

下有梵天梵天臣，

能除魔者世间主。

如此说。至此，已经讲完了一切王之定义。

二、世系王

世系之王的历史，《经》上说："世系之王有七"。意思是说，关于世系王的内容包括七天神（ཡས་པ་དིན་ལྷ་བདུན་བ）、众敬王的出现、转轮王之领地、甘蔗族世系、喜政王出生、释迦族奇闻和罗睺罗世系等七个方面。

1.七天神时期

众敬王之父为大天（ལྷ་ཆེན་པོ）；大天之父为天胜（ལྷ་རྒྱལ་བ）；天胜之父为拉斯邓扎西（ལྷ་ཡི་རྒྱན་བཟང་གསལ）；拉斯邓扎西之父为旺波拉（དབང་པོ་ལྷ）；旺波拉之父为阔瓦董迥（འཁོར་བ་འདུ་འབྱུང）；阔瓦董迥之父为阔瓦董江（འཁོར་བ་འདུ་འཛིན）；阔瓦董江之父为辛坚或辛布德（གཤིན་རྗེ་ནག་པོ་གཤིན་བུ་དེ）。这些是四禅天（བསམ་གཏན་བཞི་པའི་ལྷ）[19] 之后。

2.众敬王时期

关于众敬王（ཨང་བཀུར་རྒྱལ་པོ།）出现之情状，过去世尊住于迦毗罗城时，诸释迦族人问："我等释迦族人源于何地？起初为何种？属于何氏族？"世尊回答说："我若讲起先祖之历史，外道之人会认为吾在炫耀自己的出生。所以，目犍连你来讲述我们的历史吧！"

目犍连说：起初，在水珠上出现了有色、有味之土。之后，四大洲各来了两位光明之神：东胜身洲来了嘎沃（དགའ་བོ།）和嘎拉卓（དགའ་ལ་སྒྲོགས།）；北拒卢洲来了扎乌（གྲོ།）和扎拉卓（གྲོ་ལ་སྒྲོགས།）；西牛货洲来了麦波（སྨྲེ།）和麦拉卓（སྨྲེ་ལ་སྒྲོགས།）；南赡部洲来了辛坚（གཤིན་རྗེ།）和辛拉卓（གཤིན་ལ་སྒྲོགས།）。诸神有色体，肢体完美，食用甘露，全身发光，能在空中飞翔且长寿。此时为第一劫，据说有四食[20]、六名等分别出现。

四食，分别为大地之油脂（ས་བཅུད་ཞག）、大地之精华（ས་བཅུད་སྟུག）、园林之蔬菜（ལྗང་བུ་ཚལ་གྱི་ཟས།）和不种自得果（མ་རྨོས་འདེབས་ལུང་བ།）。据说，这是第一劫时的四种食物，是众生共业所得，是区分清缘之气。

关于六名，有曰：

有情叫来呻吟者，

达支昂云颈心生。

如此说。关于"六名"之渊源，据说，自生智慧之光成为父与母，以贪嗔与欲望作为因，合因、业和烦恼而生有情"森坚有情"（སེམས་ཅན།）。所谓"森坚"，"森"心（སེམས།）是指"心识"，"坚"，（ཅན）是指"具有心识之蕴"。在众生中一身材魁梧者说："我等为众生，故需要有食物。"在寻找食物时，找到了有色有味的大地之精华，因此，叫来自己的妻子一同食用，故，此时众生之名曰"叫来"（འབོད་པ།）。

食用地之精华之后，身体逐渐变色且食物也越来越少，于是众人开始叫苦（呻吟），故得名"呻吟者"（སྨྲེ་བ་ཅན།）[21]。

又，此时人们寻得大地之油脂，"叫来""呻吟者"和"达列杰昂"（ད་ལའ་རྗེ་ངད）等寻得甜食，故"呻吟者"被称作"达列杰昂"。

因心生贪婪之心而大地之油脂逐渐变得匮乏，因此一人又说："我等有如云般的烦恼。"故，他们得名"云颈"（སྤྲིན་པ་གྲིན）。

之后，人们发现了果园，有了如同蜂蜜般甜美的食物。此时，名曰"心生"（ཡིད་ལས་སྐྱེས）。果实的颜色差异致使人们心生傲慢，故，果园被破坏了。

之后，有了具百味之不种自得食物。因食用此物而生出了男女生殖器官。该食物白天取后白天又长出，夜里取后夜里又长出，故，有一贪婪者夜里把第二天的那一份也取来了。第二天遇见伙伴时，此人对伙伴说："我今天需要的食物，昨天已经取来了。"于是众人认为此方法简便而相继模仿，最终导致自生之果的连续性被破坏而只能自己动手播种。

以上是"四食"和"六名"的情况。

三异（ཐ་དད་གསུམ），是指与神不同之众生、与众生不同之人以及与人不同的是王。

据说，在"三异"时期，出现了众敬王。在众敬王中，又出现了一个身材魁梧、行为刚正且有耐心者。

此时，为争夺食物而人们之间发生了战争。有耐心者说："你们不要再战了，我为你们平分财产。"说着他平分了人们的财产，但因而失去了自己的那一份。那时，人们又从各自的财产中抽出一小部分，以凑齐他的那一份，被称之为"顶收"（མཆོད་རྗེ་བསྡུས）。因有耐心者胜过了其他人而得名"王"，又因得到了众人的尊敬而得名"众敬王"。因他运用佛法和戒律收拢仆从，故名王族。

过去造了什么样的业，就得什么样的果。对此，《经》上说："过去婆罗门之子喜足出生时，因有人向他献上五束鲜花而发心，向众人平等布施，结果获得了王及庶民的青睐而成为人主。这是生于封王之因，生处为'化生'（ ཪྫུས་སྐྱེས། ）"。

何为"化生"？一片檀香林中的一棵树发出呜呜的声音，该树长成后从中生出一瓷盘大小之如来像。从像中又生出一如同仙子般的婴儿，后被众人封了王，故称"世系"（ གདུང་རྒྱུད། ）。又因在辈分上胜出了他人，故称"王"。最早的王为"众敬王"。

从众敬王头顶生出一无害肉瘤，被户主仓尖（ ཁྱིམ་བདག་ཚོན་རྩེ་བྱེད། ）看见后说："将会出现一个比父亲还要俊俏的儿子。"肉瘤成熟后其内生出一俊俏的婴儿，此时出现了日月之光，故得名"光美"（ འོད་མཛེས། ）。在他成为王以后，世间出现了两个盗贼，开始偷盗他人食物。王说："丑陋而低贱的人，你已经有自己一份食物的情况下，偷盗别人食物是不好的行为。"说完后杀死了其中的一个，而另一个被流放了。被杀的那个诅咒说："偷盗之事由我做，故被王惩罚，愿在王身上得报应。"

据说三（劫）时[22]，六道众生出现。众敬王死后，转生为帝释天（ བརྒྱ་བྱིན། ）。在偷盗时代，因觊觎他人财产而偷盗的两个盗贼中，被杀的那个人死后转生为阿修罗（ ལྷ་མ་ཡིན། ）；被流放的那个盗贼，因没有找到食物而经常挨饿，故转生为饿鬼（ ཡི་དྭགས། ）。

美光王之右肩上长出了一无害肉瘤，其成熟开裂后生出一俊俏婴儿，让户主仓尖看时，他说："此乃善也！"故取名"善王"（ དགེ་བ། ）。在他成为王以后，王与户主仓尖二人在玛追湖（ མ་ཆོས་མཛོ་བ། ）里洗浴时，因身体接触柔水之故精液滴入了湖水中，从湖中升起红色水气，从而生成了"四旁生种"（ དུད་འགྲོང་གི་རིགས་བཞི། ）。

从善王的左肩生出一肉瘤，待肉瘤成熟开裂后，生出了一俊俏婴儿，户主看后说："此人甚尊！"故取名"善尊"（ དགེ་བཚུན། ）。他成为王时，享用五毒（ དུག་ལྔ། ），并生嫉妒之心，故生于地狱。

据说在长净王（ གསོ་སྦྱོང་འཕགས། ）时期，出现了四人种（ མིའི་རིགས་བཞི། ）。从善尊王之右腿生出一肉瘤，开裂后生出了长净王。王命婆罗门为四人种取名，结果他给其中的长相俊俏者取名婆罗门（ཟམ་ནེ）；为人正直而具有慈悲心者取名为刹帝利（རྒྱལ་རིགས）；乐于杀生并易怒者取名为首陀罗（དམངས་རིགས）；其他取名为吠舍（རྗེ་རིགས）。这是众敬王之起源或世系。

3.转轮王时期

说起转轮王（འཁོར་ལོས་སྒྱུར་བ）之疆域，长净王之头顶生出一肉瘤，其开裂后生一俊俏婴儿，具三十二种瑞相，称为"顶生王"（སྒྱོ་ལ་སྐྱེས）。

此时，顶生王于十五日在宫顶沐浴时，帝释天对天子众业（ལྷའི་དབང་པོ་ཐམས་ཅད）说："在赡部洲将会出现一转轮金王，你把具八辦的由能工巧匠们所铸之自成金轮献给他吧！"于是，天子于王之东边转起了金轮。众臣见此情景后便说："在王之头顶有金轮，可能是位转轮王。"此时，王听说了转轮王的传说后，为了证实这一情况，便左手持轮，右手持香，双膝跪地后说："若金轮为真实，为成转轮王，请先到我手上来吧！"于是金轮升入天空转了十方后，来到了王之手中。此时，王心喜并说："我肯定是位转轮王。"

此后，出现了象宝（གླང་པོ་རིན་པོ་ཆེ），它身白如莲花，四肢不落地，经过验证后也来到了王之手中。

此后，出现了宝马（རྟ་རིན་པོ་ཆེ），身呈蓝色，有金色的鬃毛。

此后，出现了王妃宝（བཙུན་མོ་རིན་པོ་ཆེ），她年少且美丽，身材不高也不矮，全身散发着香味。她能看穿一由旬之外的物体；能听到一由旬外之声音；能闻到一由旬外的气味；舌头盖过面部，聪慧且善待一切众生。她的手碰到王之身体后，便能去除王身上所有的疾病，并能知道王之心事。

又出现了宝物仁布切（ནོར་བུ་རིན་པོ་ཆེ），它如同蓝琉璃，大小同人腿，其特点是置于寒冷中时能生暖；置于热水中时变得凉爽；祈求什么就能应验，能力涉及一由旬范围。

此后，出现了臣宝（བློན་པོ་རིན་པོ་ཆེ），他拥有宝库，具有享不尽的财宝，由福资粮组成；眼能见地下宝矿；王之心愿，能如实实现。为了验证其能力，王乘船并命他说："我想要各种宝物！"听到此话后，臣立即把双手伸向海里打捞，结果十根手指各打捞出了一件宝物。臣把宝物献予国王后说："留下王想要的宝物，其余的请扔回海里吧！"王心喜，并说自己肯定是位转轮王。

之后，出现了将军宝（ དམག་དཔོན་རིན་པོ་ཆེ ），他勇猛无比，武艺精湛，既能战胜强敌，又能保护臣民。

这些宝物的名字，分别叫作千瓣宝轮、臣宝喜庄严、将军宝勇猛持金刚、王妃宝如愿菩萨心、大象宝聂乃嘎瓦（亲喜）、物宝堆琼（如愿）、马宝具云力者。

关于这些宝物的来源，宝轮来自天界；物宝来自龙界；将军宝和王妃宝来自阿修罗界；宝马和宝象来自西方之卡布坚小洲（ གྲིང་ཕྲན་ཀ་པུ་ཏ་ཅན ）。

与此同时，又出现了七种"近宝"，分别是宝剑、如意宝、朱红宝、无量宫宝、坐垫宝、宝衣及宝靴。又出现了七种外宝，分别是金、银、琉璃、红珍珠、松石、水晶及金刚藏（钻石）。

疆界之状况，如同上述宝物所现，各种宝物皆具有非凡神力。

转轮王能够享用如此奇宝，为何业所致呢？是因为前世念诵《般若经》（ ཤེས་རབ་ཀྱི་ཕ་རོལ་ཏུ་ཕྱིན་པ ），绕佛塔转经，并祈祷来世转生为人王之故。七宝和七近宝，是何业力所致？对此，《经》上有如此解说：救象，建造宝座、船只和桥梁等，建造宫殿，施舍靴子，故得马象宝；帮助弱者，故得将军宝；向天神献花，故得金轮宝；献祭众龙，故得神珠宝；布施各种饮食器具，故得王妃宝；尊重贤者，故得臣宝。向众人平均布施，故得"七近宝"。

于是王命众臣说："你等要如此行事，让赡部洲变得和平而幸福，除此之外，别无其他事可做。"臣说："大王啊！赡部洲已经变得非常幸福安宁了，但是，东胜身洲（ ཤར་ལུས་འཕགས་གནས་པོ་ཏ་ཅན ）还未被征服。若他们不听从王命，就要征服。"于是金轮开始升入天空，穿过大海后来到了胜身洲。人们迎接金轮，并祈祷早日能够征服众天。王说："你等要遵守地方法律，戒去十不善，奉行十善法。"如此征服了东洲。

之后，征服了北拘卢洲（ བྱང་སྒྲ་མི་སྙན། ）和西牛货洲（ ནུབ་བ་ལང་སྤྱོད། ）。冬季，阳光照到了那达帕（ རྣམ་དགའ་འབལ་གགས། ），那里的众生如同身上涂抹诃子（ ཨ་ཀྲུ། ）般暖和；春季四月，精舍迎来月光，那里的众生如同身上涂抹檀香木般清凉；夏季四月，来到了琉璃精舍（ གཞི་བ་ཟང་ཁང་སྦེ་ཌུརྱ་འི་ཁྱིམ་རང་། ）。

于是王说："四洲众生幸福美满，现在还要做什么？"臣说："三十三天还没有被制伏。"于是王来到了三十三天，扯下一半天王的坐垫，转生为三恶趣之地狱。据说在那里用时很短，如同摔白绸袖子的瞬间。[23]

顶生王之子为美王（ མཛེས་པ། ），是转轮银王。他有四支强大的军队，统治着三洲。美王之子为近美（ ཉེ་མཛེས། ），是转轮铜王，统治二洲。据说，他以武力统治。近美王之子为具美王（ མཛེས་ལྡན། ），是转轮铁王。据说他带领四支军队，制造武器，以统治赡部洲。

对此，《俱舍论》（ མཛོ་བ་མཛོད། ）第三品上说：

金银铁铜转轮王，

统治一二三四洲，

混战且制诸武器，

然而胜负且无害。

以上内容与《三藏》之说法相同，但以下内容则有所不同。

根据《经》上所说，具美王之子为有美（ མཛེས་ཅན། ），其子为善王（ བཟང་པོ། ），其子为至善王（ ཡག་པ་བཟང་། ）。之后，依次是施持（ བདང་བ་དང་གཟུང་། ）、支王（ ཡན་ལག ）、支车王（ ཡན་ལག་ཤིང་རྟ། ）、弃恶王（ ད་སྤངས། ）、缘车王（ རྐྱེན་ཤིང་རྟ། ）、海王（ རྒྱ་མཚོ། ）、海王之子（ རྒྱ་མཚོའི་བུ། ）、大海王（ རྒྱ་མཚོ་ཆེན་པོ། ）夏古尼（ ཤ་ཀུ་ནི། ）和大夏

古尼（ ），至罗睺罗为止共传一百零七万四千五百七十王。根据《律藏》，有王一百一十一万六千一百一十一。又说有王五万五千一百四十八，这是出自《世间假名论》的说法，也是《俱舍论》的说法。以上是有关转轮王之领地的说法。

4.甘蔗族时期

具美王之后，经过了八万八千八百代后，出现了耳生王（ ），他有二子，分别是乔达摩（ ）和波罗多阇（ ）。乔达摩出家当了僧人，波罗多阇继承了王位。

乔达摩看到人间之善恶后，心想：国王死后我可能成为新王，但是，若没有佛法我将会下地狱，我还是出家好了。于是向国王请求说："请父亲见谅！我笃信佛法，故请允许我出家。"父王说："你为什么要这么说？我死后王位将落于你手中，为何还要出家？"乔达摩答："王位不能换来菩萨之慈悲，所以我要出家。"得到国王准许后，在黑仙人处（ ）出家。他对住持说："若住于城市或寺庙里，将得不到菩提，故请允许我到城郊去住。"仙人说："孩子，不管住于城市或寺庙修行，都要守戒，你到普陀城附近，可住于草屋内修行。"于是他住于草屋内，开始修行。

父王死后，王位传于波罗多阇王子。

此时，普陀城内有一个妓女名叫洛追桑姆（ ），她与无赖具莲亲（ ）相好，于是得到了许多衣裳和饰品。一天夜里，她去见具莲亲时，路上遇见了一个持五百银币的商人。商人叫来洛追桑姆并与她过夜时，洛卓桑姆派出自己的女佣到具莲亲处，并对他说："现在没有时间前去，正在陪客人。"具莲亲心生嫉妒，对洛追桑姆说："你是否穿着我送你的衣裳和饰品和别人鬼混？"答："夜长，为了能够抓住两个人的心而与他人过夜。"于是，具莲亲用剑砍下了洛追桑姆的首级。

此时，女佣哭着喊道："女主人被杀死了！"于是众人追来。具莲亲

179

混进人群后，把带血的剑丢在了乔达摩王子的草屋边上。众人看见剑后说："出家的僧人，会干出这等事吗？"乔达摩说："我是一个遵守戒律的僧人，怎么可能干出如此恶劣之事？"但是众人不听他的解释，把他的双手捆绑于背后，送到了国王处。国王把他捆绑于树上，以弗戈酷刑进行惩罚。[24]

黑仙人见状就说："喂！你到底犯了什么事？"乔达摩无法详细说明，于是简单地回答说："请住持不要见怪，我什么坏事都没做。"住持又说："你身上有伤，究竟干了什么事？"答："我身上虽有伤，但内心无悔。我说的是真话。若我没有干什么坏事，住持黑色的皮肤将会变成金色。"结果住持之身体果然变成了金色，故名金色仙人 (ᡧᡥᠨᡳᡤᠨᠠᡳᡥᠨᡳ)。这说明了他是无罪的。

于是乔达摩问住持："我死后将会转生于何处？"答："根据婆罗门之密语，无子嗣之人是不能转世的。你能繁衍后代吗？[25]"乔达摩说："我年轻的时候就出家了，别说娶妻生子，就连女人之事也不熟悉。现在承受着如此痛苦，怎能生子？"住持说："我有个办法，你此刻要心生欲念。"住持利用法力请降小雨，威风吹拂乔达摩之身躯而去除了全身的伤痛，加之因心有欲念之故，三滴精液伴着血液落地。精液被阳光照射而形成了三枚蛋，从蛋里孵化出了三个婴儿。

乔达摩涅槃，金色仙人来到树林时，发现了蛋壳。于是前去查看究竟时，见有三个婴儿。知道这是乔达摩之子，于是带到修行处，并给他们取名：因为是依靠阳光孵化出来的，所以，为其中一个取名"亲日" (ᡥᡳᠨᡳᡤᠨᡳ)；因没有母亲而从自己的肢体生出，故一个取名"肢生" (ᡥᡳᠨᡳᡤᡳᡤ)；因从甘蔗树林里找到的，故一个取名"甘蔗族" (ᡥᡳᠨᡳᡤ)。其中，从第一个蛋里孵化出来的也叫作"大释迦" (ᡥᡳᠨᡳᡤ)，是长子。自众封王以下至罗睺罗王时代，传了七十万代。[26]

从中间一枚蛋生出一子，名叫吠舍厘释迦族 (ᡥᡳᠨᡳᡤᡳ)。他的后人有四个支系，即乔萨罗的胜光王（ གསལ་རྒྱལ། ）、摩羯陀的影坚王（ གཟུགས་ཅན་སྙིང་པོ། ）、班萨罗的日光王（ པད་མའི་རྒྱལ་པོ་འཆར་བྱེད། ）和甘蔗族的增长天王（ འཕགས་སྐྱེས་པོ། ）。

最后一枚蛋生出一子，叫作释迦日扎巴（ རི་རབ་པ། ），其后人为百军和护狮（ སྒྱབས་སེང་གེ ）。

波罗多阇王无子，众臣商定请乔达摩前来继位。派人前去金色仙人处打探乔达摩的下落时，仙人回答说："我的乔达摩已经被你们杀死了。"答："为何如此说？我们没有杀害乔达摩。"于是仙人把之前发生的事件详细告知了他们。

此时，人们见仙人处有三子而问："是何人之子？"仙人回答："是乔达摩之子。"于是众人又问："他们如何生出？又各自叫什么名字？"仙人详细说明了事件的经过。众人感到非常惊奇，把三子带回王宫，又给三子分别取名为大释迦、吠舍厘释迦和释迦日扎巴。他们的历史如上所述。这是甘蔗族之前传。

5.喜政王时期

关于喜政王（ རྒྱལ་སྲིད་ལ་དགའ་བ། ）的出生，甘蔗族增长天王有四子：星月面（ སྐར་ཟླ་གདོང་། ）、持棍（ ལག་ན་བེ་ཅོན། ）、伏象（ གླང་ཆེན་འདུལ། ）及足钏（ རྐང་གདུབ་ཅན། ）。四子之母死后，众臣请求国王再娶，但四子反对。众臣说："四子虽年轻，但将会越来越强壮。国王年老需有人照料。"于是国王决定迎娶邻国国王之妹，但邻国王说："若是我妹生子，是否传王位于他？若答应传位就嫁，否则不嫁。"众臣答应了邻国王的条件，并把此事呈报给了国王。国王认为，在有长子的情况下，传位于幼子是不妥的。但众臣又说："生男、生女或不生，现在还无法确定。"于是国王迎娶了新王妃。后来王妃生有一子，名曰喜政，但国王未传位于他。此事被他舅舅得知后说："若不传位于我外甥，我将踏平你的国土，使之化为灰烬。"国王听到此话后特别害怕，对众臣说："这是你们惹出来的祸，如今该如何是好？"众臣说："那国王势力强大，不敢让他把我国土化为灰烬。现在只能把王位传于喜政，而把其他王子赶出城去。"于是国王把四子都赶出了城，关闭了城门，把王位传给了喜政。

6.释迦族奇闻

关于释迦族之奇闻 (ཤཱཀྱ་རིགས་ཀྱི་ཡ་མཚན་ཉིད་དག)，说：四长子被流放后，带着各自的姐妹来到了雪山附近，恒河边迦毗罗仙人 (ད྄ང་སྲོག་ག་གནས་སྐྱེ) 住地附近。用树叶建起了草屋，以狩猎为生。随着年龄的增长，性格变得十分开朗。此时，仙人问："你等为何变得如此开朗?"答："是往昔被贪欲所害，自学会了自立，所以感到很快乐。"仙人说："不要与自己的亲姐妹通婚，但可以与表姐妹通婚。"又问："如此是否可行?"答："对于无王权之王族来说，是可行的。"因他们与表姐妹通婚的原因，繁衍出了许多后代子嗣，打扰了仙人修行，于是仙人打算去别处修行。他们请求仙人留下，并决定自己到别处去生活，请求仙人为他们指明去处。于是仙人取来金沙，以江水绘图，在那里建城，名曰迦毗罗城 (སེར་སྐྱའི་གགི)。因繁衍的后代众多而在那里无法继续生存，故众神为他们指明去处，并在那里建城，名曰"神指城" (ལྷས་བསྟན)。

此时，增长天王想起了被流放的王子，于是对众臣说："这群年轻人，现在在何处?"众臣曰："他们带着各自的姐妹，去了雪山前，恒河边，生活于迦毗罗仙人住处附近。在那里与自己的表姐妹通婚而有了众多的后代。"王说："他们敢这样吗?"答："天神说如此。"王感到非常羞愧，于是说："啊！他们真的敢如此行事啊！"这是释迦族之奇闻，也叫"兄妹通婚"。

7.罗睺罗世系

关于罗睺罗世系 (སྒྲ་གཅན་འཛིན་གྱི་གདུང་རྒྱུད)，众敬王之子罗睺罗以上传七万代。众敬王之子为美光王 (འོད་མཛེས)，美光王之子为善王 (དགེ་བ)，善王之子为至善王 (དགེ་མཆོག) 和长净王 (གཙང་སྤྱོད་འབག་པ)。长净王之子为自乳轮王 (ད྄ལ་མ)，加之顶生王 (སྤྱི་བོ་སྐྱེ) 共为六王，称第一劫六王。

182

顶生王之子为美王，其子为亲美王，其子为大美王，其子为具美王，称四转轮王。

具美王之子为能胜（རྒྱལ་བྱེད།），能胜之子为爱著（སྲེད་པ།），爱著之子为施舍（བཏང་པ།），施舍之子为施持（བཏང་བཟུང་།），施持之子为身尘（ལུས་རྡུལ།），身尘之子为金色王（གསེར་མདོག），金色王之子弃恶王（ངན་སྤོང་།），弃恶王之子为车杜古（ཤིང་རྟ་གདུག་གུ），车杜古之子为具毒王（དུག་ཅན།），具毒王之子为夏古尼（ཤ་གུ་ནི།），夏古尼之子为大夏古尼（ཤ་གུ་ནི་ཆེན་པོ།），大夏古尼之子为古悉王（གུ་ཤི།），古悉王之子为大古悉（གུ་ཤི་ཆེན་པོ།），大古悉之子为能胜（རྒྱལ་བྱེད།），能胜之子为大能胜（རྒྱལ་བྱེད་ཆེན་པོ།），大能胜之子为善见王（ལེགས་མཐོང་།），善见王之子为大善见王（ལེགས་མཐོང་ཆེན་པོ།），大善见王之子为去碍王（གནོད་སེལ།），去碍王之子为去碍亲王（ཉེ་བའི་གནོད་སེལ།），去碍近王之子为孔雀王（རྨ་བྱ།），孔雀王之子为艾迫（རི་འཕྲོད།），艾迫之子为作乐王（བདེ་བྱེད།），作乐王之子为极伏（རབ་འདུལ།），极伏之子为极伏名王（རབ་འདུལ་གྲགས་པ།），极伏名王之子为极具（རབ་ལྡན།），极具之子为做光王（འོད་བྱེད།），做光王之子为伦波（ལུན་པོ།），伦波之子为具须弥山王（རི་རབ་ལྡན་པོ།），具须弥山王之子为具焰王（མེ་ལྡན།），具焰王之子为焰珠王（མེ་ལྕེ་འབར་བ།），焰珠王之子为具火王（མེ་ལྡན།）。具火王之十万后人统治普陀罗迦地方（ཡུལ་གྲུ་འཛིན།）。

其下有制敌王（དགྲ་འདུལ།），他的后人五万四千人统治无战城（འཐབ་མེད་གྲོང་།）。其下有未临王（མ་ལེབས་པ།），其后人六万三千人统治波罗奈斯城（བ་ར་ན་སི།）。其下有难忍王（བཟོད་དཀའ།），他的后人四万一千统治达增城（གངས་འཛིན་གྲོང་།）。之后有王仓尖（ཚོམས་བྱེད།），他的后人三万两千统治象住城（གླང་ཆེན་གནས།）。之后，有象生王（གླང་པོ་སྐྱེས།），他的后人五千统治石城（རྡོ་རྗེ་གྲོང་།）。之后，有拔拉布王（བ་ལ་བུ།），他的后人三万两千统治乌夏城（ཨུ་ར་ཤ་གྲོང་།）。之后有王擦钦图（ཚ་ཆེན་ཐུབ།），他的后人三万两千统治未临城（མ་ཤར་མ་ལེབས།）。之后有王杰瓦颇（རྒྱལ་བསོ།），他的后人一万两千统治古那衮杂城（གུན་གུན་ཛ།）。之后，有王胜部（རྒྱལ་བའི་སྡེ།），他的后人八万一千统治藏巴城（ཕྱལ་རྩུབ་པ།）。之后有王鲁拉（龙神），他的五万五千后人统治娘玛列达城（ཉམ་ལེན་དུ།）。之后有人神王（མི་ལྷ།），他的一万两千后人统治达玛列德城（ཕྱལ་དམ་ལེན་ད།）。之后有具毒地神王（དུག་ཅན་གནའི་ལྷ།），他的八万一千后人统治索旦城（སོ་ལྡན།）。之后有王洛桑（བློ་བཟང་ང།），他的两万一千后人统治王妃城（རྒྱལ་པོའི་ཁབ།）。之后有除愚王（གླེན་མེད།），他的一万后人统治波罗奈斯城（བ་ར་ནཻ།）。之后有王旺青德（དབང་ཆེན་སྡེ།），他的四万一千后人统治古西登城（ཀུ་ཤི་ལྡན།）。之后有海神王（རྒྱ་མཚོའི་ལྷ།），其子为行苦王（དཀའ་བྱེད་སྟོབས།），其子为根本地王（ས་གཙོ།），其子为地主王（ས་བདག），其子为持地王（ས་འཛིན།），其子为大天王（ལྷ་ཆེན་པོ།）。巨神王的八万四千后人统治联合城（སྦྱོར་ཉེར་འཇོག་པ།），行仙人般苦行。

之后有王艾彭（དེས་འཕེན།），其后代为围城王（སྐྱ་ཕུད།）。围城王的后代为明边王（སྣང་བྱེད།），其子为参波切（ཚན་པོ་ཆེ།），其子为食王（ཟ་བ།），其子为亲食（ཉེ་ཟ།），其子为食具（ཟ་བ་ཅན།），其子为持食（ཟ་ལྷན།），其子为奴囊（ནོ་ནུང་།），其子为等天（མཉམ་ལྷ།），其子为闻部（ཐོས་པའི་སྡེ།），其子为法部（ཆོས་ཀྱི་སྡེ།），其子为知王（རྟོགས་པ།），其子为巨知王（རྟོགས་ཆེན།），其子为知部王（རྟོགས་སྡེ།），其子为无苦王（སྡུག་བསྔལ་མེད།），其子离苦王（སྡུག་བསྔལ།），其子为明相（མཚན་བསྟན།），其子为根仓（ཀུན་འཚམས།），其子为顿杜昂（དུན་དུ་བཟང་།），其子为加日（རྒྱ་རེ།），其子为边主王（ཐོགས་བདག），其子为善行王（གྲུལ་བཟང་།），其子为部做（སྡེ་ཆེ།），其子为遍喜王（ཀུན་དགའོ།），其子为镜面王（མེ་ལོང་ཞལ།），其子为行王（སྤྱོད་པ།），其子为善群王（ཕྱུགས་ཚོགས།），其子为具饮食王（བཟའ་བཏུང་ལྡན།），其子为无饮食王（བཟའ་འཐུང་མེད།），其子为未能王（ཕྱུག་མེད།），其子为他人不能王（གཞན་གྱིས་མི་ཕྱུག），其子为固王（བརྟན་པ།），其子为甚固王（རབ་བརྟན།），其子为壮王（སྟོབས་པོ་ཆེ།），其子为青年王（གཞོན་པ་ཆེ།），其子为洛桑（བློ་བཟང་།），其子为迅丹王（གཞོན་བརྟན།），其子为秀秀（གཤུ་གཤུ།），其子为秀甲（གཤུ་རྒྱ།），其子为九十弓王（གཤུ་དགུ་བཅུ་བ།），其子为十殊胜王（སབ་བཅུ་རྣམས་པ།），其子为秀扎（གཤུ་བ།），其子为秀丹（གཤུ་བརྟན།），其子为十车王，其子为百车王，其子为九

184

十车王，其子为诸车王，其子为各车王，其子为牛王，其子为车固王，其子为天主王，其子为龙护王，他的后人统治波罗奈斯城。

其后，出现了直直王（ཀྲི་ཀྲི།），其子为善生王（ལེགས་སྐྱེས།），他的后人统治普陀罗迦城。

其后，出现了耳生王（རྣ་ཅན།），其子为乔达摩和波罗多阇。乔达摩之子为甘蔗王和增长天王。增长天王有四子，分别为星月面王、持棍、伏象和能苦行王，后有王子喜政，故实有五子。增长天王死后，由喜政王继位。

喜政王断嗣后，有星月面王；星月面王断嗣后，有持棍；持棍王断嗣后，有伏象王；伏象王断嗣后，有能苦行王（足钏）。足钏王之子为住地王（གནས་འཛིན།），其子为象处（གླང་གནས།）。象处王有二子，分别是狮子面王（སེང་གེ་འགྲམ།）和狮子吼王（སེང་གེ་སྒྲ།）。

狮子面王有四子，分别是净饭王（ཟས་གཙང་།）、白饭王（ཟས་དཀར།）、升饭王（ཟྷ་ཟ་ཟ།）和甘露饭王（བདུད་རྩི་ཟས།）。也有四女，分别是净女（གཙང་མ།）、升女（ཟྷ་མོ།）、白女（དཀར་མོ།）和甘露女（བདུད་རྩི་མ།）。

净饭王之子为顿珠（དོན་གྲུབ།）和难陀（དགའ་བོ།）。白饭王之子为制胜（རྒྱལ་བྱེད།）和具贤（བཟང་ལྡན།）。升饭王之子为巨名（མིང་ཆེན།）和无阻（མ་འགགས།）。甘露饭王之子为阿难（ཀུན་དགའ་བོ།）和天授（ལྷས་བྱིན།）。

公主净女之子为善醒（རབ་སད།）；白女公主之子为持珠（འཛིན་པ་ཅན།）；升女公主之子为取善（བཟང་ལེན།）；甘露女公主之子为兴善（དགེ་འཕེལ།）。

顿珠之子为罗睺罗（སྒྲ་གཅན་འཛིན།）。如此，众敬王之后代，至罗睺罗尊者时，世间流传已止，轮回转世已断，亦无生于世间者。此等情况，见于目犍连（མོད་འགལ་གྱི།）所著《出离经》（མངོན་པར་འབྱུང་བ།）。以上为世系之历史。

三、诸封王之历史传说

关于诸封王的历史，《经》（གཞུང་།）上记述了各王的父亲、母亲、姓名、

185

王妃、家臣、王子、地域、王宫、属民、封王方法、教主、业绩、敌人、魔煞、交通工具、钱币、食物、服饰、盔甲、武器、饰品、语言、族源、与吐蕃的关系、所在洲、出现时间、所在界、出生、寿命及身高等三十个内容。

《王统宝积》(རིན་ཆེན་སྤུང་པ་） 记载，天竺法王，其父名为世间九座王(སྲིད་པ་དགུ་ཁྲི)；母亲是江章俄母 (བྱང་འབྲལ་ངོའི་མ)；王自己名为老西列 (གེལ་བ་གེལ་པོ)；王妃，名为赤麦东协 (ཁྲི་སྨེན་གདོང་བ་གེད)；家臣，名为达摩郭香 (དྷར་མ་ཀོ་ཤ་ལ)；王子，名为协宝珠持 (ཤེལ་སྤྲེ་འཛིན་པ)；位于南部四火星 (སྐར་མ་མེ་བཞི) 之下；王宫，是西列桑杜尔宫 (གེལ་བཟང་དུར)；属民，为神系四族；封王的方法，是当象鼻托起宝瓶时，受其灌顶者为王；教主，为佛祖释迦牟尼；主要遵从十善法等；以外道为敌，黑毒蛇，是为其魔煞；以蓝色河马 (མ་ཉེ་སྔོན་པོ) 为主要交通工具；使用铜钱币；着白色丝绸衣；以白色椭圆形食物为主食；身穿铁质鼓柄形盔甲；手持刀剑作武器；以金子作为主要饰品；语言，是神系梵语；其祖先源于神界；对于吐蕃，如同毒蛇缠绕大树；位于南赡部洲；出现于世系王之后的百岁浊世劫时；属于三界中的欲界；属于四生中的胎生；寿命无常；身高，为自身的四肘长。

中原经典王 (རྒྱ་ནག་གཙུག་ལག་རྒྱལ་པོ)，父名为世间五座王 (སྲིད་པ་ལྔ་ཁྲི)；母亲是东方仙女；王名，为嘉切弥斯 (རྒྱ་ཆེ་མེ་རད)；王妃，名为那拉吞迦尔杰 (གནམ་ལ་ཐོན་ཀར་རྗེ)；家臣，名为金香巴尔瓦 (གྱིང་ཤང་འབར་བ)；王子，名为火业持 (མེ་ལས་འཛིན་པ)；位于东部昴宿星之下；王宫，为四方王宫；属民为龙系四族；封王的方法，是脚蹬铁靴翻越玻璃梯时，通过者为王；教主，为文殊菩萨；用宝镜辨别善恶；海啸，为其主要的外患；黑地主 (ས་བདག་ནག་པོ)，为其魔煞；以骆驼为主要交通工具；使用银子；身着五色绸缎衣；喜饮热水等；据说，身穿犀牛皮之鼓柄形盔甲；手持红矛作武器；以银子、珍珠作为主要饰品；语言，是龙系那迦杂热语 (ན་གར་ཛ་ཧྲུའི་སྐད)；据说，其祖先源于黑色龙界；对于吐蕃，如同豺狼盯上了羊群；位于南赡部洲；

出现于世系王之后的百岁浊世劫时；属于三界中的欲界；属于四生中的胎生；寿命无常；身高与天竺王相同。

大食财王（ཤུག་ག་ཞིག་ནོར་བྱི་རྒྱལ་པོ།），父名为拉格七座王（ཤུག་ག་བདུན་ཁྲི།）；母亲是拉麦玉座（ཤུག་ཞན་ག་ཡུ་ཁྲི།）；王名，为大嘴王木瓦（ཁ་ཆེ་མོ་ར།）；王妃，名为日月美；家臣，为森和扎（ཤིང་དང་གྲགས་པ།）；王子，名为持珍珠；位于西部月光之下；王宫，为金顶镜宫；属民为夜叉四部；封王的方法，是以获得宝物者为王；教主，为雅利安财神；让穷人守陵（业绩）；凶猛野兽，为其主要的外患；据说穆之疾病（དགྱི་ན་དག）为其魔煞；以大象为主要交通工具；以如意宝作钱币；身着五色绸缎衣；好食蜂蜜等三甜食；身穿兽角形盔甲；手持三头矛作武器；以玻璃制品作为主要饰品；语言，是夜叉语辛扎达（གནོད་སྦྱིན་ག་ནོར་ཐྱིན་ཀ།）；其祖先源于夜叉；对于吐蕃，如同鸷鸟盯上了鸟群；所在地方、出现时、寿命及身高等，与其他三王相同。

格萨尔军王（གེ་སར་དམག་གི་རྒྱལ་པོ།），总说其三是事：父名为三座王赤协杰瓦（ཁྲི་གསུམ་ཁྲི་བཞེར་རྒྱལ་བ།）；母亲是强尊俄母（བྱང་བཙུན་ངོ་མོ།）；王名，为达西昌杰（ཤུག་བཞེར་ཆམ་རྒྱལ།）；王妃，名为列尊卓玛（ལེགས་བཙུན་སྒྲོལ་མ།）；家臣，名为增那弥扎（ཛི་ན་མི་ཏ།）；王子，名为东孜松巴（མདུང་རྩེ་གསུམ་པ།）；位于北斗星之下；王宫，是铁质九洲宫；属民为神系四部；封王的方法，是向四方射出四箭，同时命中靶子者为王；教主，为仙女班孜迦（ཤྲི་པ་ཞན་ཇི།）；以战胜对方者为勇；黑色乌龟为其主要外患；出现武器？（原文缺字）时劫；以？（原文缺字）为其魔煞；以马匹为主要交通工具；使用铁钱币；身着羊毛制品衣服；好食各种水果；语言，系阿修罗语迦杂那（ག་ཛ་ན།）；其祖先源于鹰系；对于吐蕃，如同斧头砍树；所处地方、出现劫时、界、生、寿命及身高等，与其他各王相同。这是出自《王统宝积》的格萨尔王等的历史。以上为封王之史。

1. "旺增"时代的吐蕃历史传说

现在介绍十二"旺增"[27] 时期的历史传说。此时，四方有四敌，吐蕃

187

中部处于愚危时期，因不能战胜四方之敌而住于险要高山。为了能够战胜四方之敌人，出现了十二"旺增"统治者。《经》上说：

突显王之渊源，[28]
名曰聂赤赞普；
此前有众小邦，
难抵四方强敌。

有此等传说。

最初，吐蕃由虐坚那波（གཉན་སྐྱེན་ནག་པོ།）统治，此时地名叫作桑域坚麦（བཟང་ཡུལ་རྒྱན་མེད།），弓箭作为兵器出现于此时；第二个时期，由热德谷亚堆（རེ་བྱེ་མགོ་ཡག་བདུད།）称王，地名称为堆域林古（བདུད་ཡུལ་སྒྲེང་དགུ）[29]，战斧作为兵器出现于此时；第三个时期，由森波王那仁查米（སྲིབ་ན་རིང་ཁྲག་མེད་སྲིད།）统治，地名叫作黑色九地（ནག་པོ་དགུ་དགུ），此时发明了森木岗（སྲིན་མོ་ཀང་）和炮石（རྒྱགས།）等武器；第四个时期，由玛江神（དམར་འཇང་ལྷ།）掌权，地名叫作拉域贡堂（ལྷ་ཡུལ་གུང་ཐང་），三头天杖（ལྷ་ཉེ་ཅེ་གསུམ།）作为武器始于此时；第五个时期，有由鲁（ཀླུ།）掌权，地名叫作昂昌江昌（ངང་ཆང་ངང་ཆང་།），矛作为兵器出现于此时；第六个时期，由直（འབྲི།）掌权，地名叫作啷当铃当（ལང་དང་ལིང་དང་།），炮头手杖（རྒྱག་པ་རྒྱག་ཆག།）作为武器始于此时；第七个时期，由玛桑九族(མ་སངས་དུ་དགུ།)掌权，地名叫做蕃康央珠（བོད་ཁམས་གཡང་དྲུག），出现了东热小盾(དོང་རལ་ཕུབ་ཆུང་།)等武器；第八个时期，由鲁（ཀླུ།）掌权，地名叫作吐蕃九洲(བོད་དགུ་སྐོར་སྲིད་དགུ།)；第九个时期，由"非人"（མི་མ་ཡིན།）掌权，地名叫作昂域纳布（ངང་ཡུལ་ནག་པོ།）；第十个时期，由萨日六兄弟（ཟ་རིང་སྤུན་དྲུག）掌权，地名叫作十八东岱（སྟོང་སྡེ་བཅོ་བརྒྱད།）[30]；第十一个历史时期，出现了十二小邦的统治；最后，出现了四十小邦 [31]，此时地名叫作桑域杰（བཟང་ཡུལ་རྒྱད།）。

所谓玛桑九族（ཨ་མ་སངས་ད་དགུ།），实为八族，加之雍仲斯利玛（གཡུང་འབྲུམ་སེ་ལེ་མ།）为九个。玛桑九族分别是聂之玛桑亚邦吉（གཉན་ཨ་སངས་ཨ་ཡབང་སྐྱེས།）[32]、嘎尔之玛桑祖嘎吉几德囊次（གར་ཨ་སངས་ཨ་ཙོ་གར་སྐྱེས་ཀྱི་ཐིག་ནམ་ཚད།）、聂之玛桑恩兰藏吉（གཉན་ཨ་སངས་འབ་ལ་ཁང་སྐྱེས།）[33]、杜布之玛桑托嘎尔吉（དྲུབ་ཨ་སངས་ཐོ་གར་སྐྱེས།）[34]、协之玛桑托嘎囊仓（ཤེ་ཨ་སངས་ཐོད་དགར་ནམ་ཚང་།）、麦之玛桑白玛吉几宁那仓（མེ་ཨ་སངས་པད་མ་སྐྱེས་ཀྱི་སྙིང་ན་ཚང་།）、弥之玛桑嘉措吉几查昂古（མི་ཨ་སངས་རྒྱ་མཚོ་སྐྱེས་ཀྱི་དྲ་འགུར།）和俄玛之玛桑顿囊擦（ཨོད་མ་ཨ་སངས་སྟོན་ནམ་ཚ།）。

2.十二小邦

十二小邦[35]是，钦域那波古苏（མཆིམས་ཡུལ་ནག་པོ་དགུ་སུས།）之地，以钦[36]杰内古（རྒྱལ་པོ་འཆིམས་ཇེ་ནེ་གུ།）为王，其家臣为当与丁（བློན་པོ་དང་དང་དིང་།）二氏。在象雄[37]地方，王为李迦秀（རྒྱལ་པོ་ཁན་ཤུན་དར་གྱི་ཇེ་ལི་ག་ཤུར།），家臣为玛与热桑（བློན་པོ་སྨྲ་སངས་སེ།）二氏。在娘若切喀尔[38]（ཉང་རོ་མཆད་དཀར།）地方，王为藏王兑噶尔（རྒྱལ་པོ་ཚང་རྗེ་ཐོད་དཀར།），其家臣为本氏（བློན་པོ་བན།）。在努域九林[39]地方（སྣུབས་ཡུལ་སྐྱིང་དགུ།），王为努杰色巴（རྒྱལ་པོ་སྣུབ་རྗེ་སྲིད་ལ།），其家臣苗乌与卓（བློ་མེའུ་དང་འབྲ།）二氏。娘若香波[40]之地（ཉང་རོ་ཤམ་པོ།），以罗昂杰绒为王（རྒྱལ་པོ་ལོ་ངམ་རྗེ་རོམ།），其家臣为协乌与尤（བློན་པོ་ཤེའུ་དང་ཡུག）二氏。几若江恩[41]之地（གྱེར་རྩོངས་རྒྱལ།），以几杰芒保为王（རྒྱལ་པོ་གྱེར་རྗེ་ཁབ་ནམས།），其家臣艾弥与卓（བློན་པོ་ཨེ་མི་དང་འབྲི།）二氏。在岩波查那[42]地方（ངགས་པོ་ཁྲ་ན།），王为贡赤森波杰赤邦松（རྒྱལ་པོ་གུང་ཁྲི་ཟིན་པོ་རྗེ་ཁྲི་བང་གསུམ།），其家臣嘎尔与聂（བློན་པོ་འགར་དང་སྙེ།）二氏。乌普邦卡尔[43]之地（ཨོ་པུ་ཡང་ཀ་ཁར།），以森杰察为王（རྒྱལ་པོ་ཟིན་འཛང་རྗེ།），其家臣为果与韦（བློན་པོ་གོ་དང་བྲ།）二氏。在哲那热木贡[44]之地（གྲེ་སྣ་རལ་མོ་གོང་།），以章杰贡朗为王（རྒྱལ་པོ་དྲང་རྗེ་གོང་ནམ།），其家臣为哲与秀（བློན་པོ་ལྷབ་དང་ཤོ།）二氏。娘玉那木松[45]之地（ཉང་ཡུལ་ནམ་གསུམ།），以娘尊朗杰为王（རྒྱལ་པོ་ཉང་བཙན་ནམ་རྗེ་རྒྱལ།），其家臣为德茹二兄弟（བློན་པོ་དེ་སྲུབ་གཉིས།）。塔玉珠西[46]之地（དགས་ཡུལ་སྨི་མོ་བཞི།），以塔杰吉芒为王（རྒྱལ་པོ་དགས་རྗེ་རྗེ་ཟིང་།），其家臣为朗与岗木（བློན་པོ་ལྭ་དང་ཀ་མོ།）二氏。珠木纳松[47]之地（འབྲོག་མོ་ནམ་གསུམ།），以色赤为王（རྒྱལ་པོ་སེ་ཁྲི།），

其家臣为岗热与那波（ ཁྱུན་པོ་གར་རེ་དག་པོ། ）二氏。

四十二小邦是，在叶木六地 [48]（ ཡུལ་དགུ་ཕྱེ་མོ་ཡུལ་དྲུག་གི། ），以叶杰卡巴为王（ རྒྱལ་པོ་དུ་རྗེ་ཁབར་པ། ），其家臣为波与俄（ ཁྱུན་པོ་སྒྲུན་དང་ངོ། ）二氏。在色域萨木珠西[49]之地（ ཡུལ་སྲེག་ཡུལ་ས་མོ་གྲུ་བཞི། ），以俄杰次乌洛章为王（ རྒྱལ་པོ་ངོ་རྗེ་ཚོའུ་ལོ་འབྲང་། ）。在隆茹亚松 [50] 之地（ ཡུལ་ཀླུང་རོ་ཡ་སུམ། ），有王囊萨孜德（ རྒྱལ་པོ་ནམ་ས་རྗེ་ཏེ། ）等，共有四十二王统治。但是，不敌四方之王。对于吐蕃而言，天竺王如同蛇一般常缠绕于吐蕃周围；汉地王如同一只盯上了羊群的狼；大食王如同一只冲向鸟群的鸷鸟；格萨尔王如同一砍树的斧头。虽说相继出现了小邦等，但据说不敌四方之王。这是四封王之史，即十二"旺增"的历史。

四、聂赤赞普之三种历史传说

现在谈吐蕃之突显王（ བོད་སྒྲི་བུར་རྒྱལ་པོ། ）的三种历史传说和二丁王（ སྟེང་གཉིས། ）等历史。《史书》（ ཀྲན་ལུས། ）上说：关于聂赤赞普 [51] 的来历，有密、显、特密三种说法（ གསང་བསྒྲགས་ཡང་གསང་། ），其实都是关于聂赤赞普的历史传说。根据特密（ ཡང་གསང་། ）的说法，他是台乌让（ ཐེ་ཨུ་ར། ）的后代，名叫聂赤赞普。在波沃（ སྤྱི། ）[52]地方的妇女母尊（ མེ་མོ་བཙུན། ）生有台乌让九兄弟，其中，幼子名叫台乌让玛那俄比热（ ཐེ་ཨུ་ར་མ་ན་ངུ་བེ་ར། ）。此人舌长能覆面，手指相连，非常野蛮且有过人的本领。波沃地方的苯教徒和佛教徒商议后认为，此人能力强，难以制伏，故通过台乌让仪式赶往蕃地（ བོད། ）。在前往蕃地的路上遇见了前来寻王的蕃人，问他："你是何人？"答曰："我是波沃地方的人。"见他手指和舌头很特别，又问："你有何本领？"他说："因为我本事过大，故被族人所流放。""那我们可以把你推举为我族之王。"说着就把他抬上了肩座，并说他是聂赤赞普（肩座王）。虽有这样的历史传说，但这是对赞普的诽谤。

根据苯教的秘密说法，他是欲界神的后裔。关于这个说法，被记载于六部半的史籍中，即《五史册》（ ཅན་ལྔ། ）、《广史》（ ལོ་རྒྱུས་ཆེ་མོ་ཉོན་ཆེན་མོ། ）及被算作一半的《密集小册》（ གསང་བ་ཡང་ཆུང་། ）。记述吐蕃突显王历史的史书有

《瑜伽神离册》(ཡོ་ག་ལྷ་བྲལ་ཅན།)、《桑玛缺尾册》(ཟངས་མ་གཞུག་རལ་ཅན།)、《德玛九层册》(སྤུབ་མ་དགུ་བརྩེགས་ཅན།)、《凌乱蓝首册》(ཐྱེ་པོ་མགོ་སྟོར་ཅན།)、《秘密手印册》(གསང་བ་ཕྱག་རྒྱ་ཅན།)，格西库 (དགེ་བཤེས་ཁུ།) 和加拉波 (རྒྱ་ལྕགས་པོ།) 所著《广史》以及被算作一半的记述有关陵墓的《密集小册》等六部半史册。

上述这些说法，可以分为上部神系 (སྟོད་ལྷ་རབས།)、中部兴邦 (བར་མ་བང་དར།) 和下部分裂割据 (ཐ་མ་ཁྱིམ་མཛད་འབལ་འཇལ་ཆེན།) 三个历史时期。

《瑜伽神离册》所载神系历史传说，以"起初宇宙间无他物"等语句来表述。说最初起始劫之时，有什巴恰 (ཤྱིད་པ་ཁྱི།) 所命之恰益青钦波 (ཁྱི་མཉེས་ཆེན་པོ།)，从他生出了库玛卓杰列白霍珠 (ཁོ་མ་འཇོ་རྗེ་ལེ་ལེགས་པའི་ཧོར་ཐུག)。他口中有特别的气味，眼中充满杀气，头发凌乱。他用气吹开了天地，把十三层天界当作宫殿，把十三层地界当作地毯。在天地之间产生了黑、白光，其中，白光为"有" (ཡོད།) 的象征；黑光为"无" (མེད།) 的象征。在有、无之间，出现了黄色的金花和蓝色的松石花。黄色的金花作为父之能量，蓝色的松石莲花成了母之能源，二者生出了什巴拉杰卡 (ཤྱིད་པའི་ལྷ་ཀ།) 和觉麦 (རྒྱལ་མེད།)。他和英吉觉麦 (དབྱིངས་ཀྱི་རྒྱལ་མེད།) 之子为先祖那拉嘎松 (མེས་རྣ་ལ་གར་གསུམ།)。那拉嘎松和恰氏妃子野天茹 (ཁྱི་ཟ་ཡེ་ཐན་ལ།) 之子为嘎玛右德 (སྐར་མ་ཡོལ་ལེ།)。嘎玛右德和玉茹秋姆 (གཡུ་རི་ཕྱུག་མོ།) 之子为四神系兄弟：嘎囊杰瓦 (དཀར་ནམ་རྒྱལ་བ།)、丁久嘎波 (སྟྱེང་རྒྱུ་དཀར་པོ།)、拉赤协嘎 (ལྷ་ཁྲི་ཤེལ་དཀར།) 和塔琼孜孜 (ཐ་ཆུང་རྩེ་རྩེ།)。丁久嘎波做了东胜身洲的神；嘎囊杰瓦做了西牛货洲的神；拉赤协嘎做了南赡部洲的神；塔琼孜孜做了北拘卢洲的神。从赤协嘎波 (拉赤协嘎) 生出了王之颈神三兄弟 (མགུར་ལྷ་ཅེན་གསུམ།)：齐拉托嘎尔 (ཁྱི་ཐོག་དཀར།)、巴拉乌巴尔 (བར་ལྷ་འོད་འབར།) 和囊拉古杰(ནང་ལྷ་གུ་ལྕུག)。他们三人的口水洒向天空，形成了一块白云，在白云之中出现了一个白色的人。此人头上长有松石角，叫作那木天切 (གནམ་ཐེན་ཆེ།)。他的儿子是贡天切 (གུང་ཐེན་ཆེ།)，其子为贞天切 (ཐྱིན་ཐེན་ཆེ།)，其子为森天切(སེམ་ཐེན་ཆེ།)，其子为恰天切 (ཆར་ཐེན་ཆེ།)，其子为穆天切 (མོང་ཐེན་ཆེ།)，其子为那木拉绒绒

（གནས་ལ་རོང་རོང་）。那木拉绒绒与野恰丁（དབྱལ་ཆལ་ཏིང་）之子为父达恰野右（ཕྱག་ཆ་
ཡལ་ཡོལ་）。此人住于十三层天界之上的第十四层卡野（ཁ་ཡེག་），其上有第十
五层丁梅（སྟིང་མེར་），其上有用五宝筑成的宫殿。宫殿的殿基为铁质；四角
由黄金装饰；中层为水晶；其上有松石。四角楼由白螺筑成；宫顶有九
层宝镜盖顶。从宫里能见外景，从宫外能见内景。在宫殿内，由各种奇
珍异宝组成的宝座上，坐有父达恰野右。他身穿金袍，衣袖由水晶所制，
腰带为松石所制。金袍皮衣的每一根毛上都有一个武士，手持黄金手杖。

他和次萨氏妃子曲切（ཕྱུག་ཆེ་ཟ་ཆོད་ཆུང་）之子为什巴神系四兄弟（སྲིད་པའི་ལྷ་
རབས་མཆེད་བཞི།）：亚拉达珠（ཡ་ལ་དགའ་བཞི།）、恰拉章钦（ཕྱ་ལྷ་བྲམ་ཆེན།）、加拉仲囊
（རྒྱ་ལ་འབྲོང་ནམ）和乌德贡杰（འོ་དེ་གུང་རྒྱལ）。四神系兄弟，以掷色骰子（ཤོ་བདའ་
པ།）的方式决定谁住天界，谁住人间的问题。在绿色的草坝上铺上白色的
垫子，投掷九眼骰子。结果亚拉达珠和恰拉章钦胜出，两个弟弟败北。
加拉仲囊，做了汉地人之神，他有九子：卡卫杰瓦（ཁ་འོད་རྒྱལ་བ།）、达卫杰
瓦（ཟྲ་འོད་རྒྱལ་བ།）、扎吉拉（གཟགས་ཀྱི་ལྷ།）、仲追吉杰（དྲང་སྲུང་ཀྱི་རྗེ།）、库德桑巴（ཁོ་དེ་
བཟང་བ།）、库旁杰瓦（ཁོ་འཕངས་རྒྱལ་བ།）、古苏秋波（དགུ་སོ་ཆུག་པོ།）、卡当钦波（ཁ་དང་ཆེན་
པོ།）和嘎嘎杰（གར་གར་རྗེ།）。

乌德贡杰住于天界，他与那木吉塘昂古（གནམ་ཀྱི་ཐང་ང་དགུ）之子有九百
二十一个，如同雨点，成了所有神仆之父。他住于虚空时，叫作乌拉贞
贞（འོད་ལྷ་འབེན་འབེན།）。他与塘昂古（བར་ཀྱི་ཐང་ང་དགུ）之子多如须弥山的尘土，
成了众神之父。他来到人间后，叫作拉库右芒吉（ལྷ་ཁུ་ཡུག་མང་སྐྱེས།）或乌拉夏
森（ འོ་ལ་ཤ་ཟན།）做了人间八部落之主（ས་སྲོ་བརྒྱད།），是众人之神，也是世间
九神（九座神山）之父。

乌德贡杰与库妃库玛（ཁུ་བཟའ་ཁུ་ལྨ།）之子为亚拉香波（ཡར་ལྷ་ཤམ་པོ།）[53]；他
在钦域那波古苏（འཆིམས་ཡུལ་ནག་པོ་དགུ་སུ།）地方，与卡萨妃霍梅（ཁ་བཟའ་ཧོར་སྨན།）
生有钦拉天措（འཆིམས་ལྷ་ཐན་ཚོ།）[54]；他与齐木亚俄玛顿（ཕྱི་མོ་གཡག་མོ་རྗེ་མ་དོན།）之子
为艾拉吉嘎尔（དེ་ལ་ཇི་སྐྱེ་དགར།）和卓拉岗布（གྲོ་ལ་གང་བ།）；他与加萨妃通麦（རྒ་

བཟའ་བསོད་སྙིད།) 之子为藏拉达尔 (ཙང་ལ་དར།) 和杂拉吉乌 (ཙ་ལ་ཁྱིའུ།)；他与塘昂塘 (ཐང་ངང་།)之子为塔拉岗波 (དགས་ལ་སྒང་པོ།)[55]；在森域地方 (ཤིན་ཡུལ།)，与森妃加江玛 (ཤིན་བཟའ་རྒྱར་ཅྱང་མ།) 所生之子为唐拉亚秀 (ཐང་ལ་ཡར་བཤུར།)[56]；在贡域地方 (གོང་ཡུལ།)，与塘昂贡木塔尔 (ཐང་ངང་གོང་མོ་ཐར།) 所生之子为贡拉德亚 (གོང་ལ་དེ་ཡག)；与恰玛梅木塘 (ཆབ་མ་སྨེ་མོ་ཐང་།)所生之子为岗拉神子 (སྒང་ལ་ལྷ་སྲས།)。

恰拉章钦，作了恰之神，他有六子：恰弥青钦波 (ཕྱི་མི་ཆེན་ཆེན་པོ།)、恰布央嘎尔 (ཕྱི་བུ་ཡང་དཀར།)、恰布昂章嘎尔 (ཕྱི་བུ་ངང་དཀར།)、加杰索索 (རྒྱ་རྗེ།) 以及恰江玛 (ཕྱི་ལྱང་མ།) 和恰江卓木玛 (ཕྱི་ལྱང་འབྲོག་མོ།) 妹妹。

兄长亚拉达珠，做了十三层天界之众神之王，是天界之主，也是人世间的庄严。

他与穆尊直麦妃 (རྨུ་བཙུན་ཁྲི་སྨན།) 生有八个兄妹，分别是绒绒尊波 (རོང་རོང་བཙན་པོ།)、赤嘎达斯 (ཁྲི་སྒྲ་གཙིགས།) 和天措索章 (ཐན་ཚོ་འཛང་།)三兄长；列杰贡赞 (ལེ་རྗེ་གུང་བཙན།)、列杰托赞 (ལེ་རྗེ་ཐོག་བཙན།) 和列杰森达 (ལེ་རྗེ་ཤན་གདགས།) 三小弟；加之赤巴吉顿次 (ཁྲི་བར་ཕྱི་བདུན་ཚིགས།) 和妹妹塔昂拉姆 (ཐང་མོ་ང་ལྟམ།) 共为八个。

绒绒尊波与穆萨妃亭库梅 (རྨུ་ཟླ་བཟའ་འཕེང་ཁུག་སྨིན།) 生有九兄弟：格桂 (གེ་གོད།)、弥杜尔 (མེ་ཏུར།)、仓拉 (ཚང་ལ།)、帕仲 (པ་འབྲུག)、玛次 (མ་ཚོ།)、颇章(ཕོ་ཙང་།)、玛格桂 (མ་གེ་གོད།) 及右恰 (ཡོ་ཕྱ།)，做了象雄 (ཞང་ཞུང་།)之神。

赤卡达斯与朗萨妃赤玛生有五子：乌热 (ཨུ་ར།)、迥松 (ཧྱུང་ཟུང་།)、阿格 (ཨ་གདགས།)、艾格 (ཨེ་གདགས།) 及达江 (ད་ལྱང་།)，做了松巴 (苏毗)[57] 之神。

天措索章 (ཐན་ཚོ་འཛང་།)与乌玛妃东岱梅 (རྨུ་ཟླ་བོ་ལ་བཟང་སྟོང་ངེ་སྨིན།) 之子成了阿杰之神 (འར་བརྒྱད་ཀྱི་ལྷ།)。

三个小弟中，列杰贡赞 (ལེ་རྗེ་གུང་བཙན།) 与东萨妃秋秋梅 (ལྡོང་བཟའ་བཟའ་འབུམ་ཆོ་ཆོ་སྨིན།) 生有七子：托拉杂吉拉 (མཐོ་ལ་ཙ་ཀྱི་ལ།)、玛珠杂吉拉 (སྨྲ་ཆུ་ཙ་ཀྱི་ལ།)、地方神 (ཡུལ་ཀྱི་ཡུལ་ལྷ།)、卡吉孜拉 (མཁར་ཀྱི་རྩེ་ལྷ།)、外神 (ཕྱི་ལྷ།)、内神 (ནང་ལྷ།) 及门神 (སྒོ་

ཤིག）。

列杰托赞与藏列雪梅妃（ཤ།ཤ་གཙང་ལི་ཤ་ད་བཉ།）生有九个白拉（吉祥天神）：白东孜（དཔལ་སྟོང་རྗེ།）、白增（དཔལ་སྤྱིད།）、父神（ལྷ་པོ།）、公马神（དཔལ་རྟ་གོ།）、白东昌东（དཔལ་མདོང་འཆང་མདུང་།）、白波切亥扎（དཔལ་པོ་ཆེ་ཧི་བྲག）、白贞（དཔལ་འཛིན།）、江贞（ལྕང་འཛིན།）及白久丁久（དཔལ་འཇུག་ཏིང་འཇུག）。

列杰森达（ལེ་རྗེ་ཤིན་དགངས།）与妃森觉玛（གསལ་འཇོན་མ།）之子为：农神仓巴（ཞིང་ལྷ་ཚོམ་པ།）、水神江右（ཆུ་ལྷ་ལྕང་ཡུག）、多拉美波（དགག་ལྷ་མེན་པོ།）、嘎亚赞波（ཀ་ཡན་བཙན་པོ།）之囊拉（内神）、穆亚赞木（མུ་ཡ་བཙན་མོ།）之囊拉（内神）、次拉芒波之子(ཚེ་ལྷ་སྨང་པོ་ཡི།)。此六神，在王之时代被称为六个白卡神（སྐུལ་ལ་དྲུག）。

小妹塘阿拉姆（ཐང་མོ་ཐང་ང་ལྷ་མོ།）的子女有囊拉雍久（ནང་ལྷ་ཡུལ་འཇུག）和赤木九子（འཛིག་མོ་བུ་དགུ）。

巴吉顿次（བར་ཀྱི་བདུན་ཚིགས།）[58] 来到了穆地方（མུ་ཡུལ།），其子有聂赤巴吉顿次（གཉན་ཁྲི་བར་ཀྱི་བདུན་ཚིགས།）。此人上与父兄不和，下与母妹不和，故命他去象雄（ཞང་ཞུང་།），但他不从命。于是赐予他很多财宝，又派卫兵七兄弟（家臣），让古拉拉嘎亚（ཀླུ་ལྷ་ལྷ་གཡག）、穆亚（མུ་ཡ།）、列朗如嘎尔（ལེ་སྨྲང་རུ་དཀར།）等随行，带上白螺帕波（དུང་འབར་པོ།）等，自十三层天界下凡至舅穆杰 [59]（王）赞普之地昂昌江昌（དར་འབྲང་ལྕང་འབྲང་།）[60] 地方。

在穆地方，有叫作塘塘（ཐང་ཐང་།）的三姊妹，其中直姆直赞姆（ཇི་ཧྲུ་ཇ་བཙན་མོ།）怀上了一个赤巴吉顿次的儿子，出生前从娘之腹中对母亲说："若我往上生，则母亲有危险；若往下生，对子不利。所以，请母亲在背部开一小孔，让我出来!"因为，他是从母亲的右肩生出的，故名聂赤赞普（意为自母之右肩出生之子——译者注）。

次女直尊穆姆与米苯拉苯（人苯神苯）、加仲当钦波（རྒྱ་འབྲོང་ཏག་ཆེན་པོ།）之子为齐美辛吉穆杰擦（འཆི་མེད་གཤེན་གྱི་རྒྱུ་ཡུལ་ཚ།）和吉乌辛吉恰嘎尔擦（ཅིའུ་གཤེན་གྱི་ཆག་དཀར་ཚ།）二人。

幼女直穆直与当萨拉贡布（སྟོང་ས་ལ་བྱ་བ་གོན་པོ།）之子也从母亲的腹中说：

"往上生则母亡，往下生则玷污儿子，祈求母亲打开肋骨！"于是他从肋骨中生出，故取名泽吉拉（肋骨神）嘎玛右德（ꡋꡘꡂꡙꡨꡁꡖ）。

父岗切曲（ꡨꡒꡂꡁꡎꡀꡖꡘ）和母门特替（ꡨꡫꡪꡪꡊꡎꡖꡨꡖ）生出了人身之五神（ꡄꡖꡘꡙꡫꡀꡨꡖ）：从身生出的古拉（身神）直古（ꡨꡡꡂꡖ）；从心生出的索拉（命神）娘钦（ꡄꡫꡫꡄꡋ）；从颈部生出的古尔拉（颈神）江秀（ꡂꡖꡊꡁꡖ）；从舌头生出的加拉（舌神）培波（ꡖꡣꡥꡙꡖ）；从语生出的次拉（语神）古尔布（ꡂꡖꡘꡁ）。

此时，吐蕃九父之地的十二小邦无力治理邦国，于是众人派出的代表聚集在一起商议：我们需要一个英明神武之王，但是这样的人应该到哪里去寻找？当时，从空中得到天神的授记："众吐蕃黑头人啊！你们若想有一个国王，在穆域昂昌江昌地方，在十三层天界之上，在松石顶的金宫内，有神之后裔和穆氏之后人神王聂赤赞普。你们去把他请来作黑头人的王吧！"

于是众人决定去请此人。此时，又从空中发出声音说："吐蕃九父之子们啊！（ꡨꡊꡂꡖꡣꡘꡘꡪꡖꡊꡌꡂ）不要去请别人，去请示萨拉贡布（土地神）之子泽吉拉（从肋骨出生的神）嘎玛右德吧！"于是就请示了他。泽吉拉嘎玛右德对聂赤赞普说："聂赤赞普王啊！在那雪域九州之地，吐蕃九父之地无人主之王，故善言者皆成了人王。天界无牦牛，但人间到处都是野牦牛。江河之水无人治理，处处是水灾。野马无人驯服，在高山峡谷间跳跃。所以，请前往那里做众人之王，驯服野牦牛，管理那里的百姓吧！"王聂赤赞普说："在那地面上有盗贼，有毒害，有作恶者，有敌，有魔，有诈，有咨啬，有咒语，有有情，有邪恶等，所以，我不想前去。"

天神又对他说："盗贼可以制止；善可以治恶；药可以攻毒；强敌可以战胜；神可以降魔；克诈的有正道；咨啬、咒语也有方法可治；有正法可度化有情；克邪的有正义；对付野牦牛的有武器。我俩也具有亲

195

属关系。树木中斯瓦树（ཤེལག）最好；肉当中有骨头的最好吃；衣物中羊毛制品最暖和。请无论如何也要前往那里，做无王之众人之王，做无主野牦牛的主人！"于是聂赤赞普答应了此事。父王赐予他许多财物，赐本尊神古拉日萨增（སྐུ་ལ་རི་ལྷ་བསོད་ནམས།）、拉达亚色之子（ལྷ་དྭགས་ཀ་ཡག་གསེར་གྱི་ལྷ་ཚས།）等；又赐护卫鲁乌（ཀླུ་བྲང་བྲོའི།）、七宝（རིན་ཆེན་བདུན།）及列朗如嘎（ལེབ་རང་ངུ་དཀར།）等。

他的穆氏舅王也赐予了许多财物，有穆之盔甲（རྨུ་ཁྲབ་ཕོས་མོ།）、头盔（རྨུ་ཆོག་ཁྲུ་ཕྱག།）、矛（རྨུ་གདུང་ཟངས་ཀ་ཡག།）、盾（རྨུ་ཕུབ་གོང་ཁྲ།）、利剑（རལ་གྲི་ཞེལ་གྱི་སྦྲང་ཚ་ཕལ་གྱི་རྒྱན།）、九层穆梯（རྨུ་སྐས་རིམ་དགུ།）及穆章桑亚（རྨུ་འབྲང་ཟངས་ཡག།）等。[61]母亲也赐予了许多财物，有松石（གཡུ་གཡང་འོང་ལ།）、自生之火（མེ་རང་འབར།）、自生水（ཆུ་རང་འཆི།）、绳子（མཆིག་རང་སྒྲོ།）、自炒锅（སྦྱང་ར་རང་རྫོ།）、自转磨坊（རང་ཐག་རང་བསྐོར།）、自成盘（སྡེར་རང་འཇི།）等[62]。父亲赐予的财物中，有白色海螺（དུང་འབར་མོ་འབར་ཆུང་།）、吉祥自动弓（དཔལ་གྱི་གཞུ་རང་ཐུང་།）、吉祥自发箭（དཔལ་གྱི་མདའ་རང་རང་འཕེན།）、自穿铠甲（ཁྲབ་རང་གོན།）、自挡盾（ཕུབ་རང་གོན།）、自刺矛（མདུང་རང་འདེབས།）、自动刺杀剑（སྒྲ་ཚངས་པ་ཡོད་འཇེན།）、自熟厨（གཡོས་པ་རང་ཉེད།）、香草（རི་གཤེན་ཕྱུག་པོ།）及能消除贪欲的宝物（འདུར་ག་མེན་ནམ།）等。

如此被请至人间，其过程有二十七段（གཉེགས་ཚབས་ཉེར་ཉི་བདུན།）。在下凡过程中，通过九头帕瓦（ཕ་བ་ཐགས་རིང་རི་དགུ་ལ་དག）之绳时，有人抓住了绳头，白螺帕瓦帕琼发出声音，手扶穆之剑，脚蹬九层穆梯，自天空下凡至人间。

此时，天空被打开，云层散开。在往地面俯视时，看见所有雪山中拉日江托（ལྷ་རི་གྱང་ཏོ།）山[63]最高；在所有坝子中，贡雪色木珠西[64]最宽广（གོང་ཤུལ་སེ་མོ་བཞི།）；在所有地方中，亚木纳木西（ཡར་མོ་རྣམ་བཞི།）最好最平整；[65]在所有牧场中，亚木卓三地[66]最好（ཡལ་འབྲོག་རྣམ་གསུམ།）；在所有江河中，藏恰俄木河（གཙང་ཆབ་ཐོན་མོ།）和香曲河最清澈（ཀྱ་ཆུ།）。于是来到了右域（松石地）央康（གཡས་ཁང་།）地方。

之后，来到了右域（松石地）昌巴（ཅང་ར།）、右域巴尔多（གཡས་ཕུལ་བར་དོ།）等地。之后，去了东方的拉多地方（ལ་དོ།）。此时，有郭聂帕崩（石神）、

196

辛聂色坚（树神）、恰聂鲁玛（水神）等向他顶礼。之后，来到了江托托央（གཡུང་ཕྱོག་ཕྱོག་ཡངས།）、拉仲江多（བྲ་འབྲུམ་གུང་མཐོ།）[67]、那玛江擦坚（དགས་མ་ཆོང་ཅན།）及辛木列仲辛（ཤེ་བྲུ་ལེ་གྲུམ་ཤིང་།）等地。

此时，有罗刹部（སྲིན་གྱི་ད་མགོ།）前来拦路。有江（ཇང་།）地方的罗刹和工布（ཀོང་པོ།）[68] 地方的罗刹联合起来，形成了如扇子般红色障碍。此时，有吉罗乌仁青七兄弟（སྐྱེ་སྲོལ་ཨེ་རིན་ཆེན་མཆེད་བདུན།）保卫聂赤赞普，列朗如嘎尔白牛（ལེ་ཡང་ད་དགར།）用角进攻对方。依靠自穿盔甲、自穿盾、自攻利剑、自刺矛、自拉弓、自发箭等，杀死了江地罗刹和工布地方的罗刹。尸首布满山野，鲜血染红了江河。从辛木列仲辛（从先祖处得到的一种吉祥宝树）的嘴里发出了五发箭，在松开四手指时，同时打开了出预言之匣子（སྒྲོམ།），从匣子拉乌拉塞（སྒྲོམ་ལྟོ་ལོ་སྲབས།）中发出声音说："在此时此地做王，能够消除一切灾害。"同时，出现像风一样的精液种子进入了叶达巴丁树（དབལ་སྤྲག་པ་ཏིང་ཅན།）的腹中而生出一子，称神光之子贡斯（ལྷའི་འོད་བཀགས་ཀྱི་གུང་གཟིགས།），是聂赤赞普的苯教师（སྐུ་གཤེན།）。玛玛卓协吉（མ་མ་ཇོལ་ཤྲེགེ）高举起酥油灯，照亮了他的眼睛。帕瓦卓萨吉杰王（པ་བ་ཇ་སྲེད་རྒྱལ།）献出他的部落。于是，聂赤赞普脱掉清凉的神衣，穿上了人间的绸缎；远离天神之香，改用人间之香气；戒掉神饮江库（ཇུ་རྒྱས་ཁུ་ད།），改饮蓝色的人间饮料和米酒（མེ་སྐྱེམས་སྟོན་མོ་དང་དིར་འབྲས་ཆང་སྟོན་ཅན།），来到了米域吉亭（མི་ཡུལ་གྱི་མ་ཏིང་།）地方。[69]

之后，来到了大海旁；之后，来到了红岩地；之后，来到了喇嘛达玛贞久（བྲ་མ་དངས་མ་འབྲིང་ཏུ།）；之后，来到了多木多木多聂（དགས་མ་མོ་དགས་མོ་དགས་ཞེན།）；之后，来到了那聂加布玛尔（ཏྱག་ཞེ་རྒྱབ་དམར།）；之后，来到了达叶卡尔（དགས་ཨེ་ག་ཁར།）；之后，来到了昂拉亚木贡（ད་ལ་ཡགས་འམ་གོང་།）；之后，来到了塔域辛那（དགས་ཡུལ་ཤེ་ནག）[70]；之后，来到了扎拉六门地（བྲ་ལ་སྒོ་དྲུག）。

此时，在比吉扎那地方（བིད་གྱི་བྲ་ནག）遇见了三个头上有鸡毛装饰的小孩。抓住三个小孩后一同上路，但没有听懂他们所讲的门地方的语言（མོན་སྐད།）。因此，根据自己的意愿给三个小孩取名：一个叫作洛聂嘎比

197

（ཀློན་ན་ག་ཞེར།）；一个叫作那加嘎比（ཀློགས་ལྷུང་ཀ་ཞེར།）；一个在娘贡（བྱང་གོང་།）地方藏起来，逃到了洛若绒峡谷（ལོ་རེ་རོང་།），来到了霍吉章卡尔宫（ཧོར་བྱ་འགུལ་མཁར།），给他取名娘贡艾列左（བྱང་གོང་ངན་ལེ་བཙོ།），是娘氏族的祖先。

另外两个成了洛氏（ལྒ）和聂氏（ གྙགས་）的祖先。

从扎郭珠地方（བྱ་གོ་གྲུག）来到了夏拉直隆地方（ཤ་ལ་འབྲིང་ལུང་།）；之后，来到了直昂章那地方（ཏིང་བྱ་ནས།）；之后，来到了拉隆达巴地方（ལྷ་ལུང་དགྲ་བ་）；之后，来到了鲁木江巴地方（ཀླུ་མོ་བྱུང་བ།）；之后，来到了亚钦索卡地方（ཡར་ཆེན་སོ་ཀཀ།）[71]；之后，来到了钦波古贡地方（ཆེན་པུ་གོར་གོར།）；之后，来到了藏退松地方（ཅང་ཐུད་གསུམ།）；之后，来到了赞塘郭西（ཙན་དང་སྒོ་བཞི།）地方;[72]之后，来到了帕尔波索章地方（འབར་པོ་རོ་བྱང་།）。

之后，来到了雍布拉岗宫（ཡུམ་ལྷར་ཡུན་བུ་བླ་སྒང་།）[73]。此时，松巴王香（ཀུམ་པ་ངང་གི་རྒྱལ་པོ།） [74] 被聂赤赞普所征服，故他也是一幻化之身。

之后，蕃众十二小邦派代表商议，把他推举为黑头人的王和蕃人之主。

如此，有二十七段经历。以上是《瑜伽神离册》所记载的上部神系史。

1.天赤七王和父之庶民所著《桑玛缺尾册》

此后是天赤七王时期，也是吐蕃兴盛和分裂时期。撇开外道之说和对赞普的诽谤之词，神系之后有吐蕃兴盛和下部分裂两个时期。所谓"不持外道邪见"，就是指秘密苯教之说法，即根据外道之六迦部（བུ་ཐེ་གས་ཆར་ཀ་རོ་དྲུག），说瓦古仁托坚（狐狸头王）部落的人头戴狐尾，故杀死了仁托部之王（རེ་ཐོད།）。

所谓不对赞普进行诽谤，是指《极密台乌让》（ཡང་གསང་ཐེ་རང་ལས་ཆད་པའི་ལུགས།）当中的说法，都是对赞普先祖的诽谤之词，吾等普通人不应议论此事。

现在介绍佛教的普遍说法即世系说（གཏུང་རྒྱུད་ལས་ཆད་པའི་ལོ་རྒྱུས།）。

198

《经》上说，佛教普遍认为，赞普源自世系王。这个世系有大释迦族、毗舍厘释迦族和释迦日扎巴三个系统。从上述三个世系再往下传了百军和护狮子两个系统，其中百军之子来到了吐蕃，名叫聂赤赞普。说他源自世系，据说是因为过去王的来源有封王、突显王、世系王及众敬王四种，其中他源自世系王。世系说成为一种普遍的说法，是因为这个世系最初源自光明天（ འོད་གསལ་སྐྱེ）。根据苯教的说法，（赞普）是源自欲界天。天也有善恶之分。普遍的世系说皆源自《经》上的记载，故称为普遍。

世系总共有三个，即大释迦族、毗舍厘族和释迦日扎巴三个系统。大释迦之后人至罗睺罗绝嗣。毗舍厘族的后人有三个或五个世系，分别是乔萨罗王胜光（ ཀོ་ས་ལ་ད་པའི་རྒྱལ་པོ་གསལ་རྒྱལ）、莲花国的光明王（ པད་མ་ཅན་པའི་རྒྱལ་པོ་འཆར་ཉིད）和摩羯陀影坚王（ མ་ག་དྷ་འི་རྒྱལ་པོ་གཟུགས་ཅན་སྙིང་པོ）。释迦日扎巴有两个世系，分别是百军王系统（ རྒྱལ་པོ་དམག་བརྒྱ་པ）和护狮子王系统（ རྒྱལ་བ་སེང་གེ）。

百军王有九十九个儿子，加之父王共为一百，故称百军。护狮子王有五百个王妃，但没有子嗣。为了能有一个儿子，他举行了各种仪轨，然皆无果。心想若向三宝祈祷，是否会好一些，于是昼夜举行大供。此时有一仙人，他明知王之所求何事仍对王说："你日夜供养三宝，是为来世还是今生"王曰："我为了今世能有一个儿子而为之。"仙人说："不管你做什么，都不会有王妃所生之子。"问为何?仙人答："你前世射杀过一头有身孕的母鹿，所以，今世得到了报应，故无子嗣。若你为子嗣发愁，我可以给你赐予非人五子（ མི་མ་ཡིན་གྱི་བུ་ལྔ）。"王曰："请赐予我非人五子！"于是仙人赐予了非人五子，他们分别是神之子列那措巴（ ལྷའི་བུ་ལས་སྣ་ཚོགས་པ）、太阳之子色楚坚（ ཉི་མའི་བུ་གསེར་འཁོར་ཅན）、风之子米吉丁（ རླུང་གི་བུ་མི་འཇིགས་སྦྱིན）、威猛天之子塔嘎尔（ དྲག་པོའི་བུ་ཐ་དཀར）和欲界天之子米促巴（ དབང་བྱེད་ཀྱི་བུ་མི་ཕྱུག་པ）。王非常高兴，心想自己得到了不用擦鼻涕，也不用洗尿布的五个儿子，于是把诸子领进了自己的王宫，穿上衣服后，对他们说：“你们和我没有血缘关系，（你们）是因业与祈祷所获之子。你们各自有何本事？”神之子说：“我能升天入地，也能在水上漂移”；太阳之子说：“我可以提供各种王者之相”；风之子说：“我可以提供王需要的一切工具”；威猛天之子说：“我可以打败一百个士兵”；欲界天之子米促巴说：“我可以赶走罗刹之子”。王为了证实这一切，对威猛之子说：“若你能敌百人，百军父子对我有危险，你去把他们都杀了！”于是他杀死了百军王的九十八个儿子和父王，活捉了最小的儿子茹巴杰（ཟ་བ
རྒྱལ།）。此时，护狮子王(对威猛之子) 说：“你虽然能力很强，但不能与全世界为敌。你活捉了那个人，但没有杀死他，因此，以后你们将会成为兄弟。”但对方说，他的父亲和兄弟都被杀死了，所以无法与他做兄弟。众子认为应该杀死他，但父王不敢杀害并决定将他流放。他用五种宝物做成匣子，其内装入王子，再装入九种美食（ཟས་ཞིམ་དགུ） 和九种甜食后（ཟས་མངར་དགུ），把匣子扔进了恒河（ཆུ་བོ་གཱ）。影坚王的牧人在河边打水时，发现了这个匣子，于是把它交给了国王。国王打开匣子后，发现其内有个如同神子般的儿童，于是问他：“你是何人？”王子说：“我是百军王之子茹巴杰王子，我的兄弟全部被护狮王之子所杀，我是被他们流放的。”影坚王曾得到过关于茹巴杰的授记，于是就说：“你是观音之化身，是我等应供奉的对象。”王子说：“我俩都会被护狮王杀死的。”影坚王说：“我有办法对付他们。”于是把他带进深山进行供养。此时，护狮王在念诵佛经时，得到了关于茹巴杰的授记，于是他把天神授记的内容告知他的儿子们，并说这是你们所造成的。儿子们说，如果是这样的话，他现在在影坚王那里，我们可以把他请过来。于是，护狮王带上乐队，吹奏着海螺，去迎请茹巴杰王子时，王子以为他们是来杀他的，所以就逃跑了。在他逃到印、蕃边境时（རྒྱ་བོད་ཀྱི་ས་མཚམས།），遇上了吐蕃十二贤者（བོད་པ་མཁན་མི་བཅུ་གཉིས།） 和父民六族（ཡབ་འབངས་རུས་དྲུག） 前来寻王，他们对茹巴杰说：“你英俊神武，如同神子，你究竟是谁？”但是，因印、蕃人之间语言不通，所以，他用手指向了天空。于是吐蕃众人认为他是来自天上的神子，把他认作了吐蕃王，请至肩座之上称为聂赤赞普（肩座王），成了吐蕃之王。

吐蕃十二贤者是，阿梅德日（ཨ་མེ་སྟེ་རེ།）、艾梅益西（ཨེ་མེ་ཡེ་ཤེས།）及僧人次央贡（ཚུལ་ཡང་དགོངས་དགེ་འདུན།）等。吐蕃父民六族，强治的洛和那二氏（བཙན་པར་བྱེད་པ་སློང་དང་སྣ་གཉིས།），德治的库和奴二氏（བཅུན་པར་བྱེད་པ་ཁུ་དང་ཞུབ་གཉིས།），严治的苏和波二氏（གཉན་པར་བྱེད་པ་སོ་དང་སྒོ།）。

如此，茹巴杰王子是世系之王，也是观音的化身，故称这个说法为佛教的普遍说法。此说认为聂赤赞普是古印度王统世系之后，后来到了雪域。那里有雪山环绕，是四水之源，是三江之尾；那里有如佛塔般的冈底斯神山，有如松石之曼荼罗（གཡུ་ཡི་མཎྜལ།）般的玛旁雍错湖。因他是天神之后，故佛法也最终传到了北方吐蕃之地，出现了王法（རྒྱལ་ཁྲིམས།）治世之情。吐蕃，是集七瑞相之地（ཡོན་ཏན་བདུན་དང་ལྡན་པའི་ཞིང་བཅོག）。这是佛法之神系说法。

为何称佛法神系呢？因为，众敬王之前有七神之历史传说。另外，茹巴杰又是观音之化身。此等之事见于《经》上的记载。《经》上说：在未来，有观音之化身名叫茹巴杰者，生于百军王之子，将来到边地度众。众神中观音为最，故称上部神系。

父之庶民所著《桑玛缺尾册》（ཟངས་མ་ཁ་ཐུག་པ་ལ་ཅན།）记载，在天空之上有众生之王列巴（འགྲོ་རྗེ་ལེགས་པ།）；在天界之上有白三天（གནམ་ལྷ་དཀར་གསུམ།）；在云层之上有右德星（སྲས་ལ་ལོ་སྲི།）；在贡右之上有嘉神怔囊（རྒྱལ་འབྲིང་ནམ།）；在天叶之上有乌德贡杰（བོད་གྱུང་རྒྱལ།）[75]；在丁麦之上有尧拉达珠（ཡལ་ལྷ་བདག་དྲུག）；在云之上有杜杰钦波（བདུད་རྗེ་ཆེན་པོ།）；在卡叶之上有德聂赤赞普（གཉའ་ཁྲི་བཙན་པོ།）；在穆色之上有穆杰赞普（རྨུ་རྗེ་བཙན་པོ།）；在多梅之上有当萨工布（སྟང་ས་མགོན་བུ།）。在索如钦波之下有多神门波（རྡོག་ལྷ་སྨྲིན་བུ།）；在萨梅之下有梅神默波（མེར་ལྷ་སྨྲོས་བུ།）；在萨拉之下有萨神阔木（ས་ལྷ་འོར་མ།）；在丁绒之下有丁神嘎尔钦（ཐྱེ་ལྷ་གར་ཆེན།）。在桑吉之上有桑神德巴（གསང་ལྷ་དེ་པ།）；在天空之上有魔王钦波（བདུད་རྗེ་ཆེན་པོ།）。这些叫作"桑拉秀热坚"（ཟངས་ལ་བཅུ་བརྒྱད་ལ་ཅན།），是天上的十八尊天神（缺两个——译者注）。

2.上部二丁王的历史

以上是吐蕃突显王的三种历史传说。现在介绍吐蕃之上部二丁王(སྟོད་ཀྱི་སྟེང་གཉིས།) 的历史。聂赤赞普和那木木（གནམ་མུག་མུག） 之子为木赤赞普（མུག་ཁྲི་བཙན་པོ།）；木赤赞普和萨丁丁（ས་དིང་དིང） 之子为丁赤赞普（དིང་ཁྲི་བཙན་པོ།）；丁赤赞普与索塘塘（སོ་ཐབ་ཐབ） 之子为索赤赞普（སོ་ཁྲི་བཙན་པོ།）；索赤赞普与达叶叶（འདར་ཡིད་ཡིད） 之子为达赤赞普（འདར་ཁྲི་བཙན་པོ།）；达赤赞普与塔吉拉姆（གདགས་ཀྱི་ལྷ་མོ།） 之子为塔赤赞普（གདགས་ཁྲི་བཙན་པོ།）；塔赤赞普与色吉拉姆（སྲིབས་ཀྱི་ལྷ་མོ།） 之子为色赤赞普（སྲིབས་ཁྲི་བཙན་པོ།）；色赤赞普与那木吉杰姆斯林雪玛杰(གནམ་ཀྱི་རྒྱལ་མོ་ཟི་ལིང་ཤེལ་མ་རྗེ།) 之子出生时，请祖母卓雪吉林玛（མ་མོ་ཟོ་ཞལ་སྐྱིད་ལིང་མ།） 赐名，祖母问："王之神湖是否干枯？红色的岩石是否被水冲垮？王之神坝当玛直邦（སྒོ་དང་དཀར་མ་འབྲིང་བང་།)是否被野火烧毁？"于是吐蕃父民九族前去查看后，回祖母说："神湖未曾干枯，红色的岩石未曾冲垮，王之神坝未曾被野火烧毁。"但是，因祖母失聪而未能听清答案，于是说："既然湖干、岩塌、草原被烧，那么，该王子很难继位。王子之名，就取直贡赞普（死于剑下的赞普）吧！"于是王子就取名为直贡赞普[76](གྲི་གུམ་བཙན་པོ།)。直贡赞普与王妃鲁尊萨梅江（ཀླུ་ལྱ་བཙུན་བཟའ་མེར་ཇའི།） 之子为夏赤（ཤ་ཁྲི།）、娘赤（ཉ་ཁྲི།） 和恰赤[77](བྱ་ཁྲི།)。

此时，在古那萨那（ཡ་ངུར་རྩ་ས་ན།） 地方 [78]，有名叫阿柴布（阿柴之子）的外道苯波，他有各种神通，能在天空中飞翔，并从口中发出各种声音；能在树上直走，且在石头上留印。他成了赞普的苯教师，赞普依靠他治理国事。他手持绿松石雍仲符号（གཡུ་ཡི་གཡུང་དྲུང་།），有巴卧达拉神(དཔའ་བོ་ཐོག་ལྷ།) 护佑，地位比赞普的叔侄还要高，故称之为"阿巴"(咒师)。虽然苯教神力弱小，但赞普因为信仰苯教之故，问众人："为何为我取名直贡赞普?"众人回答:"是祖母所为,意为最终将死于剑下。"赞普心生不悦,加之魔鬼楚玛列 (གདོན་བཙན་པོ་ལེ་གོ་སྨྱེ།)附体,故说:"反正我最终要死于剑下,不如与马官罗昂 (ལོ་རམ་རྟ་རྫི།) 决斗。"随即确定了与罗昂的决斗的时间。但是,罗昂王说:"我和你没有决斗的约定。我在我的地盘上最大,你在你的地盘上最大。"但是赞普不听罗昂之言,决定在贴瓦蔡[79](ཐལ་བ་འཚལ།) 地方决斗。在决斗前,赞普派人(监听者)去打探罗昂的准备情况。罗昂发现了赞普的耳目,所以说了反话:"我是能够战胜他的。但是,如果他赶来驮着沙土的七头红牛,我不能胜他;若他的剑在头顶盘旋,我不能胜他;若他右手牵着猴子,我不能胜他;若他左手牵着猫,我不能胜他;若他额头前挂有铜镜,我不能胜他。"密探聂那桑 (ཉ་ན་གསང་།)把罗昂的话转达给了赞普,赞普决定照此行事。因他右手牵着猴子,所以阳神消失;因他左手牵着猫,故阴神也消失了;因他的剑在头顶盘旋,故斩断了穆绳 (དམུ་ཐག)而无法回到天界;驮着沙土的红牛,因罗昂吹响海螺之故四处逃散,沙驮破裂,直贡赞普的兵被阻挡;因直贡赞普前额有镜片,故在乱军中被罗昂所认出而射死了。尸首被装入铜匣后扔进了年楚河中 (གཉེན་ཆུ་བོ།),在江嘎尔亚措地方 (རྒྱང་གར་ཡ་ཚོ་ཡུལ།) 停留了八天八夜,之后被河水冲到了工布 (ཀོང་པོ།) 地方,在那里被鲁森(罗刹女)库德仁木 (ཟེ་དེ་རིང་མོ།) 之女佣鲁森吉玛拉仁 (སྲུ་སྲིན་བྱེ་མ་ལ་རིང་།)所捕获。

三个王子住在右波孜 (ཨཕར་གཡུ་བའི་ཞེ།) 宫时,因发现罗昂的追兵而逃跑了。三个王子分别骑在神牛列朗如嘎尔 (ཉིབ་རང་ར་དཀར།) 的牛角、脖子和背上逃跑时,后面有罗昂的追兵。在文(雅鲁藏布江北岸的地名)之底嘎尔山 (འོན་གྱི་སྟེང་ར་དཀར་ལ་ལམ།) 找到了路,在乌如嘎塘钦波 (དབུ་རུའི་སྐར་ཐང་ཆེན་པོ།) 旁边,三个王子下牛取暖休息时,追兵赶到了。于是逃到了娘日俄 (ཉ་རི་རོས།) 地方的背后,躲在果钦宫背后 (སྒུག་ཆེན་ཁང་།),所以追兵搜寻无果而归。夏赤作了娘波 (ཉང་པོ།) 地方的王;恰赤做了工布 (ཀོང་པོ།) 地方王;娘赤前往波沃 (སྤོ།) 地方;娶公主为妻;四兄妹的母亲(赞普的王妃)成了罗昂的牧马人。[80]

此时，赞普之位曾空位十三年。复位的情况是，放牧的王妃在睡觉时梦见与如同龙子般的男人相好，据说醒来时在枕边看见了一头牦牛。八个月之后，在去背水时，生下了一拳头大的肉球。心想若杀死他不忍心，因为是自己身上掉下来的肉；若要养活他，他又没有手脚。于是把它装入一个牛角，再放入靴子里，用草盖顶。由于秘密收藏而受热，从肉球内生出了一个婴儿。因为是角中生，火中立，故名"茹列杰"（ར་ལས་སྐྱེས།）。

他长大后，问母亲："我的父亲是谁？"母亲答："你的父亲被罗昂杀死了。"他寻找父王的尸首时，得知尸首由鲁森吉玛拉仁收藏。他想赎回无果，对方提出要与具有鸡眼（མིག་པུ་མོག་ག་མིག་པ་ཞེན་ནས་བཙལ་བ།）的女人交换。在艾[81] 嘎巴波卧（ཨེའི་གང་བར་ཕྱུར་འོག）地方，父擦拉巴亭（པ་མཚར་ལ་སྟེ་ཐེན།）和母玛波萨秋姆（མ་སྤོ་བཟའ་ཕྱུག་མོ།）二人，有女叫格右瓦（དགེ་གཡུ།）符合条件。于是前去偷取，但没有成功。后向其父母买时对方又不肯卖，问："你为何要买我们的女儿？"茹列杰说了实话。女儿的父亲说："若允许我在赞普的棺材上钉上一百个钉子，我就把女儿交给你。"茹列杰答应了他的条件。之后，茹列杰把这个女儿带到了贡域色木普（ཀོང་ཡུལ་སེ་མོ་ཕུག）地方与鲁森玛进行交换，女儿的父亲也在赞普的棺材上钉上了一百个钉子。

之后，由昂列吉（ངར་ལ་སྐྱེས།）领头，吐蕃父民九族在色木普地方按传统建造陵墓，尸首藏于此地。[82] 此时，又建造十三层天台，举行消除直贡赞普剑邪的宗教仪式，却未能消除剑邪，最后由帕瓦热之布斯杰芒波（བ་བ་རའི་སྤྲི་རྒྱལ་ཆེན་པོ།）消除了剑邪。尸首被请至昂玛塘（ངར་མ་ཐང）地方，转三百六十圈后，在章木章琼（གྱང་མོ་གྱང་ཆུང་།）地方的岩石中间修建了陵墓，就是现在所说的章木纳色底（གྱང་མོའི་གནས་ཀ་གསེར་ཏིག）[83] 地方。这是关于王子成年及消除赞普剑邪的历史。

之后，根据父王的遗愿，寻找三个孤儿兄弟，并完成了寻访父王遗骸、举行宗教仪式以及修建陵墓等事宜。希望王子成为黑头人的王和吐蕃众人之主，但是，夏赤和恰赤没有答应，只有娘赤答应了茹列杰的祈求。于是茹列杰从波沃地方请来娘赤，一路征服了森敌（དགྲ་སི）之后，改名乌德贡杰（布德贡杰)[84]。

之后，由茹列吉领头修建了青瓦孜珠宫（སྟུག་བར་ཅུང་བ་ཅེ་རྒུག)[85]。茹列吉给罗昂达孜王献上了一只身上涂有剧毒的白狗，因罗昂王抚摸了狗毛而中毒，手指开始腐烂。在众人前去探望罗昂之时，茹列杰捅破娘若香波宫（ཉང་རོ་གཤོ་བོ་མཁར）对面的鹰窝（ཁྲད་ཚང），钻入鹰壳，攻下了娘若香波宫。罗昂的下属有一百个男人在锅里被煮死；一百个妇女的头，被装入铜器而亡。由于茹列杰[86]的大小愿望都实现了，故名为麦松（སྨད་ཀཙེད）。因布德贡杰说茹列杰比亲叔叔还亲，故名"叔麦松"（ཨ་སྨད་ཀཙེད）。以上叫作上部二丁王。

在库麦松出生前，直贡赞普被杀至布德贡杰继位，赞普之位空缺了十二年（ལོ་བཅུ་གཉིས）。长子夏赤（ཤ་སི）做了工布王，据说现在下属有一百多协敖（ཕྱ་སོ）[87]。弟娘赤（应为恰赤）作了娘波王，据说现在约有五十个协敖。（三个王子的问题，与前面的说法相矛盾）

3.六列王、七德王和七赞王等的历史

六列王（ལེགས་དྲུག）时期，兴建了青萨孜珠宫（六顶宫），分别是青萨达孜宫（ཕྱིང་ས་སྟག་རྩེ）、右孜宫（由贴雪列王所建）、乌孜宫（由古布列王所建）、赤孜崩杜宫（由卓西列王所建）及通孜宫（由艾西列王所建)。[88]次子布德贡杰之子为尼秀列（ཉི་ཤོ་ལེགས），其子为德秀列（དེ་ཤོ་ལེགས），其子为古布列（གོར་བུ་ལེགས），其子为卓西列（འབྲོ་བཞི་ལེགས），其子为贴秀列（ཐེ་ཚོ་ལེགས），其子为艾秀列（ཨི་ཤོ་ལེགས）。

七德王（ལྡེ་དྲུག）分别是：艾秀列之子杰森囊森德（རྒྱལ་ཟན་ནམ་མེན་ལྡེ），其子为德楚波囊雄赞（ལྡེ་འཕྲུལ་པོ་ནམ་གཤང་བཙན），其子为德聂波（ལྡེ་གནོལ་པོ），其子为德聂朗（ལྡེ་གནོལ་ནམ），其子为色德聂波（བསེ་ལྡེ་གནོལ་པོ），其子为色德聂囊

（བསེ་ལེ་གནོལ་ནའ་ལ་བཟག），其子为德杰波（ལེ་རྒྱལ་པོ）。以上诸王娶鲁母（龙女）为妃，故无母名。据说以上二十一代王时期，吐蕃无佛法，故被喻为黑暗时期（མུན་པའི་སྐལ་དུས）。

政事由苯、仲和德乌（བོན་དང་སྒྲུང་ལྡེའུ）三个来打理。作为三藏（སྡེ་སྣོད་གསུམ）的起始，依据苯、仲和德乌行事。

七赞王中的第一个是德杰波之子杰波贞赞（ལེ་རྒྱལ་པོའི་སྲས་རྒྱལ་པོ་བྱིན་བཙན）。其子为杰多日罗赞（རྒྱལ་སྟོ་རེ་ལོ་བཙན），他是首位与庶民通婚的赞普。他娶梅妃鲁杰（མེ་བཟའ་ཀླུ་རྒྱལ），生有赤赞囊（ཁྲི་བཙན་ནམ）。赤赞囊与王妃赤扎艾琼（ཁྲི་སྒྲ་དར་ཆུང）之子为赤扎仲赞（ཁྲི་སྒྲ་སྒྲུང་བཙན）。赤扎仲赞与玛妃鲁赞（རྨ་བཟའ་ཀླུ་བཙན）之子为赤托杰托赞（ཁྲི་ཐོག་རྗེ་ཐོག་བཙན）。

赤托杰托赞与雍妃东杰（རྗོང་བཟའ་སྟོང་རྒྱལ）之子为拉托托日赞（ལྷ་ཐོ་ཐོ་རི་བཙན）。此时始有佛法，被称之为吐蕃佛法的起始。拉托托日聂赞是饮光佛或地藏王之化身，在他住于雍布拉岗宫时，《诸佛菩萨经》（སངས་རྒྱས་ཕལ་པོ་ཆེ）和四层松石佛塔（གཡུའི་མཆོད་རྟེན་བང་རིམ་བཞི་པ）等从天而降，落入其手中。虽不懂佛法之含义，但认为美丽且让人心悦，故用金汁和蓝松石供奉。据说此时也出现了《四印》（ཕྱག་རྒྱ་བཞི）等佛经。有一穆氏苯教徒（རྨུའི་བོན་པོ）叫作吉俄擦（སྐྱི་རོ་མཆོར），他说："这是在吐蕃苯教兴盛的预兆，需用血祭。"据此人们用动物的生命和气血来祭祀，结果出现了疾病、干旱、饥荒等不吉祥之事。

有天赞普在梦中得到授记：那是吐蕃兴盛佛法的预兆，需要用香、花及酥油灯供养，而且在王之后会出现许多化身王。根据佛法仪轨供养之故，王至百岁时又生新牙，耳朵也变得像神耳（ལྷའི་རྣ）一样长，故得名拉托托日聂协[89]（长耳王）。

如此，在该王时期开始出现佛法的情况，在《仙女无垢经》（ལྷ་མོ་དྲི་མ་མེད་པས་ཞུས་པའི་མདོ）中说："在赤面人地方，佛祖涅槃后的一千五百年，会兴盛佛法"；《首续经》（དང་པོ་འབྱུང）上也说："在北部的雪山中，在善行之地，一千五百年之后，始有佛法传播。"这些都说明在佛祖涅槃后的一千五百年，将在吐蕃出现佛法。拉托托日聂协和奴妃芒母杰 (རྣ་བཙན་ལང་ཚེ།) 之子为赤聂松赞 (ཁྲི་གཉེན་གཟུང་བཙན།)。以上七位赞普被称之为七赞王 (བཙན་བདུན།)。

4.无法三王或中丁二王

之后，出现了三个无法赞普 (ཁྲིམས་མེད་རྒྱལ་པོ།)。因没有佛法和王法之故，出现了患疾者和眼瞎者等，据说（他们）被称之为中丁二王 (བར་གྱི་སྟེང་གཉིས།)。关于无法三王，赤聂松赞与卓妃杜央协 (འབྲོ་བཟང་དུར་ཡང་བཞེས།) 之子为卓聂德茹[90] (འབྲོ་གཉེར་ཏེ་རུ།)，他取塔波 (དྭགས་པོ།) 地方的钦妃鲁杰措姆 (མཆིམས་བཟའ་ཀླུ་རྒྱལ།) 为妃，前半生无子，于是前往苏毗 (སུམ་པ།) 地方与苯教徒之妻甲姆恰江 (རྒྱ་མོ་ཆ་ཀྱང་།) 相好后生有一子叫作松日仁波 (སུམ་རི་རིན་པོ།)，但并未相认。此时，因钦妃有食蛙习俗 (སྦལ་པ་གསོལ།)，故其母从塔波地方寄来一盒煮熟的蛙，被赞普发现后因心生畏惧而得了大病。钦妃之子为盲人。卓聂德茹活人入墓，在入墓之前对其子麦隆贡巴扎 (དམུས་ལོང་དཀོན་པ་དྲག) 留下遗言说："人要懂得人世间的各种做人的道理；善言如同甘露需要聆听；恶人如同野火需要及时覆灭。你有断后的危险，若发生此等之事，可以到苏毗地方去请松日仁波，他是我和甲姆恰江妃所生。可认作大哥，并让他继位。"留下此等遗言后，父王与家臣那·塘昂央杰(སྣ་པོ་སྟགས་བརང་ང་ཡང་རྗེ།)、奴·赤托杰松赞 (ཁྲུབ་ནི་ཤོག་རྗེ་གུང་བཙན།) 一同在夏达尔 (ཤག་མདའ།) 地方活人入墓。

之后，阿柴[91](འ་ཞ།)地方的一医生在青昂达孜 (སྐྱིང་ང་སྟག་རྩེ།)[92]地方治愈了卓聂德茹之子的眼睛。子睁开眼睛后，在顿卡尔 (དོན་མཁར།) 地方的山上看见有盘羊走动，故得名达古聂斯 (ཕྱག་གུ་གཉན་གཟིགས།)。

在这个赞普时期，征服了阿柴王 (འ་ཞ་རྗེ།) 和森波杰王 (ཟིང་པོ་རྗེ།) 等此前未被吐蕃所征服的小邦。自父王弃离本尊神 (ཡི་དམ།)，又因妃子食蛙而得病，至王子眼睛治愈，王位空缺二十一年。以上赞普被称之为中丁二王 (བར་གྱི་སྟེང་གཉིས།)。

达古聂斯和乌古妃顿尊准(ཨེ་ལ་གོ་བཟའ་གདོན་བཙན་སྐྱོལ།) 之子为囊日松

赞[93] （གནམ་རི་སྲོང་བཙན།）。此时，吐蕃征服了加珠（རྒྱ་ཕྲུག）、[94] 珠古（གྲུ་གུ）和霍尔(ཧོར)[95] 等三个小邦。他和次邦妃直玛托嘎尔（ཚེ་སྤོང་བཟའ་འབྲི་མ་ཐོད་དཀར）之子为松赞干布（སྲོང་བཙན་སྒམ་པོ），[96] 自此吐蕃进入了福兴时期（བསོད་ནམས་དར་བའི་དུས།），出现了六个赞普（རྒྱལ་པོ་དྲུག）。松赞干布前半生以王法治理国家，后半生以佛法治理国家。国法有十参(ཚན་བཅུ)和十德(སྡེ་བཅུ)，九扎（བརྒྱ་དགུ）、九大(ཆེ་དགུ)、八卡(ཁ་བརྒྱད)、八列(ལེ་བརྒྱད)，七大（ཆེ་བདུན）、七官(དཔོན་བདུན)、六那（ན་དྲུག）、六尼（ནི་དྲུག），五拉（ལྷ）、五纳（ན）、四嘎（བཀའ་བཞི）、四孜（རྩིས་བཞི），三康（ཁམས་གསུམ）、三曲（ཆོས་གསུམ）和二者相加为一（གཉིས་གར་བསྡུད་དང་གཅིག） 等，皆为松赞干布时期的社会制度，也是他的历史功绩。松赞干布至赤松德赞（ཁྲི་སྲོང་ལྡེ་བཙན）时期都是化身王，具备了王法和佛法，故称吐蕃时期的福兴六王（རྒྱལ་པོ་དྲུག）。

5.松赞干布

先祖松赞干布是观世音的化身。（此时），于阗（ལི་ཡུལ）的两位僧人在修行观音菩萨法时，曾得到授记：观音现化身为吐蕃之王，在吐蕃度化雪域众生。于是来到了吐蕃的昌珠地方，[97] 在乌日（དབུ་རི）地方见松赞干布行挖人眼、截腘（སྦུང་པ་བཅད་པ）酷刑而心生不满。来到拉萨后，[98] 在拉萨登巴（དན་འབག）地方又见行刑之情。心想虽说松赞干布是观音之化身，实为恶魔转世，于是就逃跑了。松赞干布命人骑马追回两位僧人，待他们彼此相见时，见松赞干布头顶有十一面观音像，于是就问："王乃观音之化身，为何又要挖人眼、截腘？"松赞干布说："这是我为了度化雪域众生而所作神变，我自生菩提心以来，未曾伤害过众生身上的一根汗毛。你二人想要什么样的福泽？"答："我二人想回到自己的家乡。"于是松赞干布命二人闭上眼睛，并各自在手里捏一把沙子。据说（二人）回到家乡时，沙子变成了金子，此乃化身所为。松赞干布为人正直，故名松赞干布。十三岁时父亡，执政六十九年，最终化入了十一面观音像内，享年八十二岁。

6.松赞干布时期的家臣、法律制度等

琼波·布当松孜 (ཁྱུང་པོ་སྤུང་སད་ཟུ་ཙེ།)[99] 和莫赤多日囊草 (མོང་ཁྲི་དོ་རེ་སྣང་ཚལ།)
二人任家臣，之后，由东赞玉松 (སྟོང་བཙན་ཡུལ་བཟུང་།)任家臣二十一年。[100]任命
娘·芒波杰尚囊 (མྱང་མང་པོ་རྗེ་ཞང་སྣང་།)[101] 为大臣管理后藏。据说奴·那如达祖
伦 (སྣུབས་ནེ་རོ་དར་བདག་ཟློན།) 和乌玛德赤桑罗赞 (འོ་མ་ལྡེ་ཁྲི་བཟང་ལོ་བཙན།) 也曾任家臣。
在赞普前半生，吐蕃全境被分为四茹 (རུ་བཞི།)；[102] 在松巴茹 [103](སུམ་པའི་རུ།)
之内又分支茹 (རུ་ཆུང་ལག་ཁ།)；征服四封王 (རྒྱལ་པོ་རོ་བཞི།)；于唐蕃边界设立哨卡
(སོ་ཁ།)；十二小邦皆成为赞普的属民；由父民六族 (ཡབ་འབངས་རུས་དྲུག) 保护赞
普；三尚伦臣 (ཞང་གསུམ་བློན་བཞི།) 治理吐蕃中部；东、董二勇士 (དབའ་རྗེ་རྩེ་
ཚོང་།) 征服边地六部 (རྒྱ་དྲུག)；三百六十个克之东岱 (千户) 军成边；百户
恰人(ཆ་མི་ཁྲི་བརྒྱ།) 拓荒耕种并消除边患 (མཐའ་འདུལ།)。九堪 (མཁན་དགུ)、七牧
人 (ཕྱུག་དུན།)、七商人 (ཚོང་པ་མི་བདུན།) 及七个半的雍波 (གཡུང་པོ་མི་ཕྱེད་དང་བརྒྱད།) 等
作赞普之属民，以满足赞普需求。

此时，"十参法" (ཚན་པ་བཅུ།) 和"十德法" (ཕྲིན་བཅུ།) 是吐蕃之总法。
以五种诉讼法 (ཞལ་མཆུ་ཁྲིམས་ལ་ལྔ།) 平息内部怨仇；以五种军队抵御外侵；以六
种"古法" (གནའ་ཁྲིམས་པ་དྲུག) 保护内部安全；以三十六法 (ཆོས་གསུམ་ཅུ་རྩ་དྲུག) 保证吐
蕃部众幸福。以六称号 (མཚན་ཆེན་དྲུག) 做众生事业。牧民按照畜牧产品缴纳
赋税；农民按照农田大小纳税。在七位大贡伦臣 (དགུང་བློན་ཆེན་པོ་བདུན།) 时
期，为渡河而建造船只；在山口开设贸易场所；任命军官，消灭边地六
部 (མཐའི་རྒྱ་དྲུག)，[104]以扩大吐蕃疆界。法制严厉。众臣商议的结果作为赞普
命令的核心；庶民的议论内容作为众臣商议之补充。

此时，十六法作为行为准则，又依照十善法的内容规定言行之准则。
因根据十善法指导众人之行为，故为众人指明了成道、解脱之道。此等
法律，在何时何地被创制的呢?那是松赞干布在雅砻索卡 (ཡར་ལུང་སོ་ཁ།) 地
方召集全吐蕃民众而为。此时，赞普王宫是青昂达孜宫 (ཕྱིང་ངར་སྟག་རྩེ།)[105]；
王妃住于巴桑之江普 (དཔལ་གསས་ཀྱི་ལྕང་པུ།)[106] 地方；其他王室成员住于央堆章

209

昂章囊（ཡངདགོདགྱངདའབུམསྒང）[107] 地方。时间为牛年夏季，鬼宿月时。

（1）十参地方官员

《经》上以"十参"（ཚནབཅུ）、"十德"来表示吐蕃的官职名称。所谓"十参"，是指吐蕃的每个茹都有十六个地方"参官"（ཡུལདཔོནཆན）。所谓"十德"，是指吐蕃的每个茹有八个"德官"（སྡེ）、一个小千户（སྟོངབཆུང）[108] 和一个警卫军（སྐུསྲུང），共为十个。所谓"九扎"（དགུབཀ），是指三个列扎官（ལེབཀལགསུམ）、斯巴九扎官（སྲིདཔདགུབཀ）、顿木九扎官（སྟོནམདགུབཀ）及强布九扎官（ཆངབུདགུབཀ），这里主要指强布九扎官。"九大"（ཆེདགུ），是指获得告身的九位大臣。"八卡"（ཁབརྒྱད），是指八大市场。"八克"（ལེབརྒྱད），是指四大山口市场，加之四座小山口共为八座，是吐蕃人的主要交通要道和贸易市场，故称"八克"。或者说吐蕃的八大将军建造了八座神殿，以消除自己的罪孽，故称"八克"（克，意思是"消除"）。

七大，分别为韦·吉坚建巴（སྦསཚིཆནགཆནཔ）、卓·康木（འབྲོཁམ）、迥巴钦（གཆུངཔའཆེམས）、章右罗德觉巴（ཆངཡུལོངཌེཀྱུམ）、角若·孔赞（ཆགརོངབཆན）、奴·亚亚（སྣུབསཡརཡར）及娘·夏沃切（ཆངཆཤོཆེ）。

七官，分别是地方官（ཡུལདཔོན）、军官（དམགདཔོན）、部落官（སྡེདཔོན）、杀敌官（དགྲའདུལབའིདཔོན）、骑官（ཆིབསདཔོན）、财务官（རཆདཔོན）及饲养官（ཕྱུདཔོན）。

六那（ནརྟག），是指六大告身，即大小松石告身（གཡུ）、大小金告身（གསེར）及大小查梅告身（འཕྲམེན）。

六尼（ནིརྟག），是指六个小告身，即银告身（དངུལགྱིཡིཀེ）、红铜告身（ཟགསགྱིཡིཀེ）、青铜告身（འཁརབའིཡིཀེ）、铜告身（ཟངསཀྱིཡིཀེ）、铁告身（ལྕགསལྟགགྱིཡིཀེ）及木纹告身（ཤིངཆརཆསཀྱིཡིཀེ）。

五最（五最），王为庶民之最（སཕགརྒྱལཔོའབངསཀྱིམ）；诰命大臣为政治之最（ཡིའགྱགལནཆནམཆྱེདཔའིམ）；贡伦臣为权力之最（གུངབློནདབངཀིམ）；囊伦臣

（内臣）为财政之最（ནང་ བློན་ཆེས་ ཀྱི་ སྒྲ）；玛玉孙德（地方官）为筑路之最（འབྲེ་ གཙོའི་ སྒྲ）。

五那（ན་ལྔ），分别是五种大法（ལུགས་ཆེན་ རྣ་ལྔ）、五种勇士（དཔའ་ལ་ རྣ་ལྔ）、五种庶民（ཆོད་རྣ་ལྔ）、五种势速（མགྱོགས་རྣ་ལྔ）和五种法律（ཁྲིམས་རྣ་ལྔ）。

四嘎（四大法令），指不用铁链拴住东边的白色狮子（保证唐蕃之间交通畅通）；不分开南部的黑熊（与南部保持友好）；不杀西边的红鸟（不砍断鸟的脖子，比喻继续保持与西边的往来）；不在北边红色的道路上划界线（比喻不与北部交战）。

四种计算法（རྩིས་བཞི），是指用石子计价（རྡེའུ་རིས་ ཀྱི་ རྩིས）、天计价（ནམ་རིས་ཀྱི་ རྩིས）、卫士计数（སྐུ་སྲུང་གི་རྩིས）和诉讼者计数（སྒོ་ཁྱུ་གི་རྩིས）。

三区（ཁམས་གསུམ），分别是上部三区（སྟོད་ཁམས་གསུམ）、下部三区（སྨད་ཁམས་གསུམ）和中部三区（དབུས་ཁམས་གསུམ），或朵康（མདོ་ཁམས）、德康（བདེ་ཁམས）和宗康（རྫོང་ཁམས）[109]。

三法（ཆོས་གསུམ），分别讲说法、修行法和果法。

所谓"二者"（གཉིས་ཀར），说的是身与政，即指赞普治下的所有人和地方。

要说详细的内容，"十参"就是指吐蕃各茹都有十六个地方官员。在茹拉（རུ་ལག་གི་ཁྱུལ་དཔོན）[110] 的十六个官员分别是芒域地方官（མང་ཡུལ་ཁྱུལ་དཔོན）、尼那木地方官（སྙེ་ནམ་ཁྱུལ་དཔོན）、巴切地方官（དཔའ་ཆད་ཁྱུལ་དཔོན）、章苏地方官（དྲངས་སུ་ཁྱུལ་དཔོན）、仲隆地方官（གྲོམ་ལུང་ཁྱུལ་དཔོན）、秀布隆巴地方官（ཤུབ་ལུང་པ་ཁྱུལ་དཔོན）、色隆巴地方官（སྲད་ལུང་པ་ཁྱུལ་དཔོན）、娘达隆巴地方官（ཉང་མདའ་ལུང་ང་ཁྱུལ་དཔོན）、赤塘巴地方官（ཁྲི་ཐང་པ་ཁྱུལ་དཔོན）、塘章地方官（ཐང་འབྲང་ཁྱུལ་དཔོན）、奴布地方官（ནུབ་ཕུ་ཁྱུལ་དཔོན）、右隆巴地方官（གཡུ་ལུང་པ་ཁྱུལ་དཔོན）、东隆巴地方官（དུང་ལུང་པ་ཁྱུལ་དཔོན）、娘堆巴地方官（ཉང་སྟོད་པ་ཁྱུལ་དཔོན）、[111] 根邦隆巴地方官（གད་སྣམ་ལུང་པ་ཁྱུལ་དཔོན）及巴荣地方官（སྦྲ་རོངས་ཁྱུལ་དཔོན）[112]。

叶茹（གཡས་རུ）的十六个地方官，分别是强普地方参官（བྱང་ཕུ་ག་ཁྱུལ་དཔོན）、桑桑地方官（ཟང་ཟང་ཡུལ་དཔོན།）[113]、桑噶尔地方官（ཟངས་དཀར་ཡུལ་དཔོན།）、东隆巴地方官（ཤུང་ལུང་པ་ཡུལ་དཔོན།）、跌隆巴地方官（གདེག་ལུང་པ་ཡུལ་དཔོན།）、坚隆巴地方官（བརྒྱད་ལུང་པ་ཡུལ་དཔོན།）、夏隆巴地方官（བཤག་ལུང་པ་ཡུལ་དཔོན།）、切隆巴地方官（འབྲད་ལུང་པ་ཡུལ་དཔོན།）、达那隆巴地方官（ཏ་ནག་ལུང་པ་ཡུལ་དཔོན།）[114]、辛塔地方官（ཞེན་ཐག་ཡུལ་དཔོན།）、措娘地方官（མཚོ་ཉིན་ཡུལ་དཔོན།）、达奴地方官（ཏ་ནུ་ཡུལ་དཔོན།）、藏雪地方官（གཙང་ནོད་ཡུལ་དཔོན།）、乌右地方官（ཨོ་ཡུག་ཡུལ་དཔོན།）[115]、尼木地方官（སྙེ་མོ་ཡུལ་དཔོན།）[116] 及扎亚地方官（དབྱ་ཡག་ཡུལ་དཔོན།）。

乌茹（དབུ་རུ།）的十六个地方官，分别是堆龙地方官（སྟོད་ལུང་ཡུལ་དཔོན།）、帕杰地方官（འཕགས་རྒྱལ་ཡུལ་དཔོན།）、隆雪地方官（ལུང་ནོད་ཡུལ་དཔོན།）[117]、墨竹地方官（མལ་གྲོ་ཡུལ་དཔོན།）、档雪地方官（འདམ་ནོད་ཡུལ་དཔོན།）[118]、萨根地方官（ཟ་གད་ཡུལ་དཔོན།）、热夏地方官（ར་བཤ་ཡུལ་དཔོན།）、巴朗地方官（བ་ལམ་ཡུལ་དཔོན།）、恩兰地方官（ངན་ལམ་ཡུལ་དཔོན།）、昌域地方官（ཤངས་ཡུལ་ཡུལ་དཔོན།）、乌德地方官（དབུ་སྟེ་ཡུལ་དཔོན།）、色曲水地方官（གཟེན་ཆུ་ཡུལ་དཔོན།）、昌波地方官（འཕྱོང་པོ་ཡུལ་དཔོན།）、聂隆巴地方官（གནོན་ལུང་པ་ཡུལ་དཔོན།）、桑地方官（གསང་ཡུལ་དཔོན།）、扎绒地方官（བྲག་རོང་ཡུལ་དཔོན།）及彭域地方官（འཕན་ཡུལ་ཡུལ་དཔོན།）。

腰茹（གཡ་རུ།）地方的十六官，分别是昂热地方参官（ངར་བས་ཡུལ་དཔོན།）、弓波地方官（གུང་པོ་ཡུལ་དཔོན།）、岗巴地方官（གང་བར་ཡུལ་དཔོན།）、亚达地方官（ཡར་མདའ་ཡུལ་དཔོན།）、钦隆地方官（འཆིངས་ལུང་ཡུལ་དཔོན།）、直昂地方官（ཁྲིང་ང་ཡུལ་དཔོན།）、若巴地方官（རོག་པ་ཡུལ་དཔོན།）、罗若地方官（ལོ་རོ་ཡུལ་དཔོན།）、本巴地方官（བན་པ་ཡུལ་དཔོན།）、当雪地方官（སྟམ་ཕྱུལ་ཡུལ་དཔོན།）[119]、库亭地方官（ཁོ་མཐིང་ཡུལ་དཔོན།）[120]、扎隆地方官（བྲག་ལུང་ཡུལ་དཔོན།）、杜雄二地官（དུལ་གཞུང་གཉིས་ཡུལ་དཔོན།）[121]、扎隆巴地方官（གྲ་ལུང་པ་ཡུལ་དཔོན།）[122]、克苏地方官（དབབ་སོ་ཡུལ་དཔོན།）[123]及亚卓纳木松地方官（ཡ་འབྲོག་རྣམ་གསུམ་ཡུལ་དཔོན།）。

(2) 十德地方官

所谓"十德"（ཨེ་བཅུ།），就是吐蕃的每个茹（ རུ ）当中有八个东岱（千户组织）、一个小千户（ཙུང་ཕྲ་ཆུང་།)和一个禁卫军（སྐུ་སྲུང་།）。

212

茹拉（ཪུ་ལག）的八个东岱是，芒噶尔（མང་དཀར）和赤崩（ཁྲི་བོམ）两个东岱；仲巴（འབྲུམ་པ）和拉孜（ལྷ་རྩེ）两个东岱；娘若（ཉུང་རོ）和赤塘（ཁྲི་ཐང）两个东岱；卡萨尔（མཁར་གསར）和格桑（གད་བཟང）两个东岱。小千户为措昂（མཚོ་སྔ）。禁卫军为洛秋巴（ལྷོ་ཕྱོགས་པ）。

叶茹（གཡས་རུ）的八个东岱是，多右（རྡོ་ཡོ）和香（ཤངས）两个东岱；朗米（ལང་མི）和颇嘎（ཕོད་དཀར）两个东岱；尼卡尔（ཉེན་མཁར）和章藏（འབྲངས་ཙནྡན）两个东岱；右热（ཡོ་རབས）和松德（གསུང་སྡེ）两个东岱。在香地有一个小千户（ཤངས་ཀྱི་ཆུང）。禁卫军为奴秋巴（ནུབ་ཕྱོགས་པ）。

乌茹（དབུ་རུ）的八个东岱是，多德（དོར་སྡེ）和德仓（སྡེ་མཚལ）两个东岱；秋仓（ཕྱུག་མཚམས）和章仓（འབྲངས་མཚམས）两个东岱；迥巴（གཅུང་པ）和直仓（འབྲི་མཚམས）两个东岱；吉堆（ཀྱི་སྟོད）和吉麦（ཀྱི་སྨད）两个东岱。小千户为野热（ཡེལ་རབ）。禁卫军为夏秋巴（ཤར་ཕྱོགས་པ）。

腰茹（གཡོ་རུ）的八个东岱是，雅砻（ཡར་ཀླུང）有一个东岱；钦隆（འཆེན་ལུང）有两个东岱；亚江（ཡར་ཀླུང）[124]和雍昂（ཡུང་ངར）两个东岱；塔波（དགས་པོ）和娘尼（ཉུང་ཉེ）两个东岱；聂（ནུབ）和洛扎（ལྷོ་བྲག）两个东岱。小千户为洛若（ལོ་རོ）。警卫军为夏秋巴（ཤར་ཕྱོགས་པ）。

以下是四茹境内的四十个东岱的设置情况：

在吐蕃和珠古（突厥）之间，有象雄上部之五个东岱（སྟོད་སྡེ）：乌角巴（ནེ་ཚོ་བག）、芒玛巴（མང་མ་བག）、尼玛巴（ཉི་མ་བག）、杂木巴（ཙམ་བག）及巴嘎（བ་ག今阿里普兰县境内有类似的地名）小千户。

在吐蕃和苏毗（松巴）之间，有象雄下部之五个东岱：古格（གུ་གེ）[125]、古久（གུ་ཅུང）、吉藏（སྐྱིར་ཙནྡན）、亚藏（ཡར་ཙནྡན）[126]及吉德小千户（སྐྱིད་སྟོང་ཆུང）。

上、下象雄万户供有十个东岱。

总之，苏毗东岱也称德恰加登千户（སྡེ་ཆ་བརྒྱད་ཀྱི་སྟོང་སྡེ），其中属于松赞干布治下的有一个东岱：孜吞（རྩེ་ཐོན）和右吞（ཡོ་ཐོན）两个东岱；上、

213

下柜仓（གོད་ཆང་གྲོང་སྡེ་）两个东岱；宗堆（འཛོམ་གྲོང་）和宗麦（འཛོམ་སྨད་）两个东岱；直堆（ཏྲེ་ཏོད་）和直麦（ཏྲེ་སྨད་）（今甘孜境内有类似的地名）两个东岱；卡若（ཁར་今昌都一带有类似的地名）和卡桑（ཁ་བཟང་）两个东岱，加之那雪(那曲)小千户，共为一个。

以上是吐蕃四茹、象雄上下万户、苏毗、茹拉等六十个东岱（千户组织）的基本情况。

六十个东岱有六十一个东班（千户长）。在茹拉之八个东岱中，芒嘎（མང་དཀར་）和赤崩（ཁྲི་བོས་）是卓氏的东岱（འབྲོག་གྲོང་སྡེ་），仲巴（གྲུམ་པ་）和拉孜（ལྷ་རྩེ་）也是卓（字不同）氏的东岱（ཞྭའི་གྲོང་སྡེ་）。这四个东岱之首领是卓·坚赞森格（འབྲོག་རྒྱལ་མཚན་སེང་གེ་），军马为橙色，旗帜为白狮吼天旗（དཀར་སེང་ལྡན་དམར་），告身为铜（ヨ邓མ་ཀྱི་ཡི་གེ་），千户长为吉登聂囊（ཀྱི་ལྡན་གཉེན་ནམ་），勇士为那丁古如草（གནམ་ཏེ་གུ་རུ་ཚལ་）。

茹拉上部四个东岱中，娘若为卓氏东岱（འབྲོག་གི་གྲོང་སྡེ་）；赤塘为琼波氏东岱（ཁྲི་ཐང་ཁྱུང་པོའི་གྲོང་སྡེ་）；格色为郭氏东岱（གད་གསལ་མགོས་ཀྱི་གྲོང་སྡེ་）；卡萨尔为雪格之东岱（མཁར་གསར་ཤུད་ཀེའི་གྲོང་སྡེ་）；措昂小千户为卓氏东岱（མཚོ་ངམ་གྲོང་ཕྲན་ཆུང་གི་གྲོང་སྡེ་）。

茹拉下部（ར་ལག་སྨད་）四个东岱，其首领是琼波氏（ཁྱུང་པོ་ཤེས་རབ་）之先祖东班右益苏毗坚（具有松石头饰的千户长），军马颜色为棕色，勇士为钦坚西拉斯（འཆིམས་ཅན་བཞེར་ལྷ་སྲི་གཤགས་），旗帜为黑色，告身为铜。据说茹拉上、下部军队的阵势如同狮子上雪山。

叶茹东岱（གཡས་རུའི་གྲོང་སྡེ་）中，洛右（ལོ་ཡོ་）和香德（ཤང་སྡེ་）为琼波氏东岱（ཁྱུང་པོའི་གྲོང་སྡེ་）；朗米（ལང་མི་）和颇嘎（ཕོ་དཀར་）为巴草氏东岱（སྒ་ཚང་གི་གྲོང་སྡེ་）；聂卡（གཉན་ཁ་བར་）和章藏（འབྲང་གཙང་）为朗萨氏东岱（ལང་སའི་གྲོང་སྡེ་）；右热（ཡོ་རབ་）和松德（གསུང་སྡེ་）为郭氏东岱（མགོས་ཀྱི་གྲོང་སྡེ་）。

叶茹上部（གཡས་རུ་སྟོད་）东岱，首领是杰洛右德珠（རྒྱལ་ལོ་ཡེ་དྲུག་）之先祖琼波达桑娘东（ཁྱུང་པོ་སྟག་ལ་བཟང་ཉང་སྟོང་），军马为花色，旗帜为绘有大鹏鸟的黑旗，

214

勇士为巴草措西藏伦（སྤྲ་ཚོ་མཆོ་བཞེར་ཅུང་ལོན།），告身为铜。

叶茹下部（གཡས་ན་སྨད།）东岱，首领是郭·赤聂桑曲（མགོས་ཁྲི་སྙེན་གསང་མཆོད།），军马颜色为松石蓝，旗帜为花色旗，勇士为朗巴衮尼（ལང་པ་མགོན་ནེ།），告身为铜。据说叶茹军队的阵势如同野火燎原。

乌茹（དབུ་རུ།）东岱中，秋仓（ཕྱུག་འཚམས།）和章仓（འབྲང་འཚམས།）是秋仓氏的东岱；迥巴（གཙང་པ།）和直仓（འབྲིང་འཚམས།）是角若氏（ཅོག་རོ།）的东岱；多德（དོར་སྡེ།）和德仓（སྡེ་ཚམས།）是玛氏、嘎氏（སྨ་དང་སྐ།）的东岱；吉堆（ཀྱི་སྟོད།）和吉麦（ཀྱི་སྨད།）是韦氏（དབའ།）的东岱。乌茹上部（དབུ་རུ་སྟོད།）东岱之千户长（ཏུ་དཔོན།）或军官（དམག་དཔོན།）是那囊氏杰达根木琼（སྣ་ནམ་རྒྱལ་ལག་ཀན་མོ་ཆུང་།）。军马颜色为白色。旗帜为红白旗，名叫玛波吉查（དམར་པོ་སྐྱ་ཁྲ།）。勇士为聂彭松准波吉（གཉེན་འཕན་གསུམ་འགྲོན་པོ་སྐྱེ།），告身为铜。

乌茹下部（དབུ་རུ་སྨད།）东岱之千户长是韦氏吉桑达囊（དབས་སྐྱེ་བཟང་དག་སྣ།），军马为豹纹马，旗帜为红旗，勇士为需布库仁孔赞（ཤུད་ཕུ་ཁུ་རིང་ཁོང་བཙན།）。据说乌茹军队的阵势如同海上笼罩着浓雾。

腰茹（གཡོ་རུ།）东岱中，雅奢和钦隆（འཡང་ཤས་ལུང་།）是那氏（སྣག །）和蔡邦氏（ཚེས་སྤོང་།）的东岱；[127] 亚江和雍昂（ཡར་རྒྱངས་དང་ཡུང་ངང་།）是那囊氏和娘氏（ཉ་ནམ་དང་ཉང་།）的东岱；塔波和那尼（དགས་པོ་དང་ཅི་ཉེ།）是洛氏和钦氏（ལྟོ་དང་ཆེམས།）的东岱；聂和洛扎（གཉལ་དང་ལྷོ་བྲག）是尼氏（སྙེལ།）的东岱。腰茹上部（གཡོ་རུ་སྟོད།）东岱之千户长或军官是娘氏达斯右坚（ཉག་སྟག་གཟིག་ཡལ་བ་ཅན།），军马颜色为暗黑色，旗帜为红狮旗，勇士为叶芒西洛琼（གཡས་མང་བཞེར་ལྷོ་ཆུང་།），告身为铜。

腰茹下部东岱之千户长是钦氏杰斯秀丁（འཆིམས་རྒྱལ་གཟིག་ཡལ་ཤུད་ཏིང་།），军马为白纹马，旗帜为黑心白旗，勇士为索根聂夏拉鲁（སོག་གཟུགས་གཉན་བཞར་ལྷ་ལུ།）。据说腰茹军队的阵势，如同海面降雨。以上是关于"十参"和"十德"的基本情况。

（3）九扎律法（木牌）

"九扎"（པ་ག་དགུ།），是指九种告身，即强赛（བྱང་གཟེ།）、桑亚（ཟང་ཡག）、格查（སེད་ཁ།）、珠古（སྦྲུལ་མགོ།）、米那（དམིག་ནག）、曲奴（མཆུ་སྨྱུད།）、天强（ཐེན་བྱང་།）、卡玛尔（ཁ་དམར།）和嘉强（རྒྱ་བྱང་།）。

"三强布"（བྱང་བུ་གསུམ།），是指一般法律条例。五强布，指公正诉讼（སྟྲ་ཡག）的律例。三条律例（བལ་ཆེའི་ཐྲིག་ཐུ་གསུམ།），是指桑亚（ཟང་ཡག）、格查（སེད་ཁ།）和卡玛尔（ཁ་དམར་པོ།）。嘉强（རྒྱ་བྱང་།），是指总的判决法（སྟྱོར་རྒྱག་པ།）。

五种强布，是指公正判决法（ཐྲོ་ཡས་ཀྱི་བྱང་བུ།）。与五法相结合而言，其内容在人身赔偿案件等的判决书开头写有告身（ལུག་ཚོན།）、身价（སྟོང་ཟོང་།）、罚金（ཆད་པ་ལ་བཀལ་བ་བཏུབ།）、教育告诫词（བལ་ཆེའི་ཐ་ཐུ་སྟོན་པ།）等，这种判决法叫做"强赛"（བྱང་གཟེ།）。在判决时，诉讼部分的内容叫做"珠古"（蛇头）。对诉讼部分的答复，叫作"米那"（དམིག་ནག）。此时，关于思想过失方面的案件信函有三种。处理亲属内部案件，叫做"天强"（ཐེན་བྱང་།），在告身的开头写有关于诬陷和视敌如何出现等情况。在判决揭穿、陷害等案件时，判决书叫作"曲奴"（མཆུ་སྨྱུད།）。以上是五种法令或五种标志。

五种法令中，"桑亚"（ཟང་ཡག）是指公正判决；"格查"（སེད་ཁ།），是指不公正的判决，即贪污财产等案件；"强布卡玛尔"（བྱང་བུ་ཁ་དམར།），即为担保法（ཁ་དམར་འདོགས་པ།）。以上是三法令。

"嘉强"（རྒྱ་བྱང་།），是指盖印、保管一切材料（བྱང་དུ་འདེགས་པ།）。以上是关于"九扎"的内容。

（4）九大家臣

九大（ཆེ་དགུ།），就是指九位大臣，即贡伦臣（དཔོན་བློན།）分大、中、小三种，内臣（ནང་བློན།）分大、中、小三种，嘎右嘎曲巴（法官）臣分大、中、小三种。他们的权力比一般臣民大，故称"九大"。

大贡伦臣的职责如同家中丈夫，主要处理外面事物。内臣的职责如同妻子，主要处理内部事物。

嘎右嘎曲巴一职就像固定帐篷用的橛，对于有功者，就算是敌人也要奖励；对违法者，就算是亲人也要惩处。

大贡伦臣的地位，无法与其他人相提并论，若杀死了一个大贡伦臣，要赔命价黄金千两，故称"大"。他有松石之告身。中贡伦臣和大内臣，其身价与大贡伦臣相同，要赔黄金千两。他们有小松石告身。小贡伦臣、中内臣、嘎右嘎曲巴三人，命价值九千两，有金告身。小内臣和中嘎右嘎曲巴，命价值八千两，告身为小金。小右嘎曲巴，命价值七千两，有查梅告身（འཕྲ་མེན་གྱི་ཡི་གེ）。以上是"九扎""九大"的基本情况。

（5）八卡市场、八克垭口市场及八克尔神殿

"八卡"（ཁ་བརྒྱད），是指上部三大市场，即珠律杰坎（དྲུ་ཞའི་རྒྱལ་ཁ་མཁས）、珠古（དྲུ་གུ）和泥婆罗（བལ་པོ）；下部三市场，即噶尔罗（གར་ལོག）、绒绒（རོང་རོང）和丹玛（ལྡན་མ）；中部二市场，即东和董（སྟོང་དང་གཉིས）。

八克（ཁེ་བརྒྱད），是指管理四大山口要道（ལ་སྒོ་ཆེན་པོ་བཞི）。卓·杰赤松杰达囊（འབྲོ་རྗེ་ཁྲི་གསུམ་རྗེ་ཐགས་སྲང）在东边的达色山（དར་ཟབ་ཀྱི་རི）上开道并管理；郭·赤丹本玛（འགོས་ཁྲི་བྱིན་བལ་མས）在南边哲当赤山（སྟོ་འབྲམ་དང་ཞིའི་ལ）上开道并管理；卓·琼萨乌玛（འབྲོ་ཆུང་གཟར་ལོར་མ）在西边让达加吉山（རུབ་རབས་དང་རྒྱུ་རྒྱགས）上开道并管理；琼波·布当（ཁྱུང་པོ་སྤུ་སྟང）在北边擦达左山（ཅང་ཚང་མཛོའི་ལ་སྒོ）上开道并管理。除了上述四座山上开道外，还在四座小山上也分别开通了道路，成为吐蕃的交通要道，故称"八克"。

另外，也有"八克尔"（ཁེར་བརྒྱད）的说法，就是吐蕃的八大将军为了消除自己所犯下的罪孽，建造了八座神殿。因这些神殿具有消除罪孽之作用，故称之为"八个克尔"（八个消除罪孽之所）。聂·达赞东斯（གཉེན་སྟག་བཙན་སྟོང་གཞིགས）[128]，为了消除在中原作战所犯下的罪孽，修建了林赤孜神殿（གླིང་ཁྲི་རྩེའི་གཙུག་ལག་ཁང）；巴草·东巴（སྒ་ཚབ་སྟོང་བ）和东江（སྟོང་འཇམས），为了消除在上部地区攻破四座宫殿时所犯下的罪孽，修建了麦达热瓦神殿（མན་ཏྲ་རའི་གཙུག་ལག་ཁང）；赤松杰达囊（ཁྲི་གསུམ་རྗེ་སྟག་སྲང），为了消除在上部四城堡（སྟོང་གི་མཁར་བཞི）地区作战时所犯下的罪孽，修建了扎玛嘎久神殿（བྲག

217

དབར་བཀའ་ཆུའི་ལྷ་ཁང་།）；角若·吉桑杰贡（ཆག་རོ་སྐྱེས་བཟང་རྒྱལ་འགོད།），为了消除所造罪孽，修建了卡堆那若拉康神殿（མཁར་སྟོད་གནས་ནིའི་ལྷ་ཁང་།）；琼波·布当（ཁྱུང་པོ་སྤུ་ཏང་།），为了消除在霍（ཧོར）地方充当将军时所犯下的罪孽，修建了堆龙隆巴拉康神殿（སྟོད་ལུང་ལུང་པའི་ལྷ་ཁང་།）；加若隆斯（རྒྱ་རོ་ལོན་གཟིགས།），为了消除做将军所犯下的罪孽，修建了堆龙默扎拉康神殿（སྟོད་ལུང་མོ་ཏྲའི་ལྷ་ཁང་།）；吉赤桑拉坚（སྐྱི་ཁྲི་བཟངས་ལྷ་རྒྱི།），为了消除做将军所犯下的罪孽，修建了孜吉拉康神殿（ཙིས་ཀྱི་ལྷ་ཁང་།）；韦加多日达囊（སྦས་རྒྱ་རོ་རི་ལྡག་ནང་།），为了消除冤枉贞嘎白吉云旦（བཏན་ཀ་དཔལ་གྱི་ཡོན་ཏན།）所犯下的罪孽，修建了冲那拉隆果松神殿（ཕྱོ་ནུ་ལྷ་ལུང་སྒོ་གསུམ།）。如此有罪孽的八个人，分别修建了八座神殿，消除了各自的罪孽，故称"八克尔"。

（6）七大、七官及六大六小告身

关于七大（ཆེ་བདུན།）、七官（དཔོན་བདུན།），韦·恰秀坚拉赞（སྦས་བྱ་ཤུ་ཅན་ལྷ་བཙན།）有猫眼水晶石（ཌོར་ཁྲུ་ལོ་ཀ་ཤི།）和虎皮帽（སྟག་ཀི་ཤུན་ཞོ།），故称"大"；钦·聂瓦加斯许东（འཆིམས་གཉའ་བ་རྒྱ་གཟི་གཤིས་ཤུད་སྟོང་།），有大松石雍仲（གཡུའི་གཡུང་དྲུང་ཆེན་པོ།）和九万仆人（བན་དགུ་ཁྲི།），故称"大"；卓·冲达琼（འབྲོ་ཕྱོམ་འདའ་ཆུང་།），有白狮公衔（སེང་གེ་དཀར་མོ་ཆོས་ཡིག）故称"大"；那囊·杰聂桑（སྣ་ནམ་རྒྱལ་ཉེ་བཟང་།），为佛法之上师，故称"大"；章·杰热列斯（ཤྱང་རྒྱལ་ར་ལེགས་གཟིགས།），有松石雍仲和金告身，故称"大"；角若·达坚斯坚（ཆག་རོ་སྟག་ཅན་གཟིག་ཅན།）有金告身，且固守边地，故称"大"；或角若·孔赞（ཆག་རོ་ཀོང་བཙན།）有属民九百九十，故称"大"；奴氏（སྣུབས།）有银之乌钦古旁（དངུལ་ཆེན་དགུ་འབངས།），故称"大"；娘·夏乌切（ཉང་ཤུ་བོ་ཆེ།），有一箭长松石帽，故称"大"。

"七官"，为七地方官员（ཡུལ་དཔོན།），其职责是为各地制定法律（ཡུལ་ཆད་ཁྲིམས་ཀྱི་ཆད།），监督位高权重之人，保护地位低下者的利益。军事长官（དམག་དཔོན།）的职责是作战，用武力征服敌人，使我方获胜；骑官（ཆིབས་དཔོན།）的职责是确定要去的地方；财务官（རྫས་དཔོན།）的职责是负责管理青稞、绵羊、金银等财宝，因多有人送礼讨好（རྫས་འབྲེན་པ་མང་།），故称艾班（རྫ

དཔོན།）；德班（ཐེ་དཔོན），是部落长官（ཨེ་ཕྱིའི་དཔོན）；楚班（ཕྲུ་དཔོན），在牧业中负责管理母牦牛、犏牛、马、绵羊等幼崽；执法官（དང་དཔོན），是负责管理公正执法者（ཁ་ཉེ་དྲང་པོར་གཏོགས་པ）和佛学院导师者（ཆོས་གྲྭའི་སློབ་དཔོན）。以上是"七大"和"七官"。

六大、六小中（ཡི་གེ་ཆེ་དྲུག་ཆུང་དྲུག），"六大"是六种大告身（ཡི་གེ་ཆེ་བ་དྲུག），包括大、小松石告身（གཡུ་ཡིག་ཆེ་ཆུང），大、小金告身，大、小查梅告身（འཇའ་མེན་ཆེ་ཆུང）。六大告身拥有者，有赞普跟前的咒师、嘎右嘎曲巴（བཀའ་གཡོ་བཀའ་འཆོས་པ）、聂旦钦波（གཉས་བརྟན་ཆེན་པོ）、上师（ཆོས་གྲྭའི་སློབ་དཔོན）、上下两个旺伦臣（སྟོད་སྨད་གཉིས་ཀྱི་དབང་བློན）、中部之贡伦臣（དབུས་ཀྱི་གུང་བློན）。

六中告身持有者，有赞普身边苯波（སྐུ་འཚོ་བའི་བོན་པོ）、寝室官（གཟིམས་མལ་ལ་འཆོས་པ）、牵马官（ཆིབས་ལ་ཞིད་པ）、清晨厨师（ནམ་ཞིད་ཀྱི་མེ་བྱེད་པ）、叶卡卫犏牛托运者（དབྱེ་ཁར་བའི་མཛོ་འགེལ་པ）、北部强塘的草原管理者（བྱང་ཐང་གི་ས་མཁན）。

六小告身，有银告身者二十一人，其中包括固守边疆、王宫的一人，获铜告身者十七人，封为父民六族者（ཡབ་འབངས་རུས་དྲུག）有二人，属于九堪民（འབངས་མཁན་དགུ）和七牧人官（རྫི་དཔོན）的有三人，获青铜告身者一百二十一人，属于千户长（སྟོང་དཔོན）和部落头人（ཐེ་དཔོན）者四人，被封为勇士（དཔའ་བོ）者有五人。赞普在四茹之内，共封了三百六十多人，分为六种告身。

（7）六坚告身、五最及五纳分类等各种小部法律

"六坚"（ཆེན་དྲུག），是指为上流之尚伦（ཞང་བློན）臣封佛法和告身；为下等平民封编织物（ཐགས）和苯（བོན）；为有功者封告身（ཡིག་ཆེན）；为恶人封马鞭（རྟག་ཁ）；为勇者封爵位（གུང）和虎皮（སྟག）；为懦弱者封狐狸皮帽子（ཝ་ཞུ）。

五拉(ལྔ)，是指王为庶民之最、右嘎曲巴为政之最（ཡོ་བཀའ་ལ་འཆོས་པ་ཆབ་སྲིད་ཀྱི་ཆེ）、贡伦臣为权之最、囊伦内臣为财务之最、地方官为交通之最。

五纳（ན་ལྔ）[129]，是指五种法律（ཁྲིམས་ཆེ་ན་ལྔ），即人身赔偿法（མི་སྟོང་དཀའི་

ཁལ་ཞེ།)、亲属调节法 (གཉེན་ཕྱེད་ཚོམས་ཀྱི་ཁལ་ཞེ།)、揭恶护善法 (སྐྱོན་ཆོལ་དཀར་ནའི་ཁལ་ཞེ།)、

有理上诉法 (མདོ་ལོན་ལུ་ཆོད་ཀྱི་ཁལ་ཞེ།) 和亲者和谈法 (ཉེ་དུ་འདུམ་ཚོམས་ཀྱི་ཁལ་ཞེ།)。

五种法律 (ཁྲིམས་རྣམ་ལྔ།),是指以一万当十万法 (ཁྲི་ཆེ་འབུམ་བཞེར་གྱི་ཁྲིམས།)、偿付

金冠鸟法 (སྐྱོང་འཇལ་རྨས་ཅུན་ལྱག་གི་ཁྲིམས།)、王朝准则法 (བཀའ་ལུང་རྒྱལ་ཁྲིམས།)、两造有罪

具施法 (དབང་བཅད་སྤྱི་བའི་ཁྲིམས།) 和卓萨强秋小法 (འཛོ་བཟའི་བྱང་ཆུབ་ཀྱི་ཁྲིམས་བུ་ཆུང་།)。

《一万当十万法》(王廷十万法) 规定:盗取王之财产要赔偿一万;盗

取僧人财要赔偿一万;盗取民之财要赔偿一千。

偿付金冠鸟法 (《十万金鹿法》) 规定:在其他地方盗取他人财物之

案件时,若案发现场位于山沟内,就要在山沟外来处理。就算不大公正,

也要维持原判 (མ་འཐད་པར་བཞག)。

《权威判决法》(དབང་བཅད་ཀྱི་ཁྲིམས།) 规定:在修建赞普陵墓时,若男人一

天不参加劳动就要赔偿一只山羊;若女人一天未到,则需赔偿一头驴。

《王朝准则法》(བཀའ་ལུང་རྒྱལ་ཁྲིམས།) 规定:盗取王之财物要赔百倍,僧人

财务则赔八十倍,民财则赔八倍。

《卓萨之小法》(འཛོ་བཟའི་ཁྲིམས་བུ་ཆུང་།)规定:给男人教授男人的手艺,给女

人教授女人的手艺。为致富,田间应筑石墙以划分春秋之种地界限。

五种桂 (ཆད་ངོ་ལྔ།),是指若善可为王者、桂吉杰扎 (ཆད་ཀྱི་རྗེས་འདབ།)、有告

身者、建墓者和有农田者。

桂之尚伦臣 (ཆད་ཀྱི་ཞང་བློན།),死后有墓,也有农田。桂吉央杰 (ཆད་ཀྱི་ཡང་

རྗེ།),是指最低等级的有农田的奴隶 (ཁལ།)。桂吉杰扎 (ཆད་ཀྱི་རྗེས་འདབ།),是

指命价五千五百者 (སྟོང་ཧབ་ལྔ་སྟོང་ལྔ་བརྒྱ།),他们虽具有上千命价,但没有宗教

职务,属于桂之次等级者 (ཆད་ཀྱི་རྗེས།)。

五种勇士 (དཔའ་ངོ་ལྔ།),是指御敌的勇士、在政治上的谏言者 (ཁྲིད་ཀྱི་མདུན་

མ་ཞིབ།)、以善言处理命案者、英勇且胸怀广阔者和富有且乐于布施者。

四大法令 (བཀའ་བཞི།) 和四算中 (རྩིས་བཞི།),四大法令,是指不用铁链锁

住东边的白狮子 (白虎);不打开南部的黑色熊匣子 (དོམ་སྒྲོམ་ནག་པོ།);不斩

断西部红鸟（朱雀）之脖子；不再北部灰色肉皮上划线（གྲ་ལྷགས་སྐྱ་མོ།）。

四算，是指石子计价（རྡེའུ་རྩིས་ཀྱི་ཞིབ།）、天计价（སྐུ་གུང་གི་ཞིབ།）、卫士计数（སྲུ་རིས་ཀྱི་ཞིབ།）和诉讼者计数（སྐུ་ཁྲ་ཀྱི་ཞིབ།）。[130]

三康（ཁམས་གསུམ།）和三法（ཆོས་གསུམ།），是上部三区（སྟོད་ཁམས་གསུམ།）、下部三区（སྨད་ཁམས་གསུམ།）、中部三区（དབུས་ཁམས་གསུམ།），或朵康（མདོ་ཁམས།）、蕃康（བོད་ཁམས།）、宗康（ཞོང་ཁམས།）。三法（ཆོས་གསུམ།），嘎曲（佛经）、央曲（修行法）和孜曲（果法）。二者（གཉིས་དགར།），是指身（སྐུ）和政治（ཆབ་སྲིད།），归于一处，就是指赞普治下的所有领土。

（8）三十六法

三十六法（ཁྲིམས་དྲུག་དྲུག་གསུམ་ཅུ་རྩ་དྲུག），是六大议事法（བཀའ་གྲོས་ཆེན་པོ་དྲུག）、六大法（བཀའ་ཞིབས་དྲུག）、六基础法（གོད་དྲུག）、六告身（ཡིག་ཚང་དྲུག）、六印（ཕྱག་རྒྱ་དྲུག）和六勇士法（དཔའ་རྟགས་དྲུག）。六议事法，是指依照赞普之命赋税；抑制豪强（སྟོང་སྟོང་གཉན་གནོན།），扶持下奴（ཡང་ཞིང་གི་སྐྱབ་བཞེས།）；驯奴（ཞིང་།）不充上奴（ཙོང་།），王命（སྲི）不及妇女（ཞབ་ཏུའི།）；固守边疆，不奔马圈地（ཏ་ཕྱུགས་ཀྱི་མི་གཏོང་བ།）；攘外安内；行善行，弃十恶行。

六法（ཁྲིམས་དྲུག），是指上述《以一万当十万法》（ཁྲི་འབུམ་བཤེར་ཀྱི་ཁྲིམས།）、《偿付金冠鸟法》（འདུན་གསེར་ཐབ་ཁ་བཅད་ཀྱི་ཁྲིམས།）、《王朝准则法》（རྒྱལ་ཁམས་དཔེ་སྟོན་གི་ཁྲིམས།）、《权威判决法》（མདོ་དོན་ཞུ་བཅད་ཀྱི་ཁྲིམས།）、《内府之法》（ནང་སོ་ནན་ཁྲིམས།）和王命国法（བཀའ་ལུང་རྒྱལ་ཁྲིམས།）。

六基础法（གོད་དྲུག），是指蕃之基础法（བོད་ཀྱི་གོད།）、象雄之基础法（ཞང་ཞུང་གི་གོད།）、门之基础法（མོན་གྱི་གོད།）、骑官之基础法（ཆིབས་དཔོན་གྱི་གོད།）和通乔基础法（མཐོང་ཁྱབ་ཀྱི་གོད།）。[131]

六告身（ཡིག་ཚང་དྲུག），是指金和松石（གསེར་གཡུ་གཉིས།）、查和梅（འབྲ་མེར་གཉིས།）、铜和铁告身（ཟངས་ལྕགས་ཀྱི་ཡི་གེ）。

六印（或标志），王室之标志为匣子（ཕྱག་རྒྱམ་ལྡེ།）；律法之标志为旗；地方之标志为王宫；佛法之标志为神殿；勇士的标志为虎狮皮战袍（སྟག

ग्नेग); 贤者的标志为告身 (ऄऀग·ऀ๖ऀ)。

六种勇士法（饰法），是指虎皮上上衣 (ৃॻॻ·ॻॖ๖)、虎皮裙 (ৃॻॻ·ॹ๖)、大麻布卦 (৳৲·ঌৰ)、小麻布卦 (৳৲·ঌৰ)、虎皮 (ৃॻॻ·ॻॹॻ) 和狮皮袍子 (ग्नेग·ऀॻ)。

《权势判决法》六款 (৳ग्नॻॱॹॻॱৠॱॹॻয়ॻ·ऀৃग)：1.死刑法 (ৣ॔॔ঔॱ৙ৢॱॸॼॱৼৣॱॹॻয়)，如赔偿命价标准等；2.禁止偷盗法，如王的财产赔偿百倍、僧人赔八十及民赔八倍等标准；3.处置乱伦罪之法 (৲৲ৣ॔ॱॺॻॱॺॼॻॱॸৼॱৠৃॱৼৼৣॱৼৣॱॹॻয়)，如割鼻、挖眼等；4.处置说谎者法 (ৣॹॱৠॻॱৣॱ৲ग्नॻॱৼৣॱॹॻয়)，如在三宝前发誓等；5.处置谋反作乱者之法 (ৼৣ॔ॻॱৣॱ৆ৼग्नॱৼৣॱॹॻয়)；6.不盗掘陵墓之法 (৳৲ॱৠৣॱৣॱৼৼৼৣॱৼৣॱ ॹॻয়)，有《以一当十万法》(ॹৣ॔॔ॱৼৼৣॱৼৼॹৣৼॱৣॱॹॻয়) 等。

六基础法 (গৣৼॱ৲ग)，吐蕃基础法先有噶尔·东赞 (ঌৼৼॱৠৼॱৼৼৣৼ) 使用小棍 (গৣৼॱৣॻ) 和石子 (৲ৼৣ) 来划分，写于木简 (ग्नॻॱৣॻ) 之上。木简有六牦牛驮重，但是不完善，出现了混乱现象。心想谁能起草之此时，听说有位叫达杰 (৲ৠॻ) 的儿童特别有才，于是派四位家臣前去寻找。遇见这一儿童时问："从沼泽边上绕着去对面好，还是从中间穿过去好"答："有时间就绕着来，没有时间就从中间穿过来！"发现此人在刁难他们，于是就从中间穿过去时却陷入了沼泽。之后，就打探其父母的去向，结果他答："父亲去找'话'了 (ॸৣॱग्नॸৼॱঌৼॻৼॱৣॱৠৣৼ)，母亲去找'眼'了！(ॺৣৼॱग्नৼঌৼॻৼॱৣॱ৲ৣৼ)"随后，发现其父亲带着青稞酒回家；母亲带着黑酥油灯回家。众臣非常高兴，于是请他来起草吐蕃基础法，但他没有答应。

噶尔·东赞听说钦·芒西那 (৲ঌॻॻॱৣॻৼॱ৲ৼৣৼ) 很有才，于是带着用盐水泡制的干肉与钦氏一同去放羊，并问他："让达杰来起草吐蕃之基础法，他能答应吗？"钦氏回答说："就算他死了，也不会答应。""那应请谁来起草？"答："或许我可以起草。"此时，噶尔·东赞拿出自己带来的干肉让他吃，他因吃了用盐水泡制过的干肉的原因，口渴难耐，就说："现在若有人给我喝青稞酒，那么，他说什么我都答应。"于是，噶尔·东

222

赞又拿出青稞酒让他喝，并趁机向他发问如何制定基础法之事。他醉酒后说："首先应该划分四十个千户（ཚོའི་གྲོང་སྡེ་བཞི་བཅུ་བཞི།），明确千户长的职责、四茹（རུ་བཞི།）的范围、界限，然后给庶民划分等级（གཡུང་གི་མི་སྡེ་ཆེ།），成立多个部落（ལས་ཁུངས་བཀོད།），并委派部落酋长去管理。"听到这些以后，趁着他醉酒之际匆匆离开了他家。后来，嘎氏按照钦氏所说主持划定了千户组织，各千户的首领称"十参"或"十德"。

吐蕃四茹（རུ་བཞི།）之界限，其中乌茹的东界为乌卡秀巴班顿之地（འོལ་ཀ་ཤུག་པ་སྟུན་བདུན།）;[132] 西界为尼木秀（拉萨尼木县）;[133] 北界为萨格朗玛古普（སྲག་གི་གླང་མ་གུར་ཕུག）[134];南界为玛拉山脉（དམར་ལ་ལ་རྒུད།）;中心为拉萨热木切(小昭寺)。

腰茹（གཡོ་རུ།）的东界为工域哲那（林芝县）之地;西界为卡热吉堆（后藏仁蚌县）;北界为玛拉山脉（དམར་ལ་ལ་རྒུད།）;南界为夏乌达果（ཤྭ་ཨུ་ཏ་སྒོ།）;中心为雅砻昌珠（乃东县昌珠寺）。

叶茹（གཡས་རུ།）的东界为萨格朗玛古普之地（སྲག་གི་གླང་མ་གུར་ཕུག）;西界为其玛拉古(九山);北界为弥底曲那（黑水）;南界为尼那亚波那（ཉེ་ན་ཡ་སྒོ་པོ་ཉེ།）;中心为香吉雄蔡（后藏南木林县）。

茹拉的东界为尼那扎之地（ཉེ་ན་བྲ།）;西界为堪玛米（ཁན་མ་མི།）;北界为吉玛拉俄（ཅི་མ་ལ་སྟོང་།）;南界为泥婆罗朗古地方（བལ་པོ་གླང་ད་ག།）;中心为直吉古巴那（སྲད་ཀྱི་དགུ་ར་པ།）。

松巴（སུམ་པ།）的东界为尼玉直那之地（གཉི་ཡུལ་མི་ན་བཞག）;西界为贝秀登波切（སྦྱེལ་ཞབས་སྟེང་པོ་ཆེ།）;北界为那巴雪斯昌（ནགས་པ་ཤོད་ཀྱི་བྲི་འཆང་།）;南界为弥底曲那（མི་སྟི་ཆུ་ན།）;中心为加雪达巴蔡（རྒྱལ་ཤོད་སྒག་པ་ཚལ།）。以上是吐蕃四茹及苏毗茹等的界限划分情况。

吐蕃全境有豪奴（བྲན།）之四十千户。雍民部（གཡུང་གི་མི་སྡེ།），又分为庶民从业者和肯（ཞིང་།）两个部分。庶民从业者当中有九斯巴官（སྲིད་པ་དགུ）、七牧人官(ཕྱུག་བདུན)、六匠官（ལག་ཤེན་དྲུག）、五商官（ཚོང་ལྔ།）、四王（རྒྱལ་བཞི།）和

三执掌人 (འཛིན་གསུམ།)。

九个斯巴官 (སྲིད་པ་དགུ།)，为奴氏王斯巴 (སྲུབས་རྗེ་སྲིད་པ།)、洛氏王朗巴 (ལྷོ་རྗེ་གླང་པ།)、列氏王林巴 (ལྩེ་རྗེ་གླིང་པ།)、钦氏王松巴 (འཆིམས་སྲུང་པ།)、那尼氏王恰巴(ཉག་ཉི་ཕྱག་པ།)、强昂王贵巴 (བྱང་ངམ་སྐོས་པ།)、秋尼王直乌巴 (ཕྱུ་ནི་གྲིབ་ཨུ་པ།)、西乌王羌巴 (ཤེལ་ཨུ་འཆང་པ།) 和索氏王齐巴 (སོ་ཆི་པ།)。

七牧人 (ཕྱུགས་རྫི་བདུན།)，有罗昂牧马人 (ལོ་ལག་རྟ་རྫི།)、当巴牧牛人 (ལྟམ་པ་འབྲི་རྫི།)、热嘎牧羊(ར་གར་ར་རྫི།)人、卡巴牧羊 (བལ་བ་ལུག་རྫི།) 人、郭牧驴人 (འགོས་བོང་རྫི།)、恰养狗人 (ཕྱ་ཁྱི་རྫི།) 和俄氏养猪人 (རྔོག་ཕག་རྫི།)。

六匠人 (མཁན་རིགས་དྲུག)，有噶尔氏铁匠 (གར་ལྕགས་མཁན།)、卡尔茹鞍匠 (ཀར་ཙ་སྒ་མཁན།)、萨弓匠 (ས་གཞུ་མཁན།)、热夏箭匠 (ར་གགས་མདའ་མཁན།)、恰瓦盔甲师 (བྱ་ཁྲབ་མཁན།) 和聪孜造像师 (ཙོང་ཙེ་ལྷ་མཁན།)。

五商人 (ཚོང་རྒྱུ་ལྔ།)，有汉糖果商 (རྒྱ་བུ་རམ་ཚོང།)、突厥松石商 (གྲུ་གུ་གཡུ་ཚོང།)、阿夏剑商 (འ་ཞ་གྲི་ཚོང།)、丹玛帛商 (ལྡན་མ་དར་ཚོང།) 及林盐商 (ནགས་ཚྭ་ཚོང།)。

四王 (རྒྱལ་པ་བཞི།)，有囊萨财王 (ནང་ས་ཕྱེ་རྒྱལ།)、泥婆罗铜王 (བལ་པོ་ཟངས་ཀྱི་རྒྱལ།)、松巴铁王 (སུམ་པ་ལྕགས་ཀྱི་རྒྱལ།) 及门顶王 (མོན་ཙེ་རྒྱལ།)。

三执掌者 (འཛིན་གསུམ།)，达氏掌管帐篷 (བདག་ས་སྦྲ་འཛིན།)、娘氏掌管铁矿 (ཉང་པོ་ལྕགས་འཛིན།) 和卓氏掌管家禽 (གྲོང་བྱ་འཛིན།)。

如此，各王在各地称王，但向吐蕃赞普赋税纳贡，故属于吐蕃之民。

在吐蕃全境划分"奎" (ཁོད།) 的情况是：乌茹夏钦 (དབུ་རུ་ག་ཆེན།) 地方为赞普直属辖区，尼吉宫 (ཉིང་ཀྱི་རྗེ།) 地方也是赞普直属区 (བཙན་པོ་རྒྱལ་འབངས་ཀྱི་ཡུལ།)；青昂达孜 (ཕྱིང་ངར་སྟག་རྩེ།) 划分为郭 (འགོས།)、奴二氏 (སྲུབས།) 的领地；恰普擦次(ཕྱ་གཙང་ཚོ་ཚིག) 地方，划为章杰王帕昂 (ཛང་རྗེ་པ་ཨང།) 之领地；彭那昌那 (འབན་སྣ་ལྕང་སྣ།) 地方，划为左顿之领地 (འཛོམ་སྟོང་གི་ཡུལ།)；萨格德龙地方 (ཟ་གད་ཏེ་ལུང།)，划为韦氏达臣的领地 (སྦས་ཀྱི་ཡུལ།)；囊热擦贡地方 (ནར་ཚོ་དགོང།)，划为直 (འགི།) 和恰氏 (ཆག) 的领地；娘冲巴地方 (ཉང་ཤོངས་པ།)，划为卓 (འབྲི།) 和基氏 (ཀྱི།) 的领地；香地方 (གངས།)，划为罗吉日 (རླུ་ཀྱི་རི།)

和罗吉（ཟ་རྒྱི།）的领地；大、小雍巴地方（ཡུང་པ་ཆེ་ཆུང་།），划为贞嘎氏（བྲན་ཀ།）的领地；当雪嘎木地方（འདམ་ཤོད་དཀར་མོ།），划为角若氏的领地（ཅོག་རོའི་ཡུལ།）；大、小朵康地方（མདོ་ཁམས་ཆེ་ཆུང་།），划为松巴茹之分支的领地（སུམ་པ་རུ་ཡན་ལག་གི་ཡུལ།）。

划分上、中、下勇士部（སྟོད་སྨད་བར་གསུམ་གྱི་དཔའ་སྡེ་སྐོར་ལུགས།）的情况是：

上部勇士部（སྟོད་ཀྱི་དཔའ་སྡེ།）的领地包括索扎达波绒（སོ་ཟག་ཟྟག་པོ་རོང་།）以上，门四地（མོན་ཁ་བཞི།）以下的地方，在这些地方上有卓氏（འབྲི།）、琼波氏（ཁྱུང་པོ།）、噶尔氏（འགར།）、奴氏（སྣུབས།）及聂直氏（གཉན་འབྲི།）等五个家族的势力，由古格（གུག་གེ）和古角（གུག་ཅོག）担任首领，曾战胜了珠古（突厥）色米坚（གསེར་མིག་ཅན།）之妻霍尔姆比尔东坚（ཧོར་མོ་བྱེར་བ་ཨུང་ཅན།）的军队。在一次战役中，此女之右乳曾被火烧伤。霍尔姆比尔东坚，骁勇善战，力大无比，不仅能三箭齐发，而且能举巨石攻击对方。与此女作战时，上部勇士部曾攻下她的虎寨（སྟག་གི་གཞལ་ཡོ།），射杀其坐骑，在头发被砍乱（མགོའི་སྐྲ་བཤིག），面部被血染红的情况下依然勇猛杀敌，故称为勇士部。

中部勇士部（བར་གྱི་དཔའ་སྡེ།）的领地，包括日班玛隆（རི་བྷན་མ་ལུང་།）地方以上，恰果当巴（ཆག་གོ་སྟོང་པ།）以下的地区，在这些区域内有十二个部势力（རྒྱལ་ཕྲེ་བཅུ་གཉིས།），由那雪小千户（གནས་ཤོད་སྟོང་པ་ཆུང་།）担任酋长（དཔོན།）。曾有江木塔东坚（ཇུང་མོ་ཐག་འདུང་ཅན།）手持象矛（གླང་པོ་ཆེ་འི་མདུང་།）来犯时，前去迎战。作为勇士的标志，他的剑上有纹，于尸首中食饭（དུར་ཁྲུག་ས།），身背热食（ཚོ་ལིའི་རྒྱབ་ཏུ་གོས།）依然不退兵，英勇向前，故称勇士。

下部勇士部（སྨད་ཀྱི་དཔའ་སྡེ།）的领地，包括玛益崩热（རྨའི་སྤོམ་ར།）地方以下，迦塘隆孜（བགའ་ཐང་ལུང་རྒྱེ།）地方以上的地区，以汉地陇西边城（སོག་ཞིག་མཁར།）为边界的这些区域内，生活着的通恰色九部（མཐོང་ཁྱབ་བྲེ་རེ་དགུ།），四夏人六部（བཞི་ཤ་མི་དྲུག），人口众多，直至汉之北方边界能够排出九层骑兵（རྟ་དགུ་སྒྲིག）队列。有米比通藏巴（མི་སྤེ་ཐུང་ཚ་ལ་བས།）等手持长斧来战时，由董氏（སྟོང་སྟོང་།）之子多德秋仓任首领（དོར་དེ་ཕྱུག་འཆམས།）。作为勇士的标志，他的剑壳被斩断时，曾给亲人留下遗言，把子女托付于邻居，依然不退兵，英勇向前，故称勇士。

想来善于作战者要数董、东二氏 (ཐོན་དང་སྟོང་།)。穆和赛二氏 (རྒྱུ་དང་སེ།)，据说只传有一代。这些被记载于三十六法当中。

十五臣法 (བློན་ཁྲིམས་བཅོ་ལྔ།)，是指三功绩 (མཛད་པ་གསུམ།)、三非功绩 (མི་མཛད་པ་གསུམ།)、三赞 (བསྟོད་པ་གསུམ།)、三贬 (སྨད་པ་གསུམ།)、三不欺 (མནར་དུ་མི་གཞུག་པ་གསུམ།)，共为十五。

三功绩 (མཛད་པ་གསུམ།)：攘外安内；从事内政，拉拢众人；从事修法，得到正果。

三非功绩 (མི་མཛད་པ་གསུམ།)：不以圣法为高，不以密法敛财，而藏于心中；不尊骄傲之人为王；人无高低 (མི་ཁྱད་མེད་པར་འཇོག)，不赞美骄傲之子。

三赞扬 (བསྟོད་པ་གསུམ།)：对勇士若不冠以虎之名，就不能称之为勇士；贤者若不赐予告身，会导致贤者心灰意冷；对有功之人若不进行嘉奖，就不会有人效仿。

三贬 (སྨད་པ་གསུམ།)：对懦弱者若不以狐皮进行讽刺，就无法分辨勇士与懦弱者；对恶人若不进行严格界定，就无法分辨贤者与恶人；对罪犯不进行惩处，就会让他肆无忌惮地膨胀恶行。

三不欺 (མནར་དུ་མི་གཞུག་པ་གསུམ།)：欺压自己的亲生父母会被人耻笑，故不能欺压；欺压子女是可耻的行为，故不能欺压；欺压配偶会导致家庭贫穷，故不能欺压。

以上是王法对人们的启示。

7.修建热萨幻化佛殿的情况

关于佛法，《典籍》(གཞུང་།)上说："汉、蕃、泥婆罗 (བལ་པོ།) 及象雄 (ཞང་ཞུང་།)和亲，兴盛佛法，建幻化寺等共108座佛殿，神圣赞普本人修建了42座佛殿。"即在吐蕃修建了热萨幻化佛殿 (ར་ས་འཕྲུལ་སྣང་གཙུག་ལག་ཁང་།)、加达热木切佛殿 (རྒྱ་དར་ར་མོ་ཆེ།) 及扎孜松 (བྲག་རྩེ་གསུམ།) 等佛殿，作为佛法之所依处。从中原迎请幻化公主（འཕྲུལ་གྱི་ལྕམ་ཅུང་），[135] 从泥婆罗迎请直罗哈王（རྒྱལ་པོ་འཕྲེ་ལོ་ང་）之公主赤尊（བལ་མོ་བཟའ་ཁྲི་བཙུན་），[136] 从象雄迎请李米夏王（ལི་མི་ཤ་），之公主李德麦（ཤུས་མོ་ལི་ཏིག་དམར་ལེགས་），又娶吐蕃本地之默萨妃赤江（མོན་བཟའ་ཁྲི་ལྕམ་）。关于此，详细的情况记载于《柱间史》（བཀའ་ཆེམས་）等。

如何修建热萨佛殿的情况，[137] 在迎请尼妃后，迎请了汉妃公主。公主抵达吐蕃时，在拉萨中心尼琼上部之泉水旁马车陷入泥潭。此时，由力士拉嘎（གྲུང་ལྷ་དགའ་）举佛像，力士鲁嘎（ཀླུ་དགའ་）推车，尽管二人使尽了全身的力气但未能把车拉出泥潭。两个力士休息片刻后，也未能推动木车。公主心想为何如此?于是进行卜卦堪舆，得知吐蕃之地形如同仰卧的罗刹女（སྲིན་མོ་），拉萨卧塘湖（ལོ་ཐང་གི་མཚོ་）正是罗刹女之心血，拉萨为罗刹女之心脏。在尼塘（ནེ་ཐང་）地方有两座山，是魔女的心骨，她正在谋害众生。拉萨东边的山脚向西，西边的山脚向东，南边山脚向北，北边的山脚向南，仿佛由恶人所为。再向周边观看时，发现此处东山如同红宝石，南山如同如意宝堆积，西山如佛塔，北山如同白海螺。据此得知，未来将会出现众多虔诚的信徒，大兴佛法，是贤者之源。为了兴盛此等善业，得知要修建一座佛殿。经过堪舆卜算，发现地有三百六十种，其中风水宝地七十二种，认定九十种。认定后，因故不知其结果者有四类：一是聚集众人之地，即王宫之地；二是出家僧人居住地；三是众人聚集处，即佛堂或佛殿所在地；四是平民生活地。

其中寺庙、佛殿所在地，需要有八种瑞相（ཡོན་ཏན་རྣམ་པ་བརྒྱད་），但也会同时出现五种恶相（སྐྱོན་ལྔ་）。

八种瑞相：天呈八福祥轮（འཁོར་ལོ་རྩིབས་པ་བརྒྱད་），地呈八瓣莲花（པདྨ་འདབ་བརྒྱད་），中有八吉祥图案（བཀྲ་ཤིས་ཏགས་བརྒྱད་），四方有四天神（དུ་བཞག་གི་ལྷ་བཞི་）。因为有了上述瑞相，故能消除五种恶相。五种恶相：龙宫（ཀླུ་ཡི་ཕོ་བྲང་）、魔鬼地（འདྲེ་ཡི་གནོན་ས་）、鬼女地（ས་མཚོའི་ཉ་ལགས་）、赞和神（བཙན་གྱི་རྒྱུ་ལམ་）的通道。

关于破除上述五种恶相的方法，公主通过堪舆得知，只有觉沃释迦

227

牟尼佛像才能镇住龙宫。[138] 于是在佛像四周立四柱，再用绸幔围起，命两个力士坚守。公主主仆等人来到王宫东门，向导通过守门人向赞普报告说："公主已经请来了，释迦牟尼佛也请来了，请举行迎接仪式吧！"赞普命人敲锣打鼓，迎接公主和佛像。众人不知何故，前来打探消息，得知公主和佛像已到，于是穿着节日的盛装前来道贺。赤尊公主也来到宫顶观看，发现公主主仆已经来到，又见拉萨尼塘地方，有觉沃释迦牟尼佛像。她心想公主有可能在那里修建佛殿，并且中原人精通堪舆之术，也有可能修建更多的佛殿。我是大妃子，功绩也大，在我修建佛殿之前，决不能让她先建起佛殿。于是叫来公主，并对她说："你有佛像，但我也有佛像，并且我是大妃，此等王宫也是我所修建的。在我修建完佛殿之前，你不要修建任何佛殿！"公主答复说："你是大妃（ཆེན་མོ།），功绩也比我大。"说着把银鞭指向卧塘湖，说："把那个湖填平，在上面建造佛殿吧！"又指着释迦牟尼佛像所在地说："像那样的平地上，我也能建造佛殿。"为此赤尊（ཁྲི་བཙུན།）感到很尴尬，故阻止公主与赞普相见，后家臣们想办法让他们俩见了面。（公主与赞普相见的情形）出现了三种情况，如同赤尊与赞普相见。

赤尊沿着银桥去拜见赞普，并向赞普祈求赐一建造佛殿的地方，赞普让她自己选择一个好地方建造。赤尊率领部众，并召集大量夜叉作苦力，在拉东（ལ་སྟོད།）和雅砻（ཡར་ཀླུངས།）等地建寺，但未能成功。于是回来对赞普说："我为一百零八座佛殿奠基，但都没有成功，现在该如何"赞普答："我可以祈求神来明示。"赞普命16名供佛女子举行供养仪式，并向自成檀香木佛像祈祷。此时，从塑像的右腋下发出一道白光，投向了卧塘湖。赞普说："可能要建造于湖上。"赤尊心想，赞普也在有意刁难她。第二天，赞普邀请赤尊骑马，他们从王宫南面向卧塘湖边出发。赞普说："我的戒指落于何处，就在那里修建佛殿吧！"说着把戒指抛向了空中，戒指下落至赤尊的马鞍后座后弹入湖中。赤尊心想，赞普和公主

228

联合起来刁难自己，于是眼里挤满了伤心的泪珠。

赞普又对赤尊说："请留意光的去向吧！"说着供养本尊神，并向其祈祷。此时，从神的面部发出一道白光，射向卧塘湖，在湖底出现了光云。赤尊看见湖中有三层白光。之后，泥婆罗石匠搬来巨石搭于白光之上，巨石与白光相结合后在湖中心形成了如同白宫般的建筑，再用木梁架起而完成了填湖一事。

之后，从龙境运来火烧不坏、水冲不毁的金刚泥，涂于其上。在此之上，铺满铁砖，并以铁水浇灌。在间隙间，注入青铜之水，其上铺砖头、石板、木板，其上再铺良土。为了迎合平民喜好，打四方之地基；为了迎合僧人的喜好，铺纹格地基；为了迎合苯波（苯教徒），刻雍仲符号。依照汉和尚庙白嘎尔的样式修建，但夜里倒塌了。此时，赞普对赤尊说："我可以帮助你建造佛殿！"于是赞普为了克制五行，在上述公主克制地煞的东边罗刹前，建造了大自在天塑像；为了降伏南边如乌龟般的地形，建造了大鹏鸟塑像；为了降伏西边如魔观望的地形，建造了犀牛佛塔；为了克制北边如力士扑战场般的地形，建造了白石狮像。

茹雍萨妃（ རུ་ཡོང་བཟའ་ད ）在西北边建造了大威德塑像，取名为扎拉工布（ བྲག་ལྷ་མགོན་པོ། ）。[139] 在西南边，为了阻断赞神（ བཙན། ）的来往（通道）而建造了嘎如佛塔（ མཆོད་རྟེན་ག་རུ། ）。如此，龙宫被觉沃释迦牟尼像所镇住了。

有一天夜里，赞普来到卧塘湖边时，在南边的拉瓦蔡（醋柳园， ལྕགས་ ཚལ། ）听到有鬼聚集商议：雪域地方原属众非人统辖，现在由王治理且崇信佛教。现在要杀死所有信仰三宝者；向善行者施以疾病和畜疫；向农田里的庄稼施冰雹；拆毁旧的佛殿，若新建佛殿就下石雨。众鬼如此议论后，就散开了。

赞普对泥婆罗造像师说："请为我造一尊神像！"于是，造像师准备了菩提神树之树心、白檀香足木木芽制成的木钉、八圣地之土 [140]、尼连禅河（ ཆུ་བོ་རང་བུ། ）之沙子、蛇心旃檀糊酱（ ཙན་དན་སྦྲུལ་སྙིང་གི་བྱུག་པའི་རྫས། ）、瀛洲茅草

(ཀྲལ་ཆོའི་ཁྲེ་ལའི་འདྲག་ལ་ཀ།)、珠眼 (རིན་པོ་ཆེའི་སྒྱུན་འབྲས།)、木绵绸缎 (ཤིང་པལ་གྱི་རེ་ཀ།) 等，置于赞普枕下。第二天想造神像时，凌晨在王宫里走出十方众佛渗入上述造像之材料内。赞普心想，我的神像可能具有十方佛菩萨之福力，那么，到底要建造一尊千手观音像 (སྤྱན་རས་གཟིགས་ཕྱག་སྟོང་སྤྱུན་སྟོང་།)，还是十一面观音像 (སྤྱན་རས་གཟིགས་ཞལ་བཅུ་གཅིག་པ།)？是狮子吼菩萨像 (ཙ་ཀ་སྒྲ།)，还是不空绢菩萨像 (དོན་ཡོད་ཞགས་པ།)？是如意轮菩萨 (ཡིད་བཞིན་འཁོར་ལོ།)，还是圣观音像 (འཕགས་པ་ཏི།)？天亮时，见到已经自然形成的一尊十一面观音像 (སྤྱན་རས་གཟིགས་དབང་སྤྱུག་ཞལ་བཅུ་གཅིག་པ།)，其主脸为白色且略带微笑，共为三面。在主面之上有三面，其上有两红面，其上有蓝色两面，其上有阿弥陀佛像。塑像有十臂，第一层双手合掌，右边第二臂持化身像，第三臂持箭，第四臂持法轮，第五臂显镇地印。左边第二臂持佛珠，第三臂持宝物，第四臂持弓，第五臂持宝瓶。上身着鹿皮衣，下身着各种丝绸织成的围裙。

赞普对泥婆罗造像师说："你是神变工匠，造像圣妙！我想把此三座灵塔和自然形成的旃檀木塑像装入其体内。"造像师说："这不是我所为，这是自然形成的。"赞普非常高兴，举行了欢庆仪式。此时，塑像动起来，用第一层双手把左脚边上的围裙卷起至膝盖，并从弯着的脚底下发出光，射到了旃檀木塑像和灵塔之上，随即把塑像和灵塔吸至右脚底，实现了赞普想把此二物装入塑像体内的愿望。地动起来，众神也前来供养该塑像。赞普心喜，认为特别殊胜。这是在吐蕃建造的第一尊塑像。

赞普为了镇除拉瓦蔡地方鬼群，向该塑像祈祷。此时，从塑像口中发出一道光，在光头上出现了马头明王 (འཕགས་པ་ང་ཀྲ་གྱི་ན།) 和甘露旋明王 (བདུད་རྩི་འཁྱིལ་པ།) 神像。从两尊神像的口中吐出光和火花，射到了拉瓦蔡地方的毒树上，毒液向四处发散，使毒树下的鬼群都昏死过去。赞普发布诏令，利用末劫之火力量，把众鬼赶至外海边。

上述两尊忿怒神像所发出的火光，在拉瓦蔡地方的岩石上形成了圣观音、马头明王及阿弥陀佛三尊像，非常神奇。第二天，赞普依照火光所形成的神像，在石头上刻上了上述三尊神像。

赞普命人为光束上的两尊神像建造塑像，故造像师建造了两尊圣像，同时也建造了观音像和大自在天的塑像。感觉观音菩萨的近侍弟子略少，为此建造了不空成就菩萨、如意轮菩萨、救度母（ཨཱརྱ་ཏ་རེ）、光明天女（གྲ་མོ་འོད་ཟེར་ཅན）等塑像，故有主仆九（གཙོ་འཁོར་དགུ）尊像。这些塑像，被放置于赞普枕下。

此时，人们想四方地煞已除，应该能够建造佛殿，所以，依照中原亥康（ཧེན་ཁང་ཧི་དགུ）的模式建造佛殿。为了像直哈罗王那样死后王陵安全，也为了在吐蕃兴盛佛法，兴九善除九恶，赞普化为五千身，有的运石，有的运土，有的砍树，有的筑墙，用一半石头和一半木桩建造了佛殿。为了不为凡人所发现，在迷雾中悄悄地修建。但是，未能完工，即未能完工封顶。

心想在四茹之地也需修建佛殿，于是在如同仰卧罗刹女的土地上，为了镇压魔女的左肩头而在右茹建昌珠寺（ཁྲ་འབྲུག）及其属寺扎西（བ་ཀྲ་ཤིས）、格培（དགེ་འཕེལ）二寺；为镇魔女的右肩头而建乌如嘎蔡寺（དབུ་རུ་ཀ་ཚལ）[141]及其属寺米久格卫祖拉寺（མི་འགྱུར་དགེ་བའི་གཙུག་ལག）；为了镇压魔女的右胯骨而在叶茹地方建藏章强秋格聂寺（ཙང་འབྲམ་བྱང་ཆུབ་དགེ་གནས）及其属寺其玛拉康寺（ཕྱི་མའི་ལྷ་ཁང）；为了镇压魔女的左胯骨而在茹拉地方建仲巴江寺[142]（གྲོམ་པ་རྒྱང）及其属寺纳木达钦吉拉康寺（རྣམ་དག་ཁྲིམས་ཀྱི་ལྷ་ཁང）。

又未能修建佛殿，故建四镇边寺。为了镇压魔女的左肘而建洛扎库亭寺（ལྷོ་བྲག་མཁོ་མཐིང）[143]；为了镇压魔女的右肘而建工布布久寺（ཀོང་པོའི་བུ་ཆུ་ཁང）[144]；为了镇压魔女的左膝而建直噶扎寺（ཟྲེ་ཀ་རག）；为了镇压魔女的右膝而建扎东孜寺（བྲ་བ་དུན་ཚེ）[145]。

四再镇边寺中，为了镇压魔女的左手心而建隆塘卓玛拉康（ཀློང་ཐང་སྒྲོལ་མའི་ལྷ་ཁང）[146]；为了镇压魔女的右手心而建强仓巴隆聂祖拉康（བྱང་ཚངས་པ་ལུང་གནོན་གྱི་གཙུག་ལག་ཁང）[147]；为了镇压魔女的右脚心而建芒域强贞寺（མང་ཡུལ་བྱང་སྒྲོན

ラスྱོདགོདགགས།）[148]；为了镇压魔女的左脚心而建门吉曲崩塘寺 (མོནₐཆུརᱼཆུབ་ཐང་གི་ལྷ་ཁང་།)[149]。

依然未能建起大、小昭寺，再继续兴建了"八镇边寺" (འདུལᱼབᱼབརྒྱད)：在加果 (རྒྱᱼགོརᱼ) 地方的噶曲托米寺 (ག་ཆུᱼརྟོགསᱼམེད)；在朵康 (འདོᱼཁམས) 地方的隆塘白迥寺 (ℓᱼོང་ᱼᱼᱼᱼᱼᱼᱼᱼᱼᱼᱼᱼ)；在阿夏 (འᱼཞ) 地方的格如白迥寺 (ᱼᱼᱼᱼᱼᱼᱼᱼᱼᱼᱼᱼ)；在于阗 (ᱼᱼᱼᱼᱼ)[150] 地方的夏埃扎寺 (ᱼᱼᱼᱼ)；在芒域 (ᱼᱼᱼᱼᱼ)[151] 地方的旺青则巴寺 (ᱼᱼᱼᱼᱼᱼᱼᱼᱼᱼᱼᱼᱼ)；在工布 (ᱼᱼᱼᱼᱼ) 地方的布曲雍仲泽巴寺 (ᱼᱼᱼᱼᱼᱼᱼᱼᱼᱼᱼᱼᱼᱼᱼᱼ)[152]；在巴卓吉曲 (ᱼᱼᱼᱼᱼᱼᱼᱼᱼᱼᱼᱼ)[153] 地方的巴卧杰巴寺 (ᱼᱼᱼᱼᱼᱼᱼᱼᱼᱼᱼᱼ)。

为"四再镇边寺"(ᱼᱼᱼᱼᱼᱼᱼ) 的周边也兴建了八座"近寺"(ᱼᱼᱼᱼᱼᱼᱼᱼᱼᱼᱼᱼᱼᱼᱼᱼᱼᱼ)：在东边的白狮额头上兴建了多吉久梅拉康寺 (ᱼᱼᱼᱼᱼᱼᱼᱼᱼᱼᱼᱼᱼᱼᱼᱼᱼᱼ)，在它的附近修建了娘嘎曲拉康寺 (ᱼᱼᱼᱼᱼᱼᱼᱼᱼᱼᱼᱼᱼᱼᱼᱼ)；在南边的虎牙上兴建了崩孜隆拉康 (ᱼᱼᱼᱼᱼᱼᱼᱼᱼᱼᱼᱼᱼᱼ)，在它的附近修建了玛霞麻拉康 (ᱼᱼᱼᱼᱼᱼᱼᱼᱼᱼᱼᱼᱼᱼ)；在西边的红鸟嘴上兴建了芒域强贞寺 (ᱼᱼᱼᱼᱼᱼᱼᱼᱼᱼᱼᱼᱼ)[154]，在它的附近修建了娘真拉康 (ᱼᱼᱼᱼᱼᱼᱼᱼᱼᱼᱼᱼᱼᱼ)；在北边的乌龟上兴建了扎东孜寺 (ᱼᱼᱼᱼᱼᱼᱼᱼ)[155]，在它的附近修建了辛萨拉康 (ᱼᱼᱼᱼᱼᱼᱼᱼᱼᱼᱼᱼᱼᱼ)。

在乌思藏"四如" (ᱼᱼᱼᱼᱼᱼᱼᱼᱼ) 的四方，兴建了东北边的李德加杂杰拉康 (ᱼᱼᱼᱼᱼᱼᱼᱼᱼᱼᱼᱼᱼᱼᱼᱼᱼᱼᱼᱼᱼᱼ)、东南边贡曲拉康 (ᱼᱼᱼᱼᱼᱼᱼᱼᱼᱼᱼᱼ)、西南库亭拉康 (ᱼᱼᱼᱼᱼᱼ)[156] 和西北的白玛雍仲拉康 (ᱼᱼᱼᱼᱼᱼᱼᱼᱼᱼᱼᱼᱼᱼᱼᱼᱼᱼ)等。

为"四再镇边寺"兴建了十八座辅助寺 (ᱼᱼᱼᱼᱼᱼᱼᱼᱼᱼᱼᱼᱼᱼᱼᱼᱼᱼᱼᱼᱼᱼᱼᱼᱼᱼᱼ)：为东边日、月、星辰镇边而兴建了林琼 (ᱼᱼᱼᱼᱼᱼ)、岗琼 (ᱼᱼᱼᱼᱼᱼ)、古曲 (ᱼᱼᱼᱼ) 三寺；为修成火神而建了崩塘 (ᱼᱼᱼᱼᱼᱼ)[157]、隆孜 (ᱼᱼᱼᱼᱼ) 二寺；为求应罗刹女而兴建了格日 (ᱼᱼᱼᱼᱼ)、晋曲 (ᱼᱼᱼᱼᱼ)、霍曲 (ᱼᱼᱼᱼ) 三寺；在蕃尼边境上兴建了德香拉康 (ᱼᱼᱼᱼᱼᱼᱼᱼ)和赫香拉康二寺 (ᱼᱼᱼᱼᱼᱼᱼᱼᱼᱼ)；为避玛旁雍错湖的水灾而兴建了岗巴尔拉康 (ᱼᱼᱼᱼᱼᱼᱼᱼᱼᱼᱼᱼᱼᱼ)；为镇住冈底斯山峰而兴建了扎东孜寺 (ᱼᱼᱼᱼᱼᱼᱼᱼᱼᱼᱼᱼᱼᱼ)；为迎未来佛弥勒而兴建了奴日拉

康 (ཐུབ་པའི་ལྷ་ཁང་)；为镇天地二边而兴建了琼隆银堡寺 (ཁྱུང་ལུང་དངུལ་དཀར་གྱི་ལྷ་ཁང་)[158]；为修大自在天而兴建了芒域赤色拉康 (མང་ཡུལ་ཁྲེ་མའི་ལྷ་ཁང་)；为纪念释迦牟尼涅槃而兴建了于阗朗布寺 (ལི་ཡུལ་སྣང་པོའི་ལྷ་ཁང་)。

此时，终于能够顺利建造佛殿。在封顶时，赞普化身为一百个工匠从事木匠工作，赤尊负责为其秘密送膳。有一天，赤尊在洗头时，命其女仆前去送膳，女仆在一百个工匠中未能认出赞普而回到了赤尊身边。赤尊说："赞普身穿黑衣，头上系有红色头巾。"于是赤尊自己前去送膳，此时，女仆悄悄地跟在后面并从门缝里偷窥，见赤尊在投递密膳时，因赞普伸手之故松开了手中的诸绳头，即刻所有工匠都摔倒在地。女仆见状发出："啊！太神奇了!"的声音。据说因赞普被这个声音所打扰而手中的斧头落地，从而削去了一百个狮子的鼻子；手中的锯子错乱而削掉了一百根柱子的一角。因此，赞普说："我的幻化之身，连女仆都知晓。"赞普终结其幻化身之神力后，出现了三种情形：凡人看见，赞普用斧头砍碎用木头和泥巴所做的假人；家臣们看见，众木匠从石墙上走过；赤尊看见，众木匠的浮雕、颜料被刮。

为了保护木材上的颜料不被雨水冲洗，从民间收集牛毛单子 (ཕྲིང་)、毛毡 (ཕྱིང་པ་) 等。在收集毛毡时，以敲鼓的方式通知民众，民众不解其意便说："过去赞普在修建佛殿时从不敲鼓，今天为何要敲鼓呢?"待民众集中后，赞普下令让他们献上遮盖木材用的毛毡。毛毡收齐后，赞普便以化身之术上佛殿顶，显得特别神奇，最终把毛毡全部覆盖在了热萨佛殿顶窗上。

第二天，赞普心想选择一个最好净室，供养观音九主仆像。打开中心净室的门时，发现不动如来佛九尊主仆在此谈论佛法；打开南净室门时，发现不动金刚佛主仆正在为消除吐蕃魔鬼、罗刹等，向众夜叉献财神 (ཨ་ཛ་མཁན་སྱུ་) 宝瓶；打开北净室门时，发现那里特别舒适且工艺精致，便心想我的神像要供养于此殿。在走到殿门前时，发现门外有一具有二十一蛇头及三只眼的白龙王（ཀླུའི་རྒྱལ་པོ་སྤུ་མདོག་དཀར་པོ་སྦྲུལ་གདེངས་ཀ་བཅུ་གཅིག་སྤྱན་གསུམ་ཅན་ཞིག），双膝半弯而坐。龙王向赞普叩拜，并说："我可以保证你的佛殿在小千世界的兴盛，请为我造一尊塑像!"说完后便消失了。再往前走时，遇见了有九蛇头、三眼龙王，也向赞普叩拜，并说："我保证你的佛殿在中二千世界[159]的兴盛，请为我造一尊塑像!"又见有五蛇头、三眼龙王，说："我保证你的佛殿在大三千世界的兴盛，请为我造一尊塑像!"再往前走时，遇见了三头三夜叉王（གནོད་སྦྱིན་གྱི་རྒྱལ་པོ་ན་ག་གུ་བེ་ར）用第四手向赞普叩拜，并说："我可护佑你的佛殿免受火灾，请为我造一尊塑像!"再往前走时，遇见了罗刹十颈九头马面王（ལས་དགུ་ཅན་ལ），他用第四手向赞普叩拜，并说："我可护佑你的佛殿免受人为的破坏，请为我造一塑像!"再往前走时，遇见了有三面三眼的直萨王苏毗昂巴（ཏི་ཟིའི་རྒྱལ་པོ་ཟུར་ཕུད་ལྔ་པ）向赞普叩拜，并说："我可护佑你的佛殿免受非人的破坏，请为我造一塑像!"再往南边看时，前面有手持铁升的吉祥天女（དཔལ་ལྡན་ལྷ་མོ），她向赞普叩拜，并说："我可护佑你的佛殿免受水灾，请为我造一塑像!"说完便消失了。如此，众"非人"（མི་མ་ཡིན）都成了佛殿的护法神。

赞普命赤尊举行竣工仪式，又命众臣及十六女佣进行供养，并为迎请神像准备绳子和马车。第二天去看时，发现丢失了一尊神像，在原有神像所在处散落着许多花朵，于是众人特别恐慌。此时，有一鹦鹉发问："你等为何恐慌"答："因为神像不见了，所以恐慌。"鹦鹉说："昨日半夜，众神相互叩拜并抛撒花朵后，经过王宫顶前往北沙洲（བྱང་ཕྱོགས་ནུབ་ཕྱོགས།）去了。我也正在为此不悦呢。"为探明究竟，众人前往沙洲寻找时，发现在沙子上有莲花印，但因刮风而无法跟踪莲花印。此时，见一白骡飞入佛殿。当众人再次回到佛殿时，发现南净室里有观音九主仆像（སྤྱན་རས་གཟིགས་པོ་འ་འཁོར་དགུ）坐于地上（无地毯）。赞普非常高兴，众臣相互观望，嘴里说着："神奇啊!"并举起了大拇指。

赞普命造像师在佛殿的墙壁上绘制一神像。造像师准备颜料和笔，心想第二天从具叶柱（ཀ་བ་ཤིང་ལོ་ཅན།）开始绘制。第二天，造像师进入佛殿时，发现墙面上已经有了非常神奇的自然形成的救难八度母像，在剩余的墙面上也绘满了合适的壁画。造像师只好在画面上、下空余的地方绘制了马头明王、度母等五尊。

赞普在梁柱上绘制有关论藏传承的壁画（མངོན་པའི་བརྒྱུད།），在次梁上绘制有关经藏图（མདོ་སྡེའི་བརྒྱུད་རིས།），在柱子上绘制律藏图（འདུལ་བའི་བརྒྱུད་རིས།）。为了传播佛法知识，在佛殿西北的墙壁上刻写谜语（ཞིབ།）；为了宣扬佛法经典知识，绘制许多典故（བྱུང་རྒྱུད།）壁画；为了引向三学（བསླབ་པ་གསུམ།），绘制苯波飞天鹿（བོན་ག་བ་ནས་མཁའ་ལ་འགྲོ་ཞེས་པ།）壁画。

赞普又命赤尊说："为了实现你父王之凤愿，也为了在雪域有三宝供养，使人们的行为由恶变善，你要完成佛殿的建造工程。"赤尊高兴地问："如何兴建？"赞普说："门向西的中心净室里，修建不动佛九主仆；在右边净室里，修建无量光佛九主仆；在左边净室里，修建弥勒法轮九主仆；在南面，以不动金刚佛为主，修建众护法、财神塑像。在完成这些以后，雪域众生还是不会相信释迦牟尼的教诲，不会吸取佛法之精华，不会学习《三藏经》(བསླབ་པ་གསུམ།)，不会成为释迦牟尼度化的对象。因此，由我来度化。在具叶柱下埋藏佛经，为了保护它对蛇头柱施咒；为了防止边地的恶咒和挑拨，在狮子手柱（ཀ་བ་སེང་གེ་ལག་ཅན།）下埋藏破咒经（ཐུར་སྲུང་།）；为以上这些创造条件，在宝瓶柱子（ཀ་བ་བུམ་པ་ཅན།）下埋藏宝藏（རིན་པོ་ཆེའི་གཏེར།）；在大门口，要以龙王为主建造上述向赞普保证护佑佛殿的吉祥天女等塑像。为了赞普先祖的陵墓不被盗取，也为了巩固边疆和吐蕃民众，我去各地修建佛殿。"于是随同十六位家臣前往东边的朵麦（མདོ་སྨད།）地方，用十三年的时间完成了修建佛殿的任务。在建成雍左热嘎佛殿（ཡོན་ལ་རྟགས་རབ་དཀའ་ཉི་ལྷ་ཁང་།)后，回到了卫藏（དབུས།）地区。公主修建了热木切佛殿（ར་མོ་ཆེའི་ལྷ་ཁང་།）[160]。赤尊已经建成三层热萨佛殿，赞普来到佛殿顶，见热萨佛殿积满湖水。于是，把手中的马鞭抛入水中，见马鞭漂浮在水上。又把戒指抛入水中，见戒指渗入水中。赞普心喜，于是说："赤尊之佛殿 (ཁྲི་བཙུན་གྱི་ལྷ་ཁང་)太神奇了！"故佛殿得名"垂囊佛殿"（འཕྲུལ་སྣང་）意为"幻化佛殿"。

此时，赤尊手持一盘金子向赞普叩拜并谢恩。公主手持一盆金银前来向赞普谢恩。莫萨赤江 [161] （མོན་བཟའ་ཁྲི་ལྕམ་）手持半升金粉，向赞普叩拜并谢恩。

赞普命十六家臣中的四人去准备肉，四人去准备酒，四人去炒青稞，四人去请客人，举行了大型的庆祝活动。此时，赞普命众臣去散心，又命家臣那钦波 （སྣ་ཆེན་པོ་）做门卫。待所有人离去后，赞普说："我要去朝拜我的观音像。"于是来到了佛殿，站立于神像 （སྐུ་）前，在他的右边有赤尊 （ཁྲི་བཙུན་），左边有公主 （མོང་ཟ་），背后有赤江 （ཁྲི་ལྕམ་）。那钦波臣（སྣ་ཆེན་པོ་）手扶门楣，脚立门外，头伸入佛殿内，站于门口。此时，赞普回头对他说："那钦波啊！在雪域，在我之后的第五代将会出现名为'德'的法王，此时，佛法将兴盛，他最终将成佛。在他之后的两代，将会出现一畜名王，佛法将被消灭，此人将堕入地狱。在此后的好几代人时期，将会出现许多信徒，供养佛陀之舍利。在雪域，在人寿五百岁时劫的最后浊世时，佛法如同将要扑灭的酥油灯那样更加明亮。那钦波啊！若有忠诚的家臣说起想见赞普一面，就让他向我的本尊神祈祷，那样将会心想事成。"此时，赤尊回头说："那钦波啊！若有吐蕃臣民说未见赞普和赤尊，就让他们前来朝拜我的观音像。"公主回头说："那钦波啊！若有吐蕃众臣说未见赞普和公主，就让他们前来朝拜我的观音像。"此时，赞普将双手置于两个王妃的头上时，赤尊化成了八瓣白莲花，公主化作了十六瓣青莲花，化入了观音像体内。此时，从觉沃 （ཇོ་བོ་）和热萨佛殿内的众神体内发出光芒，照亮了热萨佛殿内外。

此时，众臣来到佛殿，但未见赞普和王妃。直·色如贡顿 （འབྲི་སེ་རུ་གོང་སྟོན་）说："那钦波，你不是赞普的护卫吗？赞普去哪里了？"他这样问了

236

三遍，但那钦波心想此事说出去谁都不会相信，所以没有回答。此时，韦·吉登仁（ འབལ་ཀྱི་དུན་རི་པོ ）说："你想要让大尚伦（ བྱང་ཆེན་ཞེན་པོ ）来判决吗？还是杀头？"此时，莫萨王妃（ མོན་ཟ་མ ）心想，若杀死那钦波，吐蕃就会发生战乱。如今赞普已渗入神体，王子又未成年，此事若未能得到妥善解决，将危及吐蕃安稳。于是说出了赞普和两位公主渗入神体的事实。此时，那钦波心想，王妃可能会为自己辩解，于是详细告知了事情的经过，并说出了赞普是观世音的化身。其他家臣都相信了他的说法，但是，韦·吉登仁波（ འབལ་ཀྱི་དུན་རི་པོ ）心生疑虑便说："如何才能证明赞普是神的化身？"此时，臣吞弥桑布扎[162]（ ཐོན་མི་སམ་བྷོ་ཊ ）说："我有三个证据能够说明赞普为观世音的化身：一是赞普在强巴米久林宫出生时有十一个头，被他人认为是怪物，父王为了掩饰这个秘密让赞普头戴绸帽；二是住于王宫时，在五顶佛塔边曾有一丑陋的僧人，赞普向他叩拜，并对他说：'像我这样的国王向你叩拜，是否很神奇？'僧人答：'我虽然长得很丑陋，但具有神通。'并双手举起了五座佛塔。赞普又说，'你学习佛法并不神奇，我治理国家才是神奇事。'说着把帽子摘下来时，发现他有十一个头。僧人见到赞普头顶的神像后，便敞开胸膛露出了自己胸膛中的密集众神；三是曾有于阗（ ལི་ཡུལ ）的两个僧人修行观音，后得到文殊菩萨授记，观音在吐蕃转世，让他们前去朝拜。于是他们二人来到了雅砻（ ཡར་ཀྱུང་ས ），在乌如地方看见赞普惩罚犯人，挖出犯人的眼珠，心想赞普是个暴君而并非观音化身。后来到拉萨登巴（ ལྷ་ས་དན་པ ）时，也见赞普惩罚犯人之情形，于是认定赞普已变成恶魔，便说着赞普的坏话离开了吐蕃。赞普得知此事后，命臣骑马前去追堵，并说：'在登巴坝子（ དན་པ་གག་ཐང ）上有两个穿着破烂衣服的僧人，把他们带到这里来！'僧人被带来以后，赞普用于阗语（ ལིའི་སྐད ）问他们为何来吐蕃？二人回答：'没有什么可说的，菩萨已变成了恶魔。文殊菩萨告诉我等在吐蕃有观音菩萨之转世，故我等前来朝拜。但我等未见菩萨，只见魔鬼。'赞普说：'如果你们真想拜见观音，我就让你们见．'说着把他们带到了拉萨吉玛林地方并摘下了帽子，结果发现赞普头顶有十一面观音像．于是就问：'赞普既然是观音之化身，那么能如此惩罚犯人吗？'赞普说：'那些是我为了治理吐蕃民众而作的化身行为，事实上我连众生的一根汗毛都未曾拔过．现在你们两个想要什么？'二人觉得很惭愧，于是表示希望赞普能放他们回家．赞普让二人手里捏着沙子躺在自己的膝盖上，并在他们的脸上轻轻抚摸，等他们醒来时，已回到了家乡，并且手中的沙子已变成了金子．"说到这里时，众臣都相信了有关赞普的真实身世．此时，城里的人们对热萨佛殿内外被神光照亮的情况大惑不解，心想可能是佛殿开光的征兆，于是举行了庆祝活动．

8.后代子孙和庶民修建佛殿、吞弥创制藏文及迎请象雄妃等情况

赞普本想在吐蕃各地修建108座佛殿，但因期间出现"顿渐之诤"(ཐོན་ཚེན་ཚེག་ནང་)[163] 而未能如愿，于是赞普本人修建了42座（佛殿）后，吩咐其子孙、庶民等完成他的遗愿．在后代子孙中，赤德祖赞（梅阿聪）[164] 修建了扎玛止桑 (བྲག་དམར་མགྲིན་བཟང་)[165]、钦普纳热 (འཆིམས་ཕུ་ནམ་ར་)[166]、嘎曲 (ཀ་ཆུ་)[167]、乌如卡普 (དབུ་རུ་ཀ་ཚལ་) 及朵麦地方的林赤孜 (གྲིན་ག་ལི་ཙེ་) 五寺．赤德松赞 [168] 修建了噶琼金刚坛城寺 (དཀར་ཆུང་རྡོ་རྗེ་དབྱིངས་ཀྱི་དཀྱིལ་འཁོར་)． [169] 赤热巴坚赞普在文江 (འོན་ཇང་)地方修建了九层尤益拉康 [170]，在朵麦地方修建了热东拉康 (ར་སྟོང་ལྷ་ཁང་)．弟藏玛赞普在门地修建了门毗卡昌朗拉康 (མོན་བྱིང་ཀ་ཚང་ལང་ལྷ་ཁང་)．赤松德赞修建了乌孜日松(དབུ་རྩེ་རིགས་གསུམ)及十二洲[171]，除此之外，还修建了达吉垂康林寺 (དག་ཆེ་ཁུས་ཁང་གྲིང་)、仓芒吉如林寺 (ཚང་ཆེན་གི་རུ་གྲིང་)、鲁珠土尊林寺 (ཀླུ་སྒྲུབ་མཐུ་ཆེན་གྲིང་)、亚霞达乌林寺 (གཡའ་ཤ་སྐུ་འོད་གྲིང་)等17座，共68座．众王妃中，公主（文成）按印式修建了当巴拉康寺 (དར་པའི་ཁང་)；蔡邦氏帕玛 (ཚེ་སྤོང་བཟའ་དཔལ་མ་) 修建了康松桑康寺 (ཁམས་གསུམ་ཟངས་ཁང་)[172]；仲萨强秋(འབྲོ་བཟའ་བྱང་ཆུབ)修建了格杰其玛林寺(དགེ་རྒྱལ་ཆི་མ་གྲིང་)[173]；蔡邦氏彭妃修建了江俄寺 (བྱང་ངོ་)[174]；浦雍萨加姆尊修建了布蔡色康寺(ཕུ寺)

238

ཚལ་གསེར་ཁང་）[175]。共72座。

在庶民中，郑嘎（ཟག་ཀ）修建了格才拉康（དགེ་ཚལ་གྱི་ལྷ་ཁང་），娘·夏迪孜（ཉང་ཏྲི་ཏེ་ཟེས）修建了旁塘拉康（འཕང་ཐང་གི་ལྷ་ཁང་）[176]，娘·乔尊喇嘛（ཉང་མཆོག་བཙུན་བླ་མ）修建了萨乌拉康（ཟ་ཕུག་གི་ལྷ་ཁང་），娘·夏弥古恰（ཉང་གཤིས་ཁོ）修建了加蔡拉康（རྒྱ་ཚལ་གྱི་ལྷ་ཁང་），娘·丁俄增（ཉང་ཏིང་འེ་འཛིན）[177] 修建了夏拉康 [178] 和卓拉康（འབྲོག་གི་ལྷ་ཁང་），娘·玛哈耶（ཉང་མ་ཧ་ཡན）修建了洛拉康（ལྒོག་གི་ལྷ་ཁང་），娘·西绕色迥（ཉང་ཤེར་རབ་སྐྱོང）修建了绝米其拉康（རྒྱུན་མི་ཆད་ཀྱི་ལྷ་ཁང་），娘·德协辛巴（ཉང་དེ་བཞིན་བཤགས་པ）在卡热杂米地方（ཁ་རག་ཙ་མེ）修建了尤其拉康（ཡུལ་བྱི་ལྷ་ཁང་）[179]，娘·秋尊之妹桑姆秋拉姆依照金刚寺的样式修建了墨竹达蔡拉康（སྨོན་གྲོ་ལྷག་ཚལ་གྱི་ལྷ་ཁང་），蔡邦·达萨（ཚ་སྤོང་དཔག་བཟང）修建了堆龙列拉康（སྟོད་ལུང་ལེན་གྱི་ལྷ་ཁང་）和纳孜寺（ན་རྗེ་ལྷ་ཁང་），罗强巴（ལོ་བྱམས་པ）修建了东拉康（མདུང་གི་ལྷ་ཁང་），焦如·吉萨杰贡（ཅོག་རོ་སྐྱེས་བཟང་རྒྱལ་འཁོང）修建了卡堆那如贡拉康（མཁར་སྟོད་གནས་ན་གོ་གི་ལྷ་ཁང་），焦如·赤斯（ཅོག་རོ་ཁྲི་གཟིགས）修建了贡木拉康（འབུར་མོའི་ལྷ་ཁང），韦氏（དབས）修建了东崔拉康（མདོ་ཚལ་གྱི་ལྷ་ཁང་），农氏（སྣུབ）[180] 修建了乌秋增白拉康（ཕོད་མཆོག་བཟེས་པའི་ལྷ་ཁང་），秀布（ཤུད་པུ）修建了扎那拉康（བྲག་སྣའི་ལྷ་ཁང་），那囊氏（སྣ་ནམ）修建了达拉康（ད་ཡི་ལྷ་ཁང་），尼氏（སྙེ）修建了本巴拉康（བན་པའི་ལྷ་ཁང་），库氏（ཁུ）修建了章琼拉康（ཅང་ཆུང་གི་ལྷ་ཁང་），钦（也译作"琛"）氏修建了加苏拉康（ཅ་སག་ལྷ་ཁང་），德麦（ལྡེ་དམན）修建了洛普曲齐拉康（ལྒོ་ཕུ་ཆུས་ཆེར་གྱི་ལྷ་ཁང་）[181]，伦日东赞（བློན་རི་རས་མཁ་བཙན）修建了康马丁拉康（མཁན་དམར་སྟེང་ས་གྱི་ལྷ་ཁང་）[182]，焦如·赤斯（ཅོག་རོ་ཁྲི་གཟིགས）修建了古西邦苏塞拉康（སྒོ་བཞིའི་བང་སོ་གསེར་གྱི་ལྷ་ཁང་）[183]，琼布穆孜（ཁྱུང་པོ་མ་ཟེ）修建了热巴东拉康（ར་སྤགས་སྟོང་གི་ལྷ་ཁང་）。最后，在娘若（ཉང་རོ）[184] 地方讨论是否已经建成108座佛殿时，发现还差1座，于是吉赤桑拉斯（ཀྱེ་ཁྲི་བཟང་ལྷ་གཟིགས）在娘若地方修建了孜吉彻古拉康寺（ཙེས་ཀྱི་བྱ་སྐོང་ལྷ་ཁང་）[185]，由若木吉（རོལ་མོ་སྐྱིད）举行雍仲之开光仪式。如此，幻化王（松赞干布）的心愿由子孙后代、王妃及庶民完成。

此时，松赞干布从中原迎请释迦牟尼佛像供于热木切神殿（拉萨小昭寺），后移至幻化佛殿（拉萨大昭寺）。在天竺智者李坚（ལི་བྱིན།）处，吐蕃人吞弥·郑多日阿奴（ཐོན་མི་འབྲིང་རྗེས་ཨ་ནུ།）学习文字，把五十个天竺字母改为三十个藏文字母。翻译了最早的佛经《白莲经》《宝云经》《陀罗经》等五部，出现了三宝等，修法之人被称之为堪布（མཁན་པོ།）或觉沃（ཇོ་བོ།）[186]。于吐蕃开设三学，弘扬教法。

从象雄迎请李米克王（རྒྱལ་པོ་ལི་མིག）之女李德米克（ལི་ག་ཏི་མིག），她也修建了四座佛殿。如此，与中原、泥婆罗及象雄联姻而未得子嗣。娶吐蕃妃穆萨赤江（མོང་བཟའ་ཁྲི་ལྕམ།），生子贡松贡赞（གུང་སྲོང་གུང་བཙན།）。该王（松赞干布）对吐蕃有大恩，值得以本尊之礼供养。

9.贡松、芒赞、杜松三赞普

贡松（གུང་སྲོང་།）、芒赞（མང་བཙན།）[187]、杜松（འདུས་སྲོང་།）[188] 三个赞普时期，出现了神奇的七能人。赞普贡松死于父王之前，他在世十九年，执政五年。娘·芒波杰尚囊（ཉང་མང་པོ་རྗེ་ཞང་སྣང་།）和奴·赞多日朗囊（སྣུབ་བཙན་ཏོ་རེ་ལྷང་སྣང་།）二人任家臣。

在其子芒赞时期，幼时父亡。芒松生于狗年，十三岁时父亡，执政十五年。嘎尔·东赞玉松（འགར་སྟོང་བཙན་ཡུལ་གཟུངས།）从父王时期至孙子时期，任家臣。钦·芒协恩波（འཆིམས་མང་ཞེར་ངར་པོ།），也任家臣数年。鼠年芒松离世。此二王，只有一段功绩。

杜松芒波杰幻化王未出生前，父王芒松已经离世。他于鼠年与父王离世的同时出生。此时，出现了七位大力士大臣，分别是：俄·仁拉那波（རྔོག་རིན་ལ་ནག་པོ།），能从泥婆罗背回小象；俄·林岗（རྔོག་གླིང་ཀར།）能拖来牦牛；韦·桂董赞（སྦས་ཀོང་སྟོང་བཙན།）能捕狮子；郭·亚琼（འགོ་ཡ་ཁྱུང་།）能托起装满沙子的鹿皮；角若·仲秀（ཅོག་རོ་འབྲིང་ཤེར།）能拉回奔跑的野牦牛；农·坚赞（གནོན་རྒྱལ་བཙན།）能射穿正在空中飞行的鸳鸟；农·赤登玉坚（གནོན་ཁྲི་ལྡེ་ཡུལ་གི）能拉回掉下悬崖的野马。此七人，被称之为"七大力士"（རྒྱལ་ཆེན་གྱི་མི

བདུད་རྗེ།)。杜松芒波杰在世二十九年，期间，由嘎·赞那登布 (འབགས་བཙན་ཀ་ཀ་ནུ་སྟེ་
བ།) 和嘎·赤郑 (འགར་ཁྲི་འབྲིང་།)二人担任了十年的家臣。消灭了霍尔 (ཧོར།)
和嘎衮 (གཀོལ།)[189] 两个小邦。往北扩张领地。龙年，死于江(ཙུང་།)地方 [190]。
角若·孔楚(ཅོག་རོ་ཁོང་ཅོ།) 和江嘎尔苏西 (ཙང་དགར་སོར་བཞི།) 等为之守陵。

10.赤德祖赞梅阿聪

在杜松之子赤德祖丹梅阿聪 (ཁྲི་ལྡེ་གཙུག་བརྟན་མེས་ཨག་ཚོམས།) 时期，修建了五座佛
殿，再次翻译了不少历算、医药等方面的典籍。为子江擦拉温(ལྗང་ཚ་ལྷ་
དབོན།) [191]，迎娶汉地公主为妃[192]。公主在中原时，通过白银镜卜卦得知吐
蕃王子英俊潇洒。但至吐蕃时，卦象有变，王子江擦拉温变得愚钝。当
公主见到父王赤德祖赞时，有人介绍说：“这是梅阿聪。”二人只在夜里
见面，后生子赤松德赞。江擦拉温，未能执政而被派往边地任职（或被
剥夺了继位权）。

梅阿聪时修建了五座佛殿，分别是青普 (འཆིངས་ཕུ།)、嘎曲 (ཀ་ཆུ།)、扎玛
郑桑 (བྲག་དམར་མགྲིན་བཟང་།)、卡尔普(འཁར་ཕུག) 及赤孜 (ཁྲི་རྩེ།)。此时，以旁塘无
柱宫 (ཕོ་བྲང་འཕང་ཐང་ཀ་མེད།) 为中心，向四周扩展疆域，先后开拓了八个谷地
(རོང་ཁ་བརྒྱད།)。该赞普龙年生于丹卡尔宫 (ཕོ་བྲང་ལྡན་ཀར།) [193]，后半生父王去
世，执政三十年。库·芒波杰拉松 (ཁུ་མང་པོ་རྗེ་ལྷ་སྲུང་།) 任大臣，但因被人诬
陷而革职。韦·赤斯 (དབས་ཁྲི་གཞིག) 任大臣四年。卓·迥萨乌玛 (འབྲོ་ཅུང་བཟང་འོར་
མ།)，任大臣二十年。拉普托拉赞 (ལ་དྲ་མཐོ་ལ་ཚན།) 和贝·吉桑萨恰 (དཔལ་སྐྱེས་
བཟང་ས་ཚལ།) 被人诬陷。迎请和尚摩诃衍那 (ཧྭ་ཤང་མ་ཧཱ་ཡཱ་ན།)[194] 翻译历算学作
品。本吉赞巴哈列 (ཞེ་ཅི་བཙན་པ་ཧ་ལ།) 翻译了医药学作品。55岁，猪年，死于
亚卓本仓 (ཡ་འབྲོག་གཟུ་ལ་ཚོང་།)地方。

11.赤松德赞

《经》上说：“赤松德赞 (ཁྲི་སྲོང་ལྡེ་བཙན།) 父子时，曾倍出大小译师，大
多善法经典译于此时。”其意为：该赞普马年生于扎玛 (བྲག་དམར།) 地方，
十三岁时父亡。年幼时，被王妃纳囊姆吉丁 (སྣ་ནམ་མོ་སྐྱེ་སྟེང་།) 从汉妃公主

(རྒྱ་ཤོད་ཚེར།)处抢去，故出现了赤松德赞认亲事件 (རྒྱལ་ཚ་ལྷས་བུར།)[195]。在认亲场合，有舅舅认领时，（他）曾说出了："我赤松德赞为'加擦' (རྒྱ་ཚ།)，纳囊氏 (སྣ་ནམ་ཞང་།) 又能如何？"一句，未能被纳囊氏所认领。[196] 该王是文殊菩萨之化身，手上有青莲花纹，此事曾有（天神）授记。他执政二十二年。

在他前半生，由钦·赤托杰塘拉巴 (འཆིམས་ཁྲི་ཐོག་རྗེ་ཐང་ལ་འབར།) 和角若·吉萨杰贡(ཅོག་རོ་སྐྱེས་བཟང་རྒྱལ་གོང་།)任家臣。在他后半生，由韦·赛囊 (སྦས་གསལ་སྣང་།)[197]、郭·赤桑亚拉 (འགོས་ཁྲི་བཟང་ཡབ་ལྷག) 、钦·杰斯鲁亭 (འཆིམས་རྒྱལ་གཟིགས་ཤུ་འཏེང།) 或达热鲁贡 (སྟག་ར་ཀླུ་གོང་།)[198]、钦·董西直琼 (འཆིམས་འདོམ་བཞེར་སྟེ་ཆུང་།)等任家臣。

前半生，以武力征服四方，四方之王收于治下，故由仙女护佑。在边地划分界线；吐蕃划分为九州 (ཁྲི་སྡེ།)；善待信佛之人。

后半生，从萨霍尔 (ཟ་ཧོར།)[199] 地方请来莲花生大师[200]；从天竺请来阿阇黎寂护 (ཞི་བ་འཚོ།)[201]；从冲 (ཁྲོམ) 地方请来阿阇黎迦玛拉西拉(ཀ་མ་ཤི།)；从喀且 (ཁ་ཆེ།)[202] 地方请来阿阇黎阿聂达 (ཨ་ནན་ཏ།)；从泥婆罗请来阿阇黎西拉麦左 (ཤི་ལ་མཉྫུ)；从汉地请来摩诃衍那和尚 (ཧ་ཤང་མ་ཧཱ་ཡ།)[203]。此时，有众多大小译师翻译佛经。在赤松德赞时期，在译师贝若杂那 (བེ་རོ་ཙ་ན།)[204] 在世时，有三位大译师，分别是尚·斯赞拉那 (ཞང་ལེ་བཙན་ཤུ་ན།)、拔罗达那 (ཟ་ར།)[205] 和秀布孔列 (ཤུད་པུ་ཁོང་སྟེ་བས།)；有三位中译师：拉隆鲁贡 (ལྷ་ལུང་ཀླུ་གོང་།)、贞嘎列贡 (བྲན་ཀ་ལེ་གས་གོང་།)和郭崩玉贡 (འགོ་བོང་ཡུལ་གོང་།)；有三位小译师，分别是：登玛孜芒 (ལྡན་མ་རྩེ་མང་།)、郭那桑 (འགོ་ན་རྣ་བཟང་།)和罗其琼 (ལོ་ཆི་ཆུང་།)。这些译师从天竺翻译出了三藏、密宗等方面的大部分佛经。

巴·赤悉桑西达 (སྦ་ཁྲི་བཞེར་སང་ཤི་ཏ།) [206] 从汉地回来，请来了《大乘三聚忏悔经》(ལས་ཀྱི་སྒྲིབ་པ་རྒྱུན་གཅོད་ན།) 、《佛说稻秆经》(ས་ལུ་ལྗང་པ།) 和《金刚经》(རྡོ་རྗེ་གཅོད་པ།) 三部，并供养三宝。依照经典，并效仿"七觉士" (སད་མི་བདུན།)[207] 等前人，有具有善念和告身的一百四十人出家。根据续藏经典 (རྒྱུད་སྡེ།)，命有慧根的人前去听法并修行。尊奉二内部 (ནང་ས་སྡེ་གཉིས།) 和修成者，取名堪布（

ཁབ་ནས་པོ།) 和阿阇黎 (སློབ་དཔོན་ནི།)。《三藏》翻译后，下旨告诫后人不可随意改动。

12. 赤松德赞及其后人时期翻译密法的情况

关于密法"十译" (གསང་སྔགས་འགྱུར་བཅུ།)，主要有四种说法，加之"圆满" (ཡོངས་སུ་རྫོགས་པ།) 一说，共为五种。赤松德赞时期，完成了"六译"，其后代子孙时期完成了"四译"。

第一译 (འགྱུར་དང་པོ།)，赤松德赞修建桑耶寺 [208] 时，曾引起吐蕃诸龙神愤怒而下起了大雪，刮起了飓风，白天建好的神殿夜里纷纷倒塌。阿阇黎寂护说："此乃神鬼之幻化所现，需要震慑，但非我所能，需从邬仗那 (ཨོ་རྒྱན།) 地方邀请阿阇黎莲花生。我们前世是兄弟。"于是派人前去邀请，阿阇黎应允。赞普命钦·释迦萨瓦 (འཚིམས་ཤཱཀྱ་ས་བ།)、秀布·白吉森格 (ཤུད་པུ་དཔལ་གྱི་སེང་གེ།)、那囊·多吉顿迥 (སྣ་ནམ་རྡོ་རྗེ་བདུད་འཇོམས།) 三人带着金子前去邀请阿阇黎，阿阇黎来到了吐蕃。吐蕃之王为"突显王" (ལྷོ་བྲ་གྱི་རྒྱལ་པོ།)[209] 后人，因此，容易听信谗言；家臣为夜叉之转世，故易生嫉妒之心；庶民为赤面罗刹之种。于是，阿阇黎心想，此地之人比其他地方的人更难度化，佛法要以密咒来守护。（他）为吐蕃赐予恩惠的情况是，根据《续密精要》(རྒྱུད་གསང་བ་སྙིང་པོ།) 和《方便法：绳莲串》(ཐབས་ཀྱི་ཞགས་པ་པདྨ་འཕྲེང་།)，分出四根本坛城 (རྩ་བའི་དཀྱིལ་འཁོར།)：慈神 (ཞི་བའི་ལྷ།) 四十二尊；又根据《续集》，建金刚坛城 (རྡོར་དབྱིངས་ཀྱི་དཀྱིལ་འཁོར།)、忿怒神饮血坛城 (ཁྲོ་བོ་ཁྲག་འཐུང་གི་དཀྱིལ་འཁོར།) 和金刚森波十忿怒神坛城 (རྡོ་རྗེ་སེམ་པོ་ཁྲོ་བཅུའི་དཀྱིལ་འཁོར།)。根据以上四坛城，分出四分支业：依靠身像忿怒阎罗 (སྐུའི་གཤིན་རྗེ་གཤེད།)，造阎罗黑轮口业一百零一；依靠大圣知识忿怒神，造鬼女口业 (མ་མོ་རྦོད་གཏོང་ལས།) 一百零一；依靠白玛旺青 (པདྨ་དབང་ཆེན།) 忿怒神，造召使口业一百零一；依靠意金刚罗刹青年 (ཐུགས་རྡོ་རྗེ་སྲིན་པོ་རྗེ་གཞོན་ནུ།)，造震慑橛口业一百零一。如此，经四个一百零一业，雪域共有业四百零四。其功绩是，雪域有了诸护法神。这是十译中的第一译。

第二译 (འགྱུར་གཉིས་པ།)，为桑耶寺开光之需要，请来贤德嘎尔瓦 (གནོད་སྦྱིན།) 大师时，翻译出了一些续部 (རྒྱུད་ཀྱི་སྡེ།) 和瑜伽 (ཡོ་ག) 方面的经典，这是第二译。

第三译，据说，佛密论师 (སངས་རྒྱས་གསང་བ།) 曾为吐蕃传送八法。当佛密论师 (སངས་རྒྱས་གསང་བ།) 朝拜冈底斯神山时，（吐蕃人）曾邀请他至吐蕃未果。后来，韦·天林 (དབའ་ཐེ་ལེག) 、郑嘎·木如德（ཐན་ཀ་མུ་རུ་ཏི།）和江白门左室利果恰 (འཇམ་དཔལ་མགུན་ཤྲཱི་གོ་ཆ།) 三人，在巴草嘎东地方修建神殿 [210]。在白朗孜 (པ་ཚབ་རྩེ།) 地方曾有巴草 (པ་ཚབ།) 和那囊 (སྣ་ནམ།) 二人修行，故得名白朗 (པ་ཚབ།) 等。总之，此人是《圣正法念处经》(འཕགས་པ་དྲན་པ་ཉེ་བར་བཞག་པ།) 的翻译者巴草·次成坚赞 (པ་ཚབ་ཚུལ་ཁྲིམས་རྒྱལ་མཚན།)，他在翻译过《大乘经》的译师的协助下，译出了《行部》(སྤྱོད་པའི་རྒྱུད།) 、《现证菩提续》(རྫོགས་པ་བྱང་ཆུབ་པའི་རྒྱུད།) 、《息静大网》(ཞི་བ་དྲ་ཆེན།) 、《息静小网》(དྲ་ཆུང་།) 、《忿怒庄严》(ཁྲོ་བོ་དགས་པ་རྒྱན།) 、《思经》(འཛིན་ཡོང་།) 、《小经》(ཆུང་ཡང་།) 等，此为第三译。

第四译 (འགྱུར་བཞི་པ།)，据说，曾有弘增扎波 (རྒྱས་མཛད་དྲག་པོ།) 大师赐六信使《实修经》而本人没有前来。在邀请弘增扎波时，曾有五个比丘和一个官员前去迎请，他们是奴·朗卡宁波 (གནུབས་ནམ་མཁའ་སྙིང་པོ།) 、郑·杰卫洛追 (འབྲེ་རྒྱལ་བའི་བློ་གྲོས།) 、朗·白吉森格 (ཤང་དཔལ་གྱི་སེང་གེ) 、茹迥比加热杂 (ཙ་བྱུང་འབྱར་ཀ་ར་ཟ།) 、古古艾巴夏 (གུ་གུ་ཡེ་བག་ཤ།) 和朗卓·贡觉迥乃 (ལང་གྲོ་དཀོན་མཆོག་འབྱུང་གནས།)，他们六人仔细校勘后译出了不少佛经。

第五译 (འགྱུར་ལྔ་པ།)，莲花生和菩提萨埵（寂护）迎请后，传下了显、密经等因果法。对此，赞普不相信，于是（赞普）对吐蕃民众下令说："在吐蕃传有因果之法，但是无超因果之法。在天竺，没有这种佛法是不可能的。关于秘诀之法，需寻求今世就能成佛之法。你们何人能够寻得（该法)？"众臣商议时，据说，最终落到了巴果贺顿之子嘎恰达 (སྒ་གར་ཉེ་འཛིན་གྱི་ཀ་ཆ་དཱ་ཐ།) 贝若杂那和藏·天林之子列珠 (ཙང་ཐེ་ལེག་གི་ལེག་སྒྲུབ།) 二人头上。赞普为二人准备了斑纹马恰琼 (རྟ་ཁྲ་ཆ་ལུ་ཁྱུང་།) 、金子鹿皮一袋、八金勺、一金质巴扎（པ་ཙ།），并命二人带着这些东西前去迎请。他们二人在新年之夜，在阿尔亚巴罗林（ཨཱརྱ་པ་ལོ་གླིང་།)地方睡觉时，嘎恰达梦见：在傍晚时，梦见一孩童剖开其腹取出心脏，并流出脓血；半夜时，梦见自己吃了二十二个人的心脏；后半夜，梦见一俗人在他头上置一藏文字母"阿"（ཨ།），并且字母着火后烧死了自己；凌晨时，梦见背着菩提树从天竺逃跑。醒来后，他对列珠（ལེ་གས་རྗེ་ག）说：

我等幸运朋友快起来！
昨夜做了吉祥梦：
傍晚一次薄寝时，
梦见八岁男童者，
手中持有锋利剑，
我的脏腹从内剖，
五脏之中取心脏，
一切脓血皆流出。
我想梦兆为如此：
八岁男童文殊化，
剖腹意为除二障，
取心出水秘诀库，
脓血流尽除业障；
半夜时分又梦见：
掏出二十二人心，
贝若杂那食人心，
喻意天竺有贤者，
所持秘诀我掌握；
后来半夜又梦见：

有一俗人持"阿"(ཨ) 字，

置于贝若杂那顶，

预示修成菩提身；

凌晨十分又梦见：

菩提之树被砍去，

预示我通口诀根。

梦吉祥回吐蕃去。

于是，二人动身返回吐蕃。到达嘎拉山（ཀ་ལ）时，遇上了大雪，斑马在雪中死去。当晚二人对头入睡时，贝若杂那梦见：在吐蕃之天空，自天竺方向升起日月。月亮在半空中消失；阳光普照亥波日山 [211] 顶后，渐渐落山，又第二次升起。醒来后，他对列珠（ལེགས་གྲུབ）说：

一心向佛友快起，

如此梦境请解梦！

列珠回答：

西边升起日月后，

月亮半空中坠落，

预示半路一人死；[212]

日照亥波日山顶，

预示赞普得秘诀；

日落之后再升起，

预示贝如被流放，

之后赞普通秘诀，

除去雪域众人愚。

梦为吉兆，赶快上路吧！

于是，二人继续赶路。据说，在雪山上二人曾爬行前进。

之后，二人被戍边将士（ཟུང་སྲུང་）抓获。此时，贝若杂那幻化成了一把宝刀，在箱子内藏匿起来；列珠装扮成一个门地之子（མོན་གྱི་བུ་ཞིག）。戍边军官古哈热达杜（གུ་ཧ་ར་ཏུ）说："留下这个神奇之物（宝箱），把那个边地的门之子杀死后，抢回金粉！"此时，贝若杂那说：

生死无二虚空身，

明亮除暗能变像，

世间除暗如太阳，

明亮虚空般躯体，

死与不死无分别。

若取性命是作孽，

幻化金粉作为礼，

请为我们指明路！

说着把金粉送给了他们，士兵也为他们指明了正确的方向。

如此，来到了天竺之萨哈布达（ཟ་ཧོ་བུ་ཏ）地方，那里有王名叫古玛夏达嘎（གུ་མ་ཤ་ཏ）。听说在班智达住地达亥那古夏（ཏྲ་ཧེ་ན་ཀུ་ཤ）殿之菩提树旁，有名叫室利森哈（ཤྲཱི་སིང་ཧ）的精通密咒与梵文者，于是向王打探此人。国王说：

昨做了如此梦：

雪域吐蕃之疆域，

247

变为黑暗愚昧时，

仁青沃巴化如意，

转生仙人具密子，

神通除去愚与暗；

大地之上两菩萨，

取走达黑那日月，

除去雪域之黑暗。

两位蕃僧寻密咒，

不可为你指明路。

贝若杂那回答说：

世间一切随自性，

未有离合大同住，

无二法界有日月，

并非前来寻密咒。

泥婆罗与门天竺，[213]

蕃人不晓故前来。

据说，王向贝若杂那顶礼后介绍了达黑那大殿的历史。

此时，天竺地方有二十三位贤者。其中，比丘尼衮噶姆 (དགེ་སློང་མ་ཀུན་དགའ་མོ།)，在圣地聪堆 (ཚོང་དུས།) 地方向五百商人讲授如同聪堆地方的牛奶一样的佛法。众班智达不悦，故把密咒藏匿于金刚座，并加了相应的封印。

此时，有被称之为"后七位阿阇黎" (ཕྱི་བ་བདུན།) 的人，分别是后江白西尼 (འཇམ་དཔལ་བ་བཤེས་གཉེན་ཕྱི་མ།)、后吉氏住持 (ཀྱིའི་ཁན་པོ་ཕྱི་མ།)、仙人萨布西达 (དྲང་སྲོང་ས་བུ་ཤི་ད།)、妓女达尼玛 (སྨད་ཚོང་མ་བདག་ཉིད་མ།)、古达衮达 (སྒྲུད་ཀུན་ད།)、室利森哈 (ཤྲཱི་སེང་།) 和比丘衮噶姆 (དགེ་སློང་ཀུན་དགའ་མོ།)。此七人精通佛法经

典和密咒。他们七人集中于达黑那大殿时，吐蕃的两个僧人前来打探：
"谁精通密咒？谁担任学院的阿阇黎？"得知室利森哈精通密咒，也是学
院的阿阇黎。他们二人来到大殿大门前时，遇见了一个前来挑水的老妇。
向老妇打探消息时，她没有作答。噶恰达用密咒致使老妇的水桶落地。
老妇说："吐蕃僧人神通广大！你能显神通，我也能。"说着便用金刀剖
腹，见腹中有金刚界众神。于是，二人从她那接受了灌顶，故得名贝若
杂那。

　　向老妇献上金粉后捎去了口信，内容为："迦茹那玛坚（慈悲），菩
提达摩僧迦那摩呀。"（ཀྱི་ར་ན་ཅན་ན། བྱུ་ཧྲ་ཧྲས་སང་ར་བྱ་ལ་ལ་ཡ།）有一精通梵文者翻译了
这个内容："圣者之圣者菩萨圣者，六道福泽人身，仁青沃巴三藏形，
如来财神恩者圣贤。"通过老妇回复说："萨马呀啊巴热。"（ས་མ་ཡ་ཨ་བ་ར།）
这句翻译出来是："大誓言嘱咐我，无与人相见的权利。"挑水的妇女
说："现在不会见的，今晚就睡在门口吧！如果有人让你们起来的话，
就不要起来。如果（那人）答应你们的要求，并让你们起来的话，就请
他传授密咒！"于是，他们二人按照老妇所说睡在门口时，有人叫他们起
来，但他们没有起来。那人说："如果起来，你们需要什么就可赐予。"
于是献上金粉一升和巴扎后，说："请传授一超越因果之法！"阿阇黎
说："吐蕃僧人受赞普之命而来，带着金粉，克服了种种困难，可以传
授密法。但是，传授方法非常难。如果方法不对，我三人皆有生命危
险。"说完，把二人装入一无角母鹿皮袋之中，头插喜鹊羽毛。阿阇黎在
三个石头上放置一铜锅，再用石头盖顶，上面再放置一大瓷器，阿阇黎
坐在里面。瓷器打洞后，阿阇黎通过一铜管对他们二人进行传法。白天
传授因果法；半夜里讲授智慧法、大神变法、入各域法、大鹏鸟飞翔法、
石饰金法等后，问："是否足够？"列珠说："已经足够。"于是，向阿
阇黎表示感谢后提前返回吐蕃。在途中被人杀害。贝若杂那说："还不
够！"于是，阿阇黎又讲授了巨空法、精妙法、密咒之海等后，又问：

"是否足够?"回答："已经足够。"白天收起白色的布帘准备出发时，阿阇黎说："你的朋友列珠已被人杀死了，你必须修成'快步法'（ཀ་མགྱོགས།）才能走。戍边人的首领有名叫古哈热达杜（གུབ་ར་དུ）和古玛热达杜（གུབ་ར་ད་དུ）二人，不管遇见哪一个都要献上礼物，并把他们当作朋友。赶快修炼'快步法'吧！"给古玛热达杜献上了一勺金粉。前往古夏铁柱子山（གུ་ཤ་ལྕགས་ཀྱི་སྡོང་པོ་ཅན།）地方修炼热玛德快步法（རེ་མ་ཏིའི་ཀ་མགྱོགས།），一年就修成了像秃鹫劈山那样的法力。据说，此法在天竺有像霍尔巴鸟（色鹰）扑食那样的威力。

之后，七位阿阇黎各自都做了一个梦。他们谈论梦境的情况被古玛热（གུབ་ར）听见后，来到了贝若杂那跟前重述了他们的梦境。

江白西宁（འཇམ་དཔལ་བ་ཤེས་གཉེན།）重述的梦境如下：

为所想之事，请起来！后六贤，[214]
时常不忍八资粮幻化，
脓水骨骼肉身色身上，
幻化心脏昨夜被取出，
金刚座口诀是否已取走[215]？
如此听闻故前来，
修成正果可离去。[216]

吉氏（སྐྱི）住持重述梦境如下：

为所思之事起身六贤者，
无法言语事我思，
一时薄寝有梦境：
佛陀身依菩提树，

从根断除运吐蕃。

金刚座口诀是否已取走？

快步成者应追回，

如此听闻故前来。

巴西达（ བབ་ཤི་ཤེ་ཁི ）重述梦境如下：

无缘无语如此事，

不可走神住一处，

不可变化与放任，

一时薄寝有梦境：

众人所需菩提树，

根已断除树已倒，

树根虽留天竺地，

果实洒遍吐蕃域。

金刚座口诀是否已取走？

快步去探金刚座，

如何应对请商议。

如此听闻故前来。

室利森哈（ ཤྲཱི་སིང་ཧ ）重述梦境如下：

无二甚密虚空之大乐，

一切不能一切皆能法，

无法言语离言之本性，

明而不乱自然安住中。[217]

一时薄寝有梦境：

从口所授甘露海，

无数恐怖黑牲畜，

圣法甘露传吐蕃。

金刚座口诀是否已取走？

如此听闻故前来。

布达衮达（ཀུད་ཀུ་།）重述梦境如下：

如同虚空大乐界，

无缘自始显清净，

不变自然心性处，

一时薄寝有梦境：

幻化五蕴非常住，

能显五官之心识，

皆有清澈之双眼，

吐蕃僧人夜叉头，

前额之中取双眼。

金刚座口诀是否已取走？

如此听闻故前来。

达尼玛（བདག་ཉིད་མ།）重述梦境如下：

无思无缘自性之，

无边无际自性处。

一时薄寝有梦境：

一切所愿如意宝，

吐蕃僧人罗刹面，

携带法宝去吐蕃。

金刚座口诀是否已取走？

如此听闻故前来。

衮嘎姆（ཀུན་དགའ་མོ།）重述梦境如下：

无名无缘自性之，

心与法性亦无名，

无言自性如虚空，

清净无缘安住中，

一时薄寝有梦境：

有一八岁孩童者，

一时取我七人心，

转赠吐蕃一僧人。

金刚座口诀是否已取走？

如此听闻故前来。

(吐蕃僧人) 现已修成正果，应该回去了。说着就哭了起来。

贝若杂那回答说：

生为人身高一等，

愿力所致生天竺，

修成正果具幻术，

供养上师转僧人，

法统精善人皆敬，

严守戒律心事成，

除去二障获贤教，

身具九需我寻友。

身出父母命由益友救，

益友相助获得善菩萨，

为除吐蕃愚昧与黑暗，

也为度化一切众有情，

回向古玛热之善根本。

修成快步密法应离去，

请友送我至泥婆罗！

说着向朋友献上了一金质巴扎（གསེར་གྱི་བ་ཋ），朋友也把他送到了泥婆罗境内。

之后，来到达格日（ད་གེ་རི）檀香木山林时，达格日国王问："吐蕃僧人啊！何为无转生之法？"

贝若杂那回答：

无缘菩萨心，

无执无所执，

自明而不散，

为是无生法，

所需而如此。

王听后心生喜悦，向他献上一尊金制弥勒佛像。据说，他把佛像带到泥婆罗后献给了帕巴辛衮（འཕགས་པ་ཤིན་ཀུན）。

古玛热把贝若杂那送到泥婆罗后，在返回的路上遇上了追兵，追兵向古玛热打探消息。他回答说："未曾见到贝若杂那，但见一头戴恰秀帽，脚上倒穿藏靴之人。此时，他可能已经到了吐蕃中部了。"于是众人都返回了。

众班智达（པཎྜིཏ）商议后认为，通过卜卦的方式可以知道密法是泄露的，于是进行算卦。卦相显示如下：在三座山上有一湖，湖上有岩石，在岩石之上有一全身都是眼睛的生物，它通过长嘴向两头母鹿讲授了该密法。如此，众人没有弄明白吐蕃僧人是如何习得密法的。

前来吐蕃时，因热玛江（རེལ་ཕྱིས།）施咒而下起了大雪，未能顺利进入吐蕃。此时，贝若杂那念诵谛经（བདེན་པ་བརྗོད།）：

有上进心的有缘者，
为唤醒心中的光明，
利用金子般的善心，
从吐蕃来到了天竺，
克服困难取来真经。
若是此经为胜义，
请立马停止大雪！

于是热玛江从云中显现红色身躯，立誓做他的仆从。

之后，来到了吐蕃，但王因忙于供养而三天未接见他。于是，贝若杂那捎去了一封书信，说："重于世间幻化法之吐蕃赞普赤松德赞啊！前世修成了大灌顶法而现生为王。对三宝之供养处，没有进行规范的供养，如同自己捆住自己的丝虫般，被傲慢之心所困扰。我贝若杂那，已寻得自性明理大乐口诀，自身已修成法身，接见并向我顶礼可除去王之二障。"收到书信后，王头系丝带，身穿王袍，把书信放置于头顶，在一

匹斑马身上套上有玉装饰的金质马鞍，用金子装饰的铁嚼子上套上两个银勺；一匹橙黄色马背上驮着丝绸和狼皮衣后，出来与贝若杂那相见，并与他握手 (ཕྱག་ཅིག་དར་ད་བཞེས)。把两匹马赐予贝若杂那后，命他说："世间之事为幻化无住，为寻得此生有果之善法，故让你二人带着金粉去寻找（佛法）。列珠被戍边人所杀之噩耗有所耳闻，你也曾下落不明。因你捎来书信而相见。如今你带着能够消除吐蕃黑暗之如同太阳般的佛法和许多密法口诀回来，从口中伸出舌头向我传授吧！"

贝若杂那说：

从口所传三藏法，

虽多实义只有一，

能断总乘与见门，

一法足矣我已有。

王非常高兴，说：

红色斑纹火虎马，

套有玉饰金马鞍，

嚼子金与宝铁造，

银勺形如四方宝，

驮于鞍上而献宝；

后有橙色马背上，

饰有金子花色鞍，

驮有丝绸狼皮衣，

贝若杂那请笑纳！

密法口诀请展示！

贝若杂那说：

不要不要不需要，

修成快步密法后，

四脚马匹有何用？

不要马鞍与马鞭，

自性广阔沙滩上，

巨大精进是马匹，

宽广智慧是马鞍，

结伴知识之鞭后，

马鞍马鞭有何用？

不要不要衣不要，

法如虚空任运成，

生成大智大乐暖，

丝绸狼皮有何用？

不要不要勺不要，

食用禅定之食时，

四方银勺有何用？

密法口诀如虚空，

不与马等作交换。

若遇有根有缘人，

无酬我亦愿相赠。

说着把密咒口诀赠予赞普。这是第五译。

第六译（ཚུར་དུ་ག་སི།），说"室利森哈为度化众生而来。"其意思是说，

室利森哈为着四个目的来到了吐蕃。一是来看吐蕃有没有具缘之人；二

257

是来看过去传至吐蕃的密法对吐蕃是否起了作用；三是想若遇见有根器之人，就传授《大圆满四心法》(རྫོགས་པ་ཆེན་པོ་སེམས་དོན་བཞི་པ།)，为此而来；四是为一睹著名的桑耶寺而来。

见吐蕃王为有根器之人，于是翻译《大圆满四心法》并传授给了他，说：

起始具有所住义，
所示一见便足矣，
一见便能成现实，
其果自然任运成。

说着就为吐蕃王传授了见地大无二自性无聚金刚词；禅修大妙自性无聚金刚词；行大度自性无聚金刚词；果位大自成无聚金刚词。

王传给了奴·桑杰仁青（སྣུབས་སངས་རྒྱས་རིན་ཆེན།）[218]。以上六种，于王赤松德赞时期翻译或流传。

在后代子孙时期，译传四种。

第七译（འགྱུར་བདུན་པ།），“赤德（ཁྲི་ལྡེ།）[219] 父子时期，天竺贤者扎若那巴玛（པྲཛྙཱ་ན་བར་མ།）等来到吐蕃，翻译了许多身、语、意方面的《续部》经典（རྒྱུད་སྡེ།）。”其意思是说，赤松德赞之子，名叫赤德松赞（ཁྲི་ལྡེ་སྲོང་བཙན།），也称赛那列（སད་ན་ལེགས།），此时兴建了拉萨嘎琼寺（ལྷ་སའི་དཀར་ཆུང་།）。赤德松赞有五子，其中，四位王子每人都兴建了一小神殿。天竺贤者扎若那巴玛（པྲཛྙཱ་བར་མ།）和达那西拉（དྷ་ན་ཤཱི་ལ།）等，在父王时期派遣使者去邀请，此时到来，于是翻译了许多身、语、意方面的《续部》经典。这是第七个译传。

第八译（འགྱུར་བརྒྱད་པ།），“因热巴坚赞普（རལ་པ་ཅན།）的功劳，农氏（གཉན།）[220] 请来阿阇黎无垢友（བི་མ་ལ།），译出了《心部》(སེམས་ཕྱོགས།)、《幻化甘露》(སྒྱུ་འཕྲུལ་བདུད་རྩི།)、《五修》(སྒྲུབ་པ་སྡེ་ལྔ།)、《三十一小经》(ཕྲ་མོ་སུམ་ཅུ་རྩ་གཅིག) 和

《八十五小经》(ལུང་ཕྲན་བརྒྱད་ཅུ་རྩ་ལྔ།) 等。"说的是，赤德松赞有五子，第吴（ཞེ།）[221] 和伦珠（ལྷུན་གྲུབ།）过世。在热巴坚赞普时期，先祖赤松德赞命其带着一升半金粉前去迎请无垢友的使臣农·鲁益旺波（གནོན་ཀླུའི་དབང་པོ།）请来了无垢友至吐蕃。此时，大译师朗卡臣瓦（ནམ་མཁའ་སྙན་པ།）[222]、那·若那古玛热（ སྣགས་རྫུན་ཀུ་མ་ར།）[223]、玛·仁青乔（ རྨ་རིན་ཆེན་མཆོག）[224]、恩布·杰瓦强秋（དན་འབུ་རྒྱལ་བ་བྱང་ཆུབ།）、玉扎宁波（གཡུ་སྒྲ་སྙིང་པོ།） 等翻译了许多佛经，并制定译经制度。他们翻译完成了之前没有译完的佛经。兴建了温江多神殿（ འོན་འཇང་རྡོའི་ལྷ་ཁང་།），在建筑工艺上比先祖的神殿多出了十三种特殊工艺。《大圆满心部后续》(སེམས་ཕྱི་ཕྱི་མ།)、《幻化续疏》(སྒྱུ་འཕྲུལ་རྒྱུད་འགྲེལ།)、《妙甘露经》(བདུད་རྩི་མཆོག་གི་ལུང་།) 等亦此时被翻译成了藏文。

五部修行法(སྒྲུབ་པ་སྡེ་ལྔ།)，是指《甘露功德》(བདུད་རྩི།)、《橛事业》(ཕུར་པ།)、《莲花语》(པདྨ་དབང་ཆེན།)、《妙吉祥身》(ཡང་དག) 和《真实意》(ཞི་ཁྲོ་ཞི་རོ།)。

八大法行 [225] 中，包括召遣非人（དགོད་པ་དྲག་སྔགས།）和猛咒晋诅（མ་མོ་རྦོད་གཏོང་།）。

《三十一细法》，是《幻化法》之分支。从十续分类，反映此见地之口诀有《见串》(ལྟ་འཕྲེང་།)、《玉塘塞古》(གཡུ་ཐང་སེལ་བདུ)、《十七地》(ས་བཅུ་བདུན་པ།)、《见灯》(ལྟ་ཞན་ཕྱེ་བའི་སྒྲོན་མེ།) 及《慧开眼》(ཤེས་རབ་སྤྱན་འབྱེད།) 五部；无贪持行口诀有《行灯》(སྒྲུབ་པ་བགྲོས་པའི་སྒྲོན་མེ།)、《金刚怙主》(རྡོ་རྗེ་འཛམ་མགོན།)、《朵玛文》(གཏོར་མ་གསོལ་ཡིག) 三部，至此共为八部；坛城口诀有《光次第下》(འོད་རིམ་གྱི་ཟླ།) 和《金刚业次第上》(རྡོ་རྗེ་ལས་རིམ་གྱི་གོང་།)，以上共为十部；加之《金刚业次第下》(རྡོ་རྗེ་ལས་རིམ་གྱི་ཟླ།)、《分大小灌顶》(དབང་གི་ཆེ་འབྲིང་ཆེ་ཆུང་།)及《灌顶初业》(དབང་ལས་དང་པོ།) 共为十三部；誓言口诀有《二十八经》(གསལ་བ་གཉིས་ཉི་ཤུ་རྩ་བརྒྱད།)、《细分经》(འབྱེད་པ་གཉིས་པ།)、《晶球法》(ཤེལ་དཀར་རིགས།) 及《围棋图》(ཨེག་མ་ལས་རིགས།) 五部，共为十八部；享业口诀有《胜地法》(གནས་མཆོག）、《空燃法》(འབྱུང་སྲེག） 及《三身三宝串》(སྐུ་གསུམ་ཕྲེང་གསུམ།)，共为二十一部；修业口诀有《生次第》(སྐྱེད་རིམ།) 和《圆满次第》(རྫོགས་རིམ།)，其中《生次第》再分静、怒两部，

《静部》包括《光次第上》《大小僧》《似镜》(ཨེ་ལོང་ལྟ་བུ།) 及《印禅》(ཕྱག་རྒྱ་བསམ་གཏན།)，至此共为二十五部；《怒部》包括《贤庄严》(དཔལ་རྒྱན།) 和《一禅》(བསམ་གཏན་གཅིག) ，共为二十七部；《圆满次第》包括《秘密解脱道》(ཐར་ལམ་གསང་ཏེ།)、《明点法》(ཐིག་ལེ།)、《妙滴法》(འཛག་ཐིག)、《说道》(ལམ་རྣམས་བཀོད་པ།) 四部，共为三十一部。

《不动法》和《禅定》(ཏིང་འཛིན།) 归类于《二勺法》(སྐྱོགས་གཉིས།) 部。《系解密咒》(འཆིང་གྲོལ་ཐ་གས།) 和《手印》口诀中，《系》(འཆིང་བ།) 是指《手印》(ཕྱག་རྒྱ།)；《解》是指《密咒》，归于《生次第》。胜地供养口诀，归于静、怒二者之业部。如此，《三十一细法》以十续分类。

《七十二小经》(ལུང་ཕྲན་བདུན་ཅུ་ར་གཉིས།) 属于《经藏》部，包括《四藏》(མཛོད་བཞི།) 和《总经》(སྤྱི་མདོ།)。《总经》之要义有《七业疏》(ལས་འབྲེལ་བདུན།)。《四藏》各有其注释。《随行见》(རྟོགས་སྤྱོད་ཀྱི་ཟེས་སུ་འཇུག་པ།) 有十部小经；《随义不解修》(དོན་གྱི་ཉེ་སུ་འཇུག་པ་མི་ཚོགས་པས།) 包括二十八种《度母》(བསམ་གཏན་བྱེ་བྲག་གི་སྒྲོལ་མ་ལ་སོ་ཚོགས།) 修法，概括起来有十部小经，以上共为二十部；《随文坛城》(ཡི་གེའི་ཉེ་སུ་འཇུག་པ་མཚོན་མ་ལྟ་ཚུལ་གྱི་འཁོར་ལོ་སྒོམ་པས།) 修法有十一部小经；《三十一坛城》(སུམ་ཅུ་རྩ་གཅིག་བཀོད་པའི་དཀྱིལ་འཁོར་སྒོམ་པས།) 有九部小经，以上共为四十部；《次第行》(རིམ་པར་འགྲོ་བ།) 和《灌顶》(དབང་གི་ལུང་ཕྲན།) 有十五部小经（以上共为五十五部）；《誓言》(མི་འདའ་བ་དམ་ཚིག) 有十部小经（共为六十五部）；《享业》(རོལ་བ་འཕྲིན་ལས།) 有七部小经。以上七十二小经，属于《阿奴瑜伽》(ཨ་ལོག)。

以上《五修》《三十一细法》及《七十二小经》属于第八译。

第九译 (འགྱུར་དགུ་པ།)，被称之为"康区(ཁམས།) 之乌茹强钦 (འོ་རུ་བྲགས་ཆེན།) 所译。"意思是，位于康区的乌茹强钦，迎请后阿阇黎毗商弥札 (བི་ཤ་མི་ཏྲ་) 等，由贝若杂那在擦瓦绒 (ཚ་བ་རོང་།) 地方作翻译，译出了《正修》(ཡང་དག་སྒྲུབ་པ་བདག་དགོས།)。之后，因朗达玛赞普 (གྱང་དར་མ།)[226] 禁佛之故，致使佛教徒被杀。一部分人开始进行伏藏；一部分人逃往北方之下部地区 (བྱང་སྨད།)[227]。热巴坚赞普被杀后，其弟藏玛 (གཙང་མ།) 被流放至门地 (མོན།)[228]。朗达玛自己也

260

被拉隆贝吉多杰（ལྷ་ལུང་དཔལ་གྱི་རྡོ་རྗེ།）所弑[229]，吐蕃王朝分裂瓦解。在此之后，阿杂热达那达拉（ཨ་ཙ་ར་ད་ན་ཏ་ལ།）到来，给云旦嘉措（ཡོན་ཏན་རྒྱ་མཚོ།）赐予许多《守食法》(གཏོར་སྲུང་།)等佛经并进行了翻译。天竺阿阇黎赞达热格尔底（ཙནྡྲ་ཀིརྟི།）到来时，赐予乌贞洛追旺秋（འོ་བྲན་བློ་གྲོས།）《阎罗经》(གཤིན་རྗེ་ཤེབས་རྗེ།）等并进行翻译。此为“第九译传”。

第十译（འགྱུར་བཅུ་པ།），曰：“桑杰（སངས་རྒྱས།）不满旧译，天竺、泥婆罗及勃律（བྲུ་ཤ）的阿阇黎到来，译出了医药、修行等方面的殊胜经典。”关于奴·桑杰仁波切（སྣུབས་སངས་རྒྱས་རིན་པོ་ཆེ།）翻译佛经的历史，此人父名奴·尼古（སྣུབས་ཉི་གུ།），母为右萨江梅（ཡོ་ཟ་ལྷམ་མེ།），子为赤松多吉（ཁྲི་སུམ་རྡོ་རྗེ།）。因他皈依佛法而得名桑杰益西仁波切。[230] 他的根本上师为阿阇黎索波·白吉益西（སོག་པོ་དཔལ་གྱི་ཡེ་ཤེས།）。因不满上师所学，又拜那·若那古玛热（སྙག་ཛྙན་ཀུ་མ་ར།）为师。后又不满上师所学，于是于五十四岁时，从泥婆罗人巴素达热（བསུ་དྷ་ར）学经。巴素达热对他说：“在天竺有一位六百多岁的名叫阿杂热赛列（གསལ་ལེ།）的人，到他那里去学习吧！”于是前往天竺，从十位贤者上师学经。从绒波古亚阿阇黎（རོམ་པོ་ཀུ་ཡ།）学习了密咒。他前后七次前往天竺和泥婆罗学经，其中六次寻找佛法，一次做了笔录。之后，听说天竺法王到了勃律（བྲུ་ཤ།）而去了那里，见那里盛兴政与教。据说，他在吐火罗亲见了大译师齐赞吉（ཆེ་ཙན་སྐྱེས།），也从他那学经，自勃律翻译了《佛法蜜意集经》传入吐蕃。以上是密法的传承或第十期的译著。

13.译经四种说

如此，翻译佛经的情况有四种说法：依据经典讲授、普遍领悟后讲授、依据注释续授和零散续授。

依据经典讲授法，精通这部分译经内容的译师有玛·仁青乔（རྨ་རིན་ཆེན་མཆོག）[231] 和那·若那古玛热（སྙགས་ཛྙན་ཀུ་མ་ར།）[232]。那氏有三敌，为了挫败三敌而有了三个聪慧的弟子，分别是：增·敖巴德赛热仁青（འཛེང་ཨུ་པ་དེ་གསལ་རབ་རིན་ཆེན།）、塘桑·白吉多吉（ཐང་བཟང་དཔལ་གྱི་རྡོ་རྗེ།）和措那·益西白（ཚུར་ནག་ཡེ་ཤེས་དཔལ།）。

经典和密咒之主有四人：卓·白吉宁波 (གྲོ་དཔལ་གྱི་སྙིང་པོ།)、季·帕巴西绕 (སྐྱི་འཕགས་པ་ཤེས་རབ།)、白布·乔格西绕 (དཔལ་བུ་མཆོག་གི་ཤེས་རབ།) 和索波·白吉益西 (སོག་པོ་དཔལ་གྱི་ཡེ་ཤེས།)；精通《度法》(སྒྲོལ་བ།) 者，有乌郑·白吉迅奴 (ཨོ་རྒྱན་དཔལ་གྱི་གཞོན་ནུ།)。

玛氏有四弟子：岗释迦 (གངས་ཤཱཀ)、吉日乔儿 (གྱི་རེ་མཆོག་སྐྱེ།)[233]、结·萨达巴尔 (རྗེ་ས་སྟ་འབར།) 和囊麦·达瓦多吉 (ནམ་སྨད་ཟླ་བ་རྡོ་རྗེ།)。

他们的弟子有库久卫 (ཁུ་བྱུག་འོད།) 和琼波·叶吉卫 (ཁྱུང་པོ་དཔྱི་གཀ་འོད།)。

他们二人也去了天竺求法。后来，与玛、那二人的弟子们失和。库氏 (ཁུ) 曾说："密宗是法脉不间断之根本。"于是，传授了《甘露功德》《橛事业》《莲花语》和《妙吉祥身》等。

琼波氏主要以基本经典为依据。其弟子中，有许多有思想者和自私者，向他们传授了《宁》和《夏》(སྙིང་ཞག་གཉིས།)、《月密》和《杂合》(ཟླ་གསང་མཉམ་སྦྱོར་གཉིས།)、《后橛》和《发心》(ཡང་ཕུར་སྐྱབས་མ་དང་ཕྱིན་གྱི་རྒྱལ་པོ་སེམས་སྐྱེད།)，以及《六续》(རྒྱུད་དྲུག་ལེ་ལག) 七法，又普遍传授《三十一细法》《七十二小经》和《六正修法》等。

他们的传人有库久卫之子库隆班觉 (ཁུ་ལུང་དཔལ་འབྱོར།) 和角若·杰布当巴 (སྒྲོ་རོ་རྒྱལ་བུ་དར་མ།) 二人。他们二人的弟子有尚·杰卫云旦 (ཞང་རྒྱལ་བའི་ཡོན་ཏན།)。

玛氏的弟子为吉日乔儿，他的弟子为祖茹·仁青迅奴 (སྩོག་རུ་རིན་ཆེན་གཞོན་ནུ།)，他的弟子有精通幻化术的果邦·强秋次成 (མགོ་འབམ་བྱང་ཆུབ་ཚུལ་ཁྲིམས།) 和角若·杰卫洛追 (སྒྲོ་རོ་རྒྱལ་བའི་བློ་གྲོས།) 二人，此二人相互教学。果邦把法脉传授给了道杰江白 (རྟོགས་ལྡན་འཇམ་དཔལ།) 和联松迅奴 (ལན་གསུམ་གཞོན་ནུ།)。联松把法脉传授给了迅奴辛杰 (གཞོན་ནུ་གཤིན་རྗེ།) 和欧·格列强秋 (རྫོ་དགེ་ལེགས་བྱང་ཆུབ།)。此时，出现了零散的《笔录》(བཞེད་ཐང་།)。道杰把法脉传授给了强秋迥乃 (བྱང་ཆུབ་འབྱུང་གནས།)、且乔强秋奴 (ཚེ་མཆོག་བྱང་ཆུབ་སྐྱབས།)、帕昂仁青强秋 (པ་འམ་རིན་ཆེན་བྱང་ཆུབ།) 和韦杰·杰卫益西 (བྲས་རྒྱལ་རྒྱལ་བའི་ཡེ་ཤེས།) 四人。其中，三人在青普 (འཆིང་པུ།) 地方修行，形成了青普一派。后来，前往绒 (རོང་།) 地方，传授给了其子洛追

嘉措 (ཧྲོལ་རྒྱལ་མཚོ) 和弟子强秋扎巴 (བྱང་ཆུབ་གྲགས་པ) 二人。此时，兴起了《笔录》的传承。角若和尚·杰卫云旦在青普修行时，被噶尔氏 (འགར) 请至娘若隆 (བྱར་རོ)[234] 地方，为色那·云旦桑波 (སེ་སྣ་ཡོན་ཏན་བཟང་པོ) 传授佛法。此人又把法脉传授给了尚·强秋迥乃 (ཞང་བྱང་ཆུབ་འབྱུང་གནས)、萨日·益西帕巴 (ཟ་རིད་ཡེ་ཤེས་འཕགས་པ) 和结·云旦帕巴 (སྐྱེ་ཡོན་ཏན་འཕགས་པ) 三人。萨日又传授给了奴·朗青恰宁 (གནུབས་གློང་ཆེན་རབ་སྙིང) 和贝·色擦玛茹 (དཔལ་སེ་ཚ་མ་ཚ) 等人。奴氏传授给了玛尔玛·贡青恰次 (དམར་མ་གུངས་ཆེན་ཆར་ཚུལ)、素·西绕迥乃 (ཟུར་ཤེས་རབ་འབྱུང་གནས) 和结·隋桑 (སྐྱེ་གཙུག་བཟང) 等人，于是，在后藏地区开始兴起了佛法。

普遍的传承，琼波之子有琼波格德 (གགེ)，其父之弟子有达乔·贝吉益西 (འདར་མཆོག་དཔལ་གྱི་ཡེ་ཤེས)，此人传授给了被称之为普遍法主的切氏 (མེ)。他与尚·杰瓦云旦 (ཞང་རྒྱལ་བ་ཡོན་ཏན) 互换法统，向尚氏学法。之后，出现了尚云琼玛 (ཞང་ཡོན་ཆུང་མ) 和尼宁白琼竹解 (སྙེ་སྙིང་པའི་འཆམ་དྲུག) 二人。在此二人时期，分出了经典 (བཀའ་འ) 和普遍 (ཡོངས་གྲགས) 两个法脉，从此有了两个不同的传承。

此法在康区也有许多传承人，其中，有被称之为贤者的奴·巴西达钦波 (གནུབས་སྟག་ཤེ་ད་ཆེན་པོ)。他有三个贤者弟子，分别是奴·强秋坚赞 (གནུབས་བྱང་ཆུབ་རྒྱལ་མཚན)、敖擦·巴卫坚赞 (རྔ་ཚ་འབར་བའི་རྒྱལ་མཚན) 和琼波·森格坚赞 (ཁྱུང་པོ་སེང་གེ་རྒྱལ་མཚན)。琼波·森格坚赞，传授给了娘堆 (བྱང་སྟོད) 地方的琼波·帕达白 (ཁྱུང་པོ་འབར་ད་ར་འབར) 和尚·蔡邦松阿 (ཚེ་སྤོང་ཟུང་སྔགས) 二人。

琼波继承了普遍法脉；尚继承了经典法脉后，向多人请教：向唐桑·白吉多吉 (ཐང་བཟང་དཔལ་གྱི་རྗེ) 学习《桑杰娘觉》(སངས་རྒྱས་མཉམ་སྦྱོར)；向觉垂·多吉英 (སྐྱོ་འཕུལ་རྡོ་རྗེ་དབྱིངས) 学习《密集》(གསང་འདུས)；向增·欧巴德赛热仁青 (འཇེང་འཕྱུག་པ་དེ་གསལ་རབ་རིན་ཆེན) 学习《方法·膝宝串》(ཐབས་ཀྱི་ཞགས་པ་པད་མོ་འཕྲེང་བ)；向辛吉·乔格西绕 (གཤེན་རྗེ་ཚོགས་ཀྱི་ཤེས་རབ) 学习密法《月密》(ཟླ་གསང་ཐིག་ལེ)；向果瓦·强秋次成 (མགོར་བྱང་ཆུབ་ཚུལ་ཁྲིམས) 学习《密要》 (གསང་བ་སྙིང་པོ) 体系和《幻网》

（སྒྱུ་འཕྲུལ་དྲ་བ།）；向措那·益西白（ཆོས་ནག་ལ་ཡེ་ཤེས་དཔལ།）学习《三十一细法》（ཕྲ་མོ་སུམ་ཅུ་རྩ་གཅིག）之根本。从康区传入吐蕃中部以后，有后藏六人（གཙང་པ་མི་དྲུག）和一官人学习此法。以上七人分别是，娘堆（ཉང་སྟོད།）地方的桑·云旦迥扎（བཟང་ཡོན་ཏན་འབྱུང་གནས།）所学为《善法口诀》、秀布·吉朗几江（ཤུད་ཀྱི་གླིང་རྗེ་ལྕམ།）、郭巴·库巴郑（འགོས་པ་ཁུ་པ་གཉན།）、色·多吉增（སྲེགས་རྡོ་རྗེ་འཛིན།）、隆（ལུང་།）地方的衮顿·多吉仁青（འགོས་སྟོན་རྡོ་རྗེ་རིན་ཆེན།）、鲁·多吉坚赞（ཀླུ་རྡོ་རྗེ་རྒྱལ་མཚན།）和角若直仓（ཕྱོག་རོ་འབྲིང་མཚམས།）地方的名人多吉仁青强秋（གཉགས་རྡོ་རྗེ་རིན་ཆེན་བྱང་ཆུབ།）。

所讲解、修行之《续部》经典，为传自贝若杂那的"中传"和"后传"法脉。此法由贝若杂那传给了王玉扎宁波（གཡུ་སྒྲ་སྙིང་པོ།）。玉扎有五个弟子，分别是索波·白吉益西（སོག་པོ་དཔལ་གྱི་ཡེ་ཤེས།）、巴布·乔格西绕（སྦ་བུ་མཆོག་གི་ཤེས་རབ།）、扎·白吉宁波（གྲ་དཔལ་གྱི་སྙིང་པོ།）、格·恰卫西绕（དགེ་འཕུབ་པའི་ཤེས་རབ།）和乌贞·白吉迅奴（འོ་བྲན་དཔལ་གྱི་གཞོན་ནུ།）。他们的弟子，把经典和口诀传授给了桑杰仁青（སངས་རྒྱས་རིན་ཆེན།），他在扎央宗（སྒྲགས་ཡང་རྫོང་།）[235] 地方修行时，亲见江白辛杰（འཇམ་དཔལ་གཤིན་རྗེ།），接受八修行灌顶。于是便说：

> 获得妙果了要义，
> 获得猛咒受灌顶，
> 有缘指路为己任，
> 一切有缘众有情，
> 请前来拜师学经！

因受到了亲属与乡民的嫉恨，故他想把经文送往天竺。骑着驮有经书的骡子上路时，据说人们称："佛骑在佛上走了！"来到奴峡谷（今后藏仁蚌县境内）时，在亚森本顿家借宿。此时，有索·益西旺秋（སོ་ཡེ་ཤེས་དབང་ཕྱུག）在自己家里喝酒时，被亚森本顿（ཡ་ཟིན་བོན་སྟོན།）请来做客，并告诉他自己家里有位尊贵的客人。索氏要求与客人相见并讨论佛法。他说：

"是去年的吉祥鸟，布谷鸟到来了！"说着向桑杰仁青学习佛法，后来他有了四个弟子和一个密徒。四个弟子是索·益西旺秋（ སོ་ཡེ་ཤེས་དབང་ཕྱུག）、巴果·帕巴林钦（སྒྲོ་སྒོར་འཕགས་པ་རིན་ཆེན）、典·云旦乔（དན་ཡོན་ཏན་མཆོག）和苏·列白卓玛（སྲུ་ལེགས་པའི་སྒྲོལ་མ）；密徒是库隆·云旦嘉措（ཁུ་ལུང་ཡོན་ཏན་རྒྱ་མཚོ）。他对索·益西旺秋宣讲《见地》（ལྟ་བ་སྟེང་དུ）；对巴果·帕巴以辩论的形式讲解《破谬见》（གོལ་བཟློག）；对典·云旦乔采取了破解疑难的讲解方法；对苏·列白卓玛，结合术语进行讲解；对库隆·云旦嘉措，讲解隐秘之法。在后藏之上部地方，对三个名叫仁青（仁波切）的人也讲授了佛法。三人分别是董曹强秋仁波切（གདུང་ཚོ་བྱང་ཆུབ་རིན་པོ་ཆེ）、奴·白迥仁波切（སྣུབས་དཔལ་འབྱུང་རིན་ཆེ）及琼波·英格仁波切（ཁྱུང་པོ་དབྱིག་གི་རིན་པོ་ཆེ）。密徒库隆·云旦嘉措，传授给了弟子益西嘉措（ཡེ་ཤེས་རྒྱ་མཚོ）和娘米·西绕嘉措（ཉང་མི་ཤེས་རབ་བཟང）。四大弟子的法脉被娘米·西绕迥乃（ཉང་མི་ཤེས་རབ་འབྱུང་གནས）所传承，后他传授给了素波切·释迦迥乃（ཟུར་པོ་ཆེ་ཤཱཀ་འབྱུང་གནས）[236]。他有四个顶尖的弟子，分别是：精通见修的顶尖人物素琼·西绕扎巴（ཟུར་ཆུང་ཤེས་རབ་གྲགས་པ）[237]；精通经典的顶尖人物米那迥扎（མི་ཉག་འབྱུང་གྲགས）；精通八业的顶尖人物有桑·西绕桑波（བཟང་ཤེས་རབ་བཟང་པོ）；精通各乘的顶尖人物杰波果琼（རྒྱལ་པོ་འགོས་ཆུང）。以上四位被称之为"四柱"（ཀ་བ་བཞི）[238]弟子。另外，还有"六梁"（གདུང་དྲུག）弟子，分别是素琼·西绕扎巴（ཟུར་ཆུང་ཤེས་རབ་གྲགས་པ）、贡布·吉顿夏叶（གུང་བུ་སྐྱེ་སྟོན་ཤག་ཡས）、木日（མུ་རི）地方的德纳米日（ཏེ་ནག་མི་རི）、曲巴（ཆུ་བར）地方的林·娘切巴（ཉན་བུ་ཆེ་ལ་བ）、央催（ཡང་ཚལ）地方的央康喇嘛（ཡང་ཁང་བླ་མ）和郭琼（སྒོར་ཆུང）的益西喇嘛（ཡེ་ཤེས་བླ་མ）。他们传给了昂顿·强秋嘉措（དཀོན་ཏན་བྱང་ཆུབ་རྒྱ་མཚོ），他传给了吗托格强瓦（མ་ཐོག་གི་བྱང་བ），他传给了米那迥扎（མི་ཉག་འབྱུང་གྲགས）。这个传承体系有娘派（ཉང་ལུགས）和藏派（གཙང་ལུགས）两个传承，合称为"果派"（དགོར་ལུགས）。

桑杰益西（སངས་རྒྱས་ཡེ་ཤེས）仁波切到了泥婆罗后，由于不解经义之深邃，故以伏藏的形式传下了《九深法》（ཟབ་དགུ）等。又因没有能够遵从王命传承经文的人而于他112岁时，临死前，又传下三部伏藏经文。经典包括有题记的密法口诀八部：1.一部历算题记 (ཙིས་ཁ་བྱང་)；2.一部泥婆罗诸法 (བལ་པོའི་ཆོས་ཚོ)；3.一部八十猛咒 (དྲག་སྔགས་བརྒྱད་ཅུ)；4.一部实修四法和续法等 (ཉམས་སུ་བླང་བའི་ཆོས་བཞི་རྒྱུད་དང་བཅས་པ)；5.一部实修三法 (ཉམས་སུ་བླང་བའི་ཆོས་གསུམ)；6.一部六法轮 (གནད་ཏིག་གསར་པའི་འཕྲུལ་འཁོར་དྲུག་པོ)；7.一部黑修行法 (ནག་འགུར་ནག་པོའི་སྒྲུབ་ཡིག)。 （少一部）

他祈求护法神护佑其法脉传承：

　　吾已年老体亦弱，

　　庶民反上失疆土，

　　心想前往泥婆罗，

　　因业所致未如愿。

　　云旦嘉措懒惰人，

　　多次传唤未前来。

　　沟壑之内埋经书，

　　后辈中有菩萨种，

　　肤色淡黄且卷发，

　　如同海螺洁白牙，

　　身材矮小龙年生，

　　若遇此人请护法！

　　玛哈嘎拉黑护法，

　　请作圣法护持者！

如此，把经书埋藏于地下后离开了人世。

零散的"聂派" (གཉན་ལུགས) 传承有许多，其中，准、尼、夏三氏 (ཁྲོ་གཉེན་ཤག་གསུམ) 传授给了聂钦白松 (གཉན་ཆེན་དཔལ་བཟང)，他传给了拉钦·贡巴赛

(སྙན་ཆེན་དགོངས་པ་གསལ།) [239]，有如此传承史。也有阿阇黎莲花生传给那朗·多吉顿迥 (སྣ་ནམ་རྡོ་རྗེ་བདུད་འཇོམས།) 等八人的传承史，此八人是卡钦·白吉旺秋 (མཁར་ཆེན་དཔལ་གྱི་དབང་ཕྱུག) 、敖·阿热白多 (ངོས་ཡ་རཔ་ལ་ཚོགས།) 、卓·多吉迅奴 (གྲོ་རྡོ་རྗེ་གཞོན།) 、象雄·顿扎 (ཞང་ཞུང་སྟོན་གྲགས།) 、绒本·云旦仁青 (རོང་བན་ཡོན་ཏན་རིན་ཆེན།) 、绒本·仁青次成(རོང་བན་ཡོན་ཏན་ཚུལ་ཁྲིམས།) 、绒巴·曲桑 (རོང་པ་ཆོས་བཟང་།) [240] 和那朗·多吉顿迥 (སྣ་ནམ་རྡོ་རྗེ་བདུད་འཇོམས།)。

贝若杂那传给了王玉扎宁波，他传给了拉钦·贡巴热赛 (བླ་ཆེན་པོ་དགོངས་པ་གསལ།)，他传给了仲辛·拉坚 (བྲམ་ཤིང་ལྷ་ཅན།)，他传给了奴·白登 (སྣུབས་དཔལ་ལྡན།)，他传给了亚森本顿(ཡ་ཟིན་པོ་སྟོན།)，他传给了绒巴·曲桑 (རོང་པ་ཆོས་བཟང་།)。

如此，阿阇黎无垢友 (བི་མ་ལ།) 传授给娘·丁增桑波 (མྱང་ཏིང་འཛིན་བཟང་པོ།) 的传承，或无垢友传给他的普通弟子仁青乔 (རིན་ཆེན་མཆོག) 和那坚古玛热 (སྣགས་སྟོན་ཀུ་མ་ར།)，此二人传给了库·强秋卫 (ཁུ་བྱང་ཆུབ་འོད།) 和琼波·英格卫 (བྱུང་པོ་དབྱིག་གི་འོད།)，二人又传授给了杰布当巴 (རྒྱལ་བ་དཔལ་པ།) 和弟子库隆·白迥 (ཁུ་ལུང་དཔལ་འབྱུང་།)，从这二人传至尚·杰卫云旦 (ཞང་རྒྱལ་བའི་ཡོན་ཏན།)。此外，角若氏(ཅོག་རོ།) 不仅传承了这个法脉，而且还拜塘桑·白吉多吉 (ཐང་བཟང་དཔལ་གྱི་རྡོ་རྗེ།) 等许多人为师，最终担任了住持一职。阿若·益西迥乃 (ཨ་རོ་ཡེ་ཤེས་འབྱུང་གནས།) 传了角若·卡尊库 (ཅོག་རོ་ཁ་འཛིན་ཁུ།)。如此，“聂”派零散传承甚多，但皆被绒巴·曲桑 (རོང་པ་ཆོས་བཟང་།)所传承。

14.八种佛法讲授法

“佛法有八种讲授方法 (འཆད་ཚུལ་བརྒྱད།)。”这句话的意思是，不管《大圆满法》如何讲解，从天竺传至吐蕃的部分有七种讲法，加之吐蕃一大成就者的讲法，共为八种。

这八种讲授法分别是：观点总说(ལྟ་བ་ཁོག་སྙོམས་སུ་བཤད་པ།)、思想泛说 (དགོངས་པ་སྤྱང་སྙོམས་སུ་བཤད་པ།)、隐藏争说 (གབ་པ་འཐབ་སྙོམས་སུ་བཤད་པ།)、胜法总说 (རྒྱལ་བ་ཁྲི་ཡ་ལས་སུ་བཤད་པ།)、不乱总说 (མ་འཛིན་ལོ་སྙོམས་སུ་བཤད་པ།)、分四大派系说 (བཞི་གཏུང་ཆེན་པོ།

བཞི་ད་བགད་པ།）、四口诀说（མཝ་དགབནི་ཤེ་སྒྱེ་ད་བགད་པ།）及以门和锁作比喻的解说方法（སྒོ་དང་སྒྱེམས་ཤེ་ལྗེག་གི་ཚུལ་ད་བགད་པ།）。

观点总说，以天空作比喻，由天竺住持赛杰（གས་ལ་རྒྱལ།）将有手印的传至吐蕃的经文，传授给了东·帕巴西绕（སྒོང་འཕགས་པ་ཤེས་རབ།）和东参强秋二人（སྒོང་ཚན་བྱང་ཆུབ།）。

思想泛说，以天空作比喻，由天竺住持室利森哈（ཤྲི་སེང་ཧ།）将有手印的传至吐蕃的经文，传给了那·结古玛热（ སྣ་རྒྱ་གུ་རྒྱ་ཀུ་ལ་ར།）和努·鲁益旺秋（ སྒྱུ་ཀླུའི་དབང་ཕྱུག）二人。

隐藏争说，以各种宝物堆积作比喻，有天竺住持无垢友（ བི་མ་ལ་མི་ཏྲ།）和比丘尼衮嘎姆（ དགེ་སྒློང་མ་ཀུན་དགའ་མོ།）将传至吐蕃的经文，传授给了尚·若那西绕（ ཞང་རྣན་ཤེས་རབ།），被认为是修行法之最。

胜法总说，以宝物洒满地板作比喻，有天竺住持布达古达（ བུ་དྷ་གུ་ཏ།）将手印法之《瑜伽智慧》（ ཕྱག་རྒྱ་ལ་འབྱོར་རིག་པའི་ཤེ།）等传至吐蕃，并由索·益西旺秋（ སོ་ཡེ་ཤེས་དབང་ཕྱུག）来传承，被认为是《大圆满》（ རྫོགས་ཆེན།）之根本。

不乱总说，以天空中日出作比喻，天竺住持室利森哈（ ཤྲི་སེང་ཧ།），仙人色布西达（ དྲང་སྒོང་ས་ལ་ཤེ།），将手印法之《室利森哈小疏》（ ཕྱག་རྒྱ་ཤྲི་སེང་ཧའི་འགྲེལ་ཆུང།）和《注释》（ བཅའ་བ་འགྲེལ།）传至吐蕃，并有通·西绕益西（ གྱུང་ཤེས་རབ་ཡེ་ཤེས།）等人传承。

分六大（四大）派系说，以从大海流出小溪作比喻，由天竺住持室利森哈（ ཤྲི་སེང་ཧ།）和江白白桑（ འཇམ་དཔལ་དཔལ་བཟང་།）所传手印法有四，分别《见法》（ ལྟ་བ་སྒྲོན་རྫི།）、《隐法》（ གས་པ་མཚོན་ད་སྒྱུར་པ།）、《破除法》（ ལ་གེག་ས་སེལ།）和《辩说法》（ གཏི་ལ་བདར་ཤ་གཅོད་པ།）。传至吐蕃的经文有桑杰益西仁布切（ སངས་རྒྱས་ཡེ་ཤེས་རིན་པོ་ཆེ།）传承。

四口诀说，以如意宝作比喻，由天竺住持室利森哈和泥婆罗论师达热孜扎玛尼（ རྒྱ་རྫི་ཏ་ཛ་མ་ཎི།）所传。四印口诀（ རིན་པོ་ཆེ་བཞི་ལ་སྒོ།）是：《外历算印》（ ཕྱི་ཙིས་རྒྱའི་ད་ཀོར།）、《破见》（ ལྟ་བ་ལ་སྒོ།）、《乘辩》（ ཐེག་པ་ཤན་འབྱེད།）和《解析》（ གཏི

ཕྱག་དར་ཁ་གཏོགས་པ།)。（保存密法经典的箱子）上有七百七十二颗钉子，被视作大法（ཆུན་ཆེན།）。

关于内密法，包括使未入心变为入心法、入心变为永固法、永固变为发展法、若未发展则显邪见法和镇众敌法等。最后介绍法之体系。此法有七十七种不同修法，被认为是大修法。《密法》（གསང་བ་རྒྱུ་ཆུང་།）被视作修行者之法，是针对修行者而作的法，有七百七十七种，是秘密之法。

密咒对象是，修行无害，有自然智慧显现；不修行也无害，具有自然相之性。总之，是一种修与不修无别之法，有一百六十种观点，被视作瑜伽母法。在吐蕃有娘顿·孜色（ཉང་སྟོན་ཚེགས་སེ།）传承。

以门和锁作比喻的解说方法，以富人宝库作比喻，若无天竺住持，吐蕃人不懂此法，是由强瓦（བྱང་པ།）以智慧地板形式创作。手印法有《钥匙》（ཕྱག་རྒྱ་རིན་པོ་ཆེ་ཞིག་མིག་གི་དཀོར།），被视作一种大的讲解方法。

15.迎请阿阇黎无垢友

另外，关于《大圆满法》后来的译本，贝若杂那被流放后，为了弥补他的空缺，赞普赤松德赞命巴·赛囊（བ་གསལ་སྣང་།）、角若·鲁益坚赞（ཅོག་རོ་ཀླུའི་རྒྱལ་མཚན།）及那·坚古玛热（སྣགས་རྩུན་ཀུ་མ་ར།）三人带着金子前往天竺。天竺法王尼拉古拉（ནི་ལ་གུ་ལ།）有班智达五百，其中为吐蕃迎请一位精通佛法之贤者。此时，在所有班智达当中，前座的人往后看，后座的人往前看，中间看到有无垢友，故认为无垢友得到了五百班智达的灌顶。得知要去吐蕃后，阿阇黎无垢友说：“喜悦是为喜悦之事，不悦也要为传法之事。”说着他发出了一种叫作“阿迦玛夏尼”（ཨ་ཀ་མ་ཤ་ནི།）的声音。对此，吐蕃之三译师有三种不同的理解：

巴·赛囊（བ་གསལ་སྣང་།）理解为：

漂浮江中舟，

双桨是依靠，

船夫有技术，

便能达彼岸。

角若·鲁益坚赞（ཀྲུག་རོ་ཀླུའི་རྒྱལ་མཚན།）理解为：

置于弓上箭，

条件成熟时，

能够射对岸。

那·坚古玛热（སྣ་གས་རྒྱན་གུ་མ་ར།）理解为：

具有智慧人，

依靠大知识，

可以达对岸。

三人向阿阇黎无垢友请教时，阿阇黎说：

此地非归我，

有善知识者，

依靠诸译师，

使其变白色。

阿阇黎无垢友来到吐蕃一年后，听闻贝若杂那被流放至擦瓦绒地方。贝若杂那在三个绒区有三个弟子，在比波擦瓦绒地方（བལ་པོ་ཚ་བ་རོང་།)有邦米旁工布（སྤང་མི་ཕམ་མགོན་པོ།）；在门木擦瓦绒地方（མོན་ཚ་བ་རོང་།)有奴·朗卡宁波（སྣུབས་ནམ་མཁའ་སྙིང་པོ།）；在嘉木擦瓦绒地方（རྒྱལ་ཚ་བ་རོང་།)有王子玉扎宁波（རྒྱལ་སྲས་ཡུ་ཁྲ་སྙིང་པོ།）。在三个弟子中，玉扎宁波最精通佛法，他给赞普赤松德赞讲解《赐灵法》(ཟི་བྱིན)和《断念法》(དགོངས་བཅད)，此为《续》(རྒྱུད)之上部。《续》之下部有佛子米旁工布 (ཡིས་པ་མགོན་པོ) 所传授。

玉扎宁波从贝若杂那学习了十三种语言。贝若杂那对玉扎宁波说："你前去吐蕃，让阿阇黎无垢友来辨别我的密咒究竟是恶咒还是善咒。"玉扎宁波到达桑耶寺时，发现阿阇黎无垢友正在讲解《八部法》(སྒྲུབ་པ་ཆེ་བརྒྱད)，于是，托人向他捎去口信。阿阇黎邀请玉扎宁波参加法会，但被他拒绝了。玉扎宁波走进阿阇黎家中，看着阿阇黎说："迦迦萨里" (གཀ་ཀ་རེ我很羡慕你!) 阿阇黎回答说："达腾达腾!" (ཏྲ་ཐིག་ཏྲ་ཐིག众法平等!) 于是坐于其头下方。

去面见赞普时说：

吐蕃领主王与众，

无生圆满菩提法，

印度二十三人造，

口诀大乐无上咒，

词义能得解脱果，

密咒位于擦瓦绒。[241]

又看着僧人说：

若无智慧转法界，

仅转佛塔不成佛；

未见自己清净心，

漱口净手不成道；

不见明点之法身，

塑像壁画不成道；

不食禅定之妙食，

空腹守食不成道。

你们很羡慕我吧？说着就走了出去。

于是众庶民问："何为迦迦萨里？"阿阇黎无垢友回答说："他在羡慕我。"问为何？阿阇黎曰：

狐狸和猴子的叫嚣，

能成为狮子吼声吗？

乌鸦虽能速飞，

能够转三界吗？

愚钝孩童说法，

能得无上菩提吗？

我回答说："达腾达腾！"意思是说："众法平等。"

于是，向阿阇黎行礼（互碰手指尖）。那·若那古玛向阿阇黎学法，在领会法要方面超过了玉扎宁波，对根本经典的熟悉程度达到了阿阇黎的水平。之后，无垢友、玉扎宁波、那·若那古玛热和吐蕃之贤者、僧人等聚集一处，赞颂贝若杂那，说他具备十一个"正行"：1.贝若杂那预知前世后世，具有神通；2.寻得使王心喜的密咒，并所得密咒皆记于心中，为菩萨化身；3.十五岁时，熟悉吐蕃与印度之间的道路，具备慧眼；4.在凶险有野人、野兽出没的道路上，来去自如，不被野兽伤害；5.能在蛙洞、虮洞中，忍受叮咬；6.略闻善法就能领会其要，略修禅定就能获得正果；7.能通四边所有语言；8.迎请印度二十三贤者之九大善法经典，丰富吐蕃之密咒；9.精通大小乘之法，乃佛祖之使者；10.具备幻化十力，为十地之菩萨。（少一个——译者注）

之后，玉扎宁波向阿阇黎学法，在《隐幻法》(གསང་བ་འཕྲུག་ཅེལེབས།) 当中，
除了《密印》(གསང་བ་རྒྱའི་དཀོར།) 以外，后期翻译的经典都从阿阇黎那里学得。
玉扎宁波回到擦瓦绒地方，把学法的详细情况告知贝若杂那。贝若杂那
非常高兴，并说：

名为贝若杂那者，
具有十一正行相，
修满十地达十一，
无生慈悲转吐蕃。
天竺取来大圆满，
王臣王妃皆商议，
恶子流放擦瓦绒，
升起菩提之太阳。
贝若杂那去吐蕃，
幻化躯体应离弃，
法身无生如虚空。

说着来到了吐蕃，在吐蕃度众后离世。据说，其法身葬于亥波日山
佛塔 (དུས་པོ་རིའི་མཆོད་ཅེན།)。

玉扎宁波在擦瓦绒地方有弟子赛热 (གསལ་རབ།)、赛珠 (གསལ་སྒྲུབ།) 二人，
一个来到了吐蕃，另一个留在了擦瓦绒。如此，两地都兴起了佛法。

诸《隐密大圆满法》(རྫོགས་ཅེན་གསང་བའི་དཀོར།)，在阿阇黎无垢友去世前埋藏
于地下。对那·若那古热进行不像天竺法王那样深奥的讲解，但没有取得应
有的效果。在桑耶钦普金刚岩石底下，埋藏《破见续》(ལྟ་བ་ལ་སྒྲུབ་འི་རྒྱུད།)、《仙
人乘辩续》(ཐུབ་ནེ་ཐེགས་པ་ཤན་འབྱེད་པའི་རྒྱུད།)、《能破象续》(གོལ་ས་སྒྲང་པོ་ཅེནུན་འབྱིན་པའི་རྒྱུད།)、
《外历算》(ཕྱི་ཚེས་རྒྱའི་དཀོར།)、《内密财》(ནང་གསང་རྒྱའི་དཀོར།)、《秘密小集》(གསང་བ་རྒྱ

ཕྱ་ཆུང་གི་གཏེར།）、《密咒对说》(མན་ངག་གཏད་རྒྱའི་གཏེར་ཚོ) 等。过了一年后，有那·鲁
旺嘎 (སྣགས་ཀྱི་དབང་དཀའ) 晚年转变观念以金孔雀伞引领三百种宝物，向那·
若那古玛热取经，说："阿阇黎啊！一是我已成年迈的老人；二是请看
在我这份彩礼上赐予我一深奥密咒；三是我还不是一个将死之人，请赐
予我一深奥密咒！"阿阇黎认为是有缘人而前去掘藏，但因引起空行母之
嫉妒而未果。阿阇黎古玛热举行大型的伏藏仪式后，给空行母留下了三
部《续经》，将《密咒对说经》 (ངིང་རྒྱའི་ཁྲིད) 掘出，传授给了那·鲁益旺秋
(སྣགས་ཀྱི་དབང་ཕྱུག)。那·鲁益旺秋传给了娘波·鲁益坚赞 (ཉང་པོ་ཀླུའི་རྒྱལ་མཚན)，他
传给了贝波·帕巴西绕 (དཔལ་བུ་འཕགས་པའི་ཤེས་རབ)，他传给了郭贡·次成坚赞
(འགོལ་གོམས་ཚུལ་ཁྲིམས་རྒྱལ་མཚན)，他传给了亚达尚·若那西绕 (ཡར་འབའི་ཞང་ཉ་ན་ཤེས་རབ)。
亚达尚·若那西绕在曲沃日山 (དཔལ་ཆུ་བོ་རི)[242] 传给了来自康区的喇嘛益西
次成 (ཁམས་ཡེ་ཤེས་ཚུལ་ཁྲིམས)，他传给了当宁仲地方(འདན་སྟེང་དྲུང)的喇嘛巴草东扎
(བླ་མ་སྦ་ཚོང་སྟོང་དགས)，他传给了北方那雪地方 (བྱང་དག་གོས) 的喇嘛益西宁波
(བླ་མ་ཡེ་ཤེས་སྙིང་པོ) 和北方桑桑地方 (བྱང་ཟང་ཟང་)的强贡·仁青桑波 (བྱང་སྒོམ་རིན་ཆེན
བཟང་པོ) 二人。喇嘛益西宁波因没有经书而前去加乌那玛地方 (རྒྱའི་ན་ཟག) 修
行实践。强贡仁青桑波 (བྱང་སྒོམ་རིན་ཆེན་བཟང་པོ) 将经书装入一牛皮袋，来到了
后藏拉堆地方 (གཙང་ལ་སྟོད)[243] 化缘。回来的路上，在巴塘扎瓦地方(བར་ཐང
ཛ་བ) 化缘并在一峡谷里晒太阳时，遇见了索贡江白 (སོ་སྒོམ་འཇམ་དཔལ)。索
贡问："喇嘛来自何地，"喇嘛回答："自己来自强麦（北方下部地区）。"
又问："去了何地？"回答："自己去了拉堆地方化缘。"继续问道："有
没有向后藏的格西学习佛法？"回答说："已经掌握了上师的深邃密咒，
无需再学习其他法门。"索贡心想，这个乞丐在说大话，于是与他进行辩
论，结果索贡败北。索贡感到很是惊奇，就问"佛经在何处？" （乞丐）
答："佛经在此。"说着把牛皮袋打开，发现里面装满了经书。于是索贡
供养他一年，并向他学习佛法。对"聂"派 (གཉན་རྒྱུད) 所传法脉做了笔
记，其余经典内容学会后传授给了娘顿·孜色 (ཉང་སྟོན་ཚེ་གསལ)。

16.修建桑耶寺

修建桑耶寺（བསམ་ཡས་དགོན）等的情况，与赞普赤松德赞（ཁྲི་སྲོང་ལྡེ་བཙན）有关。据说一天竺王有三子，皆发菩提心而为自己的来世祈祷：其中长子为来世自己能够成为一传法者而祈祷；次子为来世自己不受灾难而祈祷；幼子为来世能够成为两位兄长的施主而祈祷。此时，三子皆为僧人，赤松德赞为幼子比丘阿巴卡杜（དགེ་སློང་ཨ་བ་ཁ་དུ）之转世。

赤松德赞修建一座神殿，但因受妖魔鬼怪所碍，未能建成。吐蕃请来许多阿阇黎，举行各种消除地魔仪式未果。从天竺请来阿阇黎寂护后，赤松德赞、寂护（མཁན་པོ་ཞི་བ་འཚོ）、庶民桑西达（འབངས་སང་ཤི་ཏ）、臣聂达那贡斯（བློན་པོ་གཉེར་སྟག་སྣང་གོང་གཉིས）四人，来到扎玛亥波日山顶（བྲག་དམར་མགྲིན་བཟང）。阿阇黎寂护看了周边地形，认为那里有一片柳树林且有良好的农作物，适合修建神殿。住持寂护命聂达那贡斯，在那里建造一马圈。他盖起了四层草棚并在四周筑起围墙后，举行堪舆仪式时，舅臣四父子和赞普等五人手持金锹，赞普赤松德赞下锹七次，舅臣四父子也轮流挖掘。地里出现白色的米粒和青稞，没有出现兽骨、木炭等杂物，可见土地肥沃，故寂护住持很高兴。于是他抚摸着赞普的头说："斯德，斯德，帕拉，帕拉拉吉祥！（ཤེད་ཤེད་པ་ལ་པ་ལ）"最初修建阿亚巴罗林（ཨཱ་ཪྻ་པ་ལོ་གླིང）神殿时，赞普认为没有造像师，但住持说："准备好工具，将会有工匠师傅前来。"此时，有一名为嘉蔡波坚（རྒྱ་ཚལ་པ་ཅན）的人从市场归来，听说了赞普没有造像师的情况后，前来告知赞普自己是一名优秀的造像师。此人到来后，寂护住持问："要按照天竺的样式建造，还是要按照中原的样式建造？"赞普答："若按照吐蕃的样式建造，将有助于唤起吐蕃人的信仰。"于是，按照吐蕃的俊男库达曹（ཁུག་པ་ཚོ）、塘桑达伦（ཐང་བཟང་ལྷུན་ཚོ）和玛塞贡（དམར་པ་གསས་གོང）三人的身材特征，为神殿中央的主供建造了观音塑像，右边建造了杰瓦坚（原文缺漏），左边建造了马头明王（རྟ་མགྲིན）。又按照角若妃拉布麦（ཅོག་རོ་བཟའ་ལྷ་བུ་སྨན）的身材，建造了度母像和

275

两尊静、怒仙女像。众人想前去观赏，但因天黑而未能如愿。此时，在神殿顶层出现了一束光，而且光越来越亮，使得桑耶周围犹如月光普照。住持说："这是无量光佛所发出的光，在神殿顶层上部要建造一尊无量光佛塑像。"神殿建成后举行竣工仪式时，赞普想邀请嘉蔡布坚师傅前来喝庆功酒，但四处寻找后不知其下落。据说他是佛的化身。

来到拉姆卓玛拉康神殿（度母殿）时，住持说："度母乃是您发菩提心时的伙伴，您成佛后在金刚座时，督促您转法轮的也是度母。为消除灾难与劫数，您要向度母祈祷。"住持在阿亚巴罗林殿禅修时，三天三夜马头明王都发出了声音，据说随从和众护法都听见了这个声音。

在修建桑耶乌孜顶殿围墙时受到了众鬼怪的阻挠而未成，白天所建夜里倒塌，山石被运送至山里，沟石被送回到了沟里。赞普说："这是吾等智障太大的缘故，还是阿阇黎加持力太小的缘故？该如何？"住持答："非加持力小，也非施主障碍大，佛法的弘扬事业有时也会受阻。这种情况不能以善行来解决，需要以恶制恶。我等虽属贤者，但未有恶力加持，故不成。在天竺乌仗那地方有住持名叫莲花生者，此人心生佛法，聪慧圆满，能以幻化法力度化众生，如同佛陀在世。而今需要请他前来。我三人前世为兄弟。来世，我祈祷成为一名阿阇黎；莲花生祈祷自己成为一名护法；而赞普您祈祷要做一名施主。因此，若去请他必定前来。"赞普心喜，于是命那囊·多吉顿迥（སྣ་ནམ་རྡོ་རྗེ་བདུད་འཇོམས།）、钦·释迦扎瓦（འཆིམས་ཤཱཀྱ་པྲ་བྷ།）及秀布·白吉森格（ཤུད་པུ་དཔལ་གྱི་སེང་གེ）三人带着八个"巴扎"和金子前去邀请阿阇黎。阿阇黎知道有人前来迎请自己，担心他们一路辛苦而迎面走来，三个月后在达蕾拉城（དར་ལ་འི་གྲོང་།）相见。三位吐蕃使者献上金子并祈求阿阇黎说："有知识的人啊！为度化众生请您前往吐蕃！"阿阇黎答曰："箭在弦上，只要有人松开拇指，箭便可射向目的地。"说着前来。在来到泥婆罗（བལ་ཡུལ།）和芒域（མང་ཡུལ།）[244]之间时，蕃地之有大神通者敌神女王梅杂米（མྱུང་ཆེ་ལེགས།）心生不悦而前来拦路。阿阇黎及其随从通过险要山路时，女王使山路变得更加险要。此时，阿阇黎及其随从忽然飞向天空。女王见状心生恐惧而向空中逃走时，阿阇黎把一金刚橛（རྡོ་རྗེ།）抛向了空中，结果女王来到阿阇黎跟前顶礼，并成了一护法神。

来到山顶时，十二丹玛（བསྟན་མ་བཅུ་གཉིས།）护法神同时发出十二枚天杵（ཐོག）。阿阇黎用手指在头顶转圈，使其变成了十二块木炭。十二丹玛心生恐惧而向阿阇黎献上十二顶蓝色帐篷后成了佛教之护法神。其中，岗嘎玛木（གངས་དཀར་མ་མོ།）因去了觉格而未能成为护法。

来到白姆白错湖（དཔལ་མོ་དཔལ་མཐང།）时，见有一贤惠妇女，其双眼如同白海螺。阿阇黎对其说："向我顶礼吧！"妇女说："我乃是守'七戒律'之比丘尼，你只是一个达玛树根旁的一头，我不会向你顶礼。"说着逃到了海里。阿阇黎取一钵水后念咒，当钵中之水变热时，湖水也随之变热；当钵中之水沸腾时，湖中的水也随之沸腾。妇女被沸水煮烂而骨肉分离，成了一骷髅女，故得名夏米岗嘎玛（ཤ་མེད་གངས་དཀར།）。

之后，女曰："具有佛祖之舌及前额具有金刚佛珠者，请稍停念咒！"于是阿阇黎稍停念咒后，女心想可敌而从阿阇黎背后一推，阿阇黎差一点落入湖中。女乘机逃走时，阿阇黎扔出金刚橛，因女向后看而砸瞎了右眼，故被称之为多吉坚吉玛（རྡོ་རྗེ་སྤྱན་གཅིག་མ།金刚独眼女）。于是女心生恐惧而向阿阇黎献上心脏，故密称金刚玉母护法（རྡོ་རྗེ་གཡུ་སྒྲོན་མ།多吉玉准玛）。

经过桑桑（ཟང་ཟང་།）地方，从乌右直穆山顶（འོ་ཡུག་བྲག་མོ་ལ།）下来时，七母四姊妹（མ་བདུན་སྲིང་བཞི།）发出天杵。阿阇黎用手心里的眼泪调伏，泪水出现了一滴长，故心生恐惧而献出心脏，成了护法神。

来到北方那措秋姆（天湖）旁时，在塘拉神山（གཉན་ཐང་ལ།）下搭起帐篷而住了一宿。此时有一条巨蛇，它头朝阿阇黎之胸部，尾巴却伸到了康区之亚玛塘坝子（དཔར་མ་ཐང་།）。它给阿阇黎发出了九个天杵，因阿阇黎之白色帐篷具有神力而天杵飞向了湖里，结果杀死了许多动物。为此，阿阇黎修建"三恶趣"之坛城，又给宝瓶里的水施咒后倒入湖里，据说死去的动物全部复活了。阿阇黎为此发怒，说："它从前是因为犯了大错误而被贬至此地的，现我发誓除去此北方之魔。"说着把这条蛇缠在手杖上向后抛去。此蛇因心生恐惧而变为一有松石头饰的孩童后，前来说："我是龙王托嘎尔 (ཀླུ་རྗེ་ཐོད་དཀར།)，也称五头仙人 (རི་ཟ་རྒྱུད་ལྔའི་ལ།)，也称黑肚猪头土地爷 (ས་བདག་ཕྱུག་ཕག་མགོ་ནག)，事实上就是塘拉亚秀神 (ཐང་ལྷ་ཡར་ཤུད།)[245]。我愿意听从您的差遣，在我那里很温暖，请前往我处休息。"并留下了三个佣人和坐骑。阿阇黎在雪山中如离弦的箭那样前行后，见有热喷喷的美食。据说阿阇黎后来曾对人说起："去那雪山上，有一富裕的仙人。"

之后，通过尼木支斯地方 (ཉི་མོ་འབྲི་ཟེར།) 下方，从北朗塘地方 (བྱང་གནས་ཐང་།) 下来时，有父魔两万一千前来阻挠。第一天出现遍地都是狮子的情形，未对阿阇黎构成危险，狮子便消失了；第二天出现遍地都是野牦牛的情形，对阿阇黎没有构成危险，牦牛便在草地上消失了；第三天遍地都是鸟类，也未对阿阇黎之法力构成危险，众鸟便在空中消失。阿阇黎说："看来要消灭两万一千父魔。"在那塔普杜玛拉洪地方 (རྣམ་ཐ་བྲ་མ་ལྷོ་ཧུང་།) 修行三天三夜后，于半夜时分说："要天塌下来？还是要地裂开？"此时，出现了阿阇黎自己的身影。阿阇黎心想，这可能是母夜叉施法所致。此时，有四大将军手持军旗前来对阿阇黎说："阿阇黎啊！有何办法对付母夜叉之阻挠？魔鬼傲慢且霸道，如同我娘舅。"阿阇黎说："需要闻法念咒。你等肯定受到了阻挠，从两万一千之父魔中带二十一个有神通的前来！"于是，砍下三霸道魔鬼 (བདུད་ལ་དབང་ཆེ་བ་གསུམ)、三霸道穆 (དམུ་ལ་དབང་ཆེན་བ་གསུམ)、三霸道色 (སེ་ལ་དབང་ཆེ་བ་གསུམ)、三霸道赞 (བཙན་ལ་དབང་ཆེ་བ་གསུམ)、三霸道鲁 (ཀླུ་ལ་དབང་ཆེ་བ་གསུམ)、三霸道聂 (གཉན་ལ་དབང་ཆེ་བ་གསུམ) 及三霸道战神 (དགྲ་ལྷ་ལ་དབང་ཆེ་བ་གསུམ) 之头颅后，被称之为"二十一居士"而被制伏。

再往前走，亚拉香波 (ཡར་ལྷ་ཤམ་པོ།)[246] 神化成一满头白发、双脚撑不起

278

身躯的老人，把头放在阿阇黎胸前，双腿伸向了康区之亚木塘地方。阿阇黎甩出手中的鞭子，落在了康区之亚玛塘地方后，老人因心生惧怕而还原为一头系丝带的白人，向阿阇黎顶礼并献上心脏而被制伏。

来到彭域（འབན་ཡུལ）[247] 色（སེར）山之顶时，阿阇黎说：“此地像一劈开的红马尸，也有罗刹三兄弟，我们不去此地。”于是来到了堆龙（སྟོད་ལུང）那玛地方，制伏了蛇魔。

之后，住于雄巴（ཤན་པ）地方时，次日侍从未能寻得水源。阿阇黎向天神讨水而从地下喷出了泉水，据说这是现在的雄巴拉曲（ཤན་པ་ལ་ཆུ）神泉[248]。

在拉萨供养觉沃（ཇོ་བོ）[249] 佛像而住三天三夜时，坐骑默茹果玛（སྨག་རོ་མགོ་དམར）在拉萨的沙滩（བྱེ་མ་ཐང）上没有草吃，后因阿阇黎加持而使沙滩变为肥美的草场。坐骑无水喝时，因阿阇黎马鞭插入地下加持而有了水。

之后，通过巴朗（བ་ལ་སྒ）[250] 山顶，来到桑耶库（བསམ་ཡས་ཁུ）地方时，领主因住于金殿而未察觉，众臣看到后向领主通报说：“领主，莲花生阿阇黎到了。”领主心想，我虽是吐蕃四茹（རུ་བཞི）之王，但是据说他也是乌仗那王子，是一位虔诚的佛教徒，是学佛之人，是我请来的客人，我应该使用敬语。于是头系丝带，穿上靴子出来迎接时，忘记了系腰带。阿阇黎见此情形后说：“一段时间，在上部地区将形成如同帽子般大小的政权；在下部地区将形成如同靴子般大小的政权；中部地区将四分五裂。”

于是领主认为，阿阇黎只不过是一位如同门子（南部门地方的人——译者注）的普通人而未使用敬语。阿阇黎说：“我是心与佛法相随，或智慧无穷，或能与佛祖对话之人。”领主说：“只不过是一位边地普通门子。”于是阿阇黎对着面前的大日如来石像说：“向大日如来顶礼”此时，石像裂开了；又说：“向大日如来灌顶”并用钵向石像浇水时，石像恢复了原样。

之后，阿阇黎掰开右手指甲让王看时，如同镜子般看见了吐蕃四茹之地、天竺及中原等地，也见到了领主自己的模样。此时，领主因后悔而使用了敬语。在敬语之后，还开起了玩笑说：“不要向他人说起，我吐蕃四茹之王向一普通门子使用了敬语。”

于是吐蕃君臣如同围墙倒塌般地向阿阇黎顶礼，并唱起了歌。

阿阇黎给领主、三使者及王妃卡尔钦萨·措杰 (མཁར་ཆེན་བཟའ་མཆོག་རྒྱལ།) 等五人，在玛萨贡宫殿 (མ་སགོང་གི་ཕོ་བྲང༌།) 内灌顶，并对王妃卡尔钦萨·措杰说：

你是智慧飞天化，

牙齿洁白如海螺，

具备所有善美相，

向你示色究竟天。

（妃子）失踪了三天后才回来，赞普问：“你是否见到了色究竟天？”答：“见到了。”领主说：“不对。阿阇黎也还达不到色究竟天之境界。色究竟天为无色，但阿阇黎尚存色身。”王妃答：“我见到了色究竟天，见到了普贤菩萨、金刚萨埵、持金刚等。”领主说：“不对。若是如此，之前我母汉妃公主被四王迎娶之时，冲木之格萨尔军王夺走了如同色之小盾的我母幻化镜，把它取来。”

王妃告诉阿阇黎后，阿阇黎立即使用禅功前去，在领主转五颗佛珠之功夫就回来了。

领主说：“这个做到了，但在三十三层天界殊胜宫之顶有大鹏鸟之蛋，把它取来！”王妃告知阿阇黎后，在领主没有来得及转佛珠之际就取回来了。

领主又说：“在海底，龙王祖那仁钦 (ཀླུའི་རྒྱལ་པོ་གཞག་ན་རིན་ཆེན།) 头顶有殊胜之宝贝，把它取来！”王妃告知阿阇黎后，在王没有来得及转佛珠之际取来了。于是，领主相信了阿阇黎的法力，开始与阿阇黎商议修建桑耶寺的事情。因阿阇黎之前已经降伏了许多鬼怪，故立即用金刚橛开路，之后由吐蕃四茹之五六万人开始砌墙，但一天只能修筑两层围墙。

之后，阿阇黎命神鬼八部开工，大梵天和帝释天作乐师开路，四大天王（རྒྱལ་པོ་ཆེན་པོ་བཞི།）作工头，二十八自在天母（དབང་ཕྱུག་མ་ཉི་ཤུ་རྩ་བརྒྱད།）、七母四姊妹（མ་བདུན་སྲིང་བཞི།）、根江直（གིང་ཅུང་དཀར་སྡེ།）等神鬼八部作为工人，吵闹着夜里完成了三层围墙。特别是用强斯（བྱང་གཏེབས།）砌墙，据说墙非常好。

桑耶寺的建筑布局，按照《俱舍论》(མཛོད་ལ་མཛོད།) 经典修建的，其乌孜三样顶象征须弥山；十二小洲象征日月；洞孔按照《律部》(འདུལ་བ།) 修建；众神像按照《经藏》(མདོ་སྡེ།) 修建。

乌孜三样顶按照大日如来度化众生的样式修建。在考虑神像的模样如何修建时，王之梦中出现了一白人，对王说："大王，想雕塑怎样的神像这个问题，过去有佛祖释迦牟尼开光的塑像可参照，请随我前去观看！"于是把王带到了亥布日山上观看岩石上的神像，并告诉王哪些是佛祖像、哪些是菩萨像以及哪些是忿怒神像等。有了如此这般的梦兆，天亮后王来到亥布日山时发现岩石上有如同梦里所见那样的神像。于是招来泥婆罗工匠，立即照此塑造神像。

顶部按照天竺样式修建，神殿中心供大日如来像，周围有八近侍弟子，另有菩萨多吉坚赞（བྱང་ཆུབ་སེམས་དཔའ་རྡོ་རྗེ་རྒྱལ་མཚན།）为主的26尊，门卫有八忿怒神像等，共有佛像44尊。壁画中有金刚众神。护法供有罗刹桑比坚。四层有桑杰嘎卫（སངས་རྒྱས་དཀའ་བ།）及其近侍等，护法有持金刚。

中层按照中原样式建造，中间供养大日如来像（རྣམ་པ་རང་མཛོད།）、无量光佛（སྣང་བ་མཐའ་ཡས།）、弥勒佛（བྱམས་པ།）三尊，周围有十地菩萨，忿怒神有金刚岗格，共为15尊。壁画中有按照《般若经》（འབུམ།）续图。财神殿向外墙壁上，有八佛塔；向内墙壁有神森钦宁布（原文缺漏）续图。鼓殿前有十方佛、金刚萨埵、阎王等众神，壁画有众护法面具，护法供有护法王辛加坚（ཚེས་སྐྱོང་རྒྱལ་པོ་གིད་བུ་ཅན་）和妃子卓瓦桑姆（སྒྲལ་འགྲོ་བ་བཟང་མོ་）。

底层按照吐蕃样式修建，中间供养三世佛，周围有善劫百菩萨，门卫有忿怒神胜三界和不动佛，共为13尊。壁画有十方佛。财神殿门向外的墙壁上，全是《白莲经》（པད་མེ་པད་མ་དཀར་པོ་）图；向内的墙壁上，有宝续图。护法供宝座狮（སེང་གེ་ཁྲིའི་རལ་པ་ཅན་）。

鼓殿壁画有《宝顶》（རིན་པོ་ཆེ་ཏོག་གི་རྒྱུད་），有近侍环绕，外层有庄严续图。护法为阿那敖李嘎（ཚེས་སྐྱོང་ཨ་ན་ལུ་ལི་ཀ་）。

这些塑像是由泥婆罗工匠所塑，用马车运来时大地震动。给塑像穿带上丝绸衣裳，系上金丝腰带，请至神殿后供于乌孜三样殿。九座财宝殿中，南面有三座，是珍宝库，护法有黑罗刹三兄弟（原文有错别字）。

西面三座宝库，是佛经续之库，护法为黑阿杂热三兄弟（ཨ་ཙར་ནག་པོ་མཆེད་གསུམ་）。

北面三座，是宝库，护法黑罗刹（གནོད་སྦྱིན་ནག་པོ་）。

有门38扇，有锡制器皿48件，有柱子1008根，有四大梯子，有九座宝库等坐落于中层。

廊道上下两层之神像，上层有普贤王（དཔལ་ཀུན་ཏུ་བཟང་པོ་）及众神；下层有白岗瓦桑布宫殿（དཔལ་གང་བ་བཟང་པོའི་ཕོ་བྲང་）。壁画有善劫千佛（བསྐལ་པ་བཟང་པོའི་སངས་རྒྱས་སྟོང་）。护法罗刹岗瓦桑布（ཚེས་སྐྱོང་གནོད་སྦྱིན་གང་བ་བཟང་པོ་）。

东边三林中，那达垂康林殿（རྣམ་དག་ཁྲུས་ཁང་གླིང་）有菩萨五主仆像（བྱང་ཆུབ་སེམས་དཔའ་གཙོ་འཁོར་ལྔ་）。壁画有顶俄增桑布（ཏིང་ངེ་འཛིན་བཟང་པོ་）续图。护法为梵天海螺头（ཚེས་སྐྱོང་ཚངས་པ་དུང་）。

钦热江白林（མཁྱེན་རབ་འཇམ་དཔལ་གླིང་）之神像，有文殊五主仆，门卫有两尊黑阎王，共为七尊。壁画有无量光佛和厚重之续图，有二界续图。护法阎王火轮像。

达角仓巴林（译经院）神像，主供释迦牟尼，近侍有六菩萨。

杜堆阿巴林（密宗殿）神像，有菩萨五主仆。壁画有菩萨朗卡宁波续图。护法有罗刹王28尊。

为消除信徒供佛之碍，建有阿亚巴罗林之神像，中间供有主仆五尊，四周有王之本尊观音（ཕགས་རྗེ་ཆེན་པོ།）、三怙主（རིགས་གསུམ་མགོན་པོ།）、狮子吼（རྗེ་བཙུན་སེང་གེ）、巴索觉姆卓玛（བ་སོའི་རྗེ་མོ་སྒྲོལ་མ།）、佛塔、八千颂母（ཤེར་ཕྱིན་བརྒྱད་སྟོང་ཕྱུག་ཆེན་མོ།）等13尊。壁画有《诸佛菩萨名称经》（ཪ་མ་ཏོག་བཀོད་པ།）和《十地经》（མདོ་སྡེ་ས་བཅུ།）图。护法为当钦使者。

为发菩提心，在扎角加嘎林（译经院）建造铜质神像大日如来五主仆，壁画中有根据《俱舍论》所绘大日如来图。护法有牛头罗刹（གདོང་གྲི་སྲིན་མོ།）。

强秋且巴隆顿其玛林神殿（བྱང་ཆུབ་ཆེན་པར་ལུང་སྟོན་ཁྱེད་མའི་གླིང་།），供喜足天（དགའ་ལྡན་ཉིན་ཆགས་གྲོང་།）众神像，主供弥勒佛，周围有三声闻部像，二飞天，共为5尊。加之二门卫塑像，共为7尊。顶部供养阿弥陀佛五主仆，共为12尊。壁画中有释迦牟尼佛法衰弱、弥勒佛法兴盛图以及桑耶寺建寺图，也有那囊·杰擦传（སྣ་ནམ་རྒྱལ་ཚ་ལྷ་སྣང་བ།）等。护法为卡琼李比觉（ཆོས་སྐྱོང་ཀ་བ་ཅུང་མ།བི་བེ་ཆེན།）。

珠觉当昂（སྒྲུབ་ཆེན་དགའ་བཟམ་ངག）波比林，有禅定洲诸神像，有五佛、一善劫、二怒怒神等，共为23尊。壁画中有五千佛、无量寿佛和坛城。廊道上有《般若》（原文有别字）图。护法有银头王。

为了修禅，各种宝物神殿的神像，主要（原文不清）有佛母手持莲花图、金刚（原文不清）、静相神四十二尊和四十七尊菩萨。壁画有坛城等。护法有飞天狮面。

发心神殿中，宝库白嘎尔林的神像有释迦牟尼佛，周围有八弟子塑像。壁画中有父子相见图。护法有白嘎尔塑像。

王臣庶民宝库，不属于神殿，如垂康林（ཐུགས་ཁང་གླིང་།）的神像，下基有如大海沸腾之中的莲花枝，上有白色持金刚以静相而坐，枝上有八龙和金刚持，旁边有龙和聂的塑像，如同在水中漂浮。护法为龙王久达（ཀླུ་ཡི་

ཁྲི་གདུང་ ）。

白塔狮子庄严，护法有白月千。红塔千莲庄严，有护法铁嘴飞天。蓝塔千神殿庄严，护法有向阳罗刹塑像。东南白塔象征声闻部，西南佛塔象征菩萨，西北佛塔象征独觉部，东北佛塔象征诸佛。

白色是积喜之塔，红色是积莲花之塔，黑色是积吉祥之塔，绿色是积知识之塔。或白色象征须弥山，红色象征千朵莲花，黑色象征上千个擦擦，绿色象征多门金刚境。

黑色围墙之门口，有神40尊。壁画有千佛，护法有四天王。围墙护法，有王十八千户。

建成后，白塔之轮由木匠和铁匠完成，想从亥布日山运来时，这天夜里倒塌。木匠和铁匠害怕，向王禀报此事。泥婆罗造像师梦见：若有四人用轮子运来可以成功。于是告知王后，得到了很大赏赐。梦中所示，是指四天王。

造钟未成，摆放茹（原文缺漏）吉多后，为了转移众神鬼而歌唱。（歌词）：大小围墙一般，高低须弥山一般，多少如众生之数量，美丑如丝绸。如此说了以后，在众鬼神不注意时，完成了造钟。

兔年奠基，过了12年后，于龙年举行了竣工大典。

阿阇黎举行了三次开光仪式：第一次，众神出来转白塔三圈后进入塔内，故白塔加持力大；第二次，马头明王发出三声，据说大梵天以下众神都听见了声音，这是马头明王加持力大的原因；第三次，石碑口之母狗，发出三次声音，据说声音传到了天竺，因此，自天竺翻译佛经不断。据说，若完成七次开光，就无灾害发生，但阿阇黎未能完成此事，故寂护完成了四次（开光仪式）。

王妃修建的有三个神殿：蔡邦萨玛杰 (ཚ་སྤང་བཟའ་དམར་རྒྱལ།) 修建了康松殿(ཁམས་གསུམ།)，卓萨强秋 (འབྲོ་བཟའ་བྱང་ཆུབ།) 修建了格杰殿 (དགེ་རྒྱལ།)，普雍萨杰姆尊 (ཕོ་ཡོང་བཟའ་རྒྱལ་མོ་བཙུན།) 修建了布蔡殿 (བུ་ཚལ།)。这有三个历史，目录

（志）藏于白嘎尔林殿，称为法之库，护法是法殿王；简略历史，特别爱护，用金银汁书写，装入用银装饰的筐内，再用银锁锁住，目录用文字书写，护法是罗刹和王；特别简略的历史，为了不被谣传，刻于石碑上，被称之为王告，护法是直杜曲，或称穆卡列。据说，在石碑口放置有铜狗。在扎玛措姆古尔 (ⁿᵍ...ᵈᵍʳ)[251] 之上，生出了一株莲花，唱出了幸福的锅庄舞曲和山歌。

17.在吐蕃奠定传法基础

"为吐蕃大兴佛法打基础"，说的是以白室利那烂陀寺 (ᵈᵖᵃˡ...) 为原版，修建了十二座学院 (ᵇˢˡᵃᵇ...ᵍᵗᵍˢ)、六供养处 (ᵐᶜʰᵒᵈ...ᵈʳᵘᵍˢ)、八修行处 (ˢᵍʳᵘᵇˢ...ᵇᵍʳᵘᵍˢ)、四大修行院 (ˢᵍʳᵘᵇˢ...ᵇᶻʰᶦ) 及十二处修心殿 (ᵇˡᵒ...ᵇᶜᵘ...ᵍᵗᵍˢ)。

在吐蕃中部，有康松米多卓玛 (ᵐᶦ...ˢᵍʳᵒˡᵐᵃ)、嘎琼拉康 (ᵈᵍᵃʳ...ᶜʰᵘⁿᵍ...)[252] 和文江多 (ᵈᵇᵒⁿ...)[253] 及吉蔡 (ᵈᵍᵘᵍˢ...) 四座。

在朵康 (ᵐᵈᵒ...ᵏʰᵃᵐˢ) 地方，有江格热古 (ˡᶜᵃⁿᵍ...ʳᶦ...)、直嘎扎 (ᵈᵍᵉ...ᵍᵗᵃᵍ...)、吉托昂木贞 (ˢᵏʸᵉ...)、登康钦默 (ˢᵗᵉⁿᵍ...ᶜʰᵉⁿ...) 四座。

朵麦 (ᵐᵈᵒ...ˢᵐᵃᵈ) 地方，有那沃金 (ⁿᵃ...)、夏贝嘎 (ᵇᶻʰᶦ...)、迥（钟）康钦默 (ˡᶜᵒⁿᵍ...ᵏʰᵃⁿᵍ...)、嘎隆雪 (ᵍᵃ...ˡᵘⁿᵍ...) 四座。共为十二座。

六供养处，吐蕃中部有拉萨 (ˡʰᵃˢᵃ)、桑耶 (ᵇˢᵃᵐ...ʸᵃˢ) 二处；康区 (ᵏʰᵃᵐˢ) 有嘎曲玉孜 (ᵍᵃ...ᶜʰᵘ...) 为三；嘎空托杰伦珠 (ᵇᵍᵃ...ᵏʰᵒⁿᵍ...ᵍᵗᵍˢ...)、朵康隆塘吉顶卓玛 (ˢᵍʳᵒⁿᵍ...ᵗʰᵃⁿᵍ...)、乌如强钦弩 (ᵈᵇᵘᵉ...ᶜʰᵉⁿ...) 六座。

八修行处，卫地有钦普 (ᵇᶜʰᶦᵐˢ...)[254]、叶巴 (ʸᵉʳᵖᵃ)[255] 和娘 (ᵐʸᵃⁿᵍ)氏之夏 (ᵍ)[256] 三处，白曲沃日 (ᵈᵖᵃˡ...ᶜʰᵘ...)[257] 四处；朵康地方有登德贤 (ᵈᵃⁿ...ᵗᶦᵍ...)、蚌林(ᵇʳᵃⁿᵍ...ᵍˡᶦⁿᵍ)、阿隆 (ᵃ...ˡᵘⁿᵍ)、隆塘阿亚林 (ˢᵍʳᵒⁿᵍ...ᵗʰᵃⁿᵍ...ᵍˡᶦⁿᵍ)，共为八处。

十二修心学院，卫地 (ᵈᵇᵘˢ) 有钦普、叶巴、夏拉康 (ᵇᶻʰᶦ...ˡʰᵃ...)三处；康区 (ᵏʰᵃᵐˢ) 有登德贤 (ᵈᵃⁿ...ᵗᶦᵍ...)、蚌林 (ᵇʳᵃⁿᵍ...ᵍˡᶦⁿᵍ)、恩琼 (ᵃⁿ...ᶜʰᵘⁿᵍ)、德

285

卫拉蔡 (ﾞﾞﾞﾞﾞﾞﾞﾞ) 四处；朵麦 (ﾞﾞﾞﾞﾞ) 地方有隆塘阿亚隆 (ﾞﾞﾞﾞﾞﾞﾞﾞﾞﾞ)、梅雪森林文乃 (ﾞﾞﾞﾞﾞﾞﾞﾞﾞﾞﾞﾞﾞﾞﾞﾞ)、增杰金吉文乃 (ﾞﾞﾞﾞﾞﾞﾞﾞﾞﾞﾞﾞﾞﾞ)、蚌波吉塘辛杰卫文乃 (ﾞﾞﾞﾞﾞﾞﾞﾞﾞﾞﾞﾞﾞﾞﾞﾞﾞﾞﾞ)、朗隆格扎乌夺 (ﾞﾞﾞﾞﾞﾞﾞﾞﾞﾞ)，共为十二。总共有三十处僻静修行地。

四大修行院中，东部的塔拉岩洞 (ﾞﾞﾞﾞﾞﾞﾞﾞﾞﾞ)，为直·接卫洛追 (ﾞﾞﾞﾞﾞﾞﾞﾞﾞﾞﾞﾞ) 所修建；南部虎狮岩洞 (ﾞﾞﾞﾞﾞﾞﾞﾞﾞﾞﾞﾞﾞﾞﾞﾞ)，为朗·白吉森格(ﾞﾞﾞﾞﾞﾞﾞﾞﾞﾞ) 所建；西部红岩亭普 (ﾞﾞﾞﾞﾞﾞﾞﾞﾞﾞﾞﾞﾞ)，为奴·朗卡宁波 (ﾞﾞﾞﾞﾞﾞﾞﾞﾞﾞﾞﾞﾞ) 所建；北部阿亚尔巴罗修行院 (ﾞﾞﾞﾞﾞﾞﾞﾞﾞﾞﾞ)，为岩朗·杰瓦乔央 (ﾞﾞﾞﾞﾞﾞﾞﾞﾞﾞﾞﾞﾞﾞﾞ) 所建。

十三觉士 (ﾞﾞﾞﾞﾞﾞﾞﾞﾞ) 出家，说的是最初的比丘有两位巴氏 (ﾞﾞ) 僧人，一为巴赛囊 (ﾞﾞﾞﾞﾞﾞﾞﾞ)，二为巴赛加 (ﾞﾞﾞﾞﾞﾞﾞ)。最早的僧人有岩朗(ﾞﾞﾞﾞ)、拉隆白吉多吉 (ﾞﾞﾞﾞﾞﾞﾞﾞﾞﾞﾞ)、聪慧者仁青 (ﾞﾞﾞﾞﾞﾞﾞﾞ)、列松·杰瓦强秋 (ﾞﾞﾞﾞﾞﾞﾞﾞﾞﾞﾞﾞﾞﾞﾞ)、贤者贝若杂那 (ﾞﾞﾞﾞﾞﾞﾞﾞﾞ)。

最初的尊者有乌结卡彭 (ﾞﾞﾞﾞﾞﾞﾞﾞﾞ)、麦·释迦 (ﾞﾞﾞﾞ)、嘎·释迦 (ﾞﾞﾞﾞ)。大法力者有奴·朗卡宁波 (ﾞﾞﾞﾞﾞﾞﾞﾞﾞﾞﾞﾞﾞ)、聪慧者云旦宁波(ﾞﾞﾞﾞﾞﾞﾞﾞﾞﾞ)、聪慧贤者娘·康巴果恰 (ﾞﾞﾞﾞﾞﾞﾞﾞﾞﾞﾞ)。

"政教如太阳"，说的是如此深奥佛法不灭，如胜利宝幢长立；善行人法传四方。故，吐蕃（赞普赤松德赞）疆域广阔，政治高如山，头盔坚如石，59岁时死于松卡宫 (ﾞﾞﾞﾞﾞﾞﾞ)[258]。虽然赞普寿命不长，但事成如愿。

18.穆尼赞普、穆德赞普和赤德松赞等

赤松德赞与蔡邦萨玛尔杰 (ﾞﾞﾞﾞﾞﾞﾞﾞﾞﾞﾞﾞﾞﾞﾞ)之子为牟尼赞普 (ﾞﾞﾞﾞﾞﾞﾞ)[259]、牟德赞普 (ﾞﾞﾞﾞﾞﾞﾞﾞ) 及赤德松赞 (ﾞﾞﾞﾞﾞﾞﾞﾞﾞ)[260]。牟尼赞普生于扎玛尔地方，在未执政前，被其母投毒致死。（此时）由那囊氏坚赞拉囊 (ﾞﾞﾞﾞﾞﾞﾞﾞﾞﾞﾞﾞ)、秀布赤钦孔赞 (ﾞﾞﾞﾞﾞﾞﾞﾞﾞﾞﾞﾞ) 和德麦古悉德琼 (ﾞﾞﾞﾞﾞﾞﾞﾞﾞﾞﾞﾞﾞ)[261] 三人任家臣。17岁时死于云布（应该是雍布拉岗宫——译者注）地方。

次子牟德赞普（牟茹赞普——译者注）执政前，有天赞普和家臣商议政事时，命尚·赞悉乌仁（ཤང་བཙན་བཞེར་ཧུ་རིངས）守门。此时，有牟德赞普前来，对其（乌仁）说："你不让我进去吗？"并拔刀杀死了门卫。到了里面后，赞普发问："不是有乌仁在守门吗？"他回答说："乌仁已经被我杀死了。"因此，他得到了赞普严厉的惩罚，被发配到了香吉蔡地方（གནས་ཀྱི་སྐྱེད་ཚལ）,[262]属于被剥夺了继位权而未能执政的王子。

赤德松赞出生时，对婴儿的性别进行了预测，因符合预测结果而使赞普满意，故得名色那列（སད་ན་ལེགས）。他于龙年生于扎玛地方，13岁时父亡，执政18年。他到了40岁时，羊年秋，于扎普地方（སྦྲགས་སྟོད）[263] 逝世。在他执政期间，有直松让夏（འབྲིང་གཟུངས་རམ་ཤགས）任家臣8年，有钦·藏悉列（མཆིམས་ཚང་བཞེར་ལེགས）任家臣5年，巴·玛杰拉略（སྦས་རྗེ་རྒྱལ་ལོད）任家臣一年。

19.热巴坚

色那列有五子，其中，登杰（ལྡེན་རྗེ）和伦珠（ལྷུན་གྲུབ）二人早已去世，热巴坚（རལ་པ་ཅན）、藏玛（གཙང་མ）及达玛（དར་མ）三人中，由热巴坚继承了王位。此人于狗年生于文江多（འོན་ཅང་རྡོ）地方。两岁时父亡。执政12年。这期间，由巴·玛杰拉略（སྦས་རྗེ་རྒྱལ་ལོད）和贞·赤松杰达囊（འབྲིང་ཁྲི་གཟུངས）任家臣。郑嘎·白吉云旦（བྲན་ཀ་དཔལ་གྱི་ཡོན་ཏན）[264] 也任家臣，但是被人陷害。他被陷害的原因是，由韦·杰多日达囊（སྦས་རྒྱལ་ཏོ་རེ་སྟགས་སྣང）挑拨所致。韦氏小时候，有次和郑嘎去放马时，马跑到了罗梅（ལོག་མེན）地方。郑嘎让韦氏去赶马未果。此时，天空下起了暴雨，韦氏没有遮雨的衣物，而郑嘎有遮雨的衣物（但没有借给韦氏）。韦氏心想：若能借到氆氇的话，可以在赶马时派上用场。（因没有借到衣物）韦氏把新衣物藏于沙子里后钻入了水中，等到雨停了以后再从沙子中取出衣物，拍去沙子后穿上。于是，郑嘎对他说："你这小孩子连牙齿都没有长齐，但却很有心计。"此话被他听到后记在了心上，过了一年以后，还在议论此事。于是就问他："为何如此？"韦氏说："是因为赤裸供养觉沃的缘故（可能是个比喻，是指前面的事件）。"韦氏为此事不悦，一直耿耿于怀。郑嘎心想：他至今都可能不太喜欢自己，若是我把女儿许配给他，或许能改善我们之间的关系。于是把女儿嫁给了他。他问女儿："他在干什么？又如何睡觉？"女儿说："他夜里仰卧。""他把金子放在胸前了吗？"（后来）女儿又说："他夜里俯卧。"据说，他又猜测：身下藏有宝物。

对此，韦氏挑拨家臣（郑嘎·白吉云旦）与赞普的关系，说臣与王妃通奸等，有许多这方面的历史。家臣在雅砻益木囊 (ཡར་ཀུང་ཡིད་མོའི་ནང) 地方的草原上，掘洞修行铁命法时，盲人主仆二人来了，并向他乞讨。导盲人说："在如此空旷的山野之中，能有什么乞讨的？"盲人说："感觉到了烟火，所以，附近可能有村庄。"他们看见草坝上方的一山洞内有烟。用拐杖敲打洞口并乞讨，郑嘎无奈取出衣物以施，并对他们说："不要告诉他人我在这里！"说着并给了他们一人一件衣物。心想盲人看不见，所以，给了一件粗糙的衣服；给了导盲人一件细软的衣物。盲人通过用手抚摸，得知了毛料的细软而心生不满。来到韦·多日 (ঘৰ་དོ་རེ) 门前时，说："请赐予如同郑嘎那样的布施！"韦氏问："郑嘎在哪里？"盲人说出了他的住处。知道郑嘎的去向后，从益木 (ཡིད་མོ) 草原把郑嘎抓来。郑嘎说："我已修成铁命法。"韦说："你事已成，但我难道就找不到一袋木炭吗？"郑嘎说："要杀死我的话，要在太阳傍晚时才升起的地方，在河水与岩石相撞的地方，在树木朝下生长的地方才能杀；杀我时，需要有一木矛、一绵羊、一山羊、一片绸缎。若没有这些，就对你不利。"在乌卡地方有一处河水与山岩相连、太阳傍晚升起、树木从岩石顶向下生长的地方，于是就被带到了那里。问："你有何遗言？"郑嘎说："愿天色变蓝！愿大地变红！愿庶民暴动！愿王室绝后！"杀死郑嘎后回去的路上，郭氏 (འགོས) 问："郑嘎杀死了吗？"答："能不杀死他吗？"又问："他说了什么？"回答："他说：'愿天色变蓝！愿大地变红！愿庶民暴动！愿王室绝后！’他还要求木矛等，但我觉得用不着。”郭氏说：“这说明他是被冤枉的。他说需要木矛，是指他的心像木矛那样直；说‘愿晴天变蓝’，是指将会发生旱灾，使得草原上因不长青草而变红。因此，赞普有绝后的危险，有庶民暴乱的危险，是不祥之兆。”赞普赤热巴坚的妃子听到家臣被杀后，用白色玻璃刀割开自己的肚子，并说：“我与家臣是否通奸，请看这里！”她腹中有一王子，牙齿像白海螺一样洁白，并有松石般的眉毛。据说在这之前的王子皆有如白螺般的牙齿，也有如松石般的眉毛，这些都是一生下来就有的。所以，人们相信了郑嘎大臣是被冤枉的。赞普后悔不已，用王妃的鲜血为王妃修建了热斯玛波佛塔。用赞普自己的头发所制的地毯上，供养三宝。王之聂珠（སྙན་དྲུག）道歌出现于此时。在赞普41岁时，被其弟达玛夺去了王位。鼠年，在兰嘎尔[265]地方赞普被庶民弑杀。据说，该赞普是金刚持的化身。

前半生未能收复边地六部（རྒྱ་དྲུག）[266]，后来三部落发生内乱而未能收复这些地方，杀不绝。在康地之亚木塘[267]地方，冬天三月依照夏天之惯例进行调节，在石头上刻日月形以定边界。用离奇的神变之法降服边地之敌。

后半生，修建了艾松迥卫神殿（ངན་སོང་སྦྱོང་བའི་ལྷ་ཁང་།），在建筑工艺上比起先祖的神殿超出了十三种技艺。[268]在先祖时期，修建108座神殿时还差一座，所以，修建了古木拉康娘若孜吉楚古坚神殿（འཀུར་མོ་ལྷ་ཁང་བྱང་རོ་ཆིབས་ཀྱི་ཁབ་སྣོ་ཅན།），以凑足神殿数量。翻译了许多有关三藏及密法方面的佛经。进行文字厘定。过去没有翻译完成的和没有翻译的经文，都被翻译了出来，并下诏后人不许篡改经文。信佛且勤奋的人们出家后有了很高的地位，受赞普器重。想尽办法为庶民、僧人提供生活保障。为讲经说法的上师们赐予狮子宝座，在宝座上铺赤聂萨列地毯，上有宝伞，右边有胜利宝幢，左边有巴旦，前面有麦哲供养，名为喇嘛或上师。此王寿命虽短，但在世时如愿实现了愿望。如此，在愚昧黑暗的吐蕃，燃起了佛法白灯。

在该王以上，以深邃的谋略战胜外敌。政法如同金犁，粗且重；佛法如同绸结，柔软且严厉；人法如同麻绳，多且集。上有王公正，下有庶民依从王命且守法。为庶民、僧人提供最好的生活保障，故大兴善行。人无外敌，马无束缰，牛无纤绳。上部阿里三围；向赞普交税；边地四门向赞普纳贡；八谷地（རོང་ཁ་བརྒྱད།）的头人向赞普献上财宝和宗堡。收复42个千户。右木十二部落也听从于赞普。泥婆罗之大拉（དག）、底（དི）、隆玉扎热（སྐྱོད་ཡུལ་བྲག་རབ།），于阗（ལི་ཡུལ།）之乌天（ཨུ་ཏེན།），加域（རྒྱ་ཡུལ།）之旦桑（སྟན་བཟང་།）等，以上地区被赞普所征服，成为赞普的领地。地域和律法等依从先祖惯例。以九善建宫，讲九善言。有贤者划分茹（疆界）。不入流的人，可在太阳下行乞。依季节放牧。庶民造神像，并按时供养三宝。王之国界抵达天边。对庶民的治理，如同江河之水。吐蕃王与民生活于如同永恒之太阳般的幸福之中。人的善行普及边地，如同善法世界，兴盛佛法。

20.朗达玛

关于禁佛的情况，《经》（གསུང་།）上说：此时出现了偏向黑色的朗达玛，吐蕃之男女厉鬼，杀死长兄且流放其弟，执政一年半后被杀。佛法被禁七代之久。这个赞普于羊年生于文江多，12岁父亡，执政一年半，32岁虎年，被拉龙贝吉多杰（ལྷ་ལུང་དཔལ་གྱི་རྡོ་རྗེ།）所弑杀。

关于赞普被杀的情况，该赞普未能像先祖那样成为菩萨的化身，而生为台乌让（ཐེ་རང་།）[269] 和罗刹（སྲིན་པོ།）之子。前世转生于西南罗刹之地，其父为罗刹果古巴（སྲིན་པོ་མགོ་དགུ་པ།），母为罗刹桑贞姆（སྲིན་མོ་ཟངས་མགྲིན་མོ།）。生为罗刹三兄弟后，给西南罗刹之地带来了灾难。

在此之后，转生于黑甲人之扎协（བྲག་ཤེད།）地方，父为贡布夏比（འགོན་པོ་ཤ་ཕ།），母为贡姆扎贝（འགོན་མོ་ཟླ་འེ།）。生为台乌让三兄弟（ཐེ་རང་སྤུན་གསུམ།）[270]后，长子给人间带来了饥荒和冰雹之灾；次子带来了战乱；幼子给众生带来了疾病，使得汉地地方衰败。

之后，转生为吐蕃之狮头王朗达玛，其家臣有台乌让之化身猴头韦·杰多日达那 (སྲས་རྒྱལ་ཏོ་རེ་སྙག་ཉ།)、尚伦鸳鸟头那囊坚赞 (ཞང་བློན་ཁྱིའི་མགོ་ཅན་སྣ་ནམ་རྒྱལ་མཚན།)、赤松杰达囊 (ཁྲི་གཙུག་སྲེ་སྙག་ཟུང་།) 等，在吐蕃禁佛。此时，吐蕃社会和谐之福资粮就像春天的冰山一样逐渐融化了；神圣赞普的福资粮，就像干枯的海水一样枯竭；吐蕃全境的王法，像古旧的石墙一样倒塌；约束众生行为的戒律，像年老者的智慧一样开始衰退；所有的善知识，像傍晚的太阳一样落下了山；王臣皆中了邪，完整的吐蕃领地被划分得支离破碎；庶民中的贤者们开始叛乱。角若·列白东赞 (ཅོག་རོ་ལེགས་པའི་གཟུང་ཅན།)、韦·杰多日达囊 [271] 等人趁乱四处滋事。各地出现了庶民暴动。郑嘎·白吉云旦 (བྲན་ཀ་དཔལ་གྱི་ཡོན་ཏན།) 和大臣赤杰达囊 (ཁྲི་རྗེ་སྙག་ཟུང་།) 等被人陷害。因以佛法三宝为敌之故，四尚伦臣治理吐蕃中部的格局被瓦解。边地三部落未能守住各自的防线。十个财务官 (རན་ཆེ།)[272] 破破坏了吐蕃中部的秘密。乃乌四部分断了财源(སྙེའུ་སྡེ་བཞིས་སྦོར་གྱི་འབྲོ་བཅད།)[273]。宝物的来源，被南部的门人夺去。整个吐蕃如同离巢的小鸟一样四分五裂，福泽皆失。

朗达玛未能成为像先祖那样的贤德赞普而成了罗刹等的化身，因此，夺取了兄长的王位。兄长热巴坚在13岁时，被庶民所弑杀。先祖时期支持佛法的习俗未能继承，所有神殿已经衰败，拉萨（大昭寺）神殿被水冲毁；嘎琼神殿被火烧毁；桑耶寺被沙子所淹没，成了野生动物出没的场所。多数佛经被埋藏于地下。佛法学院被诬陷后拆毁。

据说弟弟也被流放。其弟藏玛[274]因信仰佛法而被流放至门巴卓(མོན་དཔའ་གྲོ།)[275] 地方。一路上在昌那 (ཁ་ཉ།)[276] 地方停留一年，并修建了神殿。

娘·丁增桑波 (ཉང་ཏིང་འཛིན་བཟང་པོ།) 住于乌茹夏拉康神殿 (དབུའི་ཤ་ཁང་།)时，因他被人陷害而佛法教海的传承就此中断。派人刺杀玛·仁钦乔(རྨ་རིན་ཆེན་མཆོག) 时，因他装扮成妇女逃跑而一路未被人认出。他在后藏乌右(ཨུ་ཡུག) 地方[277]生活了九年后离世，未曾被人察觉。

因郑赤杰（ㅂﾃﾄﾞﾄﾞ﹀）被杀而中断了吐蕃的财富之源。因截断了西方甘露之源而天竺班智达来吐蕃的道路受阻；因东方三条黄色金道被水冲毁而中断了与中原之间的商道；因北方灰色兽皮上画上了线而霍尔军队进入吐蕃作乱；南方的黑熊筐被打开，与南部门人和亲，使得众生走上了不和之路。

请来奴·朗卡宁波（ﾞﾞﾄ﹀ﾞﾄﾞﾄﾞﾞ﹀）并准备杀死他时，他说："请让我去修行吧！"于是允许他去禅修。在他禅修时，天空打雷劈于手指间环绕，故赞普下令赦免他（ﾞ﹀），并把他流放至扎玛（ﾞﾄﾞﾄ﹀）地方。据说，过了一段时间后，他伴随着从东方的天空传来的各种乐器声而升入了天空。

家臣杰多若达囊（ﾞﾄﾞﾄ﹀）、角若·列扎拉东（ﾞﾄﾞﾄ﹀）、祖扎达松（ﾞﾄﾞﾄ﹀）等，也未能成为先前贤德家臣那样的贤臣，都生为台乌让（ﾞﾄ﹀）和贡布（ﾞﾄ﹀）[278]等的化身，故皆已中了邪，毁掉了三宝所依各神殿。此时，四神殿成了鸟窝和狐狸窝。先祖时期的善法告身已失。因害怕王法变为佛法，赞普禁佛。密法经典都被送回了天竺。佛学经典等藏于地洞和地下。指责诋毁先祖之本尊神。上层僧人被强迫乞讨；中层僧人被杀；下层僧人被强迫去狩猎，一部分做骑马时的脚垫。此时，斯孔墓葬被盗；[279] 芒域地方的山道被阻；班智达逃亡天竺；岗久（ﾞﾄ﹀）[280] 已亡；赞普身边的密咒师和苯教师被陷害；黑白不分，导致边疆危机。执政一年半后，赞普被弑杀。

该赞普因为禁佛，未能心想事成。在叶巴拉日宁波（ﾞﾄﾞﾄ﹀）修行的拉龙贝吉多杰与人商议决定杀死赞普，于是他用黑炭水把一匹白马染成了黑色，又身穿内白外黑的氆氇，装作赞普的喂马人而靠近赞普，之后用剑砍下了赞普的头颅。事成后说自己是无畏黑鬼，并逃向了河水之中。因黑炭被水冲刷之故，黑马变成了白马，又把身上的氆氇翻过来穿而未被人认出。到了吉曲河（拉萨河）对岸以后，他又说自己是朗贴嘎波白神（གནམ་ཐེ་དཀར་པོ།），于是就这样逃跑了。一路上的追兵都说，那是神鬼而放弃了继续追踪。拉龙贝多担心后面还有追兵，于是抓了一鸽子并给它披上袈裟后放进了洞里，在袈裟上系上修行带。当鸽子飞走时，四处扬起了灰尘。

一老妇说："看来杀害赞普之人拉龙贝多是个小孩。"在她前去探查时，因拉龙贝多稳坐不动，故老妇说："洞里只有一件沾满灰尘的袈裟。"于是就回去了。

此时，佛法之火灭了七代。达玛之子为沃松（འོད་སྲུང་།）[281]，其子为白衮（དཔལ་འཁོར།），其子为尼玛衮（ཉི་མ་མགོན།）、扎西衮（བཀྲ་ཤིས་མགོན།）、沃吉坚赞（འོད་ཀྱི་རྒྱལ་མཚན།）。沃吉坚赞之子为拉喇嘛（བླ་མའི་བླ་མ།）[282]，期间无佛法传世。

21.永丹和沃松二王子

达玛之子有永丹（ཡུམ་བརྟན།）[283] 和沃松（འོད་སྲུང་།）二人。在此二人未继承赞普王位之前，赞普之位处于空缺。据说（沃松）因与兄长不和，故住于腰茹（གཡོ་རུ།）昌珠（今乃东区）地方。此后，二人中只能有一人继承赞普之位。若长子未能继承赞普之位，被贬为"协昂尔"（ཞལ་སྔར།）[284]，原因是因为他首先见了赞普之面。其地位低于赞普，但比庶民高，故称为"塘仓"（ཐང་འཆོངས།）[285]。

"与兄长不和。"意思是他们二人同时出生，所以，因争夺兄长之辈分而产生了矛盾。

在赤达玛过世以后，留有沃松和永丹两个遗腹子。沃松在王妃腰姆赞姆彭氏（གཡོར་མོ་བཙན་མོ་འཕན།）之腹中时父王过世，为王子之安全考虑，夜里众臣在酥油灯光下守护王妃母子，故得名赤那木德沃松（ཁྲི་ནམ་ཐེ་འོད་སྲུང་།意为"光护"）。

在沃松出生的那天夜里，彭萨彭杰（འཕན་ས་བ་བའ་འཕན་རྒྱལ།）[286] 买回来一个婴儿。但这个婴儿并非当天所生，长有一排洁白的乳牙，被彭萨彭杰妃请至王宫。她本人身缠包袱假装怀有身孕，并说自己昨晚也生了一个王子。众臣前去探望，见婴儿长有乳牙。众臣商议后，认为昨夜所生之婴儿是不可能有乳牙的，但众人顺从了母意，故取名永丹（意为母护）。

因两个王子为了争夺长子之位而产生矛盾，结果导致了乌（དབུ། 以今拉萨为中心）和腰（以今山南为中心）两个茹（ར）之间的战争。

蔡邦萨雍钦（ཚེ་སྤོང་བཟའ་དབྱལ་ཆེན།），逃往乌茹北部。据说因斗争失利，故先祖遗留下来的十八种宝物当中的"坚古"（ཅན་དགུ། 九宝)[287] 落入了永丹之手。

领主沃松于猴年生于雍布拉岗宫，牛年死于亚堆旁塘地方，[288]享年45岁。

由古赤托扎（དགུ་ཁྲི་ཐོག་བྲ།）、俄·白松扎且（རྔོགས་དཔལ་གསུམ་བྲ་ཆེ།）、俄·杰多日杰（རྔོག་རྒྱལ་ཏོ་རེ་རྒྱལ།）等任家臣。

该王因出生于父王死后，故福泽略小。此时，卫（前藏）与藏（后藏）分裂；乌茹和腰茹之间发生战乱；昌木（ཚལ།）分为上下两部；王与庶民分割；外之边疆失守；内之会场解体；国法金轭断裂；佛法绸结已解；人文麻绳被割；护法失去作用；罗汉和僧人都逃往南部泥婆罗；政治之臣与画师之格西，因不堪忍受失去佛法的悲痛而亡。

领主沃松之子白阔赞（དཔལ་འཁོར་བཙན།）和永丹之子衮举（མགོན་སྒྲུད།）时期，出现了三种乌腰（དབུ་ཡོག་ས།）现象，出现了三次庶民起义，故史称领主白阔赞（དཔལ་འཁོར་བཙན།）为无福之王。

该王（白阔赞）生于旁塘（འཕང་ཐང་།）地方，13岁时父亡，执政18年，羊年被香波曲那（གཤམ་པོ་མཆོ་ནག）所弑杀，享年30岁。由扎松拉略（བྲག་གསུམ་ལྷ་ལོང་།）和江阿波（ཅང་ལ་པོ།）二人任家臣。执政3年后，为父辈修建陵墓，并以佛经、壁画、塑像等做装藏。虽然举行了一些佛法仪式，但因王之心黑之故，未能得到佛祖护佑。王之最能干的家臣那托波，被强盗所杀，尸首弃置于雪山之中。家臣赤董芒赞死于疾病，据说他是因为见到白桑格顿（དཔལ་བཟང་དགེ་འདུན།）被牦牛所杀，尸首见于岩石之中，故极度悲伤，一天之内变老而亡。王与众民失去永恒幸福的生活，处于悲惨境地。据说领主之子白阔，娶觉母吉楚（ཇོ་མོ་ནུ་ཆུང་།）为妻并生子，名为章（གྱང་）氏。

之后，众民商议准备从后藏迎请一王子，但惧怕永丹一方从中作梗。最终从乌茹地方迎请了赤德衮赞王（ཁྲི་ལྡེ་ཉི་མ་མགོན་བཙན་།），确（འཁྲུལ）[289] 地方的小王们向他献上了松石耳饰和布匹等。立此王的原因有三：一是他属于上述领主三尊之后人；二是他消除了娘堆 [290] 地方首领的种种恶行，对心怀永恒幸福之庶民有恩；三是先祖遗训国法虽然已失，但治国方法符合文明之举，被庶民推为第一任"拉古"。[291]

22.庶民起义

如此，未掌权之一王，赤德衮赞之后人有福。沃松之后人未能得到王之宝物"坚古"及桑耶寺等，据说是因领主白阔赞无能之故。

王赤衮赞（ཁྲི་ཉི་མ་མགོན་བཙན་།），因随意欺压庶民而发生了庶民起义。《经》上说：据说此时，发生了庶民起义。起义事件被比喻为猫头鹰与黄鼠狼的关系。猫头鹰有其奴隶黄鼠狼按时给它送食物，[292] 如果不及时送去食物，猫头鹰就会大声吼叫，并会拔掉黄鼠狼的爪子。平时黄鼠狼都按时送去食物，但是，有一次送晚了，于是猫头鹰准备发威，此时，黄鼠狼未等它发威就斩断了其脖子。以此比喻起义之事。

如此，以鸟为喻，最初在康区发生了起义，由库吉尔德东韦氏（ཁོ་ཇིར་ལྡེ་སྟོང་ད་ཝེ།）任首领。在此之前，乌茹地方发生了起义，由罗普罗琼（ལོ་པ་རོ་ཆུང་།）任起义首领。之后，在后藏发生叛乱，由乌阿库顿松珠（ལོག་ཨ་ཁུ་སྟོན་སྲུ་དཔལ་གསོལ་འཛིན།）任首领。发生起义的原因是因为小王被欺骗，但是，总的来看是因为王与民之间贫富差距太大所造成的。在乌茹地方发生起义，是因为卓（འབྲོ།）[293]、韦（དབས།）[294] 二氏发生矛盾所引起的。腰茹发生起义的原因是，有尚杰桑杰（ཞང་རྗེ་སྒྲ་བྱེ།）任首领时，杀死了小王玉尼（གཡུ་ཉི།）。王玉尼有二妃，一个被他娶为妻子，而另一个没有被迎娶而心生嫉妒。

没有被迎娶的妃子，名叫贝萨瓦姆雄（འབེབས་ཟ་ལ་མོ་ཤུང་།）。此时，赛尼王命庶民开山修水渠。贝萨瓦姆雄对众庶民说："推倒人王，比推倒一座山容易。"于是众人感到失望而举事。

腰茹起义军首领是"齐衮六人"（ཆེས་མགོན་མི་དྲུག），他们是吉次次旦（སྐྱུ་ཆེ་ཆེས་བརྟན）、列拉拉旦（ལེའི་ལྷ་ལ་བརྟན）、尼瓦旦那木（སྙི་བ་བྲྟན་ནམ）、默竹通琼（མོལ་དྲུག་མཐོང་ཆུང）、玉尼（གཡུ་ནེ）及娘氏（མྱང་།）。起义者们的会场是拉贡松（སྦྲའི་གོང་གསུམ）地方，是在一棵核桃树下起义的。因在傍晚时分核桃树开了花，所以，他们被叫作"卫普沃巴尔"（འོད་ཕོག་འོད་འབར།）。因他们身穿氆氇帽，故称为"夏尼"（ཤ་ནེ）。

另外，也传贝默（贝萨瓦木雄）说："羊背上鞍子越大越舒服；驮越小越好。"听到此话后，众人很伤心，于是下定决心起义。在钦域[295]地方发生了起义。工域哲那（གོང་ཡུལ་ཇེ་ས།）[296]地方，因工噶波王势力强而起义军未能到达。起义军首领为董赞（ཝོང་བཙན）等六人。贝默雪（贝萨瓦木雄）又说："我在王宫门前用野牦骨吹奏牛骨号，若宫顶有王，就向门内吹号；若王不在宫内，就向门外吹号。若发现我向门内吹号，你们就冲进来杀死门卫。如此，秘密行动可成功。"同意造反者为班吉云旦。在众人之中，如同魔鬼般的人不服从小王管制。在众神魔盟誓商议时，班吉云旦（དཔལ་གྱི་ཡོན་དན）骑着铁狼、手持铁杖而来，并对众神魔说："一个人也不留，全部杀死；或者吐蕃之索卡杰地方（སོག་ཀ་བཅུད།吐蕃全境）变为空无一人。"此时，吐蕃众神请求班吉云旦说："在此'拉热'（神地）之王宫上下，请为每个地方保留一个地方王！"对此，众神魔皆应允。此时，以藏拉普达尔（གཙང་ལྷ་སྤུ་དར）为地方神，以仲巴拉孜（ཐྲོམ་པ་ལྭ་རྩེ）[297]作为险要的王宫，出现了一个小王，有卓（འབྲ）、角若（རྒྱ་རོ）二氏请命管理；在尼乌(尼木)雄（今拉萨尼木县）达地方出现了一个小王，他以卡热琼尊（ཁ་རག་ཁྱུང་བཙུན）[298]为地方保护神，以章恰尔直攒作为险要之王宫，有娘、囊二氏请命管理；在彭域（今拉萨林周县）萨格达巴地方出现了一个小王，有朗拉普举管理；在强擦拉那尔（ ཇང་ཚར་ལྒ་ནར་ ）地方出现了一个小王，有尼（ སྙེ ）、布（ སྤུག ）二氏请命管理；在洛扎当许（今洛扎县）地方出现了一个小王，以亚拉香波（ ཡར་ལྷ་ཤམ་པོ ）为地方神，库（ ཁུ ）、纳（ སྣུབས ）二氏请命管理；在雅砻之上部出现了一个小王，以确拉嘎波（ འཕྲུལ་ལྷ་དཀར་པོ ）为地方神，以普举角卡尔宫作为险要之王宫，有蔡（ ཚེ ）、布（ སྤུག ）二氏管理。如此，在确地方（琼结县）也有了一个小王。以上是庶民起义之历史。

23.《桑玛缺尾册》《德玛九层册》和《森波蓝首册》等

自此，宣讲《德玛九层册》（ སྟེབ་མ་དགུ་བརྩེགས་ཅན ）、《蓝首册》（ མགོ་སྔོན་ཅན ）及《广史》（ ལོ་རྒྱུས་ཆེན་མོ ）的内容，已经结束。

吐蕃之突显王的历史，见于六个半史册。其中，聂赤赞普以前的历史，为上部神界史，见于《桑玛缺尾册》（ བཟངས་མ་གྱུ་ཡལ་ཅན ）。聂赤赞普至领主白阔赞时期，为中部兴盛史；沃松、永丹至现在赞普恩波（ དབོན་པོ ）[299] 时期，为下部分裂割据史。后两个时期的历史，主要见于《德玛九层册》和《凌乱蓝首册》。《德玛九层册》的主要内容有：一是宫殿位于何处？二是父王为谁？三是执政了几年？四是娶谁为妃？五是有多少子孙？六是家臣为谁？七是有何历史功绩？八是在世多少年？九是在何地去世？因有九个方面的内容，故称《德玛九层册》。

《凌乱蓝首册》中，记载了各种凌乱的历史事件。

《广史》，是格西库顿（ དགེ་བཤེས་ཁུ་སྟོན་བརྩོན་འགྲུས་གཡུང་དྲུང 尊珠雍仲）所著。

24.《秘密手印册》

讲完上述历史后，现在该讲《秘密手印册》的内容了。《经》上说"赞普眼瞎、染疾和活人入墓。"那么，哪位赞普眼瞎了？他是达古聂斯（ སྟག་གུ་གནས་གཟིགས ）赞普。哪位赞普得了重病？为仲聂德茹（ འབྲོང་གཉེན་ལྡེ་རུ ）。哪位赞普活人入墓？据说卓聂德茹害病后心灰意冷，于是王臣三人活人入了墓。有几位赞普死于刀下？为何？若问死于刀下的有几位？共有十位。

直贡赞普 (ঐ'নুন'নস্ন'র্ম্ব্)，被罗昂 (ঐ'ন'ন্গ)[300] 所弒杀。原因是心中附魔，魔卡卓列宁 (নর্জ'ন্স্ন'নর্জ'ন্ন'ন্স্ন্)附心后，王无故与罗昂吉日相斗。

赞松雄朗 (নর্ন'ন্র্ন'ন্স্ন্ন'ন্স্ন্) 在洛卡 (র্ভ্'নি)[301] 地方坠马身亡，原因是未能驯服野马。

江擦拉温 (শ্র্'র্জ'ন্স্ন্র্ন্)，被那·赤桑央顿 (র্ভ্ন্ন'ন্র্ন'ন্স্ন্ন্স্ন'ন্র্ন্)[302] 所杀，原因是把政权交付于赤松德赞。

牟尼赞普，被母亲毒死，原因是听信了妃子普雍萨杰姆的谗言。

赤德松赞，被萨氏用暗箭所杀，原因是庶民夜里举火炬而坐骑受惊。

牟德赞普，被纳囊氏用马刀所杀，原因是禁佛。

朗达玛，被拉隆贝吉多杰所杀，原因是禁佛招致拉隆起了杀心。

朗日沃松，在孜茹 (র্ভ্র্) 地方被毒死，原因是大小妃子不和。

白阔赞，在达孜 (র্ভ্ন্র্) 地方被那氏 (র্ভ্ন্ন্) 所杀，原因是因为那氏族人一半被迁到了后藏，而后藏的一半魔鬼被迁至雅砻之故。

25.《密集小册》

《五部史册》和《广史》等六史册中，只算作一半的《密集小册》之内容，现略做介绍。吐蕃王室之陵墓有建于空中、岩石中、山崖上、山崖与草坝之间者，亦有建于水中及自己家乡者。其排列、名称各有不同。有单体封土陵，有具陪葬之墓，有埋葬于异地者，也有建塔为陵者，皆有各自的原因。在神圣赞普世系四十二代中，把陵墓修建于空中的，也有修建于岩石、山崖及山崖与草坝之间的。王陵建于水中的有几位呢？生前修建陵墓的有哪些呢？未能执政的各王室成员，是修建了陵墓，还是葬于其他地方与百姓比较亲近的十八位妃子中，有多少生有子嗣？有多少修建有陵墓？曾为戍边而出征的妃子，其陵墓有何特征？未曾参政的妃子，是以陪葬墓形式埋葬，还是修建单体陵？以佛塔代陵，或在异地修陵的有几人？未得王权而留守边关的王室成员中，有几人修有陵墓？有几人埋藏于墓丘边缘？哪些人的遗体，未能被带回陵地而滞留于异地？

天赤七王（ཁྲི་བདུན།）之墓，建于空中，神体无尸，似虹而逝；上丁二王（སྟེང་གཉིས།）之墓，建于山崖和岩石中；六列王（ལེགས་དྲུག）之墓，建于山崖与草坝之间；七德王（ལྡེ་བདུན།）之墓，建于江河之中；七赞王（བཙན་བདུན།）以来，陵墓始建于地上，地名叫作雅砻昂玛塘（ཡར་ཀླུང་ངར་མ་ཐང་）。无随葬，其形如土堆铺开。赤聂松赞（ཁྲི་སྙལ་གཟུང་བཙན།）之墓，建于顿卡达（དོན་མཁར་མདའ།），无随葬，未筑方形墓；仲年德如（འབྲོ་གཉན་ལྡེ་རུ།）之墓，建于顿卡达，王臣三人活人入墓；达古年色（也称达日年色སྟག་གུ་གཉན་གཟིགས།）之墓，建于顿卡达，位于赤聂墓之左上方。在此之前的陵墓无随葬，形似平土堆。朗日松赞（གནམ་རི་སྲོང་བཙན།）之墓，建于顿卡达，位于赤聂松赞陵墓之左边，内供大量随葬，形如肩胛骨，名曰贡日索卡（གུང་རི་སོག་ཁ）[303]；松赞之墓，建于穷波达（འཕྱོང་པོའི་མདའ།），其面积约有一箭射程，四周建有神殿，名曰穆日穆波（སྨུག་རི་སྨུག་པོ།），方形筑墓始于此时；贡松贡赞之墓，建于顿卡达，位于朗日松赞陵墓之左边，名曰贡日恭且（གུང་རི་གུང་ཆེ）；芒松之墓，位于松赞陵之左边，名曰俄斜晒波；杜松之墓，位于芒松墓之左边，名曰森格孜巴（སེང་གེ་བཙེགས་པ།）；赤德祖赞之墓，建于穆热日山（སྨུ་ར་རི།），位于杜松墓之左边，名曰拉日祖囊；赤松德赞之墓，建于穆日山，位于父陵背后，可起到防洪水之作用，此墓于他生前修建，名曰楚日祖囊（འཕྲུལ་རི་གཙུག་ནམ།）；赤德松赞之墓，建于杜松之墓前方，名曰楚钦辛（འཕྲུལ་ཆེན་བཤེར།）；达摩之墓，位于杜松墓与赤德松赞墓之间，名曰邦仁廓洛坚陵（བང་རིམ་འཁོར་ལོ་ཅན层轮陵）；沃松之墓，位于杜松墓之后方，名曰吉布拉登（སྐྱིད་པུ་ལྷ་བཏེགས།）；牟尼赞普之墓，位于赤德祖赞墓之右前方，名曰拉日顶波（ལྷ་རི་སྟེང་པོ།）；赤祖德赞之墓，位于顿卡达之左边，名曰赤达芒日。

曾参政的妃子中，公主（金城公主）之墓，位于顿卡达之左边，其旁有蒙萨赤默仲聂（མོན་བཟའ་ཁྲི་མོ་འབྲོང་སྙུང་།）[304]、茹雍遵姆措（རུ་ཡོང་བཙན་མོ་མཚོ།）及奴萨玛尔嘎（ནོ་བཟའ་མར་དཀར།）[305]之墓。蔡邦直玛推嘎尔（ཚེསྤོང་བཟའ་འཕྲི་མ་ ཐོད་དཀར།）[306]之墓，位于其父陵之右边，名曰尤木塘（གཡུལ་མོའི་ཐང་།）。堆萨东尊卓嘎尔（འདས་བཙན་སྒྲོ་བཙན་འབྲོ་དཀར།）[307] 之墓，位于其父陵之左边。蔡邦玛杰（ཚེ་སྤོང་དམར་རྒྱལ།）[308] 之墓，位于顿卡达之秀布那（དོན་མཁར་གྱི་ཤོ་ལེ།）地方。那囊叶当（སྣ་ནམ་འབྲེ་བས་ལྡང་།）之墓，位于其父陵和子陵之左边一角。卓萨东嘎尔齐姆略（འབྲོ་བཙན་སྒྲོ་དགར་ཆེ་མོ་ལོང་།）[309] 之墓，位于其子陵之左角附近。后十一位妃子，皆属德氏。未参政的八位妃子中，江姆赤尊（ཇང་མོ་ཁྲི་བཙུན།）[310]、聂登聂玛略（སྙེན་སྟེང་ས་སྙེན་མ་ལོང་།）、卓萨玛康森玛略（འབྲོ་བཙན་མ་ཁང་གསེང་མ་ལོང་།）、蔡邦萨赤玛贡杰（ཚེ་སྤོང་བཙན་ཁྲི་མ་གུང་རྒྱལ།）、卓尊赤姆列（འབྲོ་བཙུན་ཁྲི་མོ་ལེགས།）[311]、卡尔钦萨措杰（མཁར་ཆེན་བཙན་མཚོ་རྒྱལ།）[312]、象雄萨俄西李德麦（ཞང་ཞུང་བཙན་མོ་ཞེས་ལི་ཅི་ག་ཏིག་སྨན།）[313] 及钦妃（འཆིམས་བཙན།）等八人建有陵墓。

未入陵区的妃子有贝萨赤尊（དཔལ་མོ་བཙན་ཁྲི་བཙུན།）[314] 和文成公主（ཀོང་ཇོ་མན་ཆུང་།），此二人入观音像。蔡邦萨朵杰（ཚེ་སྤོང་བཙན་མདོར་རྒྱལ།）的遗体，被滞留于多堆康区之梅许（མོད་ཤོད།）地方。塔德萨布琼曼（ཐག་དེ་བཙན་འབུམ།），死于麦巴玛雪（སྨན་བག་མའི་ཤུལ།）地方，因葬于萨波（ཟར་པོ།）地方而称为扎色麦（གྲུབ་སེ་སྨན།）[315]。普雍萨加木尊（པོ་ཡོང་བཙན་རྒྱལ་མོ་བཙུན།）[316] 葬于乌蔡（དབུ་ཚལ།）[317]。钦萨姆尼略（འཆིམས་བཙན་མོ་ཉེ་ལོང་།），在旁塘地方死于刀下而葬于此地。上述六位妃子的遗体，被留在了异地。

另外，也有以佛塔代替陵墓者。卓萨赤杰芒波杰（འབྲོ་བཙན་ཁྲི་རྒྱལ་མང་པོ་རྗེ།）出家后，名叫觉默强秋杰（ཇོ་མོ་བྱང་ཆུབ་རྗེ།）[318]，死后修建了叶普佛塔。角若萨·白吉昂尊玛（ཅོག་རོ་བཙན་དཔལ་གྱི་དང་བཙུན་མ།）[319]、钦萨仁青杰玛祖（འཆིམས་བཙན་རིན་ཆེན་རྒྱལ་མ་གཙོ།）、蔡邦萨伦吉拉姆（ཚེ་སྤོང་བཙན་ལྷུན་གྱི་ལྷ་མོ།）、拉龙白热坚杰（ལྷ་ལུང་བཙན་དཔལ་རབ་འབྲིན་རྗེ།）及西登妃 [320] 之子等也建有佛塔。

关于唐仓（ཐང་མཆལས།）[321] 的陵墓，卓年德如的唐仓有卓擦穆尊（འབྲོ་ཚ་མུ་བཙུན།）、门布坚赞（མོན་བུ་རྒྱལ་མཚན།）二人，二人之墓位于达日聂斯 [322] 陵墓的旁边，为两座小土丘。朗日松赞的唐仓有伦布列朗达古（བློན་པོ་ལེགས་ལས་ནམ་སྐྱེ།），其墓位于达日聂斯墓之左边。江察拉文之墓，位于其父陵之左边，为圆形墓。牟迪赞普之墓，位于顿卡尔达，名曰加丹。色那列之墓，位

300

于西登墓之腋下。艾秀列之唐仓墓，据说修于空中。藏玛的遗体滞留于洛扎（གྲོ་བོ་ལུང་）[323]。有后继子孙承袭王位者之墓共有十八座。库钦（大伯）之墓共有两座。妃子中，参政者之墓共有九座，未参政者墓也有九座。这些是中兴盛史。自聂赤赞普以下，白阔赞以上的历史称"中兴盛史"。聂赤赞普以上的历史，被称之为"上部神系史"。

26.沃松的后人

下部分散割据时期的情况如下：白阔（དཔལ་འཁོར།）[324] 有二子，兄长为尼玛衮（ཉི་མ་མགོན།），他被认为是赞普王室的嫡系。吉德尼玛衮和上部"三衮"的世系和功绩如下：因庶民起义之故，一子去了后藏。兄长赤尼玛衮在普兰地方修建了尼普宫（ཉི་ཕུག），他娶桑嘎尔妃（ཟངས་དཀར་བཟའ།）[325] 和达斯妃（སྟག་གཟིག་བཟའ། 大食），家臣有玛嘎尔（མང་དཀར།）和琼波（ཁྱུང་པོ།）二人。他有三子：白衮（དཔལ་མགོན།）、扎西衮（བཀྲ་ཤིས་མགོན།）和祖德衮（གཙུག་ལྡེ་མགོན།）。

白衮分得芒域一地；扎西衮分得普兰一地；祖德分得象雄一带。这三个地方被称为上部阿里三围（སྟོད་མངའ་རིས་སྐོར་གསུམ།）。

兄长白衮的后人，有巴草擦·沃吉坚赞（སྤ་ཚབ་འོད་ཀྱི་རྒྱལ་མཚན།）和扎西拉德赞（བཀྲ་ཤིས་ལྷ་ལྡེ་བཙན།）二人，其中，兄长也称阔日（འཁོར་རེ།）。

阔日的后人有拉喇嘛德（ལྷ་བླ་མ་ལྡེ།）即天喇嘛益西沃（ལྷ་བླ་མ་ཡེ་ཤེས་འོད།）[326]，其下有德瓦热杂（དེ་བ་ར་ཛ།）和那格热杂（ནག་ར་ཛ།）。两位弟弟皆为出家人。

拉喇嘛，因阅读了先祖的历史文献而笃信佛法，修建了托林寺（མཐོ་ལིང་གི་གཙུག་ལག་ཁང་།）[327]。因他是位幻化王，故《经》上曾有授记："在北方雪山一带，将出现名为益西沃（ཡེ་ཤེས་འོད།）的赞普后人。"他前半生无子嗣，因产生厌世之情而政权交付于其弟。从佛塔下取出佛经而出家。其弟为松艾，也叫做扎西拉德赞（བཀྲ་ཤིས་ལྷ་ལྡེ་བཙན།）或弟松艾（སྲོང་ངེ།）。

扎西拉德有二子，分别为沃德（འོད་ལྡེ།）和强秋沃（བྱང་ཆུབ་འོད།）。松艾在普兰（སྤུ་རངས།）修建了卡擦神殿（ཀ་ཚལ།）[328]。

叔侄及父子时代，邀请了班智达苏巴舍达（པཎྜི་ཏ་སུ་བྷ་ཤྲི།）。特别是召集阿里三围之聪慧之人，为把（佛法）传向全藏区，向迦湿弥罗直登（ཁ་ཆེ་ཟི་བ་བྲག）地方派出八人，学习梵文及佛法。其中，六人死于途中而未能归来。只有译师仁青桑布（རིན་ཆེན་བཟང་པོ）[329] 和尼瓦列白西绕（སྙི་བ་ལེགས་པའི་ཤེ་རབ）二人返回，并请来了班智达达扎迦罗（པཎྚི་ཏ་ཙ་ག་ར）和达摩迦罗（དྷརྨ་ཀ་ར），翻译出了大量的密法经文。特别是仁青桑布翻译了《密集》（གསང་འདུས་འཕགས་པའི་སྐོར）、《智足经》（ཡེ་ཤེས་ཞབས་ཀྱི་སྐོར）、《瑜伽》（ཡོ་ག）等，称为新密法。此前翻译《八千颂》（བརྒྱད་སྟོང་པ）时，未译完的注释部分，此时也被译出。同时，也翻译了辛德瓦（ཤེན་དྷེ་བ）[330] 著作和有关医药方面的典籍，校正了《中论根本慧》（དབུ་མ་རྩ་བའི་ཤེས་རབ）旧译本。

关于那措（ནག་ཚོ）[331] 和卓米（འབྲོག་མི）[332] 等的情况，在仁青桑布译师的后半生，拉尊·强秋沃（ལྷ་བཙུན་བྱང་ཆུབ་འོད）[333] 派遣那措译师到天竺，邀请杰底邦嘎罗大师（ཇོ་བོ་པ་ཀ་ར），开创了密法与佛学的修行实践。之后，出现了卓米·释迦益西（འབྲོག་མི་ཤཱཀྱ་ཡེ་ཤེས）、吉措·达瓦沃色（ཀྱི་ཚོ་ཟླ་བ་འོད་ཟེར）[334]、郭·库巴拉增（འགོས་ཁུག་པ་ལྷ་བཙས）、桑嘎尔·帕巴西绕（ཟངས་དཀར་འཕགས་པའི་ཤེ་རབ）[335]、聂译师达玛扎（གཉན་ལོ་ཙཱ་བ་དར་མ་གྲགས）等人。

此时，有四位被称为"四迦罗"的天竺学者，分别是底邦迦罗（ཏི་པ་ཀ་ར）、白玛迦罗（པད་མ་ཀ་ར）、达摩迦罗（དྷརྨ་ཀ་ར）和扎达迦罗（ཕ་ཏ་ཀ་ར）。

嘎亚达热尊木坚（གྱ་དྷ་ར་བཙུན་མོ་ཅན）或班智达苏亚色尼（པཎྚི་ཏ་སུརྱ་སེ་ཎི）、玛尔巴译师（མར་པ་ལོ་ཙཱ）[336]、巴措译师（སྤ་ཚབ་ལོ་ཙཱ）[337] 等为在泥婆罗逝世的加尊森大师（རྒྱ་བཙུན་སེང）的亲传弟子。琼波扎色（ཁྱུང་པོ་དགས་སེས）翻译了《圣言注释》（དམ་ཚིག་གི་འགྲེལ་པ）。杰贡乃巴（རྗེ་གོང་གུགས་པ），或称小译师列贝西绕（ལོ་ཆུང་ལེགས་པའི་ཤེས་རབ），也生于此时，据说是个大成就者。

此时，也请来了迦湿弥罗大师加那室利（ཁ་ཆེ་རྒྱ་ཤྲཱི）[338]，由苏嘎多尔（ཟུར་དཀར་ཏོར）充任其翻译。此时，曾有琼波扎色（ཁྱུང་པོ་དགས་སེས）引领上百名弟子前来听法，其中就有俄译师（རྔོ་ལོ་ཙཱ）[339]。据说，俄译师前往迦湿弥罗时，领主泽德（ཙེ་ཏེ）对他说："不必去迦湿弥罗，可以向这位贤者

(嘉室利大师)学习佛法。"但他执意要去，于是就回答说："我一定要去，请为我准备一些路上吃的干粮！"于是泽德之子旺德 (དབང་ལྡེ།)为他准备了干粮，他就来到了迦湿弥罗。到了迦湿弥罗以后，那里的人们对他说："班智达已经在吐蕃，你为何来此学法？"此时，据说他虽有悔意，但没有回来而继续留在了那里，并向外道师格旦杰波 (སྐལ་ལྡན་རྒྱལ་པོ།)学习《量论庄严》(ཚད་མ་རྒྱན།)。

另外，译师迅奴乔热 (གཞོན་ནུ་མཆོག་རབ།)请来了班智达萨罗哈德 (པཎྜི་ཏ་ར་ཧི་ཏེ།)，此时，在吐蕃出现了上百个阿阇黎。此时，班智达果弥其美(པཎྜི་མི་འཆི་མེད།)与俄译师相遇。另有班智达苏那亚室利 (པཎྜི་ཏ་སུ་ན་ཡ་ཤྲི།)、班智达巴拉波萨洪 (པཎྜི་ཏ་བ་ལ་པོ་ཟ་ཧུམ།)、译师聂琼达玛扎 (ཉོ་ཆུང་ན་ཉ་ཆུང་དར་མ་གྲགས།)等人，皆由泽德王供养。

泽德王的儿子是沃巴尔登 (འོད་འབར་ལྡེ།)，他在托林修建了世间庄严神殿。那里聚集了不少班智达和译师，从梵文译出了许多佛经，所以，如今蕃地出现了许多大成就者。特别是受阿底峡阿阇黎之恩，噶当派[340] 有了许多大成就者。阿阇黎有许多门徒，其中比较特殊的有十人：上部寺院有阿梅强秋 (ཨ་མེ་བྱང་ཆུབ།)，下部寺院有瑜伽师多吉西绕 (རྣལ་འབྱོར་རྡོ་རྗེ་ཤེས་རབ།)、增贡强秋坚赞 (འཛིན་སྒོམ་བྱང་ཆུབ་རྒྱལ་མཚན།)、勒米顿巴 (ཀླུབ་མེ་སྟོན་པ།)、恰仓顿巴 (ཕྱག་ཚང་སྟོན་པ།)、仲敦巴·杰卫迥乃 (འབྲོམ་སྟོན་པ་རྒྱལ་བའི་འབྱུང་གནས།)[341]、俄·列贝西绕 (རྔོག་ལེགས་པའི་ཤེས་རབ།)[342]、库顿尊珠 (ཁུ་སྟོན་བརྩོན་འགྲུས།)[343]、嘎尔格瓦 (འགར་དགེ་བ།)、恰巴赤乔 (ཕྱག་པ་ཁྲི་མཆོག) 等，皆为吐蕃四茹 (བོད་རུ་བཞི།) 之贤者。

泽德是领主强秋沃 (མངའ་བདག་བྱང་ཆུབ་འོད།)[344] 的兄长，也就是沃德 (འོད་ལྡེ།)。

沃德的儿子为索朗德 (བསོད་ནམས་ལྡེ།)，他有三子，兄长为扎西泽 (བཀྲ་ཤིས་ལྡེ།)，其弟为昂塘迥 (མངའ་བདག་རྒྱུང་།)，此二人被廓尔喀人[345] 所杀。幼子沃巴尔德 (འོད་འབར་ལྡེ།)，住于廓尔喀地方。上部阿里地区支持佛法的赞普，

自恰赤王 (ৡ་ঙ্খ་) 以来，皆为兄弟中长兄的后人。

关于白阔赞之子钦擦·扎西泽白 (ষ্ণ་এক্টম্ভ་ঊ་ঘ་গ্রিম্ব་ঘক্তিষ্ম্ব་ব্ম་ম্য) 的历史，他有兄弟"德"氏三子，分别为白德 (ব্ষঙ্গ্রি)、沃德 (ৠব্ঙ্রি)、吉德 (ক্তুঙ্গ্রি)，是卫藏四茹 (ব্ব্ষ্ম্ণক্রেন্বিষ্ম) 之赞普。

据说，白德的后人（领地）可以延伸至青海湖。白德分得了上部朗垄赞卡尔 (ৠব্ক্রিম্র্ম্ব্ঘক্রম্ব্ব্ষমম্র) 等地；幼子吉德分得了达那结 (ক্তুম্ব্ব্বক্ব)[346] 等地。小吉德 (ক্তুব্ক্তুঙ্রি) 和角若妃芒姆 (ৠম্র্ম্ব্বম্ব্যঙ্র) 有三子，其后人管理拉堆(থ্ৠম্ব্ব)至达那结的后藏叶茹之地。

三子中，最小的儿子前往北方治理自己的领地。二子偷取父之虎玉后，占领那底 (ক্তুম্বিি)等地。此人有九子，加上自己共出现了十个王。

现在该讲赞普杰卫沃 (ব্ক্তব্র্ম্ভ্ঘ্বব্বিৠব্) 的历史了。

次子沃德有四子，分别是帕瓦德色 (ঘ্ব্ব্রিম্রি)、赤德 (ঙ্রিষ্রি)、赤琼 (ঙ্রিক্তুম্ব)及那德 (ক্তুম্বিি)。其中，两个兄弟认为依靠"九宝"（传自父王的"三宝"：水纹金座、古萨邦苏坚、水纹金像；传自母亲的"三宝"：连心铜器、鹿纹银勺、米多底李坚；传自兄弟的一武器之宝，即闲通德米坚；以姊妹装饰之名流传下来的二宝，即曲右强巴坚、本玛尔格次吉格坚）可以实现各种愿望。因此，帕瓦德色和赤琼来到了卫地（中部）。领主赤琼通过战争，从子衮尼 (ব্ম্ব্রিষ্রি)处夺回了青昂孜孔（应该是青瓦达孜宫）而住于雅砻。帕瓦德色得到了银质雄波嘎坚后，回到了后藏，其子为达摩罗杂 (ব্ম্ব্র্ম্রি)。

达摩罗杂的儿子为达摩赞普，他的儿子为赤巴尔 (ঙ্রিব্ঘ্ব্ম)，他的儿子为赤赞巴尔 (ঙ্রিব্ক্তব্ব্ঘ্ব্ম)和扎西德 (ব্ম্ব্রিষ্ঘ্ব)二人。

幼子扎西德的儿子为赞松 (ব্ক্তব্ৠব্)，其子为赞普德巴尔 (ব্ক্তব্ৠ্রিব্ব্ম)，奴域绒 (ৠব্ম্থ্থ্ৠব্)、亚德 (ম্ষ্ম্বিি)、娘堆 (ৠব্ৠব্)、达蔡 (ৠব্ক্তম)、加热 (ক্তুম্ম)、琼波 (ক্তুম্ব্ম)等地是他的领地。

据说，现在仍有名叫觉沃扎波 (ৡ্ৠব্ব্ম্র) 的后人在世。

赤德沃的儿子是拉杰瓦（ལྷ་རྒྱལ་བ།），其子为达尔德（དར་ལྡེ།），其子为达摩德（དར་མ་ལྡེ།），他是娘堆贡普那（ཉང་སྟོད་ཀོང་པུ་ན།）地方的赞普。

领主赤琼（ཁྲི་ཆུང་།）的儿子是赞普沃吉巴尔（བཙན་པོ་འོད་ཀྱི་འབར།），他有七个儿子：兄长为昂布次邦囊杰擦赤德巴尔（ཨང་པུ་ཚེ་སྤང་ནང་རྗེ་ཚ་ཁྲི་ལྡེ་འབར།），小弟为钦布藏巴（ཁྱིན་པུ་ཙང་པ།）。另有侄孙六兄弟：齐达沃赞巴尔（ཆེ་དག་འོད་བཙན་འབར།）、其弟有贡赞巴尔（གུང་བཙན་འབར།）、伦波巴尔（ལྷུན་པོ་འབར།）、右坚（གཡས་རྒྱན།）、拉坚（ལྷ་རྒྱན།）及达罗旺秋（དར་དབང་ཕྱུག）。兄长赤德巴尔有六子：兄长为玉托（གཡུ་ཐོག），其下有吉琼拉顿（ཇི་ཆུང་ལྷ་སྟོན།）、贡德（དགུན་ལྡེ།）、达瓦（ཟླ་བ།）、赤托（ཁྲི་ཐོག）及央金巴尔（དབྱངས་ཅན་འབར།）。

玉托有三子：兄长为囊德（ནམ་ལྡེ།），次子为觉嘎（ཇོ་དགའ），幼子为孜德（ཇེ་ལྡེ།）。

囊德的儿子有觉帕（ཇོ་དཔལ།）、崩德（འབུམ་ལྡེ།）等六人，住于青昂香达（ཕྱིང་ངན་ཤང་དར།）[347]。觉嘎有一子，此人与孜德一同死于亚堆章昂（ཡར་སྟོད་བྱང་ངན།）[348]地方。孜德有一子，住于顿卡尔（དོན་མཁར།）[349]地方。达瓦（ཟླ་བ།）有二子，分别是托赞德（ཐོག་ཚན་ལྡེ།）和久达夏巴（འཇུའི་ཟླ་ཤག་པ།）。

赤托（ཁྲི་ཐོག）无后嗣。央坚巴尔（དབྱངས་ཅན་འབར།）有二子，兄长出家，后又替吉琼拉顿（ཇི་ཆུང་ལྷ་སྟོན།）充任地方官。幼子吉玛沃（ཇི་མ་འོད།）住于香达尔（ཤང་མ་དར།）地方，无后嗣。

沃吉之子切波藏巴擦沃巴尔（ཆེ་པོ་ཙང་པ་ཚ་འོད་བཙན་འབར།）有两个儿子，分别是章昂拉德（བྱང་ངན་ལྡེ།）和章琼（བྱང་ཆུང་།）。章昂（བྱང་ངན།）无后嗣。章琼之子嗣住于门卡尔（མོན་མཁར།）地方。乌赞之弟贡赞巴尔（གུང་བཙན་འབར།）有二子，兄长为拉顿仁木（ལྷ་སྟོན་རིང་མོ།），次子为拉亭俄（ལྷ་འཐིང་ང་།），二人皆出家，故无后嗣。

贡赞（གུང་བཙན།）之弟伦波巴尔（ལྷུན་པོ་འབར།）有三子，兄长为觉衮（ཇོ་མགོན།），次子为觉赤顿（ཇོ་ཁྲི་བརྟན།）（住于加尔地方），幼子为珠琼德（འབྲུག་ཆུང་ལྡེ།）。

珠琼德有四子，分别为沃德（འོད་ལྡེ།）、白德（དཔལ་ལྡེ།）、赤波（ཁྲི་བོ།）和珠巴（གྲུབ་པ།）。

沃德有三子，其中觉沃无后嗣；色茹身染疾病，妃子改嫁其弟诺嘎（ནོར་དགའ།），后有二子，分别是觉冲（ཇོ་འཕྲུག）和觉巴（ཇོ་འབག）。觉冲之子为夏克赤（ཤག་ཁྲི།），其子为觉沃古巴（ཇོ་བོ་དགོས་པ།），其子为觉沃赤衮（ཇོ་བོ་ཁྲི་མགོན།）。

觉巴的儿子是沃增扎卡瓦米（བྲག་མཁར་བ་ལྷེ།）。白德之子为觉沃嘎嘎（ཇོ་བོ་དགའ་དགའ།），其子为赤卫（ཁྲི་འོད།），其子为赤崩（ཁྲི་འབུམ།），其子为德尊（ལྡེ་བཙུན།）。赤波（ཁྲི་བོ།）和珠巴（གྲུབ་པ།）都无后嗣。

右坚之子为觉嘎（ཇོ་དགའ།），其子为拉达瓦坚（ལྷ་སྟོབ་བ་ཅན།），他有三子：兄长为米通嘎（མི་འགྱུར་དགའ།）或拉钦白巴尔（ལྷ་ཆེན་དཔལ་འབར།）；次子为赤达玛（ཁྲི་དར་མ།）；幼子为拉西瓦（ལྷ་ཞི་བ།），此人出家做了僧人。

拉钦（ལྷ་ཆེན།）和其弟西瓦（ཞི་བ།）二人，在恰萨（བྱ་ས།）[350]地方出家，并出任地方官员。

赤达摩有三子：赤尊（ཁྲི་བཙུན།）、聂觉（རྣལ་འབྱོར།）及美朗（སྨོན་ལམ།）。赤尊有五子，一个在索塘（ཟོ་ཐང་།）地方战死了；其弟有赤尊德（ཁྲི་བཙན་ལྡེ།）、孜卡乌（བཙེ་ཁའུ།）、觉沃贡巴（ཇོ་བོ་སྟོངས་པ།）和杜旺（དུ་དབང་།），其中孜卡乌被幼子所杀。

觉旺（ཇོ་དབང་།）的儿子是觉沃赞赤（ཇོ་བོ་བཙན་ཁྲི།）。

赞赤有四子，其中，兄长崩琼（བུང་ཆུང་།）被其姐姐所杀；其余三兄弟中，次子松赞无后嗣；夏克赤（ཤག་ཁྲི།）住于卡托（མཁར་ཐོ།）地方，他的儿子是拉赤琼巴康巴（ལྷ་ཁྲི་ཆུང་པ་ཁམས་པ།），他有二子，分别是多仁（རྡོར་རིན།）和日沃（རིག་འོད།）。

聂觉（རྣལ་འབྱོར།）住于奔次（འབན་རྩེ།）地方，他有四子：吉波哇（སྐྱི་པོ་བ།）、巴索（བབག་སོ།）、巴琼（འབག་ཆུང་།）及扎西衮（བཀྲ་ཤིས་མགོན།）。

巴琼在直孔（འབྲི་ཁུང་།）地方圆寂。扎西衮也因年早逝。巴索有四子，

兄长为释迦衮 (ཤཱཀྱ་མགོན།)，他的儿子释迦扎西 (ཤཱཀྱ་བཀྲ་ཤིས།)住于拉日 (ལྷ་རི།)地方；德琼 (སྡེ་ཆུང་།)已死；幼子觉杰 (ཇོ་རྒྱལ།)之子为觉比尔 (ཇོ་འབེར།)，住于布隆 (འབྲས་ལུང་།)地方；拉坚 (ལྷ་རྒྱན།)住于昌珠 (ཁྲ་འབྲུག)，但无后嗣。

达热旺秋有三子：塘拉嘎 (ཐང་ལ་དགའ།)、拉嘎 (ལྷ་དགའ།)及色托 (གསེར་ཐོག)。

塘拉嘎住于昌珠地方，其子为聂觉 (རྔ་འཇུག)，聂觉之子为右热达尔 (ཡོར་རེ་དར།)和拉尊 (ལྷ་བཙུན།)。右茹之子为顿珠 (དོན་གྲུབ།)，其子为觉索 (ཇོ་བསོད།)。拉嘎住于乌门 (ཨོར་མོ།)地方，其子有赤旺赞 (ཁྲི་དབང་བཙན།)。赤旺赞之子有尊巴嘎 (བཙུན་པ་དགའ།)和尊琼嘎 (བཙུན་ཆུང་དགའ།)二人。尊琼嘎之子为艾秀列 (ཨེ་ཤོ་ལེགས།)，住于色托 (གསེར་ཐོག) 地方，无后嗣。以上是沃松的后人。

27.永丹的后人

永丹有子名叫永丹衮 (ཡུམ་བརྟན་མགོན།)，但他没有后人。

永丹之子赤德衮聂 (ཁྲི་ལྡེ་མགོན་སྙན།)，他有二子，分别是日巴衮 (རིག་པ་མགོན།)和尼沃衮 (ཉི་འོད་མགོན།)。

兄长日巴衮之子为赤德 (ཁྲི་ལྡེ།)，赤德之子为沃波 (འོད་པོ།)。沃波有三子，分别是赤德阿杂热 (ཁྲི་ལྡེ་ཨ་ཙ་ར།)、赤德衮赞 (ཁྲི་ལྡེ་མགོན་བཙན།)和衮孜 (མགོན་བཅགས།)。

阿杂热有五子，分别是巴草绒波杰之子鲁德 (ཀླུ་ལྡེ།)、拉德 (ལྷ་ལྡེ།)、巴草擦崩德 (སྤ་ཚབ་ཚོ་འབུམ་ལྡེ།)、衮赞 (མགོན་བཙན།)及衮孜 (མགོན་བཅགས།)。

鲁德有沃波和颇波二子；拉德有扎巴 (དྲག་པ།)等三子；崩德有尼玛 (ཉི་མ།)和达瓦 (ཟླ་བ།)二子；衮赞有三子：拉钦扎巴 (ལྷ་ཆེན་དྲག་པ།)、达钦扎 (དར་ཆེན་དྲག)、扎乌擦 (བྲོ་ཚོ།)；衮孜也有许多儿子。

沃波之子为赤德 (ཁྲི་ལྡེ།)，他也有三子，其中有两个已去世，幼子为拉德赞 (ལྷ་ལྡེ་བཙན།)。拉德赞有二子，分别是杰普云达 (རྒྱལ་བུ་ཡོན་བདག) 和拉尊顿巴 (ལྷ་བཙུན་སྟོན་པ།)，其中拉尊顿巴出家后圆寂。云达有五子，其中长子旺秋赤之子为托波 (ཐག་པོ།)，托波之子为赤达尔 (ཁྲི་དར།)。赤达尔之子为苏

第四章　佛法在吐蕃的传播

那杂若（ས་ན་རྫོག）），他有八个儿子，其中一个是苏那底部喇嘛衮（སོ་ན་དེ་བུ་ཕ་ལ་མ་གོང），他的儿子为崩达尔（འབུམ་དར）。

苏那之子的后人为亚堆赞普美朗的世系，一直传至布巴坚（བྲག་པ་ཅན）[351] 和塘拉扎巴（ཐང་ལ་བྲག་པ）。

沃波的三个儿子中，幼子赤德衮孜（ཁྲི་ལྡེ་མགོན་བཙན）有二子：霍日（ཧུ་རེ）和赤巴（ཁྲི་དཔལ）。

霍日之子为赞普尼杜赤祖（བཙན་པོ་ནི་དུ་ཁྲི་གཙུག），他有五子。以上是兄长日巴衮（རིག་པ་མགོན）的后人，有协敖（ཤ་ལ་ངོ）[352] 七十多个。

赤德衮聂的次子尼沃白衮（ཉི་ འོད་དཔལ་མགོན）的儿子是衮举（མགོན་སྐྱོང），他的儿子是擦拉那·益西坚赞（ཚ་ལ་ན་ཡེ་ཤེས་རྒྱལ་མཚན）[353]。他有四个儿子，分为三个势力集团，分别活动于彭波（འཕན་ཡུལ）、洛扎（ལྷོ་བྲག）、热雪默竹（རབས་ཤོད་མལ་རོ）等地。

在上述四子中，兄长之子为衮尼（མགོན་ནེ），他有四子，最大的名叫扎西怒（བཀྲ་ཤིས་སྐྱིད），其下分别是拉尊俄木（ལྷ་བཙུན་རྔོ་མོ）、旺德（དབང་ལྡེ）和拉嘎当巴（ལྷ་བགའ་གདངས་པ）。

拉尊嘎当巴，出家后圆寂了。

旺德有五子，分别是苏绒巴（བཟུག་རོང་པ）、沃德衮（འོད་ལྡེ་མགོན）、格波（དགེ་པོ）、旦巴（བརྟན་པ）及斯格（སེ་གེ）。他们的后人有觉沃恰玉瓦（ཇོ་བོ་ཅ་ཡུག་པ）[354] 等许多，都是佛教信徒。这些是永丹的世系，他们的历史如此。

28.佛法复兴及形成不同教派的情况

现讲佛法再次兴起的情况，以及各地方势力出现的情况。关于佛法再兴的情况，《经》上说："赤琼（ཁྲི་ཆུང）、赤德（ཁྲི་ལྡེ）和擦拉（ཚ་ལ）三人时期，有四个名号的贡巴赛（དགོངས་པ་བ་གསལ）再兴佛法。"在领主赤琼、赤德衮赞及益西坚赞三人时期，佛法再兴。此时的佛法，如同水上的波纹有先后；如同日出日落有圆缺；如同梯子有层次；如同冬夏之草随时节变化。关于贡巴热赛兴佛，在玛隆多吉扎热（མ་ལུང་རྡོ་རྗེ་བྲག་ར）、丹斗白玛央贡（དན་ཅིག་པར་ཆའི་ཡང་དགོས་པ）[355]、孜珠伦吉贡瓦（ཅེ་ཏྲུག་ལུན་གྱི་གོང་པ）、雍仲协吉扎普（གཡུང་དྲུང་ཤེལ་གྱི་ཐྲག་ཕུག）地方，拉钦·贡巴热赛（བླ་ཆེན་པོ་དགོངས་པ་གསལ）出生，出家前名叫嘎热彭（ཀ་ར་འཕན）；后学习佛教，更名木苏赛巴（མུ་ཟུ་གསལ་འབར）；因再兴佛法有功，故得名拉钦（阿阇黎）；又因引用吐蕃师君三尊之名号，曰贡巴赛（དགོངས་པ་གསལ）。他共有四个名字。他业力出众，为人聪慧，能够继承法脉（能够遵守戒律），为善逝佛之化身。

此时，佛法衰弱，无尊敬供养僧人之俗。在曲沃日山顶之修行地，有尧·格迥（གཡོ་དགེ་འབྱུང）、藏·热赛（གཙང་རབ་གསལ）、玛尔·释迦牟尼（དམར་ཤཱཀྱ་མུ་ནེ）三人正在修行。后前往霍尔（ཧོར）地方时，在那里也未能传播佛法。三人与霍尔地方之居士释迦扎瓦一同住于多麦阿琼南宗（ཨ་ཆུང་རྣམ་རྫོང）地方之寺庙时，有拉钦（བླ་ཆེན）前来拜见，并要求向他们学习佛法。三人给了拉钦一部《律藏经》（འདུལ་བ་ལུང）），并说："先看此经文，若对此产生信仰可以商议传法之事。"于是，拉钦（贡巴热塞）拿着经书认真阅读，结果产生信仰并流出了眼泪。一个月之后，他出了家。此时，以尧·格迥为住持，藏·热赛为上师，玛尔·释迦牟尼为密教师，有中原和尚吉瓦（ཧ་ཤང་ཀྱེ་བ）和尚根巴（ཧ་ཤང་གྱིས་འབག）及拉钦波（བླ་ཆེན）三人出家，并且拉钦波得名格瓦赛（དགེ་བ་གསལ）。

过了几年之后，有叫仲木巴瓦（ཁྲུམ་འབར་བ）的人要求在上述三人前出家。此时，尧·格迥说："我年事已高，不能再胜任住持之职，让格瓦赛担任住持后建寺传法吧！"格瓦赛说："我受戒只有五年，能够担负起如此重任吗？"住持和阿阇黎无处询问，于是就说："戒律对人无害，就照此办理吧！"于是有格瓦赛作为住持，藏·热赛作上师，仲木氏就此出家，取法名为益西坚赞。

另外，也有巴贡益西雍仲（ཕ་གོར་ཡེ་ཤེས་གཡུང་དྲུང）、秀琼·列[356]热扎巴（ཤོ་ཆུང་ལེགས་རབ་དགའ）、奴·白吉强秋（སྣུབས་དཔལ་གྱི་བྱང་ཆུབ）、伦·巴瓦强秋（ལྕོག་འབར་བ་བྱང་ཆུབ）等许多人受恩。在多麦地方的佛法复兴之事，始于拉钦。

仲木·益西坚赞（ བྲོམ་ཡེ་ཤེས་རྒྱལ་མཚན། ）后来也与巴贡·益西雍仲（ སྦྲ་གོང་ཡེ་ཤེས་གཡུང་དྲུང་། ）一同充任住持，他规劝众学徒出家，禁止他们从事耕作劳动和掌管牲畜，禁止使用熊皮坐垫。后来，他成了一名优秀的僧人而得法名阿杂热·益西坚赞（ ཨ་ཚ་ར་ཡེ་ཤེས་རྒྱལ་མཚན། ）。他的后人弟子被称之为"尊举"（ བཙུན་བརྒྱུད། 僧人之后）。

据说，伦·巴瓦强秋学习菩提法，拒绝接收供养，故被人妒忌而成了像仲木那样的新的名人。他与奴·白吉强秋二人继承住持和上师的法脉，他们继续制止僧侣从事耕作、掌管牲畜及从商活动，严持戒律。他们的后继弟子，被称为"凯举"（ མཁས་བརྒྱུད། 贤者之后）。

在秀布恩木隆（ ཤངས་ཀྱི་སྟེན་མོ་ལུང་། ）地方，据说，有聪尊·西绕森格（ ཚོང་བཙུན་ཤེས་རབ་སེང་གེ ）、坚贡山沟里（ རྒྱལ་གོང་རི་སྒུག ）[357] 的罗顿·多吉旺秋（ རོ་སྟོན་རྡོ་རྗེ་དབང་ཕྱུག ）[358]、夏擦（ ཤ་ཚ། ）地方的鲁梅·西绕次成（ ཀླུ་མེས་ཤེས་རབ་ཚུལ་ཁྲིམས། ）、直亚（ འབྲི་ཡས། ）地方的直孜迦罗（ འབྲི་རྗེ་ཀ་ར། ）、巴尊·洛追旺秋（ ཟ་བཙུན་བློ་གྲོས་དབང་ཕྱུག ）、热西·次成迥乃（ རག་ཤི་ཚུལ་ཁྲིམས་འབྱུང་གནས། ）、松巴·益西洛追（ སུམ་པ་ཡེ་ཤེས་བློ་གྲོས། ）等人师从拉钦受戒出家。

在他们前来前藏之初，没有派系之争，也无成体系的部派，如牲区派、斑马部以及家族势力等尚未出现。在普兰（ སྤུ་རངས། ）地方，赞普拉喇嘛乞讨金子（用于弘法事业）。此时，出现了各派系，并确定了各自的势力范围，以便收税。直部占领达那吉仓地方；聪部占领娘若直达（ ཉང་རོ་འབྲི་བདག ）地方；罗（罗顿·多吉旺秋一派）部占领坚贡山沟（今后藏夏鲁寺一带）；巴部占领了乌热（ དབུ་རག ）地方（乌茹）；热部占领格果（ དགེ་རྒྱལ། ）地方；鲁梅（ ཀླུ་མེས། ）[359] 一派分得了果曲（ གོ་ཆུ། ）地方；松巴（ སུམ་པ། ）一派跟随鲁梅，被称为郑部。

如此，在康区也出现了康区之索木六人（ མདོ་སྨད་སྨྲ་དྲུག ），他们也从拉钦受戒。此六人分别为央贡·益西雍仲（ ཡར་གོང་ཡེ་ཤེས་གཡུང་དྲུང་། ）、巴·仁青色（ སྦ་རིན་ཆེན་གསལ། ）、甲·益西森格（ རྒྱ་ཡེ་ཤེས་སེང་གེ ）、角若·西绕强秋（ ཅོག་རོ་ཤེས་རབ་བྱང་

ﾐﾑ།）、哇巴·多吉强秋（འབའ་པ་རྡོ་རྗེ་བྱང་ཆུབ།）、奴·巴西达钦波（སྣུབས་པ་ཤེས་ཏ་ཆེན་པོ།）。

在上述六人当中，出现了四位贤者：央贡（ཡང་གོང་།）、哇氏（འབའ།）、奴氏（སྣུབས།）和角若氏（ཅོག་རོ།）。

他们四人的弟子是色尊（སེ་བཙུན།）和嘎尔米（འགར་མི།）。色尊和嘎尔米的弟子有库顿·尊追（ཁུ་སྟོན་བརྩོན་འགྲུས།），他有巴·格通（ཐ་གི་མཐོང་།）等许多弟子，开创了闻、说佛法之先河。

慧学之先河，由鲁梅（ཀླུ་མེས།）、松巴（སུམ་པ།）、巴聪格（ར་ཚོང་གེ།）、罗尊（ལོ་བཙུན།）等所开创，并有了很大的发展。

上述这些都是具有祈愿力量的人，其中，直·益西云旦（འབྲི་ཡེ་ཤེས་ཡོན་ཏན།）掌握寺庙后，直至他去世前未充任住持一职，故，据说此时住持数量比较少。

鲁梅（ཀླུ་མེས།）在康区只受过沙弥戒，但他在扎益吉茹（ཟའི་ཀྱི་རུ།）[360] 地方收了许多弟子。

巴尊也收徒，据传，巴热的所有弟子（罗汉）所组成的部派都比较好，且实力比其他各部强。

木尊掌管坚贡神殿（今后藏坚贡寺），并收徒。

聪尊掌管秀布吉果昂（五门神殿），发展弟子。

此时，有琼波·森格坚赞（ཁྱུང་པོ་སེང་གེ་རྒྱལ་མཚན།）、韦·杰瓦洛追（སྦས་རྒྱལ་བ་བློ་གྲོས།）、恩兰·杰瓦旺波（ངན་ལམ་རྒྱལ་བའི་དབང་པོ།）等三密咒师协同一些僧人前来，起初与上述各派共存，被罗尊（ལོ་བཙུན།）和巴尊（ར་བཙུན།）二人设法剥夺。三密咒师不悦而对他们进行施咒，以示报复，一天之内对罗尊连续施了三次咒。因罗尊躲在了经书下面而未死。罗尊因无容身之所而逃往上部阿里地区，并在白木白塘地方（དཔལ་མོ་དཔལ་ཐང་།）遇见了世间之飞天母多吉绕旦（རྡོ་རྗེ་རབ་བརྟན།）。因得到了飞天母的护佑，在那里收徒传法而出现了后藏之罗派。

鲁梅支持了巴尊一方，故在卫藏地区出现了部派与咒师之争。结果密咒师一派败北，向德派诚服，从此，巴尊和鲁梅二人得以美名。

铁鼠阳年（阴鸡）灭法至土鼠阳年再兴佛法，在卫藏地区出现部派势力，共耗时九轮（一轮为12年，共108年）。

因拉钦是康巴人，所以，现称康巴人为"阿梅"（ཨ་མེ།）。后来，自天竺学习佛法而兴起了达部（སྟག་ཚོ།）和蚌部（དངང་ཚོ།）等几个派系，故，吐蕃有两种戒律传承。以上是佛法再兴和各个地方势力（部派）出现的详细情况。

29.旧译密法晚期

旧译密法晚期，由增扎格德（བཙན་གི་ཁི།）收尾。他从天竺到来后，对乌郑·洛追旺秋（ཨོ་རྒྱན་བློ་གྲོས་དབང་ཕྱུག）教授密法。与此同时，奴·云旦嘉措（སྣུབས་ཡོན་ཏན་རྒྱ་མཚོ།）从天竺阿阇黎达那达拉（ཏྲ་ད་ཏྲ།）处得到了《本母经》（མ་མོ་ལེ་ཀ་ཏནྟྲ།）等诸多密法经文。

据说，奴师徒二人前世为兄弟。在天竺之格乃雪（དགེ་གནས་ཤོད།）地方，一对贫穷的婆罗门夫妇有两个儿子。对大儿子教授恶咒，并取名为达那达拉（ཏྲ་ད་ཏྲ།）；对次子教授显教知识，并取名扎德达罗（ཁྲ་ཏི་ད་ར།）。

扎德死后，经过测算得知他转世于边地吐蕃，并得名奴·云旦嘉措（སྣུབས་ཡོན་ཏན་རྒྱ་མཚོ།），正在度化众生。兄长达那达拉心想，我要为生于吐蕃的兄弟做些事。于是，向阿阇黎绒波古亚（རོང་པོ་གུ་ཡ།）学习《阎罗经》（གཤིན་རྗེ་ཐུན།）和《护密》（མ་མོ་སྲུངས་སྐུད།）后，修成"杜瑞波加吉"（བདུད་རོ་པོ་བ་ཅིག），并随带一位仆人钻入了魔之衣兜内。天亮时从天竺出发，日出时抵达了吐蕃措吉塘（བོད་མཚོ་སྐྱེས་ཐང་།）地方。主仆二人从衣兜内出来后，在库隆那久赞（ཁུ་ལུང་ན་ཞུ་བཙན།）地方受到了七俗人骑士用敬语迎接。

之后，向众人打探兄弟的下落，得知在库隆岗波蔡（ཁུ་ལུང་སྒང་པོ་ཚལ།）地方有一人正在做法事。于是，强行闯入此人的住处，发现那人已经完成法事仪轨，正在举行向众人授灌顶寿水仪式。此时，寿水瓶倾倒而惊动了众人，引起了众人的不满。但因达那达拉作法的缘故，寿水不仅恢复

312

了原样，而且比原来多了一些神奇色彩。此时，众人谁也不敢动弹，认为上师已修成寿水并显了神通。

之后，在库隆（ཁུ་ལུང་）之山岩静修处吞巴（ཐོན་པ་）地方，达那达拉告知奴氏他俩前世为兄弟，并传授密法咒术于他。最后，弟弟把兄长送至泥婆罗之央列雪（ཡང་ལེ་ཤོད་）地方，并祈祷来世再与兄弟相见。这是旧译密法晚期的历史。

30.新译密法的起始

关于新译密法的起始问题，说：此时有觉沃弥底（ཇོ་བོ་སྨྲི་ཏི་）[361]出现，佛法死灰复燃，虽旧法讲授中断，然修行之法如同太阳般升起，像箭一样笔直。《大圆满》(ཡོངས་སུ་རྫོགས་པ་)法在山间流传时，有一泥婆罗人名曰白玛梅茹孜（པད་མ་མེ་ཏུ་རྩེ་），此人略懂佛法和藏语。他来到吐蕃时，王命人向他学习佛法，但他却说："我不精通佛法，目前天竺有两个精通佛法的阿阇黎，可以前去迎请。"于是，王命此人带着金子前去迎请。他请来了阿杂热查拉仁姆（ཨ་ཙ་ར་ཕྱ་ལ་རིན་ཆེ་）和觉沃弥底（ཇོ་བོ་སྨྲི་ཏི་）两位阿阇黎。一路上，泥婆罗人梅茹孜（པལ་མོ་མེ་ཏུ་རྩེ་）被颇朗（བོ་ལང་）杀死了。两位天竺阿阇黎因不懂藏语，其他人又不认识阿阇黎，故二人被迫流落民间。阿杂热（ཨ་ཙ་ར་）以替人修水磨为生，一直流落到了康区。后来他学会了藏语，由聪德昂格旺秋（ཚོང་བཙུན་དགའ་གི་དབང་ཕྱུག་）等作翻译，译出了《文殊仪轨集》(འཇམ་དཔལ་ཆོག་གི་འདུས་པའི་རྒྱུད་)等部分佛经，从此开创了新译密法之先河。新译密法之详细情况，开始于大译师仁青桑波（རིན་ཆེན་བཟང་པོ་）[362]时期。

之后，觉沃杰（ཇོ་བོ་རྗེ་）[363]被纳措译师（ནག་ཚོ་ལོ་ཙཱ་བ་）[364]请来，对库顿·尊追（ཁུ་སྟོན་བརྩོན་འགྲུས་）和俄·列贝西绕（རྔོག་ལེགས་པའི་ཤེས་རབ་）教授般若、密咒，特别是阿阇黎把二人引向了律藏的学修。此时，在后藏之格普(དགེ་ཕུག་)地方出生的译师释迦洛（ཤཱཀྱ་བློ་）和格隆（དགེ་སློང་）二人，翻译出了《瑜伽续》(མལ་འབྱོར་གྱི་རྒྱུད་ཉེ་)等多部佛经，并举行多次加持、灌顶等仪式，特别是此时开创了禅修。

之后，在羊卓（ཡར་འབྲོག）地方出生的俄·列贝西绕（རྔོག་ལེགས་པའི་ཤེས་རབ）翻译了中观、因明等方面的许多经文，使多数信徒转信大乘法，特别是结合了慧学。此后所传之法，被称之为"新法"。

所谓"密法被曲吉桑波所传承。"是指《大圆满》（རྫོགས་པ་ཆེན་པོ）等续经都由绒巴曲桑（རོང་པ་ཆོས་བཟང）[365] 传下来的。"国法金轭已断，仅靠佛法之丝结。"是指虽无国法，但佛法死灰复燃，如同剩余之丝结。

"吐蕃有七宝，故众人得福。"这句话的意思，根据尼如活佛（ཉི་ཟླ་སྐྱིལ）的说法：地下开有金井，故天竺阿阇黎皆来吐蕃；从雪山之顶流下净水，闻法者皆聪慧且精通佛法；雪山下有白狮，故人有参政议事的本领；雪山上有罗刹和聂（གཉན）活动，故，佛苯皆显神通；南部和北部地区有野牦牛和马，故，众青年勇猛，如同大力士；在边缘之山上有杜鹃花做药材，故，众妇女身材苗条且贤惠；因是观音菩萨之化身，与其他地方相比，吐蕃人更具慈悲。

"深奥之密法皆传于此时。"说的是，佛法三精要、密咒等如同快要燃尽的酥油灯般更加明亮，在快要灭亡时又重新兴起。

31.佛法消亡的情况

现说佛教衰弱及未来佛弥勒的情况。"释迦之佛法衰弱时有标志，即灭于人寿五十岁时期。"最终，释迦之佛法灭亡的原因是，在各地出现了没有信仰的人。此时，诸王争夺地盘。众比丘和比丘尼，远离十善行，行无常之事，言行混乱，积累财富并经商，与男女下人通奸。众人失去信仰，有人盗取三宝及僧人的财产。对此，正直的比丘失去了信心。于阗（ལི་ཡུལ）的比丘们议论："我等要在最初传法的神殿集中。"于立春十五日，在此殿集中。众人叹息："现在三宝、僧侣的财产被盗，往后去往何处？如何生活？看来，圣法无法永驻世间！"在讨论离开此地后的去处时，有人说："中原是去不成了，吐蕃还有人供养三宝，是否前往？"当天夜里，所有僧人都住在神殿内。天亮时，有一位女信徒邀请众僧人，为他们提供热饮并敲鼓，绕神殿转经。在佛像莲座右边的缝隙里，寻得一缺口的匣子，打开后发现里面有七对金盘子。众僧人把金盘换成粮食，度过了夏季三个月。之后，剩余的部分做路上的口粮来到了地藏王之圣地益西宁波（གཙུག་ལག་ཡེ་ཤེས་སྙིང་པོ）神殿。此时，有一座建于岩石上的佛塔，在塔下的废墟里寻得一装满珍珠的金碗。众僧人把金碗换成粮食后，度过了冬季三个月。

一路上，在渡过吉仙曲河（དགྲེང་གི་ཆུ）时，上部的村民在神殿内供养了众僧人；下部的村民见状，把僧人请到了益翁（ཡུ་འོང་）神殿，并供养了七天。

此时，位于于阗的众鲁（ཀླུ）见佛法即将灭亡而心里难过。为复兴佛法而降雨，形成了神殿和佛塔的根基，出现了盛满金粉的金盘，以此交换粮食而度过了春季三个月。

此时，（僧人）被众人请至萨拉蔡神殿（གཙུག་ལག་ཁང་ས་ལའི་ཚལ），供养七天。上、下村的所有村民集中于萨那巴罗神殿（གཙུག་ལག་ཁང་ནན་པ་ར），向僧人献上财务和驮队，当地的老人们举行了斋戒仪式。在那里，在格瓦坚宫（དགེ་བ་ཅན）里，用马车迎请觉沃释迦牟尼佛。

之后，住在格瓦坚的人们为众僧人提供路上吃的口粮，并说"这是僧人财产被盗的缘故，请僧人们暂时忍让"，说着向他们顶礼。这是于阗地方供养佛法的最终情况。

之后，众比丘在前往吐蕃的路上，在一处旧佛塔旁边，白拉姆（吉祥天女）为他们留下了一袋金粉，作为他们路上的盘缠。此时，在于阗之迦萨热（ཀ་ས་རེ）神殿内，有一汉人施主举行了三天的法事。

之后，沿着梅嘎尔路（ལམ་མེ་དཀར）前往吐蕃时，众新比丘把袈裟和戒律交还于自己的住持后，忍着悲痛返回了老家。有些（僧人）出家而拿不出财务，向父母、亲属和送行人等诉说着心中的痛苦，断绝与他(她)们的关系。众送行人返回后，众比丘一同踏上了梅嘎尔之路。

此时，白拉姆和多闻子心生慈悲，于是化作两个牧民，为众比丘提供了两个月的盘缠。

之后，众比丘来到了山间。在牧区寺庙附近迷了路，众人痛哭，并喊着十方佛、菩萨及于阗众神的名字。

此时，多闻天心生慈悲而化作一头背上有鞍子且带有纤绳的白牦牛，来到了众比丘的面前。看见这个白牦牛后，（他们）心想：这是牧人的驮牛，若跟着牛走可以找到其主人。于是，跟着白牦牛前进。这个牦牛把他们带到了一个名叫蔡吉（འཚལ་གྱི།）的与上部地区相连的地方后，消失了。多数年老的比丘也在路上去世了。蔡吉地方的人们前来欢迎众比丘，为他们提供暂时的生活用品，并议论："吐蕃来了于阗的比丘，应如何安置？"

此时，有一汉王之女被吐蕃赞普迎娶而成了吐蕃的王妃，她信仰佛法。王妃听到众比丘前来的消息后，觉得佛法住世时间不长而感到伤心。她招来自己的二百女仆和三百男仆，并对王说："佛法快要灭亡了，我等若不尽快积福资粮、守戒律，会后悔的。"同时，向王祈求为众比丘提供生活用品，得到了王的许可。于是，在汉王之女的住持下，众臣为比丘们修建了七座神殿。

此时，在托嘎尔（ཐོ་གར།）[366]、迦什弥罗（ཁ་ཆེ།）、安泽（ཨན་ཙེ།）、班安巴（པན་ཨན་པ།）以及秀列巴（ཤུ་ལིག་པ།）等地方的比丘们因受到了没有信仰人的迫害，所以，都去了勃律（བྲུ་ཤ།）[367]。他们到了那里以后，听说有菩萨王妃为僧人们修建神殿、供养僧人的消息，于是来到了吐蕃。在那里度过了三年好时光。

之后，神、龙、罗刹等得知佛法已衰弱，制造了许多疾病，许多尚伦舅臣和军官死去。此时，王妃知道自己将要死去，因此，为王留下遗言说："我死后把财产都捐给僧人吧！死后我将转世于天界。"

此时，吐蕃舅臣内部出现矛盾，说："外来人对我们不吉祥。"于是，把僧人都赶出了吐蕃。王按照王妃的遗言，把财产都捐献给了众比丘，作为他们前往根达（ཀུན་དགའ།）地方的盘缠。

众比丘在前往根达地方的路上，遇见了被人赶出来的天竺比丘。

此时，有吐蕃人追来抢劫了他们的财产，有些比丘被杀死了。被恶人追赶的比丘，最终来到了龙王艾拉（ཀླུའི་རྒྱལ་པོ་ཨེ་ལ།）的海边。此时，艾拉化作一老人，向他们顶礼，并问他们："到何处去？"答："现在到处都是无信仰的人，所以，我们打算去根达地方。但是，生活用品被劫，一无所有。"龙王得知佛法已经灭亡，于是流出了血泪。问比丘："路费够用几日？"答："或许能撑十五日！"龙王说："要去根达，若从我的湖右边走，有四十五天的路程；从左边走那就更远，一路要翻越高山，有野兽出没，有劫匪；海里也有很多我凶残的仆人，我也无能为力。"说着哭了起来。于是，众比丘心想：自己必死无疑而伤心流泪。

此时，龙王艾拉向众比丘顶礼，并说："你们不要太失望，我愿意用自己的性命为你们搭一座桥。"说着化作一条大蛇，头部面向众比丘，尾巴一直延伸到了根达地方，蛇身的宽度约有五百由旬。众比丘，见状向四处逃散。此时，蛇用人语说："众僧人不要害怕，从我身所筑之桥上走过去吧！先把驮队赶过去，之后，年轻人走过去，老人最后走。"如此走过时，有些人和牲畜因害怕而溺死于湖中。

蛇的背部受伤化脓，龙死去，湖水干枯，从而出现了像山一样的龙骨。

之后，在未来佛弥勒时期，五百随从来到龙骨旁边时，贡布（མགོན་པོ།）为他们讲述了龙王艾拉的故事，故，五百个比丘修成了阿罗汉。此时，众僧人在根达地方生活得很幸福，得到了一个有信仰的王者的供养。三年后，有信仰的王过世，他的两个儿子当中有一人信仰佛法，而另一个则不信佛法。二人为此产生矛盾而分裂为两个不同的势力。

此时，没有信仰的儿子执政了五个月后，被众比丘当中的勇敢者杀

第四章　佛法在吐蕃的传播

死了。有信仰的王子执政了两年。之后，根达罗（གུན་ད་ར）地方的人集中于一地，杀害众比丘，剩余的人逃到了中部地区后也被杀了。

此时，瞻部洲出现了三个没有信仰的王者，他们分别是大食王[368]、珠古王（突厥）和吐蕃王。这三个王联合杀死了中部地区以外的所有持正见者，各地变为无人区。三个王联合出兵三十万，打算攻打中部地区。

此时，在中部果乌夏木毗（ཀོལ་ཤ་ཡ）地方出现了一王，名叫难忍王。在他出生时，下起了血雨，他的手臂自肘部一下都是红色的。他有家臣五百、勇士二十万。

此时，大食王、珠古王、吐蕃王三人联合攻打果乌夏木毗王。经过三个月的奋战，果乌夏木毗的难忍王消灭了三个无信仰的王。

王从战场返回后，有些后悔，心想我将来会转世为哪一道在玛布坚（དམར་བུ་ཅན）地方，有一个名叫西夏迦的精通《三藏》的比丘，把他请来，对他讲述了上述战争故事后，请求为自己赎罪，消除罪孽。比丘说："你邀请瞻部洲所有比丘，为自己消除罪孽吧！"于是，他请来了众比丘。当时，在果乌夏木毗地方集中了数十万比丘。

在这些比丘当中出现了一个名叫扎迥巴（阿罗汉）[369] 德巴的比丘，他住于山王岗坚之上。王得知他的情况后，前去拜访比丘，并请教如何供养众比丘之事。三藏阿阇黎说："目前，很难寻得真正的僧人。"但是，阿罗汉德巴却说："目前，还有许多正直的比丘，我个人也自出家以来没有出现过一丝堕落的迹象。愿众罗汉都能各自得解脱。"

西夏迦（ཤེར་ཀ）说："没有眼睛时，镜子有何用处？"此时，有一三藏师之弟子名叫比丘昂根德邦坚（ཨང་འགན་གྱི་བྱེར་ཅན），此人生性凶恶，他说："回来的青年都像你（德巴），在众人聚集的地方诋毁我的上师。"说着就杀死了阿罗汉德巴（དེར་བ）。

阿罗汉德巴之弟子，有名叫嘎罗达的人见自己的上师被杀后，用棍子打死了三藏师。

之后，三藏师弟子的随从与德巴的随从之间发生战乱，相互厮杀，无一幸免。此时，三十三天之众神前来此地，哭泣着为比丘举行丧葬仪式，并把他们的头发、指甲、袈裟等带回天界作为供物。此时，在这个地方刮起了黑色的飓风，伴随着冰雹下起了火雨，大地震动，出现了各种呼叫声等。

之后，难忍王来到时，听说了众比丘被杀的事情后，回到神殿吊丧，嘴里喊着德巴和三藏师的名字。他包着二人的尸体说："啊！三藏师，您是佛法之宝库；德巴，您是掌握解脱道智慧的宝库。您二人若没有了，这个世界也变空了。"

佛法灭亡的那天夜里，三十三天也被阿修罗所击败。世间已经没有了红糖和蜂蜜等，大米和小麦也没有了，人们以直达（ ङ୍र ）、赤桂（ঠेन্দ্）、草根等充饥。丝绸等也没有了，人们穿戴热恰衣（ ริঙ্য ）。金子等宝物装饰也没有了，人们以牛角作为装饰品。如来之塑像被请至龙界。自利杰赞列（ล্ট়েনন্অঅ্যান্）王时期的兔年以来，经过一百二十二年后佛法灭亡。此等见于《圣僧兴法经》（ন্অ্যান্ন্মন্অ্যান্）。

32.佛法住世时间及弥勒佛出世

释迦佛法住世五千年，可分为四个时期：果时、修时、三藏时及略相时期。

果时再分三期，首先出现的全是阿罗汉，人寿五百时灭；其次，有一来（果）和不来（果）各有五百，共为四千，至人寿九十时灭；再次，有常住时，五百灭。共有三个五百。

修时有三，为兴三学时。最初，有殊胜慧学，五百灭，至三千，至人寿八十；其次，有定学，五百灭；再次，有戒学，五百灭，五百有六，至两千，至人寿七十（灭）。

三藏时有三：最初，有论藏时，五百灭；之后，有经藏时，五百灭，至千住时，至人寿六十；之后，有律藏时，五百灭，至人寿五十。

略持相时，五百灭，经过五千后，至人寿五十。之后，至人寿四十时，据说有龙树小法住世。

四十至三十期间，谓饥荒劫，有七年七月七日。现在施舍者，不再那时转世。

人寿二十至十时，为疾病劫，有七个月。现在为人医病和医护者，不再那时转世。

人寿十岁时，有武器劫七日。此时，所见皆为敌人，所持皆为武器，众生皆死。现在持慈悲者，不再那时转世。

此等情况，《俱舍论》第三品中说：武器、疾病、饥荒时劫，于七年七月七日的顺序逐一出现。

关于这方面，根据钦氏算法，五千年中，过去有三千二百八十二年，还剩余一千七百一十八年。

根据仁波切曲杰的算法，梅珠月上旬，八日午夜，月亮下山时，佛陀涅槃。之后，经过一千七百五十年零两个半月又五日的时间。三千二百四十九年零九个月十日，未来佛住世。扎巴瓦至火兔年，夏中，五日，法王修建了塘钦神殿[370]。至铁鸡年，已经经过了论藏时的三百八十五年，还有一百一十五年。现在是论藏时。

释迦牟尼涅槃以后，至天竺王、泥婆罗王沃色果恰和吐蕃赤松德赞时期，已经经过了三千一百二十五年。之后，有近两千年。吐蕃有佛法的历史有二百零九年。三时中，在五百七时，持经藏者居多。五百九时，依律藏学修。五百七时，依论藏学修，为论藏时。以上这些是释迦牟尼佛法灭亡的情况。

未来弥勒佛出世的情况，经藏上说："后逐渐衰弱至人寿十岁时，有弥勒化身出现，此时又兴（佛法）。"在人寿十岁时，出现了一名叫蚌格赤多巴（二肘长）的弥勒化身。因其余的人都只有一肘长，故问："为何会你有二肘长？"回答说："是因为我远离十恶行而取十善行所致。"于是众人皆以此行事，结果人寿延长为二十岁，身高变为二肘长。之后，人寿逐渐延长，一直延长至八万岁。此时，弥勒在天界成佛。

如此，在二十个劫当中，持国天王之子孙皆成佛，众生也都转生于佛地。总之，时劫共有灭生劫六十，分别是二十灭劫、二十生劫和二十住劫。现在的善时劫也住世二十劫，当中有一千个持国天王之子成佛，度化众生。在目前的最后五百时：

> 近熄油灯更亮般，
>
> 最后时刻兴妙法；
>
> 住寺多年修法人，
>
> 略闻密咒口诀人，
>
> 即刻远离一切欲。

如此，据说，在末法时节，如同快要燃尽的酥油灯那样，佛法也将在快要灭亡时又兴起。在寺庙修法一年的人，或现在听闻密法的人，能即刻远离贪欲之心。如此说。"要实践如此深奥之密法。"人不分善恶、强弱都要死去，并且死时无定数。必死有三个原因：1.有生就有死；2.有为皆无常；3.有情皆无常。死时无定，有三个原因：1.人生无常，故死时无定；2.致使人死亡的因缘很多，故死时无定；3.住世与有情无常，故死时无定。住与灭都没有不死的定论，故死亡有三个不能之规律：1.躯体、力量不能；2.诸近缘不能；3.诸器物不能。死了就是死了，并非所有死亡者都能成佛。若不信佛法将入三恶趣，故说心想三恶趣之苦而要笃信佛法。如此说法的原因是，地狱有热、寒之苦；恶鬼有饥饿之苦；畜生有被人驱使之苦；阿修罗有战争之苦；人有三苦、八苦等。要心想此等苦事，笃信佛法。

听闻佛法后，还需进行修行。光听闻还不够。在阿阇黎的睡床上，也会出现恶劣的尸首。因此，要避免发生这种情况是很重要的。正文内容，在此结束。

注释：

[1] 格西觉蚌和贤者觉囊，很可能是作者的先祖。另外，成书于约11世纪的苯教祖师传《赛米》写本的主要施主名曰"觉沃蚌焦"（ཇོ་བོ་འབུམ་སྐྱབས།），"觉蚌"也有可能是"觉沃蚌焦"的简称。

[2] 拉托托日聂赞，为吐蕃第二十七代赞普。藏文史料认为，佛法于该赞普时期传入吐蕃。

[3] 松赞干布（617—650），为吐蕃第三十三代赞普，也是吐蕃王朝的建立者。

[4] 赤松德赞（755—797年在位），汉文史籍也称乞黎苏笼猎赞，为公元8世纪吐蕃第三十七代赞普。赤松德赞在位期间，积极推行弘扬佛教政策，迎请莲花生等印度高僧，修建桑耶寺，建译经院，培养人才，翻译佛经，并让吐蕃贵族子弟剃度出家为僧。后史称松赞干布、赤松德赞和赤热巴坚三位赞普为对弘扬佛法有贡献之"祖孙三法王"。

[5] 热巴坚（815—836年在位），又称赤祖德赞，汉文史籍称其为可黎可足或彝泰赞普。赤祖德赞是其正名，"热巴坚"，意为长发者，形容赞普之发型。根据传统史籍记载，赤祖德赞时期曾翻译大量佛经，并进行"厘定文字，规范译例"。赤祖德赞也大力倡导佛教，提高佛教僧人和瑜伽士的社会地位和生活待遇，曾推行"七户养僧"制。

[6] 此处原文中的藏文འཆེལ།字从上下内容联系起来看应该是འགྲེལ།字，意为"解释"或"注释"。许译本中（许德存，2013.），根据原文འཆེལ།字译为"上联""中联""下联"。

[7] "恰氏之公主，穆氏之孙女"的说法与敦煌吐蕃历史文献 P.T.126 II 的内容相符。根据这些早期的藏文历史文献，"恰"和"穆"都是吐

蕃氏族，二者之间曾有联姻关系，且与悉补野王统世系之起源密切相关。敦煌吐蕃历史文献 P.T.126 Ⅱ 记载（第 104 行）："远古之初，辟荒之始，'穆'与'恰'联姻时代，'恰'之使臣到了'穆'之地界。"（109 行至 113 行）"于是（王）严厉而详细地问道：'你们这些人是谁的属民从哪里来，要为谁办事'使者答曰：我等为'恰'氏之属民，'恰'氏令我等曰：'向大王献上礼物后，请为黑头直立没有王者之民择一王者，为长鬃毛之牲畜打上纹印'。接着就打发我们上路，到了'穆'之地界。他问我们：'你是谁的属民'我们如实做了回答，说：'（我们）是到'穆'国去的'恰'的使者。'他说：'如此你们便是走错了路。此地乃"森域"，'穆'国之地域位于东南方向。"[褚俊杰.吐蕃远古氏族"恰""穆"研究 [J].西藏研究（藏文），2013（4）.]

[8] 玛旁雍错湖，西藏圣湖，位于西藏阿里地区普兰县境内。藏语意为"永恒不败的碧玉湖"，是世界上多个宗教认定的圣湖，也是亚洲乃至整个世界最负盛名的湖泊之一。

[9] 此处，原文中遗漏了"若王已逝世，则要说"几个字。

[10] 原文: བོད་བལ་གཉེར་བ་ཆག 藏族谚语称"视土为金"（བོད་པ་གཉེར་གཅིགས）（张怡荪，1985.P1845.）

[11] 许译本中，遗漏了这一句。（许德存，2013：87.）

[12] 许译本中，遗漏了这一句。（许德存，2013：88.）

[13] 三法王是指松赞干布、赤松德赞及赤热巴坚三位赞普。

[14] 王，按佛教的说法，最初世界上出现人类以后，在很长时期中没有君主臣民等称呼，也没有私有财产，人们共同生活。过了很久，由于物产减少，出现土地私有，于是有偷盗、互相杀戮等现象产生，社会不得平安。于是众人一起商议，选举出一个大家信赖的人担任长官，这个被称为"农田官"的就是世界上第一个官职。农田官是百姓平民的代理人，只是为大家办事，并无任何特权。农田官要担负公共治安及产品

分配等许多工作，由于任农田官的人不易找到，于是由每个家庭从自己的产品中拿出六分之一交给农田官，帮助其生活，后来这变成税收，即是最初的"六分税"。此后农田官又有了仆役，于是有了主仆的区别，逐步形成了拥有臣民、军队、土地的国王。最初的国王是转轮王，依其福分的大小，各有一黄金、白银、铜、铁制成的轮子；将轮子放开，据说轮子所到达的地区都归其所有。这些记载见于《俱舍论》的第三章。

[15] 冈底斯山，位于西藏阿里普兰县境内，是西藏著名的神山之一。

[16] 三十三天，按佛教典籍《俱舍论》的说法，在上述的山王须弥山顶上有与山顶相接的欲界三十三天；即大自在天十一，太阳守宫神十二，娄宿之子二青年等，通常称为三十三天。以上所述大自在天、太阳守宫神、娄宿之子等见于《俱舍论注释》(通常称为《青浦宝库》) 的第三章。

[17] 五无间罪：杀父、杀母、杀阿罗汉、破僧和合及恶心出佛身血。

[18] 台乌让，(ཐེའུ་རང) 一般翻译"独脚鬼"。涉藏地区民间有降服此鬼的仪式，仪式中需要使用猴子、镜子、红牛等。《敦煌本吐蕃历史文书》中有一段止贡赞普与罗昂决斗的历史故事，其中提到了猴子、镜子、红牛等工具，以求除去赞普头顶的天绳，并最终杀死赞普。因此，有学者怀疑台乌让与吐蕃之前的某种宗教有关。

[19] 四禅天，修习四禅定而生于色界天，或称为色界天之有情。

[20] 四食，为段食、触食、思食及识食。段食，能维持生命，长器官；触食，为长养能依心识；思食，引生未来生命；识食，成就未来寿命。

[21] 此处藏文ཟེར་བ་ཅན(具痣) 可能是别字。从内容来看，应该是"呻吟者" (ཟེར་བ་ཅན)。

[22] 此处，原文残缺。从上下文内容来看，可能是"三劫"。

[23] 此处，许译本译作"纺织白绸线球"。(许德存，2013.)

[24] 弗戈酷刑，用利戈穿透肛门和顶门的一种刑罚。

[25] 此处，许译本译作"婆罗门咒士那摩说他没有子嗣，你能否为他传宗接代"（许德存，2013.）。

[26] 此处，原文为 གྲུབ་ཆད་དོ།据此，也可译为"断传"。

[27] 旺增（དབང་མཛད།），根据藏文史籍的说法，在吐蕃第一位赞普出现之前，曾出现过一段传说时期，这一时期共分为十二个不同的时间段，统称为十二"旺增"统治时期。其中，就包括了所谓十二小邦时代与四十小邦时代。

[28] 突显王（རྒྱ་ར་རྒྱལ་པོ།），意为"无封王传说而突然出现的王"。

[29] 这个地名，在《贤者喜宴》中记为"卡热九谷"（ཁ་ར་དགོང་དགུ།）。雅鲁藏布江流域（具体位于雅江南岸，地处今山南朗卡子县、日喀则仁蚌县和拉萨尼木县交界处）有座神山，藏语称"卡热觉沃"（ཁ་ར་ཇོ་བོ།）。

[30] 东岱，也译作千户，是吐蕃王朝时期设置的地方机构。根据藏文史籍，也称"桂东岱"，"桂"，意为"从事军务的高等庶民"。从意义上看，"东岱"似乎是一个兼具军事功能的在"茹"下设置的行政组织。吐蕃共设有 61 个东岱组织。

[31] 关于吐蕃小邦，敦煌古藏文写卷 P.T.1286 当中共记载了 17 个吐蕃小邦。《贤者喜宴》把小邦时代进一步分为了两个不同的历史时期，后一个时期被称之为"四十小邦时期"。其他后期藏文史籍，未记载具体内容且说法各异，如：《汉藏史集》记载："据说统治吐蕃地方的依次为玛桑九弟兄，二十五小邦、十二小邦、四十小邦。"（达仓宗巴·班觉桑布.汉藏史集 [M] .陈庆英译，拉萨：西藏人民出版社，1986：81.）敦煌古藏文写卷 P.T.1060 当中记述了 13 个小邦，内容与 P.T1286 的内容有所区别：P.T.1060 记述的 13 个小邦当中，有几个小邦的名字不见于 P.T.1286；P.T.1060 的内容除了小邦地名、王名及家臣名之外，另外还记录了小邦之神、宫殿和马匹等信息。《日种王统》记载有 12 个小邦，这与我

们以往所掌握的史料完全不同，显然是另一种版本 [古格班智达扎巴坚赞.太阳王统与月亮王统（藏文）[M].拉萨：西藏人民出版社，2014：86.]。据拉露统计，敦煌文献中出现的小邦有 38 个，悉补野氏族统治的雅砻也是其中之一 [李勤璞.林冠群著"唐代吐蕃的杰深"介绍 [J].中国藏学，2002（2）.]。

[32] 亚邦吉，（གཡའ་སྦྲང་སྐྱེས།）亚邦，意思"石山"和"草山"，吉，意为"生"，字面意思是"生于石山河草山之间"。

[33] "恩兰"（ངན་ལམ།），是吐蕃历史地名，主要见于敦煌古藏文历史文书等早期史料，分新旧两个地方，"旧恩兰"，似乎位于拉萨河北岸今林周县境内；"新恩兰"，位于拉萨东面达则县支村一代。"藏"，指"后藏"。

[34] 托嘎尔（ཐོ་གར།），是指"吐火罗"，字面意思是"生于吐火罗的玛桑"。

[35] 关于吐蕃小邦，根据现有史料，前吐蕃时期青藏高原上小邦林立，至少有 40 多个。详细情况参见：阿贵.再论吐蕃小邦制的演变及外来影响 [J].青藏高原论坛，2013（2）。

[36] 钦，也写作"琛"，为吐蕃小邦（氏族、家族）名，也是地名。根据敦煌本吐蕃历史文书 P.T.1060 记载，钦氏小邦的保护神名叫"钦拉天措"（མཆིམས་ལྷ་ལྦ་བཙན་མཚོ།）。今西藏林芝朗县金东乡境内有名叫"钦拉"的神山，附近有著名的列山吐蕃古墓群遗址。据此，有学者推测：钦氏小邦的领地，位于钦拉神山附近，并且列山古墓的主人也应该是钦氏家族。

[37] 象雄，根据敦煌出土吐蕃历史文献等，系吐蕃远古小邦之一。汉文史籍记：大羊同，东接吐蕃，西接小羊同，北直于阗，东西千里。胜兵八九万，辫发毡裘，畜牧为业，地多风雪，冰厚丈余。物产与吐蕃同，无文字。但刻木结绳而已。酋豪死，抉去其脑，实以珠玉，剖其五脏，易以黄金鼻，银齿，以人为殉，卜以吉辰，藏诸岩穴，他人莫知其

所，多杀牦牛草马以充祭，其王姓姜葛，有四大臣，分掌国事。自古未通中国，贞观五年十二月，朝贡使至，十五年，闻中国威仪之盛，乃遣使朝贡，太宗嘉其远来，以礼答慰焉。至贞观末，为吐蕃所灭，分其部众，散至隙地。（《唐会要》卷九十九）

[38] 娘若切喀尔，各种藏文文献中有几种不同写法。关于这个地方，目前学界没有一致的看法，一般认为其具体所在地为年楚河流域的某个地方（有关吐蕃小邦地名，详见阿贵，2015.）。

[39] 努域九林，在不同的藏文文献中有几种不同拼写法，《贤者喜宴》中写作努域九洲（བཉུགས་ཡུལ）等。根据《东嘎藏学大辞典》，"奴"这个地方位于后藏之"绒"（རོང）区即今日喀则仁布县境内，是吐蕃远古六氏族之一的"奴"氏的活动区域。从《敦煌本吐蕃历史文献》等中称羊卓雍错湖为"奴湖"（གཉགས་མཚོ）的情况可以看出，其领地应位于羊卓雍错湖附近。苯教出土文献记载："在奴域林珠（གཉགས་ཡུལ་གྲིང་དྲུག）地方，有王奴杰色巴，（势力）较大，但无妃子。在为其选妃时，在恰玉隆那雪地方，拉恰拉协嘎尔，与塘昂藏姆之女，亚萨娘吉玛成为其妃子。"（巴桑旺堆，罗布次仁，2007.）与敦煌出土文献在具体地名拼上有一定的差别，可能是指同一个小邦，也有可能是指在同一个地域范围内不同时代出现的小邦。

[40] 娘若香波，位于年楚河流域今日喀则江孜县孜青寺一带。附近的村庄名至今依然称"香波"，也是吐蕃止贡赞普与罗昂达孜决战之地。

[41] "吉若江恩"（སྐྱི་རོ་ལྗང་ངོན），是指古代位于拉萨河流域的小邦。（王尧，陈践，1992：173.）。

[42] 岩波查那，敦煌古藏文写卷 P.T.1287 记载："……岩波查松之地，王为古止森波杰，其家臣为'噶尔'与'年'二氏。"（王尧，陈践，1992：67.）《贤者喜宴》记载："在昂雪查那地方，王为森杰赤昌松，其家臣有嘎尔与聂二氏。"（巴卧·祖拉成瓦，1986：155.）"在青瓦

达则宫内有王塔波聂斯；在旧尼嘎尔地有森波杰王达加沃；在敖卫雍那宫内，有王赤邦松。"（王尧，陈践，1992：40.）"攻下雍那宫，击溃古止森波杰王"（王尧，陈践，1992：44.），"攻下雍那宫，灭古直森波杰王。芒波杰王松布逃往珠古地方。自'帕格雍瓦那'以东，'工布直那'以西，收为赞普治下。赞普赤伦赞下令，改岩波为彭波。"（王尧，陈践，1992：44.）根据上述史料，森波杰王赤邦松的王宫"雍那宫"，在囊日松赞时期被吐蕃赞普所攻破。岩波，即是彭波，为今拉萨以北之林周一带。当时森波杰赤邦松的领地包括了彭波之雍瓦那宫以东，工布哲那（今林芝县境内）以西。以今天行政区划来看，包括了墨竹工卡县、林周县及达则三县的大部分地区，也包括了山南市乃东区和林芝市的一些地方。从塘拉神山为森波杰王之保护神的角度看，可能也包括了今当雄县的一部分地区。（达瓦琼达，2012.）。

[43] 乌普邦卡尔，位于今西藏自治区山南市桑日县"沃卡"（ཚལ་ཁ།）一带。

[44] 哲那热木贡，应是指"工玉哲那"（位于今林芝市境内）。

[45] 娘玉那木松，一般认为位于今尼洋河流域。

[46] 塔玉珠西，是指塔波地区，位于雅鲁藏布江流域（今林芝朗县及山南加查县一带）。

[47] 珠木纳松，《东噶藏学大辞典》认为位于亚卓雍错湖附近。

[48] 叶木六地，是指今山南曲松县一带。因为这一带过去称"艾"地，"艾"字在过去的文献里有"叶"（དབྱི།）、"艾"（ཨེ།）、"耶"（གཡེ།）三种写法。

[49] 色域萨木珠西，根据《敦煌本吐蕃历史文书》中记载王名"艾杰王拉章"（ཡུལ་རྗེ་གས་ཡུལ་ཀྱི་རྒྱལ་བཞིན། རྗེ་རྗེ་གས་རྗེའི་ལ་བྲང་། སྙོན་པོ་སས་ས་དང་སྲུང་ནན་ག་ཅིས།），该小邦由"艾"（ཨེགས）氏家族建立。吐蕃时期，"艾"氏家族的主要领地应该位于雅砻一带。原因是，近期新发现的一部名叫《王统日月宝串》的藏

文史籍中有吐蕃七贤者之一的"赤桑亚拉是雅砻艾氏之子"一句。（古格班智达扎巴坚赞等，2014.）。

[50] 隆茹亚松，这是森波杰达嘉沃王的领地，位于今拉萨河流域。

[51] 聂赤赞普（ གཉའ་ཁྲི་བཙན་པོ）），吐蕃传说时代第一位赞普。

[52] 波沃，是指今波密县，被认为是吐蕃第一个赞普的故乡。

[53] 亚拉香波，神山名，位于今山南乃东区境内。

[54] 钦拉神山，是钦氏小邦的保护神，见于《敦煌本吐蕃历史文书》等，位于今林芝市朗县金东乡境内，神山对面有著名的列山古墓群。参见：巴桑旺堆.试解列山古墓葬群历史之谜 [J] .西藏研究，2006 (3)。

[55] 塔拉岗波，神山，位于今山南加查县与林芝朗县之交界处。

[56] 唐拉亚秀，即今天的念青唐古拉神山，位于拉萨河以北地区。根据敦煌吐蕃历史文献的记载，该神山为吐蕃早期森波杰王赤邦松的保护神。

[57] 松巴，一般认为是汉文史料所载之苏毗，是吐蕃 12 小邦之一。吐蕃王朝建立以后，设有松巴茹（翼）。东嘎·洛桑赤列教授认为，吐蕃时期松巴茹的地域范围相当于后来的多堆（康区）。（见《东嘎藏学大辞典》）。

[58] 顿次，根据资料意为"七子中的第四子"，上有三兄长，下有三幼弟。

[59] 穆杰赞普，被认为是聂赤赞普的舅舅，也是穆地方之王。聂赤赞普从波沃地方前往卫藏时，曾得到了其舅舅穆杰王的帮助。

[60] 昂昌江昌，敦煌本吐蕃历史文献 P.T.126 II 有关恰、穆的故事中写作"达昌斯昌"，意思是虎关豹关之地，是穆王的领地。

[61] 因为聂赤赞普在穆地从舅舅穆杰赞普处得到了一穆绳或穆梯，通过此物来到了人间，所以称"穆绳"或"穆梯"。后期的多数史料都称"天赤七王"时期，王皆通过"穆梯"回到天界，但未记载其他信息。

[62] 自成盘，母亲所赐宝物等，后世被称之为"九宝"（ཅ౨ང་དཀོར），似乎是王室的某种象征物。吐蕃王朝阶梯后，永丹和沃松的后人曾一度为了争夺"九宝"的所有权而开战。据说，"九宝"多数在历史上已经失传，剩余的部分作为装藏物收藏于佛塔、神殿等处。

[63] 拉日江托山，位于今西藏林芝市境内，与著名的苯教神山同属于一个山系。后期的宗教史籍认为，该山位于雅垄地区。

[64] 贡雪色木珠西，地名，今西藏林芝市境内拉日江托山附近有叫"色木普"的地方。

[65] 亚木纳木西，也称亚钦索卡，应该是指雅砻地方。

[66] 亚木卓三地，应是指今羊卓雍错湖附近。

[67] 拉仲江多尔，为敦煌吐蕃历史文献等当中所说的"江托神山"，是指"拉日江多"神山。

[68] 工布，地名，今称"林芝"，位于今尼洋河流域。吐蕃第七代赞普即止贡赞普被小邦王罗昂弑杀后，他的三个儿子（也有学者认为是两个儿子）逃往工布地区。后有一子留于当地为王，称"工噶波芒波杰"。古代，这里至少有三个以上小邦政权。参见：阿贵."林芝"词源及尼洋河流域的古代吐蕃小邦考 [J].西北民族大学学报，2012（5）。

[69] 尼域吉亭，根据敦煌文献 P.T.1285、TibJ731 和苯教出土文献等，是吐蕃远古历史地名，也是吐蕃早期的小邦之一。位于雅鲁藏布江与尼洋河汇合处东边山脚，其附近有工玉哲那和第穆摩崖石刻。敦煌出土吐蕃历史文书编号 P.T.1285 记载："于尼域吉亭地方，有尼赞（人王）穷波巴德。"《当许噶塘蚌巴奇塔本古苯教文书汇编》(P18—19) 中记载："在名叫尼域吉亭的地方，何人为王？有王尼热茹乔。"详见：阿贵."米域吉亭"小邦及其相关历史问题考 [J].西藏大学学报（藏文）2014 (2)。

[70] 塔域辛那，意思是塔波地方之森林。根据敦煌文献 P.T.1060 等，这是古代位于吐蕃南部雅鲁藏布江流域一小邦名。

[71] 亚钦索卡，根据其他资料是古代吐蕃小邦之一，位于雅砻地方。雅砻，为吐蕃的统治中心，然敦煌本吐蕃历史文书等当中未见有赞普王室长期在此活动的信息，也不见相关历史地名。笔者认为，敦煌吐蕃历史文书 P.T.1288 中所说"准颇章"（王宫）应是早期雅砻的代名词。"准"，位于今乃东亚堆乡境内，山上有古代建筑遗迹。其南侧沟壑为蔡邦氏家族的领地；东北方向为旁塘颇章（宫）遗址。参见：阿贵.敦煌古藏文文献 P.T.1288 古吐蕃历史地名"准"考 [J].西藏大学学报（藏文）2018（1）。

[72] 赞塘郭西，意思是赞塘四门地。"赞塘"为古代吐蕃地名，位于雅砻河谷，吐蕃时期在那里修建过赞塘拉康神殿。

[73] 雍布拉康宫，在各种藏文历史文献当中有几种不同的写法。笔者参阅几部约成书于 12 世纪的文献，其中有人写作"文布拉卡尔"宫。从史料中"雍"（ཡུམ）字写作"云"（ཡུན）和古藏文中普遍存在"文"与"云"互为通用的情况来看，其名最初应为"文普拉卡尔宫"。"文普拉卡尔宫"，"文"为吐蕃地名；"普"，是指山沟内部；"卡尔"，是指"宫堡"，意思是"修建于文地方山沟内高山上的宫堡"。

[74] 松巴王香，后期藏文史书，把征服一松巴王视作聂赤赞普的历史功绩之一。

[75] 乌德贡杰，又译布德贡杰。后面内容同注释 [84]。

[76] 直贡赞普，为吐蕃悉补野第八代赞普。此时，位于雅砻的悉补野赞普势力进一步发展壮大，开始征服周边小邦势力，赞普最终在收复后藏年楚河流域之小邦王罗昂时，死于罗昂王的剑下，尸首被抛入江河而冲到了工布地区（今林芝）。在其儿子在位期间，从工布地方寻得先父遗体，并在那里举行大型去除剑邪之宗教仪式后，在雅砻修建了先父之王陵，后史称之为吐蕃赞普之首座王陵。

[77] 后史称直贡赞普有夏赤、娘赤、恰赤三位王子，父王被罗昂弑

杀后，三子逃亡工布地区，王妃成了罗昂之牧马人。虽后史对此说法不尽相同，但一般认为三子中的一人做了工嘎波王（ཀོང་རྗེ་དཀར་པོ།），一人做了娘波王，而另一个则逃往波沃地方，并在那里秘密藏匿了十三年之久。今波米县之倾多一带有叫"桑瓦囊"之地名，意为王子秘密藏匿之处。据说一王子在那里秘密藏匿了十三年，这与本书之"此时赞普之位空缺十三年"的说法相符。

[78] 此处藏文ཡུལ字，应是ཡུལ字，意为"地方"。

[79] 贴瓦蔡，也称"娘若贴瓦蔡"，"娘若"，是指古代年楚河流域地名；"贴瓦蔡"，意思是"有灰尘的地方"。根据史料，今后藏江孜县之孜钦寺所在地为古代吐蕃小邦王罗昂之王宫所在地，称"娘若香波宫"（ཉང་རོ་ཤམ་པོ།）。

[80] 此处，许译本译作"娘赤在波沃娶了一女子为妻。"（许德存，2013：117.）原文意思应是"四兄妹"。

[81] 艾，古代吐蕃地名，位于今西藏山南曲松县所在地。

[82] 今林芝市境内有叫"卡尔色木普"的地名，意思是"色木普宫堡"。

[83] 根据一些史料，在工布色木普和米域吉亭一带曾举行了两次大型的宗教仪式（去除剑邪仪式），但并没有在那里修建王陵。直贡赞普之陵墓，最终修建于今山南琼结县。这说明，有可能出了二次葬。值得注意的是，在工布地方举行了一次大型的宗教仪式，而且这个仪式与消除直贡赞普之剑邪有关。这说明，人们视死于剑下为不祥。消除剑邪的仪式，同时也具有了招魂的意思。在传统习惯中，一般以绿松石作为"魂"或"亡灵"的象征，人们常佩戴绿松石耳饰以示"系魂"。这个习俗在林芝一带尤为盛行。如今在林芝市被认为是"藏王墓"的地方，有神山叫作"拉日江托"，这个名字在敦煌吐蕃文献中写作"江托拉蚌"。"江托拉蚌"，"江托"为山名，"拉蚌"，具有"系魂"的意思，所以，这可

能与消除直贡赞普剑邪之宗教仪式有关。

[84] 布德贡杰，又译布岱贡杰，为直贡赞普之子，吐蕃第九代赞普，原名恰赤（各种史书的记载不尽统一）。直贡赞普被罗昂弑杀后，其三个儿子分别逃往工布、娘波和波沃。后恰赤在茹列杰的支持下，返回雅砻打败罗昂势力，恢复了悉补野统治。布德贡杰，意为"战胜一切"。

[85] 青瓦孜珠宫，遗址位于今西藏山南琼结县境内。

[86] 茹列杰，又名昂尔索布，或叔拉布麦松，被誉为吐蕃七贤臣之首，为前吐蕃时期赞普布德贡杰之大臣。有些史书上说，他是布德贡杰的同母异父兄弟。据说，他不仅扶持布德贡杰上台，而且对吐蕃农业的发展做出了重要贡献。故后史称其为"吐蕃第一位贤臣"。

[87] "协敖"，原西藏地方的官职名称，相当于今乡一级官员（军事）。

[88] 此处，在括号（）里的内容应该是指"六列王"的名字，与前面的王宫名相对应，是王宫修建者或修建时间的一种说明。

[89] 拉托托日聂协，也称拉脱脱日聂赞，吐蕃第二十七代赞普。古代史籍认为，吐蕃赞普世系源于天神后裔，第一代赞普聂赤赞普自天界下凡人间，为黑头黎民之主，遂统治雅砻（今山南一带）地区。根据敦煌出土的古藏文文书记载，自第一代赞普聂赤赞普传位至拉脱脱日聂赞，共为第二十七代赞普。这与 11 世纪以后出现的传统史料所言拉脱脱日聂赞为第二十八代赞普相矛盾，主要分歧体现在前七代赞普上。

[90] 卓聂德茹，为吐蕃第三十代赞普。该赞普娶一来自吐蕃南部峡谷地区钦氏民女为妃，因钦妃有食鱼等水产品的习俗，致使赞普染疾而与家臣一道活人入墓。其子幼年患有眼疾，后从阿柴地方请来医师治疗，痊愈后更名"达日聂斯"，意为"见盘羊者"。

[91] 阿柴，古族名。原为鲜卑一支，游牧于今辽宁一带。公元 4 世纪初，其首领吐谷浑率部西迁至今甘肃、青海一带。藏文史料所说之阿

柴，也译作吐谷浑，可能是指西迁后曾活动于今甘肃、青海间的古代部族，其族群成分除了鲜卑，可能还融入了本地吐蕃人等其他成分，曾与吐蕃有密切交往。

[92] 青瓦达孜，早期吐蕃著名的宫堡。《贤者喜宴》记载，布德贡杰赞普时建青瓦达孜，与其后六"列"赞普时期修建的郭孜、羊孜、赤孜、孜莫穷杰、赤孜蚌吐合称青瓦六宫（见《贤者喜宴》P163-165）。根据敦煌古藏文文书和其他早期藏文史籍记载，青瓦达孜宫堡是历代赞普居住的主要城堡。建立噶丹颇章政权后，原钦瓦达孜宫所在山上设立了琼结宗府。

[93] 囊日松赞，吐蕃第三十二代赞普，为松赞干布之父。在该赞普时期，吐蕃开始征服拉萨河流域之森波杰小王，为建立吐蕃王朝打下了坚实基础。此事见于《敦煌本吐蕃历史文书》等。

[94] 加珠，"加"是指"汉"；"珠"，是指"珠古"，即突厥。根据藏文史料记载，此时的突厥被认为是中原王朝下属的一个部族，故称"加珠"。

[95] 霍尔，在不同时期所指不同。吐蕃时期的文献中可能是回鹘；在元代，多半是指蒙古人。

[96] 松赞干布（617—650），也称赤松赞。汉文史籍《新唐书》称之为弃宗弄赞，《通典》称弃苏弄赞，《册府元龟》等也称器宗弄赞、不夜弄赞等，皆系藏语音译。赤松赞是松赞干布之原名，见于敦煌古藏文文书（见《敦煌本吐蕃历史文书》第71页）和吐蕃时期的石刻碑文（《杰德噶穷石碑》，见《吐蕃金石铭录》第106页），松赞干布乃是臣民所称尊号。后期史料中赤松赞的名字基本上以松赞干布四个字所代替，以至以往有学者们不知赤松赞是指何人。近现代一些知名学者亦曾对赤松赞之名发生了误解。

[97] 昌珠，吐蕃古寺，位于今山南乃东区境内。

[98] 拉萨，是指今拉萨大昭寺。

[99] 琼波·布当松孜，敦煌出土吐蕃历史文献中称琼波·布斯松孜，为松赞干布父子时期的重要功臣。在松赞干布父亲时期，此人砍下后藏小王玛麦之首级献于赞普，并把小王之上万户庶民也交付赞普；后赞普之一兄弟反叛时，他及时平息叛乱，保护了赞普安危，深得赞普器重，得赏赐后藏上万户农户。

[100] 嘎尔·东赞（？—667），又称噶尔·东赞域松，汉文史料称禄东赞，松赞干布及芒松芒赞时期的著名重臣。641年使唐为松赞干布迎娶文成公主，唐太宗征伐辽东高丽凯旋还都后，松赞干布遣东赞域松又使唐送礼。650年起辅佐年幼赞普芒松芒赞达十八年之久，667年去世。唐史称赞他"性明毅，用兵有节制，吐蕃倚之，遂为强国。"噶尔·东赞域松死后，其长子噶尔·赞聂懂布、次子嘎尔·赤震，先后为大相，兄弟长期专权用事，遂与赞普产生尖锐的矛盾。699年，赞普赤都松芒布杰率兵赴多麦讨伐噶尔·赤震，噶尔·赤震兵败自杀，其弟率部众投唐朝。唐朝授其辅国大将军，封归德郡王。

[101] 娘·尚囊，松赞干布父子时期的功臣。据记载，他曾智取松巴（苏毗）各部，不费一兵一卒，将所有松巴势力治于赞普门下。

[102] 四茹（ རུ་བཞི། ），"茹"意为"翼"，"四茹"即"四翼"，是吐蕃军事编制名称。四茹：乌茹、约茹、叶茹和茹拉。四茹之地理范围，乌茹，以今拉萨小昭寺为中心，东至今山南桑日县境内的沃卡地区，西至拉萨尼木县；约茹，以雅砻昌珠寺为中心，东至今林芝市境内，西至今仁蚌县境内之卡热山；叶茹，以雅鲁藏布江北岸之香（今日喀则南木林县境内）地方为中心；茹拉，包括今后藏之西部拉孜县等地区。

[103] 松巴茹，"松巴"原为吐蕃早期小邦之一；"茹"，意为"翼"。松巴被吐蕃征服后，与象雄（羊同）一样成了吐蕃四茹（翼）以外的一个"茹"，称"松巴茹"。有人认为，松巴即是汉文史籍所说苏毗。

从藏文史料来看，松巴应位于吐蕃东北部。它与苏毗、森波杰之间是什么关系？目前还不是很清楚。

[104] "边地六部"和"加珠"，很可能是藏文史书中出现的一种地名上的错误称谓。"边地六部"就是指"加珠"，意思是"位于边地的汉之突厥"，但是，藏文中指突厥的ᡪᠷ一词，有时被写作ᡪᠷᠤᡎ所以出现了"六部"的说法。

[105] 青昂达孜宫，即青瓦达孜，位于今山南琼结县境内，为吐蕃早期王室的主要住地。

[106] 江普，地名，应是指今拉萨堆龙德庆区楚布寺所在沟壑。敦煌吐蕃历史文书 P.T.1288（147–148）记载："兔年，赞普住于夏辛孜地方。夏季会盟，于苏浦江布布蔡地方由臣赤松杰藏协召集。"[王尧，陈践.敦煌本吐蕃历史文书（修订本）[M].北京：民族出版社，1992：23.]据此，江普也有可能位于今墨竹工卡县境内。参见：阿贵.吐蕃地名"苏浦"考 [J].青海民族大学学报（藏文），2015（4）.

[107] 央堆堆章昂章囊，地名，应是指今乃东亚堆之果尼一带。参见：阿贵.敦煌古藏文文献 P.T.1288 古吐蕃历史地名"准"考 [J].西藏大学学报（藏文）2018（1）.

[108] 小千户，是藏文"东布琼"的意译。从其他文献来看，似乎是指除了骑兵以外的步兵之类的组织。

[109] 宗康，意为"宗喀地方"。今青海湟水流域的地方，过去藏语称大、小宗喀。

[110] 茹拉，"茹"，意为翼，吐蕃军队有乌茹、叶茹、约茹、茹拉等，也译作"四翼"。茹拉，位于后藏与上部阿里连接处之南部地区。

[111] 娘堆，意为"娘地方的上部"，与前述"娘达"（娘地方的沟口）相对应。年楚河流域的上部，过去也叫作"娘堆"。此处，指"叶茹"地界，故可以考虑是后藏的上部地区。有学者认为，在雅鲁藏布江

上游地区（后藏上部）江名称"娘曲河"，若是如此，与史籍所指地望相符。

[112] 巴荣，疑似"波绒"（ཕོ་རོང་），今聂拉木县境内有此地名。

[113] 桑桑，地名，位于今日喀则仲巴县境内。

[114] 达那，今日喀则谢通门县境内有此地名，分上下，称"达那普"（沟内）与"达那塔"（沟口）。另外，南木林县也有类似的地名。

[115] 乌右，地名，位于雅鲁藏布江北岸。

[116] 尼木，地名，即指今拉萨尼木县一带。

[117] 隆雪，地名，位于今拉萨墨竹工卡县境内。

[118] 档雪，地名，是指拉萨当雄一带。

[119] 当雪，地名，位于今西藏山南措美县境内。

[120] 库亭，地名，位于今西藏山南洛扎县境内。

[121] 杜雄，"杜"和"雄"分别是雅鲁藏布江南岸的两条沟壑名，位于西藏山南贡嘎县境内。

[122] 扎，地名，是指雅鲁藏布江南岸沟壑，分扎囊（内）和扎其（外），即今山南扎囊县所在地。

[123] 克苏，地名，位于雅砻沟内，今属于山南乃东区。

[124] 亚江，地名，应是指今山南扎囊县扎期乡羊加村所在地沟壑。

[125] 古格王朝，建立于约9世纪，到17世纪结束，前后世袭了16个国王。它是吐蕃王室后裔在吐蕃西部阿里地方建立的地方政权，其统治范围最盛时遍及阿里全境。它是吐蕃世系的延续，也是佛教在吐蕃瓦解后的新的立足点，并由此逐渐达到了全盛。吐蕃末代赞普朗达玛时，灭佛毁寺，不少避难僧人远赴阿里。阿里地处西部边境，深受大食、印度等文化影响，也是苯教的发源地，所以，成为各种思潮、各种力量汇集之地。公元9世纪中叶，赞普朗达玛被一僧人刺杀，内战纷起，加之庶民起义，致使吐蕃崩溃。朗达玛之子沃松与永丹，为争夺王室继承权

而起争。后沃松之子贝阔赞被起义军所杀，贝阔赞的儿子吉德尼玛衮见携眷投奔阿里，并娶了当地头人的女儿。后来吉德尼玛衮将阿里一分为三，分封给他的3个儿子，古格王国即第三子德祖衮的封地。17世纪中，古格王朝发生内乱，国王之弟请来拉达克军队攻打古格王室，致使王朝被推翻。古格覆亡后，曾并入拉达克，后被西藏地方政府收复。

[126] 亚藏，也有可能是指"亚孜"，位于泥婆罗西部的地方政权，曾经被普兰、拉达克统治过，后建立了亚孜地方政权，曾一度统治喜马拉雅南麓大片领土。1404年，亚孜王室落入印度拉胡家族之手，改名久姆拉，一直延续至1789年。

[127] 蔡邦氏，据《乃东县志》记载："吐蕃五尚(五舅臣)之一的外戚贵族蔡邦氏(氏族官邸在今才朋村)家族在亚堆有其领地，至今尚有上、下蔡邦两村落。"(乃东县地方志编委会.乃东县志 [M] .北京:中国藏学出版社，2006：118.)才朋村，位于今亚堆乡所在地沟内，分上下两个村庄，具体位置为：东经91°49′23″，北纬28°54′59″。吐蕃外戚贵族蔡邦氏，是吐蕃显赫家族之一，对吐蕃的政治、宗教具有重要影响。史书记载，次邦·达萨修建了堆龙列拉康和纳孜寺，可见该家族对佛教的传播也有较大的影响。家族中最有影响之人莫过于蔡邦氏美朵准，她是赤松德赞的王妃，也是牟尼赞普、牟茹赞普及赤德松赞的生母。此人在吐蕃末期的政治、宗教斗争中扮演了非常重要的角色。她联合当时的吐蕃权臣势力，先是于雍布拉康宫内毒死了长子牟尼赞普，尔后制造事端使其次子(史书中对于赤松德赞究竟有几个儿子的问题，颇有争议。从吐蕃石刻碑文内容来看，牟茹赞普应是次子，他于赤德松赞时期先后参与了多次重大的盟誓活动，其名字见于吐蕃时期的各种碑文)失去了继位资格，最后力推幼子上位，为自己后来独揽大权、左右吐蕃政事奠定了基础。[参见阿贵，洛扎·吐蕃摩崖石刻及相关历史问题考 [J] .中国藏学(藏文)，2014 (2)]《西藏王统记》记载："蔡邦氏原为苏毗家臣，后为

吐蕃约茹上部千户，领地在琼结一带，即今琼结县的亚堆区，美多准是其家女。"（索南坚赞.西藏王统记 [M].刘立千译，拉萨：西藏人民出版社，1987：209.）她所建的康颂桑康林，"其造型与乌孜大殿相近，所选用之石料及木料胜似乌孜大殿，（寺中）大梁及柱子镶嵌有璁玉、珊瑚、金银等宝物，寺分三层；一层以菩提尊者为主圣，并供奉有八大随佛子及忿怒明王两尊等，佛像均以宝物饰之。二层以坐于莲花茎上之莲花佛为主圣，供奉有男、女菩萨各四尊，守门金刚两尊等均以多种宝物饰之……顶层供奉有四面大日如来、菩萨及忿怒明王两尊等均以宝物装饰镶嵌。护法殿及寺中墙壁上如同各传记所述绘有尼式风格之壁画，以琉璃瓦装饰的寺顶等皆完整无缺。"[司徒·确吉加措.司徒古迹志（藏）[M].拉萨：西藏藏文古籍出版社，1999：149–150.] 可见蔡邦氏作为长妃的威望和权力。目前，才朋村有上下两个村庄。下才朋村有 32 户；上才朋村有 15 户，村背后的山名叫布日山，类似大型古墓封土，其上有祭祀点，据说过去山上有佛塔等建筑。村中过去有萨玛尔庄园，现有其庄园主后人存在。据了解，过去萨玛尔庄园大门向东，大门前方右侧（东南）半山腰有口泉水，此处名叫曲弥那噶。泉水北侧的布日山，是当地的地方保护神，每逢新年当地人要进行供养和祭祀。上才朋村中有户人家名叫雪巴，在他家下方的小片树林处，便是过去大学士碑文所在地。

[128] 聂·达赞东斯，赤松德赞时期的大臣，被称为吐蕃七贤臣之一。据说他曾规定每户圈养的牲口数量，让牧民储草过冬等，对牧业生产作出了重大贡献。

[129] 五纳（ནག）应是别字，正确的"协吉那昂"（ཤེལ་གྱི་རྣ་），意为"五种法律"。

[130] 此处应是前述"四算"的重复内容。

[131] 原文中缺了第五种གུ།

[132] 沃卡，地名，指今山南桑日县沃卡地方。"秀巴班顿"，意为

有"七棵柏树"。

[133] 尼木秀，古地名，是指今拉萨尼木县一带。

[134] 萨格朗玛古普，也称"扎夏热"，位于今拉萨林周县北部。该地名见于敦煌吐蕃历史文书 P.T.1288 当中，7 世纪中叶至 8 世纪初，为王室的主要活动区域之一，也是举行夏季会盟地之一。这里也是吐蕃中部（乌茹）的北界。根据《世界境域志》的记载，吐蕃末代赞普达摩的两位王妃皆来自"扎"地方。参见：阿贵.敦煌地名"扎夏热"考 [J].青海社会科学(藏文)，2018（4）.

[135] 文成公主，唐宗室女，其名在藏文史籍中见有多种不同的拼写方法。641 年，她远嫁吐蕃松赞干布。根据《新唐书》和《通鉴》等汉文文献记载，公主薨于680 年。根据敦煌古藏文历史文书记载，683 年，为公主举行过葬礼。依据吐蕃传统，王室成员去世后有 2 至 3 年匿丧之俗。如此看来，文成公主去世于 680 年之说是可信的。关于文成公主的死因，据《于阗教法史》记载病死于痘症。

[136] 赤尊，后史专称松赞干布的泥婆罗王妃为赤尊·比莫萨，或比萨,意即来自泥婆罗的王妃。泥婆罗为今之泥婆罗,汉文史料称泥婆罗或尼婆罗。根据史料记载，吐蕃时期（一段时间）泥婆罗为吐蕃的属国。赤尊公主崇信佛法,与松赞干布联姻时携释迦牟尼八岁等身像——不动金刚像入吐蕃,并为供奉此像而建逻娑贝哈尔林，即今拉萨大昭寺。后因内乱等原因，释迦不动金刚像被移至惹木其寺（即今拉萨小昭寺）供奉。有学者根据《大唐西域记》相关记载,认为此王妃有可能是泥婆罗王鸯输伐摩之女。

[137] 热萨幻化佛殿，也称逻娑贝哈尔林，逻娑系唐史中对"热萨"之音译,也译作"逻些"。逻娑贝哈尔林佛堂,指逻娑祖拉康，即今拉萨大昭寺。藏文"热萨"一词具有山羊和土的意义,故后史有修建逻娑佛堂时山羊背土填湖,因而得"逻娑"一名之传说。《韦协》中"逻娑贝哈尔林"

和"拉萨贝哈尔林"时有交替出现。"拉萨"一词最早出现在"唐蕃会盟碑"碑文中。《弟吴宗教源流》称逻娑贝哈尔林佛堂是模仿"寒康"修建的，此处"寒康"一词令人费解。关于吐蕃"佛堂"或"佛殿"，藏文史籍中出现了"祖拉康"和"拉康"两种，二者之间似乎存在等级上的区别，前者是属于梵语借词，特指赞普王室成员所修建的佛殿，而"拉康"更像是指普通的佛殿。

[138] 觉沃释迦牟尼，是指今供奉于拉萨大昭寺内的佛祖释迦牟尼十二岁等身像。据传，该佛像由文成公主带入吐蕃，最初供奉于小昭寺内。

[139] 扎拉工布，指扎拉鲁普，建于今拉萨药王山腰岩洞中，至今仍以扎拉鲁普之名著称，是信教群众朝拜的场所。

[140] 八圣地，迦毗罗卫的龙弥尼林、婆罗奈斯的鹿野苑、广严城、王舍城边耆奢崛山、舍卫国的祇陀园、金刚座、尼莲禅河和拘尸那的拔兰河边婆罗林。

[141] 乌茹嘎蔡寺，寺址位于拉萨墨竹工卡县北边山脚，距县城约一公里。

[142] 仲巴江，寺址位于日喀则地区拉孜县境内。

[143] 洛扎库亭寺，寺址位于山南地区洛扎县拉康乡境内。

[144] 工布布久寺，寺址位于林芝地区林芝县布久乡境内。

[145] 扎东孜寺，寺址位于日喀则地区仲巴县旧县址西边的山坡上。

[146] 隆塘卓玛拉康，寺址位于四川甘孜州德格县邓柯一带。

[147] 强仓巴隆聂祖拉康，寺址有人认为位于日喀则地区南木林县乌尤林噶一带；也有人认为位于今拉萨曲水县境内。

[148] 芒域强贞寺，寺址位于西藏日喀则地区吉隆县境内。根据藏文文献，公元 7 世纪时，曾用泥婆罗南部之一株檀香树造四尊观音圣像。藏语分别称瓦底、乌康、甲玛利和罗迦夏惹，其中瓦底供于吉隆县观音庙内；罗迦夏惹，供奉于布达拉宫；其余两尊据说供于泥婆罗境内。

[149] 门吉曲崩塘寺，根据这个名称，寺址似乎位于门吉曲河流域的崩塘地方。此处，"门"是指吐蕃南部之"门"地方。今山南洛扎县西部有吉曲拉康。洁曲是河流的名称，庙宇可能是修建在洁曲河畔的。此河从洛扎西部边界流出，经过洛扎西南角的麦拉嘎俊山西南流入不丹的朋塘（普那卡），又往西流至不丹的巴卓（巴珠宗或泊罗宗）。《西藏王统记》称"朋塘吉曲拉康"；《西藏王臣记》称"巴卓洁曲拉康"。在吉曲河流域是否有三座神殿，分别位于洛扎、朋塘和巴卓？尚待考证。

[150] 于阗，是古代西域王国，中国唐代安西四镇之一，地处塔里木盆地南沿，东通且末、鄯善，西通莎车、疏勒，盛时领地包括今和田、皮山、墨玉、洛浦、策勒、于田、民丰等县市，都西城（今和田约特干遗址）。于阗国以农业、种植业为主，是西域诸国中最早获得中原养蚕技术的国家，故手工纺织发达。特产以玉石最有名。于阗自2世纪末佛教传入后，逐渐成为大乘佛教的中心，魏晋至隋唐，于阗国一直是中原佛教的源泉之一。

[151] 芒域，古地名，指今后藏吉隆县一带。

[152] 布曲雍仲泽巴寺，即布久寺，位于今林芝市布久乡境内。

[153] 吉曲，古寺名，本书称"门地之吉曲蚌塘拉康"。今山南洛扎境内有一寺庙称为"吉曲寺"。

[154] 芒域强贞寺，位于今日喀则吉隆县境内。

[155] 扎东孜寺，位于今日喀则仲巴县境内（原中巴县旧址所在地山坡上）。

[156] 库亭，寺名，位于今山南洛扎县境内。

[157] 崩塘，位于藏南吉曲河流域。

[158] 琼隆银堡，为古代地名或宫堡名，遗址位于今阿里札达县境内。一般史书认为是古象雄小邦之都城所在地，但本书认为吐蕃时期在那里修建过一座佛殿，是佛殿之名。

[159] 三千世界：按佛教典籍《俱舍论》中的说法，具有完整的四大洲、诸小洲、日月星辰的世界一千个称为第一千世界，一千个第一千世界称第二千世界或中千世界，一千个第二千世界称第三千大世界。

[160] 热木切，即今拉萨小昭寺，据传由文成公主所建。小昭寺，藏语称为"热木切"，始建于 7 世纪 40 年代。641 年，唐文成公主入吐蕃，相传文成公主带了一尊释迦牟尼 12 岁等身像，行至现在的小昭寺位置时，木车陷入泥潭中。公主通过卜卦，决定把释迦牟尼佛像安放此处供奉，遂建小昭寺。这座寺庙由文成公主主持修建，与大昭寺同时开工，同时告竣，同时开光；大门朝东，以寄托这位公主对家乡父母的思念。后以此为基建小昭寺。据传，公主从内地招来能工巧匠，以汉地庙宇为模式，结合藏地建筑特点而建。主体建筑分三层，底层分门庭、经堂、佛殿三部分，周围是转经廊道，廊壁上绘有壁画。小昭寺是汉语称谓。"小"，是与大昭寺相对应而言；"昭"，是藏语"觉沃"的音译，意思是佛。寺内供有释迦牟尼八岁等身像及众多的佛像和唐卡等。根据五世达赖喇嘛所著的《大昭寺目录》等书记载，小昭寺主佛殿原来主供文成公主带来的释迦牟尼 12 岁等身像，大昭寺主佛殿原来主供赤尊公主带来的释迦牟尼 8 岁等身像。松赞干布逝世后，大昭寺和小昭寺释迦牟尼等身佛像进行了对换。著名的拉萨上密院，曾设于小昭寺内，是格鲁派僧人研读佛经获得格西学位后，进一步深造、修习密乘的地方，上密院堪布兼任小昭寺住持。小昭寺历史上几经火灾，现存的小昭寺的建筑大多是后来重修的，只有底层佛殿是早期的建筑，殿内的 10 根柱子依稀可见吐蕃遗风。

[161] 莫萨赤江，为松赞干布之妃子。据史书记载，该妃子为吐蕃人，出生于拉萨一带，为松赞干布之子贡松贡赞之母。

[162] 吞弥·桑布扎，为松赞干布时期著名大臣，一般认为现用藏文是由他所创制的。《韦协》中称桑布热，桑布扎一名是天竺学者对其的

敬称，意为吐蕃贤者。关于他的出生地，一说出生在今山南市隆子县境内聂地方，今隆子县城以东约五公里处至今还有一处遗址，当地群众认为是吞弥桑布扎的出生地；另一种说法主张出生于今拉萨市尼木县吞巴乡境内。

[163] 顿渐之诤，也称吐蕃僧诤（佛教结集），是指公元 8 世纪时在吐蕃赞普赤松德赞的主持下，由汉僧摩诃衍（大乘和尚）与印度高僧莲花戒在逻娑（今拉萨）或桑耶寺就禅宗问题展开的一场大辩论。"顿"，又作"顿门派"，"渐"，又作"渐门派"。晚期的藏文史籍《拔协》(14 世纪)、《西藏王统记》(1388)、《布顿佛教史》(1322) 及《贤者喜宴》(1545—1565) 等当中记载了这一事件，认为印度僧人（渐门派）获得了胜利，吐蕃赞普反对汉僧摩诃衍（顿门派）一方。如，古格班智达扎巴坚根据一部萨迦派高僧的《王统》撰写的《王统日月宝串》记载："引进顿门派经典，持断见，不主张行善。多数吐蕃人喜欢此法，依此学修。白央等少数人，依寂护大师之法学习。因见行不和而起诤。"［古格班智达扎巴坚赞.太阳王统与月亮王统（藏文）[M].拉萨:西藏人民出版社，2014：161.] 法国藏学家戴密微（Paul Demieville，1894–1979）研究了敦煌写本 P.4646 号《顿悟大乘正理诀》，认为是"拉萨僧诤"，汉僧在辩论中获得了胜利，赞普允许摩诃衍等在吐蕃传播禅宗并取得成功，有一批王室成员皈依禅宗。但是，因为王室内部的斗争所致，汉僧最终遭受迫害。([法] 戴密微.吐蕃僧诤记 [M].耿昇译，拉萨：西藏人民出版社，2001.)为《顿悟大乘正理诀》作序的世俗文人王锡就是当事人之一，所以，学界大多认为他的观点更为可靠。另一位法国藏学家图齐（G.Tucci，1894—1984）以藏文史料为主反对"拉萨僧诤"一说，认为这场辩论发生在桑耶寺，从而提出了"桑耶寺僧诤会"一说。1964 年，日本禅宗研究专家上山大峻通过研究敦煌汉文写本《大乘二十四问》认为，共举行过两次辩论会，第一次汉僧摩诃衍获胜，第二次莲花戒获得了胜利。

1970 年，戴密微发表了一篇学术综述性文章，对日本、法国、美国、中国等 8 个国家的 22 部（篇）敦煌学著作进行了评价。这一次他放弃了以往的"拉萨僧诤"一说，接受了"吐蕃僧诤"的说法。他认为，从未举行过一次或两次面对面的僧诤会，事实上只不过是一场持续了数年的笔墨官司。"僧诤"，就是佛教所说的"结集"。总之，这一吐蕃历史事件在国际藏学界曾引起了很大的争论，并且争论前后持续了近 30 年，直接推动了法国乃至国际敦煌学的第三次论战高超。

[164] 赤德祖赞，又名赤德祖丹，俗称梅阿聪，意即美髯翁。唐书译作弃隶缩赞，幼年登基，由祖母卓萨·赤玛略抚养。敦煌古藏文历史文书称赤德祖赞龙年生，此龙年当指木龙年。金城公主于景龙四年，即 710 年远嫁吐蕃。史料认为，因王子早逝，故公主与梅阿聪赞普完婚。

[165] 扎玛止桑，红色岩石之意，常用于地名，涉藏地区有多处以扎玛命名的地名。此处指位于西藏扎囊县境内的桑耶寺所在地及周围地区，如扎玛贞桑、扎玛措姆古等。吐蕃赞普赤松德赞出生于桑耶寺附近之扎玛止桑地方，过去此处建有佛殿，以作纪念。《卫藏道场胜迹志》记载："从亚玛隆顺恩格拉山脉往下走，就到了桑耶寺背后的山坡上。此地是法王赤松德赞降生处，名扎玛珍桑。里面有新建的殿堂和新造神像。其营建雕塑妙穷工巧。"（钦哲旺布著，刘立千译，卫藏道场胜迹志 [M].北京：民族出版社，2000.）过去佛殿面积有 12 柱，大门朝西，门前有石梯，其旁有香灯师屋。19 世纪重修，其地位相当于桑耶寺围墙内一般佛殿，有一冈？酥油供养。[协扎公·旺丘杰波.桑耶寺志（藏文）[M].拉萨：西藏藏文古籍出版社，2000. P235]《司徒古迹志》记载：赤松拉康佛殿，内供养佛祖释迦牟尼、莲花生大师等像，另有法王三尊、从桑耶寺迎请的度母及赞普赤德祖赞（赤松德赞的父亲）等的塑像，皆由苏杰林巴建造。在佛殿下方，有一小佛堂，内见有法王灵树和观阅架"雍仲坚"（《司徒古迹志》P156）。遗址位于桑耶寺北面山沟，目前所在地新

建有一幢佛堂，主体建筑坐北朝南，高三层，北侧中间三分之一处建至三层。一至二层向南各开有三扇藏式窗户，三层正中有一扇。主体建筑前建有停车场，用石铺台阶与山坡上的建筑相连。停车场大门朝南，大门上方写有"藏王赤松德赞出生地"几个字。佛堂一侧与一民居建筑相连，其另一侧下方也建有一座朝南的一层佛殿，据说内有檀香树等圣物是过去信徒的朝拜之所。遗址下方有名叫"噶仓江色"（匠铺柳树林）的地方，据说是修建桑耶寺是工匠们的住地。近来，修筑高速公路时发现部分陶片等建筑材料。据当地居民介绍，从前瓦工们主要住于桑耶寺南侧不远处康松桑康林以南地方，那里也发现了不少残存瓦片等。因此处是吐蕃赞普的出生地，四周的大小山峰，也各有寓意，被当地人认为是神山。据传遗址东边的山是赤松德赞的山神；西面的山峰是赞普的灵山。从此山往南共有五座山峰，具体形状为两边高，中间三座山比较矮。灵山与其他五座山峰共称为五种姓佛：大日如来、不动如来、宝生如来、无量光如来和不空成就如来。其中间较低的三座山又称"堪洛曲松"（堪布寂护、莲花生大师、法王赤松德赞）。五座山峰中，最南端的山峰被认为是堪布（寂护大师）的灵山，其前方有座小山称为格杰日山，下方的平坝上过去有格杰其玛林佛殿。据史籍记载，该佛殿由赤松德赞之妃子卓萨·强秋准所建，殿内主供红铜镀金的觉卧佛像，另有八大弟子及两尊护法神像。该佛殿大门朝东，与桑耶寺西门对峙。大门包厦面积2柱，墙壁上有四天王等的精美壁画。围墙内廊道44柱，墙壁上有千佛、无量寿佛、莲花生传、药师佛等的壁画。二层有香灯师住房。该佛殿在"文革"期间被毁后未能重修，目前无任何遗迹。民间流传，因赞普之妃子无子嗣，故由赞普出资建庙供其修行。

[166] 钦普纳热，吐蕃赤德祖赞时期所建之五座佛殿之一，也称钦普旧佛殿，但具体地望不详。据说吐蕃三大目录中的《钦普目录》就收藏于该佛殿。

[167] 嘎曲，是指今山南桑耶寺附近古代地名，据《巴协》记载，吐蕃赤松德赞时期曾于嘎曲坝子上打井取水。

[168] 赤德松赞（797—815），赤松德赞的幼子。赤松德赞死后，发生了诸王子之间的争权斗争，结果王妃次邦·梅朵准先是利用家族矛盾，挑起事端，致使次子牟迪赞普被流放；后又联合当时的权臣德麦第乌琼家族势力，毒杀已继位一年多时间的长子牟尼赞普，辅佐幼子赤德松赞上位。因德麦第乌琼在这个历史事件中，功劳较大，故他死后赞普赤德松赞为他举行盛大葬礼，并以盟誓保证其后人及家族权益。此事见于今西藏山南洛扎县第乌琼吐蕃摩崖石刻。从石刻内容来看，石刻附近的杰堆吐蕃古墓群，应该就是德麦及其家族的墓葬。

[169] 嘎琼寺，关于该佛殿的名称在《贤者喜宴》和《西藏王臣记》等当中出现了不同的写法，但对佛殿名称的解释多数藏文史籍大同小异，意为"小星"，说其大小相当于一颗小星星。该佛殿建于吐蕃赞普赤德松赞（也称赛那列）时期，其具体位置被认为位于拉萨河对岸之热玛岗附近今桑杰寺所在地。佛殿初建的具体时间不见于各种史料，但从《贤者喜宴》(P409–412)所载之嘎琼佛殿碑文内容中出现娘·丁增等情况来看，可能建于赤德松赞后半生。因佛殿中最初供奉有金刚界众神像，故又称"嘎琼多吉银"佛殿，意为"小星金刚界"佛殿。据史书记载，该佛殿于吐蕃末代赞普达摩乌东赞时期被毁，后有一主巴噶举派高僧重修，寺内供奉主巴噶举派之护法塑像。佛殿附近立有两座吐蕃碑文，被称之为"嘎琼佛殿碑"。

[170] 文江多佛殿，又称乌香多贝米扎西格培佛殿，建于吐蕃赞普赤热巴坚时期，其遗址位于今拉萨曲水县蔡纳乡境内。据藏文史书记载，赞普在修建佛殿时向大昭寺敬献圣土而有了大昭寺米勒法轮殿门口的帝释天、大梵天护法塑像；敬献圣木而有了大昭寺内的庄严四大柱。公元9世纪，即热巴坚赞普之后半生，从于阗、泥婆罗等地迎请造像师和众多

工匠，修建了与大昭寺相媲美的九层佛殿，下三层用石头建筑，中三层用砖建筑，上三层用木材建筑。每层廊道之墙壁上绘制有大译师们译经和辩经场面的壁画，顶层有金碧辉煌的金顶。上三层供奉神像；中三层住大译师们；下三层住赞普及家臣。与此同时，赞普又建娘夏坚佛殿，家臣在拉萨附近修建木茹等佛殿。藏传佛教后弘期，曾多次重修，但现已不存。据《主巴教史》记载，拉喇嘛强秋沃时期，乌香佛殿曾被火烧毁而又重建。吐蕃王室分裂后，永丹的后裔曾住于此地。

[171] 桑耶寺，又名存想寺、无边寺，位于西藏山南的扎囊县桑耶镇境内，雅鲁藏布江北岸的哈布山下。它始建于公元8世纪吐蕃王朝时期，是西藏第一座剃度僧人出家的寺院。寺内建筑按佛教的宇宙观进行布局，中心佛殿兼具藏、汉、印三种风格，因此桑耶寺也被称作三样寺。寺院于公元779年建成后，赤松德赞邀请印度、汉地、于阗等地僧人住寺讲经弘法，贡献卓著。剃度七名贵族子弟出家为僧为其中之一，这七人因而成为西藏第一批真正的住寺僧人。剃度为僧的数年后，这七人都被委任为讲经的轨范师，被后人奉为西藏藏传佛教的先驱者，声名显赫于佛教界和西藏的历史，史称"七觉士"。赤松德赞弘佛抑苯，诏令吐蕃全民信仰佛教。

[172] 康松桑康寺，据记载由吐蕃王妃蔡邦氏帕玛修建，寺址位于今桑耶寺附近。

[173] 格杰其玛林寺，由仲萨强秋所建，寺址位于今桑耶寺附近。

[174] 江俄寺，可能是指江浦寺，遗址应位于今拉萨楚布寺所在沟壑内，曾立有石碑。从碑文内容来看，神殿与蔡邦氏有关。

[175] 布蔡色康寺，由王妃浦雍萨·加姆尊修建，寺址位于今桑耶寺附近。

[176] 旁塘，一赞普王宫名。敦煌古藏文历史文书等有记载，遗址位于今山南市乃东县颇章乡境内。8世纪上半叶南诏投靠吐蕃，时有南诏王

派其大臣段忠国出使吐蕃,赤德祖赞曾在旁塘宫接见过南诏王使者。吐蕃末代赞普朗达玛的王子沃松去世也在旁塘宫。赤祖德赞时期,曾在旁塘王宫集中天竺和吐蕃学者编纂了译经目录,被称之为《旁塘目录》。《布敦善逝教法史》认为先是编辑了《丹噶尔目录》,继而编辑了《旁塘目录》。

[177] 娘·丁俄增,生卒年不详,吐蕃僧相。尊称"钵阐布"(大德)。协助平定内乱,辅佐赤德松赞即位,深得赞普信任而升任僧相。对赞普忠贞不二,赞普曾两次盟誓为其立碑封赏。在弘扬佛法、翻译佛经、厘定文字、统一译例等方面作出了重大贡献。

[178] 夏拉康,全称"伍如夏白玛旺庆寺",意为"帽子寺",位于今拉萨墨竹工卡县尼玛江热乡下帮达村。公元8世纪,吐蕃赞普赤松德赞时期,由娘·丁增桑波所建。夏拉康寺坐北朝南,南北长56米,东西宽26—46米,占地面积1680平方米。建筑为传统的藏式土木石结构,左右基本对称,主要由大殿、佛堂、护法佛殿、经场及僧舍等组成。其中佛堂位于经场北侧,原有两层,东西长8.7米,南北宽7米,占地面积约56.49平方米。佛堂左右两侧及北部环绕有密闭式的转经回廊,这是西藏佛教寺院早期建筑的典型特点。夏拉康碑位于夏拉康寺内,据记载8世纪末叶,娘·丁增桑布受赤松德赞、莲花生和毕玛拉米扎的委托修建了夏拉康,是藏传佛教前弘期主要佛殿之一。

[179] 遗址应在今日喀则仁蚌县卡热一带。

[180] 农氏,藏文写 གནོན系吐蕃重要氏族之一,松赞干布先祖时期征服森波杰小王时,有娘、韦、农及蔡邦氏等协助。

[181] 德麦,全称德麦第乌琼,为吐蕃牟尼赞普时期权臣。赤松德赞死后,发生了诸王子之间的争权斗争,结果王妃次邦·梅朵准先是利用家族矛盾,挑起事端,致使次子牟迪赞普被流放;后又联合当时的权臣德麦第乌琼家族势力,毒杀已继位一年多时间的长子牟尼赞普,辅佐幼子

赤德松赞上位。因德麦第乌琼在这个历史事件中，功劳较大，故他死后赞普赤德松赞为他举行盛大葬礼，并通过盟誓活动保护其后人及家族之利益。此事见于今西藏山南洛扎县第乌琼吐蕃摩崖石刻。从石刻内容来看，石刻附近的杰堆吐蕃古墓群，应该就是德麦及其家族的墓葬。普曲齐，字面意思是"被沟壑之水冲走"，为吐蕃地名，位于今西藏山南洛扎县境内。为藏传佛教噶举派祖师玛尔巴译师的出生地，据说有古寺遗址存在。参见：阿贵.洛扎县吐蕃摩崖石刻中的历史人物及相关问题 [J] .中国藏学（藏文），2014（2）.

[182] 此处原文有别字，其遗址应位于后藏年楚河流域即康玛县一带。

[183] 古西邦苏塞拉康，意为"四门墓葬金殿"。

[184] 娘若，古代地名，指今年楚河流域江孜、白朗一带。在吐蕃早期，在娘若一带曾有娘若香波和娘若切嘎尔等小邦。根据《弟吴宗教源流》的说法，娘若香波小邦之王罗昂曾战胜了吐蕃第七代赞普止贡赞普，致使赞普之位空缺十余年。

[185] 意为"铠甲门殿"，也有学者认为是今年楚河流域的古刹乃宁寺的前身。

[186] 据此，"觉沃"一词最初是指佛教僧人。

[187] 芒松芒赞（650—676），《通典》作乞黎拔布。按照藏族的传统，他是吐蕃王朝第34代赞普。他是贡松贡赞的儿子，为吐谷浑妃蒙洁墀嘎所生。也是松赞干布之孙。650年，松赞干布去世后，芒松芒赞年幼即位，由大相噶尔·东赞域松（禄东赞）辅政。芒松芒赞即位初期，摄政的禄东赞致力于安定吐蕃内部。652年制定税收制度，655年制定法律条文，并先后巡视吐蕃下属的各个地区，以巩固东临吐谷浑、西到象雄的疆界。

[188] 杜松芒波杰（670—704），一译都松芒布结，又名赤都松，

《新唐书》作器弩悉弄。按照藏族的传统说法，他是吐蕃王朝第 35 代赞普，676—704 年在位。杜松芒波杰是芒松芒赞的儿子，为没庐妃赤玛类所生。676 年芒松芒赞逝世后继位。在位前期由噶尔氏家族专权，后来在 698 年铲除噶尔氏家族并亲政。704 年亲征六诏，回师时病死军中。

[189] 嘎衮，从字面看与"嘎洛"（葛逻禄）有关。葛逻禄，本突厥之族也，在北庭之北，金山之西，与车鼻部落相接。薛延陀破灭之后，车鼻人众渐盛，葛逻禄率其下以归之。及高侃之经略车鼻也，葛逻禄相继来降，仍发兵助讨，后车鼻破灭。葛逻禄，谋刺娑，卜踏实力三部落。并诣阙朝见。显庆二年，置阴山大漠元池三都督府，以其首领为都督，三族当东西两突厥之间，常视其兴衰，附叛不常，后稍南徙，自号三姓。兵强，勇于斗，延州以西，突厥皆畏之。开元初，与回鹘拔悉密等攻杀突骑施乌苏米施可汗。三年，与拔悉密可汗同奉表，兼献马，至阙下，其年冬，又与回鹘同击破拔悉密部落，其可汗阿史那施奔北庭，后朝于京师。十三年，授阿史那施左武卫将军，开元中，率拔悉密可汗南奔后，葛禄与九姓部落复立回鹘嗢叶护为可汗，朝廷寻遣使封为奉义王，仍号怀仁可汗，自此后葛禄在乌德犍山左右者，别置一部督，隶属九姓回鹘。其在金山及北庭管内者，别立叶护，每岁朝贡。十一年，叶护顿毗伽生擒突厥帅阿布思送于阙庭，授开府仪同三司，改封金山郡王，至德后，部众渐盛，与回鹘为敌国，仍移居十姓可汗之故地，今碎叶怛逻斯诸城，尽为所踞，然阻回鹘，近岁朝贡，不能自通。

[190] 江，古代地名，藏文古籍中多指唐代之南诏及其后来的云南丽江一带。

[191] 江擦拉温，传统藏文史书认为他是赤德祖赞梅阿聪之子，相貌出众，如同仙子，故名"江擦拉温"，意为"仙子"。据说金城公主是遵照先祖惯例为他迎请，但公主抵达吐蕃时王子已经去世。

[192] 金城公主（698—739），据藏史记载，最初为吐蕃赞普赤德祖

赞（梅阿聪）之子江擦拉温迎娶金城公主，但她未到吐蕃之前江擦拉温逝世，故金城公主就和赤德祖赞成亲，有些后期史书说赤松德赞是金城公主的儿子。金城公主是在唐中宗景龙四年（公元710年），吐蕃派遣香多日拉金等人前往迎娶，唐中宗曾将数万匹绸缎及杂技、乐队、工匠、技人、医书、《左传》等汉籍送到吐蕃。并派左卫大将军杨矩护送，皇帝并亲自送到始平地方，在始平释放罪犯免除死罪，免除百姓赋税一年，详细内容见《贤者喜宴》和《西藏王臣记》。

[193] 丹卡尔宫，即丹噶，地名或宫名。今西藏山南乃东区仲村中有一块草坝名叫丹噶（具体位置为：东经91°49′46″，北纬29°20′4″），被认为是古代丹噶宫遗址；也有学者认为，其遗址位于乃东县颇章乡境内。吐蕃三大目录之一为《丹噶目录》。根据布顿大师和巴沃·祖拉陈瓦的说法，该目录著于赤松德赞时期。原文称该目录著成于龙年，赤松德赞在位期间先后出现过两次龙年，一为764年，一为776年。对此，东嘎教授等现代学者提出了疑义。另据司徒班钦等的观点，《丹噶目录》应是吐蕃三大目录中的第二部，有可能著成于赤德松赞时期（798—815）。目录编撰者有噶瓦贝孜、昆·鲁意旺波、尚·益西德、角茹·鲁益坚赞等译师，其中，尚·益西德和角茹·鲁益坚赞的译著最多。原文见于德格版《丹珠尔》。参见：东嘎·洛桑赤列.东嘎藏学大辞典（藏文）[M].北京：中国藏学出版社，2002.P133.

[194] 摩诃衍那，即摩诃衍，唐代从敦煌入吐蕃传法的禅宗和尚。在赤松德赞时期，桑耶寺发生的"顿渐之争"中，顿门派的代表。

[195] 此处原文རྒྱལ་ཚ་ཞང་应是རྒྱ་ཚ་ཞང་意为"汉甥和纳囊氏"，即意为：出现了争论赤松德赞究竟是"汉甥"还是"纳囊氏"这样的历史事件。

[196] 赤松德赞认亲事件，多见于传统藏文史籍。但是，根据敦煌本吐蕃历史文书的记载，赤松德赞出生时汉妃已去世多年。

[197] 韦·赛囊，也称巴·赛囊，一般认为是藏文史籍《拔协》的最初

作者，是吐蕃赤松德赞时期重要大臣之一。其姓氏在各种藏文史料中写法不一。韦氏是吐蕃古老氏族之一，在公元5—6世纪吐蕃松赞干布父亲时期，韦氏就曾参与征服森波杰小王（历史上主要活动于拉萨河以北的彭波地区）的历史事件，为吐蕃统一作出了重要贡献。

[198] 达热鲁贡，即恩兰·达扎路恭，出身于彭域（今林周县境）恩兰家族，是赤松德赞的一名重臣和统兵将领。763年与钦·杰斯秀定一起曾一度攻陷唐朝京师长安。由于对王室的忠诚和所立下的赫赫战功，赤松德赞特颁布诏书，赏赐恩兰家族种种特权，声明该家族拥有的土地、百姓不受侵害，恩兰家族世世代代拥有卫茹禁卫军丁户的统辖权，此事见于拉萨雪碑文 (ཞོལ་རྡོ་རིང་།)。根据敦煌古藏文文书 P.T.1287 记载，他是继钦·杰斯秀定后出任大相，其后继任者为那囊尚·结赞拉囊。时间应在779年桑耶寺建成后。他任大相一职时间不长，可能只有2至3年，因为779年桑耶寺建成时钦·杰斯秀定还在大相之任内，而783年时他的继任者那囊·结赞拉囊已经以大相之名统领军政大事。唐史称那囊尚·结赞拉囊为尚结赞。《拔协》各种写本中将恩兰达扎路恭作为苯教的坚定捍卫者和虔诚的信徒加以记述。他作为苯教代表参与佛苯辩论，苯教辩输后，在桑耶寺建成前他被放逐。《贤者喜宴》记载，达热路恭去世后再生为鬼神，名为桂波达热，是钦普的护佑神。11世纪以后的史料，尤其是苯教史书和伏藏史书中恩兰·达扎路恭的苯教信徒和捍卫者的身份仍然继续得以承认。但这一对藏族史极有影响力的传统观点在《韦协》和其他史料中没有得到印证。相反，桑耶寺建成之日恩兰·达扎路恭仍然拥有显赫的地位，位居大相钦·杰斯秀定之后，为当时吐蕃王朝第二位大臣。他与赞普赤松德赞、王室成员、众大臣一道立下盟誓，欢呼桑耶寺的建成和佛法在吐蕃的确立，发誓永世不弃佛法。随后，他又出任大相。桑耶寺四周所立四大佛塔也有一座黑塔被记载为由他所建。后期史料中有关额兰·达扎路恭反佛信苯和为此受到放逐等等说法很有可能是11世纪前后有人

杜撰和篡改史料所为，在《拔协》各种写本中我们可以发现多有后人增删、篡改的事例。

[199] 萨霍尔，古印度东部一个小国，地处今孟加拉国境内。

[200] 莲花生，印度高僧。8世纪后半期把佛教密宗传入西藏，藏传佛教尊称他为"洛本仁波切""古如仁波切""乌金仁波切"等。梵语音译为"白玛萨木巴瓦"。通称贝玛迥内，即莲花生大师。据多罗那他于1610年所著《莲花生传》所载，约于摩揭陀国天护王时出生于邬仗那国（即今之巴基斯坦北部斯瓦特地区）王族。圣诞日：藏历六月初十。建立藏传佛教前弘期传承的重要人物，西藏密宗开山祖师，常被尊称为大师、大士、古茹仁波切（意即上师仁波切）等。

[201] 寂护（725—788），又译为静命、禅怛罗乞答。藏文史料称之为"希瓦措"或菩提萨埵。8世纪印度佛教僧侣，那烂陀学者，吐蕃佛教人士。将印度佛教传入吐蕃，建立了最初的藏传佛教僧团，是吐蕃前弘期最重要的奠基者之一。与莲花生、赤松德赞，合称师君三尊。他也是随瑜伽行中观派的主要建立者。主要的弟子为莲花戒。寂护出身孟加拉地区的王族，在说一切有部中出家，后师从中观派清辨论师，是著名的那烂陀寺佛教学者。但是他在见解上与其师清辨不同，主张综合瑜伽行唯识学派与中观学派的观点，建立了随瑜伽行中观派。寂护大师受到吐蕃赞普赤松德赞的邀请，自泥婆罗至吐蕃地区传法。公元794年，接受七位吐蕃贵族的请求，授予他们子弟出家受戒，成立僧团，史称"七觉士"，是藏传佛教僧团的雏形。这也是吐蕃僧团戒律为说一切有部不是大众部的原因。寂护大师在吐蕃的传法活动，引起了吐蕃部分贵族与苯教支持者的不满，当时发生的严重冰雹、瘟疫、雷击等灾害，认为这是因为寂护大师传入佛教，触怒了当地神明所致。赞普受到极大的压力，只能让寂护大师返回泥婆罗。寂护大师建议赞普至邬仗那地区邀精通密法的莲华花大师入藏。莲花生大师入藏之后，展现极大的神通力量，降伏

了当地的神灵与苯教修行者，并且为桑耶寺洒净，让它能够顺利地开始动工。赞普再度邀请寂护大师返藏。寂护大师返藏之后，与苯教支持者展开了数次大型的辩论，辩破了他们的各项论点，佛教信仰在寂护大师与莲花生大师协力合作之下，开始流行于吐蕃地区。寂护大师以桑耶寺为基地，传播佛教。他见到当时吐蕃地区僧侣的学养不足，对佛教又有许多误解，建议赞普派人至印度那烂陀寺求学，学习梵文，并将佛教经典译成藏文。他在桑耶寺住持了十三年，最后在吐蕃入灭。随着佛教信仰的流行，藏传僧侣内部也发生了教义之争。其中一派的领导者，是来自汉地的摩诃衍。摩诃衍和尚教授禅宗荷泽派的思想，强调不做意、顿悟成佛。但是寂护大师门下不认同这种说法，他们遵守寂护大师所教授的教法，认为修学应有次第，强调观行，以智慧分别力渐修而至成佛。为了解决纷争，赞普举行了一次大型的辩经大会，邀请寂护大师的弟子莲花戒论师代表，与摩诃衍那门下进行辩论，最后由莲花戒论师胜出。赞普下令驱逐摩诃衍大师及其门下，不允许他们继续在吐蕃传教，同时宣布此后吐蕃佛教须以寂护大师所教授的内容为准。

[202] 喀且，此处应该是指克什米尔地方，也译迦湿弥罗。

[203] 摩诃衍那，即摩诃衍，同 [194]。

[204] 贝若杂那，具体生卒年不详，为公元 8 世纪吐蕃赤松德赞时期著名译师，后世学者对其有很高的评价。他曾被派往天竺等地学经，对吐蕃佛教发展作出了巨大贡献。关于他的历史事件各种史书记载各异，一说被人陷害与王妃有染而遭流放至嘉绒地区。

[205] 拔罗达那，又译巴热那，赤松德赞时期的七觉士之一。据说他是赤松德赞时期的首位大译师，翻译了《十万颂》等许多经文。

[206] 巴·赤悉桑西达，一般译作拔·桑希，根据巴桑旺堆研究员的考证，此人乃唐人后裔。其父亲为唐朝赴吐蕃之使者。拔·桑希，由其父送给王子赤松德赞作为儿时的玩伴，后奔赴唐朝学经。又根据《旁唐目录》

记载，此人乃吐蕃人，是吐蕃著名译师之一（见韦·赛囊.韦协译注 [M]．拉萨：西藏人民出版社，2011：P62.）。

[207] 七觉士，被认为是吐蕃最早出家的七贵族子弟。

[208] 桑耶寺，位于今山南扎囊县境内，为吐蕃第一座佛法僧俱全的寺院。

[209] 突显王，意为“突然显现的王”，即吐蕃之王的来源与其他四王不同，是突然来到吐蕃后被封王的。

[210] 嘎东寺，寺址位于今日喀则白朗县境内。

[211] 亥波日山，位于今山南桑耶寺附近，为卫藏地区佛教圣地之一。

[212] 原文“恩布”（ངན་བུ）死于半路。从后文来看，“恩布”是吐蕃重要姓氏，其家族中有人曾于热巴坚时期成为译师，为翻译佛经作出贡献。此处，应是指“列珠”自己。

[213] 门，指吐蕃南部之门地方。意为：“吐蕃人不了解南部泥婆罗、门与天竺的情况，所以我们前来打探情况，以便为吐蕃人介绍。”

[214] 此处原文残缺，内容不全。

[215] 金刚座，即菩提伽耶，又称菩提道场、佛陀伽耶，是印度佛教的圣地，位于印度东北部恒河支流帕尔古河岸，比哈尔邦中部格雅城南11公里处，东距加尔各答约150公里。这里是佛祖释迦牟尼成佛之地，故成了佛教信徒心目中的圣地。据说，城内著名的佛塔寺为阿育王所建。

[216] 根据上下文内容，此处天竺“后七贤”的梦境可理解为：此时天竺的密法口诀埋藏于金刚座下，然吐蕃僧人已习得密法口诀，随时可以离开天竺返回吐蕃。梦的寓意与上述贝若杂那的梦境及寓意相同。

[217] 大意：无法言语的圣法，秘密保存于金刚座之下。

[218] 奴·桑杰仁青，其他史书上有奴·桑杰益西，是赤松德赞时期的大译师，也是旧译密法祖师之一。

[219] 赤德，全名赤德松赞，又名赛那列，为赤松德赞之子。

[220] 农氏，为吐蕃重要家族，曾于松赞干布及其先祖时期与娘、韦、蔡邦氏等一同协助雅砻赞普统一吐蕃中部大业。

[221] 此处所说"第吴"若是赞普之子，那么，今山南洛扎县之"第乌迥摩崖石刻"应该与他有关。值得进一步探讨。

[222] 原文此处缺字。

[223] 那·若那股玛热，是赤松德赞时期的著名译师。

[224] 玛·仁青乔，赤松德赞时期的七觉士之一，也是一位大译师。

[225] 八大法行，是宁玛派生起次第所修出世五法和世间三法。出世五法：妙吉祥身、莲花语、真实意、甘露功德、橛事业。世间三法：召遣非人、猛咒晋诅、供赞世神。

[226] 朗达玛赞普，吐蕃末代赞普，又称达摩乌东赞。因施行禁佛运动而被拉隆贝吉多杰弑杀。

[227] "一部分人逃亡北下部地区"，是指"三贤者"（玛·释迦牟尼、藏·绕赛、尧·格迥）途径北部于阗等地逃亡河湟地区丹斗寺的历史事件。

[228] 藏玛作为王子被流放后，前往门地，所经之处修建神殿且传有后人，然多数藏文史籍未提及有关藏玛的详细历史。

[229] 拉隆贝吉多杰，一般认为此人弑杀了吐蕃末代赞普朗达玛。

[230] 奴·桑杰益西，据藏文史料记载，奴·桑杰益西大师是吐蕃赞普赤松德赞时期的人物，出生于奴氏家族，是藏传佛教宁玛派的著名大师之一，也是历史上出生于扎囊境内的五位取名"益西"的历史人物之一。奴·桑杰益西大师的故居，位于扎囊县阿扎乡扎达村。目前，扎达村中有座帮久拉康神殿（亦称白琼拉康），据说神殿由隆钦若强巴大师所建，奴·桑杰益西大师就出生在此地。根据《司徒古迹志》记载：扎达白琼拉康神殿，内供隆钦大师亲手建造的自身塑像。另有后来苏康所建造的晋

美林巴大师、图钦杜阿让追及白玛林巴大师塑像，央德历代大师塑像，桑杰热巴大师灵塔等。（参见司徒·确吉加措.司徒古迹志 [M] .拉萨：西藏藏文古籍出版社 1999：P156.）目前，神殿主题建筑为一层，坐东朝西。北侧靠墙有棵柏树，传说是神殿护法之一的星曜遍入天之体毛所化生。南侧山坡上有一处岩洞，据传是隆钦若强巴的修行洞。大殿内主供有佛祖释迦牟尼，其左边依次供有莲花生大师和隆钦若强巴；右边为桑杰益西和仁增晋美林巴塑像。北侧护法殿内东面佛龛里供有星曜编入天、护法多吉列巴、艾嘎杂德塑像；北侧佛龛内供有一尊古旧的星曜编入天泥塑像，像身稍有破损。殿门两侧，左边有莲花生大师塑像；右边有一佛塔。据悉现存的神殿是于 2010 年在原有基础上重修的。

[231] 玛·仁青乔，公元 8 世纪人，吐蕃时期的译师，也是"七觉士"之一。他的作品主要有《不可思议功德赞》等，有后人的注释本流传。

[232] 那·若那古玛热，8 世纪人，吐蕃时期的译师和大成就者之一，生于腰茹境内。他的作品主要有《文殊菩萨名称经注》等，见于大藏经《丹珠尔》内。他有不少弟子，其中比较著名的有八人。

[233] 此人的名字有"生于吉日地方"的意思，今拉萨河流域有吉日寺，是否与此有关待考。

[234] 娘若，吐蕃历史地名，是指年楚河流域。

[235] 扎央宗，一修行洞名，位于今山南扎囊县境内。

[236] 素波切·释迦迥乃（1002—1062），是藏传佛教宁玛派的创始人之一。宁玛派历史上曾出现过三位著名的大师，皆属"素尔"家族，史称宁玛派"三素尔"，他名列"三素尔"之首。

[237] 素琼·西绕扎巴（1014—1074），藏传佛教宁玛派师祖"三素尔"之一，也是素波切的养子和四大弟子之一。据说此人学识渊博，有不少知名弟子。

[238] "四柱"，是指四根房柱。藏文史籍中，常以房屋之梁柱比喻

高僧大德之弟子，其中"四柱"者为四个主要弟子；"八梁"者为八个较次要弟子。

[239] 拉钦·贡巴热赛（892—975），藏传佛教后弘期"下路弘法"的鼻祖。他生于青海循化宗喀德康地方，本名穆苏赛巴。15岁时，师从来自吐蕃中部的藏·饶赛、玛·释迦牟尼和尧·格迥三位大师在丹斗寺受沙弥戒出家。20岁时受比丘戒，并前往甘州，师从绒僧格扎巴学法。后来回到丹斗并建立丹斗寺传教弘法，颇有名望。当时桑耶地方领主查兰·益西坚赞派遣鲁梅·次臣西绕等人来丹斗寺从他学法。975年，他在青海玛藏岩（今互助县白马寺）圆寂。其弟子鲁梅等人则回到卫藏弘法，使佛教再度复兴，史称"下路弘法"，因而贡巴热赛也被尊为下路弘法的始祖。

[240] 绒巴·曲桑，公元10世纪人，吐蕃著名学者，生于后藏荣地方（应是今日喀则市仁蚌县境内）。师从印度高僧学经，译有《胜乐根本续》等多部密法经典。

[241] 意思是，掌握了密法口诀的贝若杂那目前在嘉绒地方。

[242] 曲沃日山，也称"加桑曲沃日山"（铁桥山），吐蕃中部著名神山之一，位于拉萨曲水县达嘎乡境内。吐蕃末期，曾有三位佛教僧人在此修行，后因达摩禁佛而逃往多麦地区，成了藏传佛教后弘期"乌斯藏十贤者"的上师。后来，唐东杰波在此修建铁索桥，故得名"铁桥曲沃日山"。《布顿佛教史》（14世纪）记载："达摩灭佛时，劫地人藏绕赛、布东人约格迥和堆龙人玛尔释迦牟尼三人于曲沃日山修行，见僧人狩猎。"（布顿仁青珠.布顿佛教史 [M] .北京:中国藏学出版社，1988.）《青史》（15世纪）记载："达摩乌东赞灭佛时期，于曲沃日修行处，曾有玛尔释迦摩尼、约格迥和藏绕赛三人携带《嘎玛夏当》等律部经典往上部逃去。白天躲起来，夜里赶路，最终来到了阿里地方。" [郭·迅奴贝.青史（藏文，上）[M] .成都：四川民族出版社，1984：92.] 参见：阿贵.有关曲沃日山的几点历史探讨 [J] .西藏研究（藏文），2003 (3) .

[243] 拉堆，地名，位于后藏。过去拉堆分南北，南部位于协噶尔（定日县）一带；北部位于拉孜一带。

[244] 芒域，地名，藏文史籍中指拉达克一带。

[245] 塘拉亚秀，神山名，吐蕃时期文献中认为是森波杰王的神山。

[246] 亚拉香波，神山名，位于雅砻地方。

[247] 彭域，即彭波，是指今拉萨林周县一带。

[248] 雄巴拉曲神泉，位于今拉萨堆龙德庆区境内。

[249] 觉沃佛，是指供奉于拉萨大昭寺内的佛祖释迦牟尼像。

[250] 巴朗，地名，应是指今拉萨达则县所在地沟壑，过去有从那里通往桑耶寺的古道。

[251] 扎玛措姆古尔，地名，位于桑耶寺附近。

[252] 嘎琼拉康，遗址位于拉萨火车站附近。

[253] 文江多，遗址位于拉萨曲水县蔡纳乡境内。

[254] 钦普，一修行处名，位于桑耶寺附近。又作"青浦"，吐蕃三大目录之一的《青浦目录》应于此修撰。

[255] 叶巴，也称查叶巴，遗址位于拉萨东边。根据其他史料，最初由松赞干布的妃子蒙萨赤江所建造，赤松德赞成为吐蕃三大（另两大为雅砻协扎和桑耶青浦）修行处。郑噶·白吉云旦被杀后，曾供于此处。刺杀达摩赞普者拉隆白多也曾在此修行。后弘期，阿底峡及其弟子俄·列白西绕等在此修行。

[256] 夏拉康，位于拉萨墨竹工卡县秀绒曲河与芒热曲河汇合处。此寺为 11 世纪时娘·丁增桑布建。丁增桑布是赤松德赞的上师，称娘钵阐钦布。娘氏家族则世居芒热流域一带。"钵阐钦布"是僧官职位名。《新唐书》谓浮图预国事者，位在大伦之上。因他在唐蕃和议中曾出了力，故其名早见于汉史。丁增桑布时从印度迎请班智达毗玛拉米扎等人前来吐蕃传法。在此他和玛仁钦乔等译师翻译了毗玛拉米扎诸大师所传

密乘经典等，为吐蕃时期重要道场。当时，因能接受佛法之人甚少，故他们将密典作为伏藏暗藏起来。后来，丁增桑布在朗达玛反佛时遇难。

[257] 白曲沃日，山名，位于今拉萨曲水县境内之雅鲁藏布江与拉萨河交汇处。据史书记载，吐蕃末期朗达玛赞普灭法时曾有玛、右、藏三僧人在此修行，后逃亡多麦地区。上述三人与藏传佛教后弘期之"下路弘传"历史有关。后期，著名建桥大师唐东杰波在山脚修建了铁索桥。

[258] 松卡，地名，位于桑耶寺西边。

[259] 牟尼赞普（762—798）又译作穆尼赞普，《新唐书》作足之煎，是吐蕃的第38代赞普，797—798年在位。他是赤松德赞的次子，为赤松德赞与王妃蔡邦氏所生。赤松德赞有四个儿子，797年赤松德赞让位退隐后，由次子牟尼赞普继位。牟尼赞普受到了赤松德赞的影响，是一位扶持佛教的赞普。因此，为其父的葬礼使用的是佛教礼仪，根据先父遗愿，向桑耶寺进献了大量贡品，并在逻些、昌珠寺和桑耶寺先后兴建了"四大供"。他下令吐蕃全国属民都为这些佛寺进献贡品，富人进献的都是金银财宝和大丝绸缎等华丽物品，穷人捐献的却仅仅是破衣烂衫。群臣奏称这是贫富差距造成的，于是赞普下令平均全国百姓的财富。但不久以后富人依旧富有，而穷人依旧贫困。此后赞普又进行了两次平均财富，但依然没有任何效果。赤松德赞的妃子波雍妃嘉摩尊，受到了赤松德赞的宠爱，死前又将波雍妃赐给了牟尼赞普。牟尼赞普十分爱护波雍妃，但赞普的生母蔡邦氏十分嫉妒她，多次欲杀之，却在牟尼赞普的保护下未能得逞。蔡邦氏恼羞成怒，遂向赞普进献有毒的食物，24岁的赞普被毒杀于雍布宫之中，在位一年九个月。葬于"佳日丁甫"陵，该陵墓位于赤德祖赞陵墓的右前方。牟尼赞普死后，吐蕃发生了内乱，蔡邦氏和那囊氏两家族争权，盛极一时的吐蕃开始转向衰落。

[260] 牟德赞普和赤德松赞为同一人。因此，此处"牟德赞普"应是吐蕃石刻碑文等所见"牟茹赞普"，为赤松德赞的次子。

[261] 德麦古悉德琼，今西藏洛扎县第乌迥吐蕃摩崖石刻中记载为德麦德乌迥，为吐蕃牟尼赞普时期重臣之一，曾在吐蕃南部洛扎地区修建洛普曲切拉康神殿。洛扎石刻有两处，其大意为："天神之子赞普驾前，德麦德乌穷忠贞不二，为利赞普之身与政，呕心沥血、业绩卓著。为此诏敕曰：德乌穷之父洛朗子孙后代，其权势犹如'雍仲'（"卍"宗教符号，象征永恒）般永固。其属民及封地等绝不减少；德乌穷之丧葬应法事优隆。在任何赞普后裔掌政期间，其墓若有毁坏，皆由东岱专事修缮。德乌穷之父洛朗子孙后代，若有兄弟□□祸事□□□不管闯何等祸事，仅于□□立盟誓。天神赞普之亲属贡嘎波王，□□□臣以及四翼舅臣参与盟誓，誓文置于奄内藏之。"关于此人，参见：阿贵.洛扎吐蕃摩崖石刻中的人物及其相关历史问题 [J] .中国藏学（藏文版），2014（2）。

[262] 香吉蔡地方，根据《拔协》等早期藏文史料的记载，赤松德赞临终前牟德赞普受其母梅朵准之命曾试图阻挠牟尼赞普继位一事，并杀死了乌仁而被流放至香吉蔡地方，该地方应位于今后藏南木林县境内。洛扎吐蕃摩崖石刻中参与盟誓活动的有一位赞普之兄弟，应该就是他。因此，牟德赞普被流放之说是符合史实的。

[263] 扎普，意为"扎够内"。此处"扎"，应是指今山南扎囊县阿扎乡所在地沟壑，位于雅鲁藏布江北岸的桑耶寺西边。

[264] 郑嘎·白吉云旦，赤松德赞与热巴坚父子时期的大臣。此人的名字出现于丹玛摩崖石刻、唐蕃会盟碑等当中，是参与唐蕃会盟的重要历史人物。

[265] 兰嘎尔，地名，今西藏山南市乃东区颇章乡阿巴村有兰嘎尔寺。学界有人认为，"兰嘎尔"是藏文"丹嘎尔"（ལྡན་དཀར）的别字，此处乃是吐蕃三大目录之一的《丹嘎尔目录》的编写处。关于热巴坚（赤祖德赞）赞普去世的地方，一些学者认为是墨竹工卡县境内的卫色当巴宫，也称乌色江，其遗址位于今墨竹工卡县境内。藏文史料记载，赞普

于夏玛宫被杀。但是，文献中对"夏玛"二字的拼写并不一致，《贤者喜宴》作"夏玛官"（巴卧·祖拉陈瓦.贤者喜宴 [M].北京：民族出版社，1985 上册：P422.）。《雅隆觉沃教法史》记载："铁鸡年死于墨竹雄木巴。"（雅隆觉沃·释迦牟仁青.雅隆觉沃教法史 [M].成都：四川民族出版社，1987：P66.）此处，"雄木巴"可能是藏文"夏玛"的别字。《汉藏史集》记载："三十六岁，铁鸡年，被角若·列扎东赞于夏木巴神殿的石梯上砍死。"（达仓·班觉桑波.汉藏史集 [M].成都：四川民族出版社，1985：P206.）此处，"夏木巴"也可能是"夏玛"的别字。但是，第乌·觉塞的《法幢》记载："四十岁时，羊年秋，死于扎山沟。" [第乌·觉塞.底乌史记（法幢）[M].拉萨：西藏人民出版社，1987：P137.] "扎"这个地方，位于雅鲁藏布江北岸桑耶寺附近。另，今墨竹工卡县境内有苏浦或江布蔡的地名，此处有王官遗迹，据称是热巴坚时期的王官，赞普也是在此被弑的。参见：阿贵.吐蕃地名"苏浦"考 [J].青海民族大学学报（藏文），2015（4）。

[266] 这个词三种解释：1.边地六部；2.汉与突厥；3.东部突厥部。书中别处用了"汉与突厥"这个词。

[267] 亚木塘，地名，位于今青海塔尔寺附近。

[268] 根据其他史料，这个神殿是指文江多神殿。遗址位于今拉萨曲水县蔡纳乡境内，今称"乌香朵"。

[269] 台乌让，独脚鬼。参见：张怡荪.藏汉大辞典 [M].北京:民族出版社,1985:1178.另外，藏族民间流传有关"台乌让"的仪式仪轨，仪式中需用猴子、红牛、镜子等，这似乎与吐蕃时期的历史文献所载直贡赞普与罗昂之争的历史传说有关。具体问题需要进一步考究。

[270] 此处ཁུག字应是别字，正确写法应是སྤུ字，意为"兄弟"。

[271] 韦·杰多日达囊，吐蕃末代赞普朗达玛时期大臣。此人与郑嘎臣、王妃、热巴坚赞普被杀以及藏玛被流放等许多事件有关。

[272] 正确写法应是 ཨནུ་ཆེད། 是指负责财务的官员。

[273] ཆེས། 字应是 དཀོར། 字，意为"财富或财务"。

[274] 藏玛，赤德松赞的长子或次子，被认为是赞普王室中首位出家之人。

[275] 门巴卓，意为"南部门地之巴卓地方"。巴卓，位于今不丹西部。

[276] 昌那，吐蕃历史地名。吐蕃十二小邦中有"岩波查那"小邦，"岩波"是指彭波即今林周县境。东噶·洛桑赤列教授等前贤认为，"昌那"位于今山南一带。

[277] 后藏乌右，后藏地名，位于今日喀则南木林县境内。

[278] 贡布，意为"厉鬼"。

[279] 斯孔，系古代历史地名，位于扎囊县城西南约4公里的开阔山谷。此处有墓葬群，称斯孔墓葬群，处于斯孔村的山谷南北两面山麓，相距约1300米。斯孔村共发现12座墓葬，其中北面山麓10座；南面山麓2座。这12座墓皆属大中型墓葬。墓群分布较有规律，显然是事先设计安排好的，大墓居高或处显要位置，小墓分布其下或左右两边，类似列山吐蕃古墓群等其他吐蕃时期古墓群。封土堆最大的墓葬位于一小山岗上，前方边长92米，高20余米，大小相当于吐蕃赞普王陵。墓群大多数墓葬被盗掘，封土堆顶部明显下凹，周边也剥落不齐。从墓葬外观形制看，这里有塔形墓和梯形墓两类。 [何周德.西藏扎囊斯孔村墓葬群的调查与试掘 [J] .考古与文物 1995 (2)] 斯孔村墓群的墓葬数量虽不算多，但其封土堆都属大中型墓，不见小型墓。整个墓群分布，有一定的规律，体现了墓主身份及等级。根据封土堆形制、结构特点，过去学者基本断定其年代约为吐蕃时期。《敦煌本吐蕃历史文书》P.T.1288 大事纪年载："至狗年（公元 746 年），夏，赞普住于那玛地方，至斯孔（གཤེར་ ཁོངs）地方宴游。" [王尧，陈践.敦煌本吐蕃历史文书（增订本）[M] .北

364

京：民族出版社，1992：P154.] 说明，斯孔乃是吐蕃重要历史地名，也是吐蕃时期赞普王室主要夏季游猎场所之一。原文： དུན་དེར་གསེར་ཁུང་ཕུབ་ཞིབ་ 许德存翻译："金洞坍塌"（许译本P181.）。参见：阿贵.敦煌古藏文文献P.T.1288古吐蕃历史地名"斯孔"考 [J].中国藏学（藏文），2018（1）。

[280] 岗久，（ཀངས་ལ་བརྒྱུགས།）可直译"快步"。此处可能是指"信使"，意为失去信使后，吐蕃与周边地区之间的来往中断。

[281] 沃松，又译为微松、欧松等，是吐蕃王朝末代赞普朗达玛的儿子。842年，朗达玛被拉隆·贝吉多杰刺杀，留下了沃松、永丹二子。后因二子不和，发生内乱，加之庶民暴动，致使吐蕃解体。后来的古格王朝、拉达克王系、雅砻觉沃王系、普兰王系、亚泽王系等是沃松的后代所建立的小王国。

[282] 拉喇嘛，又译天喇嘛，本名益西卫，是古格王德祖滚之子，公元10世纪人。他曾派人赴印度学法，使佛教在上部阿里地区复兴。

[283] 永丹，吐蕃末代赞普朗达玛之子，生卒年不详。据说，后来他的后人建立了拉萨王系。

[284] 协昂尔，（ འལ་སྔར།）多见于吐蕃时期历史文书，一般译作"驾前"。根据《宗教源流》之记载，也指"王子中最先与父王见面者"，似乎具有"长兄"之类的意思。

[285] 塘仓，可能是指一爵位——低于赞普而高于庶民。一般都是因某种原因而被夺取继位资格的赞普的兄弟。

[286] 彭萨，意为"彭妃"。"彭"也是地名，称"彭波"，是指今拉萨北部林周县一带。成书于公元10世纪的《世界境域志》记载："阿扎峪尔，这个地方有牧场、草地和一些吐蕃人的毡房。当吐蕃可汗死去，而上述部落（即M.Yul部落？）又无人留存时，人们就在这些阿扎峪尔人中选出一个首领。"（参见：佚名.世界境域志 [M].王治来译注，上海：上海古籍出版社，2010.）笔者推测：此处所说"阿扎峪尔"，是指藏文史

料所称吐蕃历史地名"扎夏尔热"（ཞག་ཤར་ཡེར），这个地方是指位于今拉萨北部，也是古代吐蕃四茹中乌茹的北界，位于今林周县境内。《世界境域志》成书于吐蕃末代赞普被弑百年后，因此，书中所说"当吐蕃可汗死去，而上述部落（即 M.Yul 部落？）又无人留存时，人们就在这些阿扎峪尔人中选出一个首领"。应该是指达摩被弑后的历史事件。"阿扎峪尔"位于古代的"彭波"境内，因此，达摩的后人沃松和永丹的母亲应该都来自"彭波"地方，故称"彭妃"。[参见：阿贵.敦煌地名"扎夏热"考 [J].青海社会科学（藏文），2018（4）.]。

[287] 坚古，是指九种象征赞普王室身份的宝物，似乎与聂赤赞普自天界下凡时其母及舅赐予宝物的传说有关。

[288] 旁塘，系吐蕃地名，也是赞普王宫名，多见于敦煌古藏文历史文书等。遗址位于今西藏山南乃东县颇章乡颇章村附近，具体位置为：东经 91°49′7″，北纬 29°7′30″。其前方北有著名的雍布拉康，南有原颇章宗府遗址，南边有甲萨拉康。甲萨拉康内主供十一面塑像，据说是金城公主的驻锡地。遗址背靠山，前有香曲河缓缓流过，四周皆是名胜古迹，可谓处于雅砻文明之中心区域。旁塘颇章遗址，学界一般认为是今乃东县颇章乡旁塘村。同时，多数学者认为"颇章"（宫）之地名的由来，也与历史上的旁塘颇章有关。吐蕃赞普赤德祖赞时期（8 世纪）南诏投靠吐蕃，时有南诏王派其大臣段忠国出使吐蕃,赤德祖赞曾在旁塘宫接见过南诏王使者。吐蕃末代赞普朗达玛的王子沃松去世也在旁塘宫。根据藏文史籍记载，旁塘颇章宫建于赤德祖赞时期，于赤松德赞时期被大水冲毁，后在赤德松赞时期重修并在那里编撰著名的《旁塘目录》。除此之外，吐蕃时期曾修建有旁塘拉康。吐蕃时期曾在旁塘王宫集中天竺和吐蕃学者编纂了译经目录，被称之为《旁塘目录》。《布敦善逝教法史》认为先是编辑了《丹噶尔目录》，继而编辑了《旁塘目录》。《旁塘目录》是吐蕃时期收藏于旁塘颇章宫内佛经的目录，其编撰者有大译师噶瓦贝

孜、法要、天主等，时间为吐蕃赤德松赞时期。特点是八个字为一偈，每三百偈为一卷。根据司徒班钦和雪钦·次成仁青的说法，这是首部西藏大藏经目录。《布顿佛教史》中有部分引文，目前未见原文。[东嘎·洛桑赤列.东嘎藏学大辞典（藏文）[M].北京：中国藏学出版社，2002：P133.]。目前，村庄南侧山脚的冲积扇上，有类似建筑遗迹的残墙断壁，且有被水多次冲刷的迹象。从环境来看，若把此处视作吐蕃时期旁塘颇章的遗址，基本符合历史文献的相关记载。这里属于山体向前延伸的部分，西高东低，形成了较为明显的冲积扇，因常年洪水冲击之故，被分割成了几大块。

[289] 确（འཕྱིས།），地名，位于今山南琼结县境内。

[290] 娘堆，地名，是指后藏年楚河上游地区。

[291] "拉古"，藏文原文是ཤིག "古"字具有"门"的意思。

[292] 此处，原文是གསང这个字的意思是"秘密"，很可能是个别字。笔者根据上下文内容，翻译为"食物"。

[293] 卓氏，也译作"没卢"氏。

[294] 根据笔者理解,དབས། སེ། དབས།都是指"韦"氏；而དཔལ། འཕྱལ།等是指另外一个家族。

[295] 钦域，吐蕃历史地名，是古代钦小邦所在地。今林芝市朗县金东乡境内有座神山名叫"钦拉"神山，是古代钦氏小邦的保护神。

[296] 工域哲那，吐蕃历史地名，为工噶波小王所在地，具体位于今林芝市境内。

[297] 仲巴拉孜，地名，藏文史籍中是指今后藏（日喀则）拉孜一带。吐蕃时期，这一带是卓氏（也译没卢氏）千户的管辖区。

[298] 卡热琼尊，神山名，位于雅鲁藏布江南岸，今属日喀则市仁蚌县之卡热乡。

[299] 恩波，字面意思是指"恶人"。若能确定恩波在世的年代，则

第四章 佛法在吐蕃的传播

有助于推断《弟吴宗教源流》的成书年代。

[300] 罗昂，为古代位于今年楚河流域吐蕃小邦王名，他与直贡赞普之间的战争见于敦煌吐蕃历史写卷等。

[301] 洛卡，与今西藏"山南"一词的藏文写法相同。

[302] 赤桑央顿，《太阳王系与月亮王系》记载："赤桑央敦，是雅砻地方的艾氏之子 (ཡ་བཟང་ཡང་སྟོན་ཡར་ལུངས་ངེ་གས་ཀྱི་སྲས)。"其他史籍少有记述。是否为同一人，有待考证。"艾"氏为吐蕃重要家族，初见于小邦时代，然学界对于该家族的具体活动区域仍存争论。此句对考证"艾"氏家族的领地等，具有较高的参考价值，说明了该家族主要活动于雅砻一带。[参见：古格班智达扎巴坚赞.太阳王系与月亮王系（藏文）[M].拉萨：西藏人民出版社，2014.]。

[303] 索卡，意为"如肩胛骨的地方"，应是出自《俱舍论》的地名，藏文历史文献多称"雅砻索卡"。

[304] 芒萨赤默仲聂，是松赞干布妃子之一。

[305] 奴萨玛尔嘎，是吐蕃赞普拉托托日聂赞妃子之一。

[306] 蔡邦直玛推嘎尔，系囊日松赞之妃，也是松赞干布的母亲。

[307] 堆萨东尊卓嘎尔，是吐蕃赞普达日年塞的妃子。

[308] 蔡邦玛杰,是赤松德赞的妃子之一。

[309] 卓萨东嘎尔齐木略,是芒松芒赞的妃子。

[310] 江姆赤尊，是赤祖德赞的妃子。江姆，意为"南诏妃"。

[311] 卓尊赤木列，是芒松芒赞的妃子。为吐蕃著名女性历史人物，几乎与唐武则天属于同一个时代。

[312] 卡尔钦萨措杰,是赤松德赞的妃子之一。

[313] 象雄萨俄西李德麦，是松赞干布的妃子之一。

[314] 贝萨赤尊,是松赞干布的妃子之一。

[315] 扎色麦，此处"扎"与今西藏山南"扎囊"同，其沟壑内有地

名"萨波"等皆见于敦煌本吐蕃历史文书 P.T.1288，附近有斯孔吐蕃古墓遗址。以此来看，此人似乎与斯孔古墓之墓主人有关。

[316] 普雍萨加木尊，是赤松德赞的妃子之一。

[317] 应是指"乌茹噶蔡"，即今墨竹工卡县城附近。

[318] 觉默强秋杰，是赤松德赞的妃子之一。

[319] 角若萨·白吉昂尊玛，是赤祖德赞的妃子之一。

[320] 西登妃，是赤德祖赞的妃子。

[321] 唐仓，一般指未执政（或被剥夺了继位权的王子）而在其他地方任职的赞普兄弟，其地位低于赞普而高于其他人，可谓"一人之下，万人之上"。根据这部宗教史籍的记载，"唐仓"也称"协昂尔"，一般是指赞普的兄长。因为"协昂尔"，意思是"在赞普之前见到先父面的人"。

[322] 达日聂斯，又译塔波聂塞，生卒年不详，吐蕃第 31 代赞普。据藏文史籍记载，他本名梅隆贡巴扎，生而盲，后被一吐谷浑医生治愈眼疾。睁眼后，第一眼见山上有盘羊走动，故名达日聂斯，意为"见盘羊者"。据说，在位期间不断扩张势力，征服四周小邦，为后来的吐蕃统一奠定了基础。据说与洛扎王作战时，曾因战败而入狱，后被人救出。早期的史籍记载，此时，悉补野赞普与拉萨河流域的二森波杰王（也有人译作苏毗王）之臣"韦"氏、"娘"氏等结盟。

[323] 今西藏山南洛扎县。

[324] 贝阔赞，为沃松之子，关于其生卒年有不同说法。诺章吴坚先生认为893 年生于雅砻旁塘宫，在位 18 年，923 年于达孜被聂氏所弑，终年 31 岁。参见：诺章吴坚.西藏割据史（藏文）[M].拉萨：西藏人民出版社，1991：157-160.

[325] 桑嘎尔，地名，位于今印控拉达克境内。根据藏文史料，古格王室后人曾建有桑噶尔国。

[326] 天喇嘛益西沃（947—1019），幼名"松恩"，继王位后改名为赤德松祖赞，后半生把王位交给他哥哥，自已出家为僧。他的事迹详见：古格堪钦·阿旺扎巴.阿里政教史（藏文）[M].色昭佛教古籍经典收集整理和项智多杰.拉喇嘛益西沃传及注释（藏文）[M].拉萨：西藏人民出版社，2013：60.

[327] 托林寺，天喇嘛益西沃建于公元996年，位于今札达县境内。宗喀巴大师的弟子，古格堪钦·阿旺扎巴时期，改宗为格鲁派。过去有20余座分寺。见古格·次仁加布.阿里文明史（藏文）[M].拉萨：西藏人民出版社，2006.

[328] 卡擦神殿，应是指今普兰境内的科嘉寺。

[329] 仁青桑波（958—1055），西藏历史上的著名译师，是藏传佛教后弘期上部阿里王拉德之上师，生于阿里古格宁旺热特那地方。

[330] 辛德瓦，一大师名，根据《底乌史记》的记载，他的主要著作有《喜金刚》《大瑜伽乘》等。

[331] 那措，那曹译师，又译那曹·辞陈杰瓦（1011—1064），他迎请阿底峡入藏，并翻译了大量佛经。

[332] 卓米，本名释迦益西（994—1078），藏传佛教后弘期著名译师。他所翻译新密法，后由萨迦派祖师继承。

[333] 强秋沃，公元11世纪人，根据其他史料，他是阔日之子拉德，出家后得名强秋沃。他为救其叔天喇嘛出狱而四处收集黄金，后用这些黄金迎请了阿底峡大师入蕃。

[334] "吉"（ སྐྱི ）字，根据藏文史籍有多种拼写方法，如སྐྱི། སྐྱིད། སྐྱིད། 等，皆与吐蕃时期的"吉若"（སྐྱི་རོ།）相同。根据《柱间史》的记载，"吉"氏家族最初来自拉萨北部的彭波地方，是修建小昭寺的工匠。后该家族在拉萨河流域发展壮大，成了拉萨河流域的主要家族，故拉萨河流域古代称"吉若"，河流得名"吉曲河"（即今拉萨河）。吉若，后来发

展成为三个部分：上游称"吉堆"（ཀྱི་སྟོད།）；下游称"吉麦"（ཀྱི་སྨད།）；中游拉萨一带称"吉雪"（ཀྱི་ཤོད།）。参见：阿底峡.柱间史——松赞干布的遗训[M].卢亚军译注，北京:中国藏学出版社，2010.

[335] 桑嘎尔·帕巴西绕，著名译师，11世纪人，曾重修拉萨大昭寺等。

[336] 玛尔巴译师（1012—1097），藏传佛教噶举派祖师，原名曲吉洛追，生于西藏山南洛扎地方。15岁开始学法，后变卖家产，多次赴印度、泥婆罗，从那若巴等诸师学密法。返藏后，在卓窝垅定居，授徒译经，兼营农、商业。一生未出家。他的弟子有著名的米拉日巴大师等。从米拉日巴传至塔布拉杰时，形成了塔布噶举派。

[337] 巴措译师，11世纪人，著名译师，生于彭波（今拉萨林周）巴曹地方，翻译有大量佛经。

[338] 释迦室利，又称班钦释迦室利或喀且班钦，藏历第二饶迥火羊年（1127年）——第四饶迥木鸡年（1225年），享年九十九岁。出生于西印度的喀且地方（现在的克什米尔）查哇苏热城，父亲是大商人萨玛扎雅。他从十岁起刻苦学习五明，二十三岁出家，此后到东印度。三十岁学习佛教哲学，又受比丘戒学习密宗。他是举世闻名的一位大学者，藏历第一饶迥末、十三世纪初，阿拉伯大食军队攻占除东印度、南印度以外的西印度、北印度、和中印度。因此，很多佛教学者和僧人都逃到印度以东的缅甸、泰国、柬埔寨等地。喀且班钦等少部分人跑到印度北方离西藏亚东地区不远的比达乌热的集市。在此居住一年多，藏历第三饶迥木鼠年（1204年）西藏的绰浦译师强巴贝迎请他经亚东到西藏，此时喀且班钦已七十八岁，而绰浦译师还不到三十岁，他本想讲授一些佛经后就返回印度，后来偶然听到学生中几位班智达讲论经典，非常高兴，他说："在西藏有这样年轻的大译师、大学者，真是奇迹。"他又讲了很多佛经，让译师们翻译成藏文。他将手中财物悉数赠给译师们。他在藏

十年弘扬佛教，于八十八岁的藏历第四饶迥木狗年（1214年）从西藏回到喀且。他将在藏期间所得的群众和富有的施主奉献给他的物资全部献给当地的寺庙建造佛像，自己一无所取。他回印度后又传教十二年，九十九岁时圆寂。其事迹详见《青史》[15]函从开头至5页背面6行和《贤者喜宴》[8]函的13页6行—20页背面6行。（见《红史》注释第306.）

[339] 俄译师（1059—1109），本名洛旦西绕，西藏历史上著名的大译师。十七岁时就逃往他伯父俄译师列贝西绕处住了一年多。第二年伯父收其为弟子，送他到印度学法。他在中印度和喀且等地留学十七年，学习显宗、密宗、声明学、因明学等。三十五岁时，即藏历第一饶迥水猴年（1092）返回西藏，并翻译了大量因明、般若等方面的著作，是西藏历代译师中翻译书籍最多的一位译师。他为人谦虚，把之前译师们的功绩比作是日月之光，而把自己的贡献比作是一条萤火虫发出的微弱之光。他曾说："大译师贝若杂那的功绩能抵天涯；噶（大译师噶瓦贝孜）、角（角若·鲁益坚赞）二人之功绩如同日月；仁青桑布的功绩如同启明星；而我只是个小小的萤火虫。"此句在藏族民间广为流传，家喻户晓。他最善于讲经，据说他每次讲经时，前来听讲的弟子有数千人。

[340] 噶当派，藏传佛教宗派之一，"噶"，藏语指佛语，"当"，指教授。"噶当"，意为将佛的一切语言和三藏教义，都摄在该派始祖阿底峡所传的"三士道"次第教授之中，并据以修行。该派为藏传佛教后弘期最先创立的重要宗派，重视一切佛教经论，对藏传佛教义学影响甚大。

[341] 仲敦巴·杰瓦迥乃，据喇钦贡嘎坚赞著的《噶当佛教史——贤者意乐》记载，他生于第一饶迥前最后十二年的木龙年（即1004年），卒于第一饶迥木龙年（1064年），享年六十一岁。其生卒年有四种不同说法，不在此例举。他生于藏北念青唐古拉沃扎吉莫地方，属羊协氏族，其父名达松古辛，其母名枯沃萨兰久，幼时母亲就去世，其父续娶。因

继母经常打骂，他就逃到康区，投奔喇嘛赛尊，白天干家务活，即饲养牲畜、磨面等，附带学习一些知识，晚上为喇嘛看守田地。他不管是伺候喇嘛，还是学习都从来没有耽误过，在空闲时间还向班智达弥底学习了声明学和桑支达语。后来听说阿底峡到了阿里，他就徒步从康区匆匆赶到阿里，阿底峡准备动身回印度的前两三天，在普兰的吉兴村见到了阿底峡。像阿底峡这样的大师从印度到涉藏地区还是第一次，因此卫藏地区的格西、学者们亲笔写信，让仲敦巴一定要把阿底峡请到卫藏。阿底峡到卫藏后，除了他在枯尊追雍仲处住留的三个月外，始终由仲敦巴充当主要侍从，空闲时间他就向阿底峡请教佛法。阿底峡圆寂后，其遗体和遗书都留交给弟子们，仲敦巴带领阿底峡传授的一些弟子，携带阿底峡的遗体和本尊佛像到热振。于第一饶迥火鸡年（1057年）修建热振寺，并把阿底峡的遗体安放在一座银塔里。其后阿底峡的弟子们就由仲敦巴负责学佛和生活。虽然仲敦巴一生只受过居士戒，没有受比丘戒出家，是个居士，但持守戒律比僧人还严，最后于六十一岁在热振圆寂。

[342] 俄·列白西绕，他是阿里古格王选派到喀且学习佛教的二十七个青年中最博学的一个。他帮助大译师仁钦桑波翻译，被称为小译师。阿底峡到西藏后，他就成为阿底峡的弟子。通常称他为俄·勒巴喜饶，他于藏历第一饶迥木虎年，即1074年建桑浦寺。

[343] 库顿尊珠，11世纪人物，著有《广史》等历史影响较大，但已失传。

[344] 强秋卫，也译绛曲沃，他是阿里王额达拉德三个儿子中的老二，名叫扎西沃，以后出家，改名为绛曲沃。他根据叔父益希沃的遗嘱，迎请阿底峡到西藏，阿底峡在他的劝请下，写了《菩提道炬论》，关于他的事迹详见古格堪钦·阿旺扎巴著的《阿里政教史》。

[345] 廓尔喀，是泥婆罗的一个部落，位于首都加德满都西北。

[346] 达那结，地名，位于雅鲁藏布江北岸——今谢通门县一带。

[347] 青昂香达，地名，位于今山南琼结县境内。

[348] 亚堆，地名，位于今山南乃东区亚堆乡境内。

[349] 顿卡尔，地名，位于今山南琼结县境内。

[350] 恰萨，今山南泽当镇附近有恰萨拉康神殿，不知是否与此有关。

[351] 布巴坚，也称拉布巴坚，为位于雅砻的吐蕃赞普后裔。根据后期藏文史料的记载，他是沃松的后代：沃松之子为贝阔赞，贝阔赞之子为衮甲布 (ཡང་ན་སྐྱབས།)，衮甲布之子为日巴衮 (རིག་པ་དགོན།)，日巴衮之子为赤德衮 (ཁྲི་ཡེ་མགོན།)，赤德衮之子为德赞衮 (ཁྲི་བཙན་མགོན།)，德赞衮之子为云达衮 (ཡོན་པ་དགའ་མགོན།)，云达衮之子为赤脱 (ཁྲི་ཐོག)，赤托有子伦布 (སྐྱུར་པོ།)，伦布有子赤达 (ཁྲི་ཐོ།)，赤达有子索那毗罗 (སོ་ན་བཇོ།)。此人来到雅堆（今乃东区雅堆）后，称布巴坚。参见：芒噶蓝.雅桑宗派源流明鉴（藏文）[M].收录于《藏族史记集成》(31—60 函)，西宁：青海民族出版社，2011.

[352] 协敖，也称"二五长"，原西藏军队中统率二十五名兵员的军官。

[353] 擦拉那·益西坚赞，曾住于桑耶一带，是那里的地方王。此人曾联合后藏一小王以施主身份资助"卫藏十人"到青海一带去学习，是藏传佛教后弘期历史上的一个重要人物。"卫藏十人"学成返回卫藏地区后，四处建寺弘法，收徒讲学，为佛教在西藏的复兴作出了重大贡献，史称"下路弘传"。

[354] 恰玉瓦，意为"恰玉地方的人"，今山南隆子县境内有叫恰玉的地名。

[355] 丹斗寺，位于青海化隆县境内，约建于 10 世纪，是藏传佛教后弘期初的重要寺院之一。

[356] 此处，原文有遗漏的文字以 220 数字代替。

[357] 坚贡，后藏夏鲁寺所在山沟名。

[358] 罗顿·多吉旺秋，11 世纪人，生于后藏，为藏传佛教后弘期之喇钦·贡巴饶塞的十大弟子之一，曾在后藏夏鲁寺学经，并修建了坚贡寺。

[359] 鲁梅，本名次成西绕，11 世纪人，生于今拉萨达则县德钦乡境内的拉瓦朗地方，藏传佛教后弘期著名大师，1009 年修建了金神殿。曾前往多麦地区学法，回到乌斯藏以后收徒传法，有不少知名弟子。

[360] 扎益吉茹，应是指今山南扎囊县境内的吉鲁一带。

[361] 弥底，又译弥底、念智称，是一位印度佛学家。藏传佛教后弘期初，由泥婆罗译师请至吐蕃传法。又称班智达弥底（弥底扎涅那基第），印度著名的班智达，于十世纪末来到西藏，他的译师在途中患胃病死去，由于他不懂藏语，因此就在后藏达那地方一户人家放羊，以后他的弟子坚译师索南坚赞出黄金把他赎出，并邀请到多康丹玛地区，仲敦巴等几个弟子向他学习印度的声明学，流传至今的《语言的工具》，据说是他在当时著的。

[362] 仁青桑波（958—1055），大译师仁钦桑波，西藏历史上十分著名的一位大译师。他自幼聪慧，被阿里王派往克什米尔学习，拜许多精通五明的学者为师，学习声明、因明、医方明等。返回西藏后，在古格王天喇嘛益希沃的资助下翻译了许多显、密经典。他的弟子中精通医学的有九人，使藏族的医学进入新的发展时期。他从印度文翻译成藏文的经典一直被西藏的大学者们奉为楷模。他九十八岁时去世。

[363] 阿底峡，于 982 年至藏历第一饶迥木马年（1054 年）在西藏新创噶当教派的大学者。出生在东印度帕哈喀拉（现在叫孟加拉国），父亲是和堪钦希哇措（静命）同家族的挚霍尔国王格哇贝，母亲叫贝莫沃色。他排行老二，五岁时就会诵经，能够流利地背诵内容广泛的伽陀（颂），十岁时学习各种法术，以后十年中又学习外道和佛教的声明学和因明学。到二十岁时，父亲希望他继承王位，并从王族闺秀中挑选了很多美女，

准备为其成婚，但他坚决不允。他二十九岁时，在印度金刚座的玛哈菩提寺出家，又重新深入地研习了声明学的八大经典，内外两教的因明学、医方学、星象学，佛教的法相学和显密经典等。获得了"大班智达"的学位，拜色林巴等三十四人为师。他不仅是印度著名的大学者，而且品德高尚，因此阿里古格王天喇嘛益希沃派译师嘉尊追森格献上大量黄金，邀请他到西藏，未能成功。天喇嘛没有灰心，到处搜寻黄金，结果被信奉外道的边地国王抓住，投入监牢，在火烧命门等酷刑下死去，根据天喇嘛益希沃的遗言，他的侄子绎曲沃又派那曹译师楚臣杰波邀请阿底峡，印度国王和支噶玛拉西拉寺的堪布、僧人同意让他去西藏三年。尊者于五十九岁的藏历第一饶迥铁龙年（1040年）经泥婆罗到达阿里，写作《菩提道炬论》，住了三年，此后，在藏历第一饶迥水马年（1042年），尊者准备返回印度时，泥婆罗边界上发生战乱，因而延误了时间，此时仲敦巴赶来，请求阿底峡到卫藏弘法，得到了尊者允许，最初到桑耶、雅砻，住了几个月，以后又由仲敦巴迎请到聂塘住了九年，此后又在盆波、叶尔巴、拉萨等地住了五年，共计在藏十七年，翻译和讲授许多佛经。阿底峡在西藏期间收了库敦尊追雍仲、俄译师列贝西饶、仲敦巴、桂译师枯巴拉哉等很多贤慧弟子。尊者享年七十三岁，木马年九月十日在聂塘圆寂。遗体安放在聂塘的那莫且地方，在聂塘俄尔尊者灵塔处建了佛殿。

[364] 纳措译师（1011—?），本名次成杰瓦，吐蕃著名译师，曾受命前往天竺迎请阿底峡大师。

[365] 绒巴曲桑，吐蕃著名译师，与宁玛派祖师三素尔之大素尔系同一时代的人物。据记载，他曾师从天竺班智达查拉仁瓦学经，学识渊博，精通量论、吠陀等。他翻译了多部密法经典，并著有《语言门论》等。

[366] 托噶尔，即吐火罗，是最初在塔里木盆地讲吐火罗语的游牧民族，原始印欧人中地处最东的一支民族。

[367] 勃律，古西域小国，又分大小勃律，喀且北境印度河流域(发源于青藏高原地区的冈底斯山脉) 的印度中世纪国名。在中国历史文献中，从东晋智猛的《游行外国传》、北魏宋云的《宋云行记》和惠生的《行记》到唐代著述，先后有波伦、钵卢勒、钵露勒、钵露罗、钵罗、勃律等不同译名。藏文文献中作"珠夏"。在吐蕃兴起之前，勃律以巴勒提斯坦为根据地，该地联结吐蕃、印度和唐西城地区，故当吐蕃在 7 世纪向中亚推进时成为吐蕃首先侵袭的对象。勃律王被迫迁往西北方的娑夷水（今克什米尔吉尔吉特河）流域，遂分为大、小勃律。在原巴勒提斯坦者称大勃律；西迁者称小勃律，地在今克什米尔的吉尔吉特和肥沃的雅辛谷地。大勃律位于小勃律的东南，相距三百里。

[368] 大食，本在波斯之西。大业中，有波斯胡……纠合亡命。渡恒曷水，劫夺商旅，其众渐盛，遂割据波斯西境，自立为王……其王姓大食氏，名嗷密莫末腻，自云有国已三十四年，历三主矣。其国男儿色黑多须，鼻大而长……妇人白皙，行必障面。文字旁行。日五拜天神，不饮酒乐。有礼堂，容数百人。其俗勇于战斗。土多沙石，不堪耕种，唯食驼马，不食豕肉。西邻大海，常遣人乘船，将衣粮入海，经八年而未极西岸。海中有一方石，上有树干，赤干叶青，树上总生小儿，长六寸，见人皆笑，动其手脚，既着树枝，若使摘取一枝，小儿便死。永徽二年八月，大食遣朝贡。至龙朔中，击破波斯，又破拂菻，始有面米之属。又南侵婆罗门，吞诸国，并胜兵四十余万。开元初，遣使来朝，进良马宝钿带。其使谒见，平立不拜，云本国惟拜天神，虽见王亦不拜。所司屡诘责之，其使遂依汉法致拜。其时康国石国皆臣属。十三年，遣使苏梨满等十三人献方物，授果毅，赐绯袍银带，遣还。其境东西万里，东与突骑施相接焉。又案贾耽《四夷述》云，隋开皇中，大食族中有孤列种代为酋长。孤列种中又有两姓，一号盆尼奚深，一号盘泥末换。其奚深后有摩诃末者，勇健多智，众立之为王，东西征伐，开地三千里。兼

克夏腊，一名钱城。摩诃末后十四代，至末换。末换杀其兄伊疾而自立，复残忍，其下怨之。有呼罗珊木粗人并波悉林举义兵，应者悉令着黑衣，旬月间，众盛数万，鼓行而西，生擒末换，杀之，遂求得奚深种阿蒲罗拔立之。末换以前，种人谓之白衣大食，自阿蒲罗拔以后，改为黑衣大食。阿蒲罗拔卒，立其弟阿蒲恭拂。至德初遣使朝贡，代宗时为元帅，亦用其国兵以收两都。宝应初，其使又至。恭拂卒，子迷地立。迷地卒，子牟栖立。牟栖卒，弟诃论立。贞元二年，与吐蕃为劲敌。蕃兵大半西御大食，故鲜为边患，其力不足也。至十四年丁卯九月，以黑衣大食使含嵯、焉鸡、沙北三人并为中郎将，放还蕃。

[369] 扎迥巴，(དགྲ་བཅོམ་པ།) 阿罗汉，断除烦恼证得声闻果位的圣者。

[370] 塘钦，也叫作塘波切，意思是"大坝子"。该神殿位于今西藏山南穷结县境内，是由藏传佛教后弘期初由喇钦·贡巴热塞十大弟子之一珠弥·次陈迥乃于1017年所建。此处，元代设有一万户，是当时西藏十三万户之一。

结　语

　　第三个部分，即后序之内容，说："过去的没有资料的内容，在此不予介绍。"这一句的意思是：在佛语中没有的内容，在此也不随意论述。我并非精通语法，为了使自己不再遗忘，也为了有益于后人，故写下了此书。

　　若有所错漏，请上师、本尊、飞天、护法等见谅。

　　望贤者见了以后不再嘲笑，不说嫉妒或轻蔑之言。

　　介绍在吐蕃传播佛法的情况，详细记载王统历史的著作，由弟吴贤者所著之详述《教法史》的内容，在此结束。善哉! 善哉! 望校对无误。

附录

1.藏文版出版说明

这部《弟吴宗教源流》的原文是一部古藏文写本。原文中有不少藏文缩写，有些地方还用数字代替文字。特别是原文抄写者文化水平较低，抄写潦草，在术语、语法等各方面都有特别多的错误，也有许多文字、内容缺漏的现象。因此，在过去几年中，我们向区内外有关单位、人员打探，希望能够找到另外的版本。尽管我们为此付出了各种努力，但最终也没有找到其他版本。不仅如此，对这一古籍而言，在区内外见闻其基本情况者也是寥寥无几。我们认为若继续耽搁出版发行时间，会影响藏学研究工作者和广大读者，无任何实际意义。因此，决定立马公开出版。

但是，出版发行这样一部古籍文献，我们遇到了前所未有的困难。一般来说，出版古籍文献时，保留古籍原貌，对原文中出现的错误在括号内进行订正或注释，这是最好的编校办法。但这部藏文古籍，校对后平均每页多出了四十多个字符，且原文页数将增加六分之一之多。如果按照上述方法出版，不仅读者阅读不便，而且大量的字符影响了页面美观。另外，一些人认为不管原文有多少错误，要保持古籍原貌，不能遗漏任何信息，这样才能体现古籍的史料价值。如果采用保留古籍原貌的方法，从古籍出版者来讲，可以缩减百分之九十的编辑工作，工作负担小且轻松。但像《弟吴宗教源流》这样在重要内容方面别字过多的古籍，我们认为以保持原貌的形式公开出版有些不妥。一是出版推广一部名词术语、文法等各个方面都有严重错误的古籍文献，将会种下以讹传讹的种子，使藏文之根本文法荒废，造成不良的学术后果；二是若古籍当中错误过多的话，除了具有丰富的古籍知识的老学者以外，多数青少年无法读懂、理解其具体内容，失去阅读兴趣，难以体现古籍文献的重要性；三是如果都采取保持原貌的形式，往后在藏文古籍出版界，会出现避难从易的恶习，出版编辑工作者们逐渐变得没有了责任心，最终只会抄写原文。处于以上三点的考虑，我们此次出版以前贤木刻版校对者们为榜样，结合近现代出版工作者们的先进经验，根据我社的工作精神要求，以内容上不对原文进行一丝改动为宗旨；分解缩写字；宗教术语中的梵文字尽量转写为藏文；对需要保留梵文的字，进行校对；以数替字的部分，把原文中的数字代号转写为藏文字；可能为抄写错误的字句，能够认出的进行改正，遗漏部分进行补充；不能理解的部分，除了保留原文外，在〈〉括号内写上参考字等；错误明显的字，向专家请教，补充部分写于〔〕括号内；对于我们无法理解的部分，使用※符号进行加注，并且为方便以后进行比对保留了原文内容；原文中用小字注释的部分写在（）里；经典引用文，若有明显的遗漏，就根据《底吾史记》进行补充。总之，我们尽了最大的努力，为读者提供了方便。但是，因我们编辑水平有限，定有不少错漏之处，希望广大读者批评指正，以便我们下一步进行补充完善。我们的原文是由拉萨市政协文史资料编委会无私提供的，在此表示感谢。

恰白·次旦平措诺章·乌坚

1987年3月20日

附
录

2.藏文版前言

一

这部宗教史籍的原文，在其标题和后记当中有《贤者弟吴所著印、藏宗教源流详本》外，在正文当中几乎没有提到有关作者和著作时间方面的任何信息。因此，只能从"弟吴"这一姓氏上找线索，除此之外别无他法。从姓氏上看，这个姓氏似乎出现于吐蕃早期。我等编辑者甚孤陋寡闻，近四、五年来请教了许多在世的老一辈专家学者，但也未能有满意的答复。查阅了所有能够见到的藏文历史文献，其中《青史》在记述希觉派中期支派之索派时记载："……又有索氏传授给了夏弥，此人传授给了格西弟吴，他传给了杰瓦衮觉布，他传给了若氏。"（P1025-1033）若是作者为这里所说的格西弟吴，那么，索琼巴·格顿巴尔乃是帕当巴桑杰之亲传弟子，此人生于藏历第一饶炯之水虎年，即1062年，逝世于藏历第二饶炯之土猴年，即1128年。他的弟子夏弥·门朗巴也是生于藏历第一饶炯之木牛年即1085年，逝世藏历第三饶炯铁兔年即1171年。据此，这里所说的格西弟吴是12世纪的人物，这部《弟吴宗教源流》的著成已有约八百年。除此之外，别说是有详细记载弟吴贤者生卒年代、历史功绩的传记，就连与他的历史功绩有关的有参考价值的文献都至今未能见到。有关他的另外一个资料是，在原文P102处记述吐蕃历史时的礼赞文的注释部分，有"……若说有何人顶礼？就有前辈贤者格西觉蚌，现在贤者觉朗，后人当中闻、说此（《宗教源流》）者等。"据此，该《宗教源流》的原作者为格西觉蚌，后有一叫觉朗的人收尾。因此，我们也查阅了有关贤者觉蚌和觉朗的相关资料。关于觉蚌这个人，《青史》（P180-182）第三段记述前译密法时，记载有关达顿觉益的情况如下："有先祖达苯旺扎者，具备佛法和知识二者之子具有三财权，管理腰茹地方之上部。他有八个儿子和两个女儿。八个儿子中最小为达顿觉蚌，其子为觉益。觉蚌年幼时，在塞吉仲布隆地方，从喇嘛达·强秋森巴处，学习博多哇之噶当派教法。回到家乡后，舍弃自家庞大的仆人、田产等，带着四个仆人来到了拉杰·林那蔡巴之弟子奴·曲沃日巴处，主仆五人都入寺学法。听闻许多宁玛派教法后，成为精通《大圆满法》经典、口诀的学者。又在喇嘛帕木竹巴处学习《道果法》及《大手印法》所有口诀。另外，在乌茹之上部地方，从喇嘛擦顿处学习了三部岗派之《大手印法》。在桑日地方，从卓热学习罗若日琼巴的法脉。从朗顿贡布学习《摧破金刚法》和《橛法》。从玛顿江处学习《胜乐法》，获得一百零八胜乐灌顶。尽管四处拜师学法，但把奴·曲沃日巴和帕木竹巴认作根本上师。学成后在曲沃日山修行。收徒众多，度众业广。他的儿子为达顿觉益和沃巴觉索。在觉益十二岁，觉索七岁时，父觉蚌为五十一岁，于马年幻化13日逝世。"关于觉蚌的确切生卒年代，根据《青史》（P186）的记载，觉蚌之子达顿觉益生于藏历第三饶炯之水羊年，即1163年，因此，他十二岁时即其父逝世的马年，应该是藏历木马年即1175年。此时，觉蚌为五十一岁，说明他生于藏历第二饶炯的水兔年即1123年。同时，从上述史料可以看出，觉蚌生于著名的帕木竹巴·多吉杰布大师十三岁时，死于帕竹逝世后的第五年。因此，觉蚌一生以帕木竹巴为根本上师的说法是符合历史史实的。觉蚌与上述格西弟吴为同一个时代的人物，因此，贤者弟吴和贤者觉蚌有可能是同一人。觉蚌之父名为达苯，他和他的儿子名前有"达顿"（意思是"达氏上师"），因此，有可能"达"为地方名或家族名，而"弟吴"为姓氏。贤者觉蚌早年成家后有两个儿子，后来出家而得名贤者觉蚌。贤者弟吴在有些文献中被称之为"格西弟吴"，不仅如此，另有叫第乌觉塞的人著有《大教法史·胜利宝幢》，它与弟吴贤者所著《印、藏宗教源流详本》的作者之间具有父子关系，为同一个家族的人。关于这一点，可从觉塞（意为"觉之子"）这个名字看得出来。不仅《青史》指出达顿觉蚌与其子觉益之间的父子关系，而且觉塞所著教法史的内容基本与贤者弟吴的教法史相同。与此同时，"达顿"

和"德顿"这样的名字也同样出现于著作当中等各个方面来看，上述两个教法史具有许多共同点，可以认作是同一个著作的不同版本。因这部宗教史籍是一部重要的史料，故上述内容只能作为学者将来进一步考证的参考资料。

关于上述"现在贤者觉朗"的问题，《青史》(P400) 桑普寺寺主传承一节中有"大师觉朗任十五年"一句。根据《红史》(P67) 的记载，俄·洛旦西绕于藏历第二饶炯土牛年即1109年逝世之后的十代历任住持时期，约经过了一百一十年。之后，"有藏巴觉朗成为贞氏之弟子，贞氏担任桑普寺住持。此时，在尼乌托（桑普寺）地方有色巴顿珠任住持，二人共同担任住持一职，宣法十五年。"据此，觉朗死于约1230年左右。

根据上述资料，《弟吴宗教源流》首先由贤者弟吴始著于12世纪中叶，之后在13世纪上半叶由贤者觉朗对其进行完善、注释，在同一个时代里又有另一个贤者对其做过补充。这一点从原文标题、后记及礼赞文注释部分对"贤者格西觉蚌""现在贤者觉朗"二人都使用敬语的情况可见一斑。以上是我们根据目前所掌握的资料，为广大的读者所提供的线索和参考资料。有不妥之处，望广大读者批评指正。

二

这部古籍文献不仅是所有藏文史料当中成书年代较早的作品之一，而且总体上正文内容都有可靠的出处，对引用文进行了有序的注释。对印度佛法源流、佛法经典在吐蕃的翻译前后顺序、内容，经典、续部、佛语、注释等分类，有详细的记载。对内容的表达方面，语言言简意赅。对于佛教研究而言，是首先打开经、续分类之门的钥匙。对于吐蕃历史研究，介绍了吐蕃本土的最早史料即《瑜伽神离册》《桑玛缺尾册》《德玛九层册》《森波蓝首册》《秘密手印册》及藏传佛教后弘期早期即公元11世纪中叶由库顿·尊追雍仲所著《广史》等，并以此为根据，为我们提供了吐蕃历史问题上，其他史料中无法见到的珍贵资料。如关于聂赤赞普的来源问题，有几种不同的说法都一一作了介绍，没有混乱；松赞干布以后吐蕃王朝的社会结构、制度、军队、法令等情况；吐蕃时期吐蕃人的礼仪习俗；阿达白阔赞和衮举二人时期的庶民起义，比其他史料更为详细。另外，吐蕃时期修建108座神殿的情况，在何地何人所建等。同时，苯教的世界观、神系、吐蕃世间神系渊源，各种说法，等等。目前国内外，吐蕃历史研究的重要史料《贤者喜宴》所记载的松赞干布时期创立的社会结构、制度、法令，赤松德赞时期，法令告身，朗达玛赞普之后的庶民起义，等方面的历史，都源自这部古籍文献，这一点可从两种史料的比较中看出来。如《贤者喜宴》(木刻版P155) 中引用时，在库顿之《广史》段，有《德顿宗教源流》的说明。另外，处于当时社会的需要，没有完全引用，又在一些方面，两部《宗教源流》之间也有不同参考资料。特别是，由于各种历史原因，这部古籍文献，目前别说是刊刻出版，写本蓝本也是自古少之又少，似乎目前我们所借阅到的这部原文写本是唯一的蓝本，总之，这个历史文献，目前藏学研究工作者，对本民族历史有兴趣的人，藏族知识分子，等等，看到他们特别需要，我们努力使这个历史文献编辑出版，说明。

恰白·次旦平措

1987年3月20日

附
录

389

主要参考文献

专著：

[1] 王尧，陈践.敦煌本吐蕃历史文书（修订本)[M] .北京：民族出版社，1992.

[2] 蔡巴·贡噶多吉.红史 [M] .东噶·洛桑赤列校注，陈庆英，周润年译.拉萨：西藏人民出版社，2002.

[3] 钦则旺布.卫藏道场胜迹志 [M] .刘立千译注，北京：民族出版社，2000.

[4] 弟吴贤者.弟吴宗教源流 [M] .许德存译，拉萨：西藏人民出版社，2013.

[5] 底吾·璆赛.底吾史记 （藏文)[M] .拉萨：西藏人民出版社，1987.

[6] 拔赛囊.拔协 （藏文)[M] .北京：民族出版社，1980.

[7] 释迦仁青岱.雅砻觉沃教法史 （藏文)[M] .成都：四川民族出版社，1988.

[8] 欧坚林巴.五部遗教 （藏文)[M] .北京：民族出版社，1986.

[9] 韦·赛囊.《韦协》译注 [M] .巴擦·巴桑旺堆译，拉萨：西藏人民出版社，2012.

[10] 巴桑旺堆.吐蕃碑文与摩崖石刻考证 [M] .拉萨：西藏人民出版社，2013.

[11] 陈庆英，高淑芬.西藏通史 [M] .郑州：中州古籍出版社，2003.

[12] 东噶·洛桑赤列.东噶藏学大辞典 （藏文)[M] .北京：中国藏学出版社，2002.

[13] 娘·尼玛沃色.娘氏宗教源流 （藏文)[M] .拉萨：西藏藏文古籍出版社，1988.

[14] 张怡荪.藏汉大辞典 [M] .北京：民族出版社，1985.

[15] 王尧，陈庆英.西藏历史文化辞典 [M] .浙江：浙江人民出版社，1998.

[16] 土观·洛桑却吉尼玛.土观宗教源流 [M] .刘立千译，拉萨：西藏人民出版社，1985.

[17] 顿多，旦增曲扎.雪域历史人物简介 （藏文)[M] .拉萨：西藏人民出版社，1993.

[18] 编写组.藏汉逻辑学词典 （藏文)[M] .成都：四川民族出版社，1987.

[19] 王沂暖.佛学词典 （藏文)[M] .西宁：青海民族出版社，1992.

[20] 朗杰次仁.梵藏汉对照词典 [M] .北京：民族出版社，1991.

[21] 贡布旺杰.藏文缩略语词典 （藏文)[M] .成都：四川民族出版社，1988.

[22] 编写组.藏汉佛学词典 （上、中、下)[M] .成都：四川民族出版社，1993.

[23] 编写组.藏族简史 [M] .拉萨：西藏人民出版社，1985.

[24] 扎雅·洛丹西绕.西藏宗教艺术 [M] .谢继胜译，拉萨：西藏人民出版社，1989.

[25] 晋美旺布.四宗概述浅释 （藏文)[M] .庆绕旺久注释，北京：民族

出版社，1996.

[26] 白玛却批.释迦牟尼本生传（藏文)[M].成都：四川民族出版社，1991.

[27] 堪珠·贡觉丹增.宁玛派源流 [M].克珠群佩译，北京：宗教文化出版社，2008.

[28] 赤列多吉，朗如·罗布次仁.藏传佛教名僧档案（藏文)[M].拉萨：西藏人民出版社，2016.

[29] 古格·次仁加布.阿里文明史（藏文)[M].拉萨：西藏人民出版社，2006.

[30] 古格班智达扎巴坚赞.太阳王系与月亮王系（藏文)[M].拉萨：西藏人民出版社，2014.

[31] 古格堪钦阿旺扎巴.阿里政教史（藏文)[M].拉萨：色祖古籍抢救室，2014.

[32] 项智多杰.拉喇嘛益西沃传及注释（藏文)[M].拉萨：西藏人民出版社，2013.

[33] 王尧，陈践.敦煌本吐蕃历史文书（修订版)[M].北京：民族出版社，1992.

[34] 巴卧·祖拉陈瓦.贤者喜宴 [M].黄颢，周润年译注，西宁：青海人民出版社，2017：67.

[35] 乃东县地方志编委会.乃东县志 [M].北京：中国藏学出版社，2006.

[36] 索南坚赞.西藏王统记 [M].刘立千译注，拉萨：西藏人民出版社，1987.

[37] 司徒·确吉加措.司徒古迹志（藏文)[M].拉萨：西藏藏文古籍出版社，1999.

[38] 钦哲旺波.卫藏道场胜迹志 [M].刘立千译，北京：民族出版社，

2000.

[39] 协扎公·旺丘杰波.桑耶寺志 (藏文)[M] .拉萨：西藏藏文古籍出版社，2000.

[40] 巴沃祖拉陈瓦.贤者喜宴 (藏文)[M] .北京：民族出版社，1986.

[41] 阿贵.藏族古代历史论述 (藏文)[M] .拉萨：西藏人民出版社，2014.

[42] 达仓宗巴·班觉桑波.汉藏史集 [M] .陈庆英译，拉萨：西藏人民出版社，1986.

[43] 孙林.藏族史学发展史纲要 [M] .北京：中国藏学出版社，2006:214.

[44] 阿贵.吐蕃小邦时代历史研究 [M] .拉萨：西藏人民出版社，2015.

[45] [法] 戴密微.吐蕃僧净记 [M] .耿昇译，拉萨：西藏人民出版社，2001.

[46] 诺章吴坚.西藏割据史 (藏文)[M] .拉萨：西藏人民出版社，1991.

[47] 陈践.吐蕃碑刻钟铭选 (藏文)[M] .北京：民族出版社，1984.

[48] 列隆协巴多吉.雪域神祇录 (藏文)[M] .北京：民族出版社，2003.

[49] 根敦群培.白史 (藏文)[M] .北京：民族出版社，2002.

[50] 布顿仁钦珠.布顿佛教史 (藏文)[M] .北京：中国藏学出版社，1988.

[51] 阿底峡.柱间史 (藏文)[M] .兰州.甘肃民族出版社，1989.

[52] 索南扎巴.新红史 (藏文)[M] .拉萨：西藏人民出版社，1982.

[53] 端智嘉，陈庆英.新旧唐书吐蕃传 (藏文)[M] .西宁.青海人民出版社，1983.

[54] 大司徒·强秋坚赞.朗氏家族史（藏文)[M] .拉萨：西藏人民出版社，1986.

[55] 恰白·次旦平措，诺章乌坚等.西藏简明通史——松石宝串（藏文)[M] .拉萨：西藏藏文古籍出版社，1989.

[56] 觉囊·达热那塔.后藏志（藏文)[M] .拉萨：西藏人民出版社，1983.

[57] 达龙·阿旺曲杰.达龙教史 [M] .拉萨：西藏藏文古籍出版社，1992.

[58] 西藏史籍五部（藏文)[M] .拉萨：西藏藏文古籍出版社，1992.

[59] 蔡巴·贡嘎多吉.红史（藏文)[M] .北京：民族出版社，1981.

[60] 郭·循奴贝.青史（藏文)[M] .成都：四川民族出版社，1985.

[61] 佚名.拉达克史（藏文)[M] .拉萨：西藏人民出版社，1986.

[62] 土登平措.藏史纲要（藏文)[M] .成都：四川民出版社，1996.

[63] 章尊巴赛米.朵赛米经（藏文)[M] .西宁:青海民族出版社,1991.

[64] 巴旦杰桑布.苯教史：兴法明灯（藏文)[M] .北京：中国藏学出版社，1991.

[65] 江林巴若贝多吉.雍布拉康宫志（藏文)[M] .写本.

[66] 阿旺洛桑嘉措.西藏王臣记（藏文） [M] .北京:民族出版社,1957.

[67] 西藏测绘局等.西藏地名资料简编 [G] .拉萨：西藏测绘局，1956.

[68] 佚名.苯教神山志（藏文)[M] .写本.

[69] 直贡加贡切仓.敦煌吐蕃史料（藏文)[M] .德里：松赞图书馆，2010.

[70] 德康·索朗曲杰.卡尔梅·桑丹坚参选集——藏族历史、传说、宗教仪轨和信仰研究（藏文)[M] .北京：中国藏学出版社，2007.

[71] 王尧.吐蕃金石录 [M] .北京：文物出版社，1982.

[72] 恰嘎·旦正.藏文碑文研究(藏文)[M].拉萨:西藏人民出版社,2012.

[73] 列钦·贡嘎坚赞.噶当派教法史（藏文）[M] .拉萨：西藏人民出版社，2003.

[74] 达擦次旺杰.洛龙教法史（藏文）[M] .拉萨：西藏藏文古籍出版社，1994.

[75] 巴桑旺堆，罗布次仁.当许噶塘蚌巴奇塔本古苯教文书汇编（藏文)[M] .拉萨：西藏藏文古籍出版社，2007.

[76] 米玛次仁.《敦煌本吐蕃历史文书》西藏地名考（藏文)[M] .拉萨：西藏藏文古籍出版社，2005.

[78] 四世赞普·丹增赤列.世界光说（藏文）[M] .西宁：青海民族出版社，2009.

[79] 佚名.世界境域志 [M] .王治来译.上海：上海古籍出版社，2010.

[80] 后晋刘昫等，旧唐书·吐蕃（上)[M] .上海：中华书局，1975.

[81] 芒噶蓝.雅桑宗派源流明鉴（藏文)[M] .藏族史记集成（31—60函），西宁：青海民族出版社，2011.

[82] 阿底峡.柱间史——松赞干布的遗训 [M] .卢亚军译注，北京:中国藏学出版社，2010.

[83][宋] 王溥. 唐会要（卷九十九)[EB/OL].http://www.guoxue123.com/shibu/0401/01thy/index.htm

论文：

[1] 巴擦·巴桑旺堆.阿里新发现的古藏文历史文书评介 [J] .西藏研究（藏文），2012（4）.

[2] 琼达.托林寺收藏古藏文史籍"月族王统记"释读 [J] .中国藏学（藏文），2013（4）.

[3] 郝占鹏，徐淑娟，张崇清.略谈西藏宫堡——雍布拉康 [J] .工业

建筑，2007（37）．

[4] 塔尔查·穷达.翻译与解读《月族王统记》记载的阿里王系 [J] .西藏档案，2013（2）．

[5] 古格·次仁杰布.班智达扎巴坚赞之"太阳氏王统记"中所载有关阿里历史考述 [J] .西藏大学学报（藏文），2012（4）．

[6] 巴桑旺堆.藏族十大历史名著概述 [J] .西藏研究，1993（1）．

[7] 卡尔梅·桑木旦.《五史册》所披露的有关第一位藏王的历史传说 [J] .索朗曲杰等译，西藏研究，1999（2）．

[8] 阿贵.洛扎县吐蕃摩崖石刻中的历史人物及相关问题 [J] .中国藏学(藏文)，2014（2）．

[9] 阿贵.试论与藏文"旺增"一词相关的藏族古远历史传说 [J] .中国藏学（藏文），2004（1）．

[10] 阿贵，才华多丹.古碉文化及西藏建筑的历史文化问题——访著名藏族学者杨嘉铭先生 [J] .西藏大学学报（社会科学版），2011（4）．

[11] 白玛扎西.新发现古格王统史缝缀装文献价值概论 [J] .西藏大学学报（藏文），2013（3）．

[12] 阿贵.新发现藏文史籍《王统日月宝串》评述 [J] .西藏研究，2016（1）．

[13] 李勤璞.林冠群著"唐代吐蕃的杰深"介绍 [J] .中国藏学，2002（2）．

[14] 达瓦琼达.森波杰赤邦松王宫遗址及其相关历史问题 [J] .西藏研究(藏文版)，2012（4）．

[15] 巴桑旺堆.试解列山古墓葬群历史之谜 [J] .西藏研究，2006（3）．

[16] 阿贵.有关曲沃日山的几点历史探讨 [J] .西藏研究（藏文），2003（3）．

[17] 阿贵.敦煌本吐蕃历史文献小邦地名考 [J] .中国藏学（藏文）2009（1）.

[18] 阿贵."林芝"词源及尼洋河流域的古代吐蕃小邦考 [J] .西北民族大学学报，2012（5）.

[19] 阿贵.有关吐蕃第一个赞普的两份新史料 [J] .西藏研究（藏文），2013（4）.

[20] 阿贵.再论吐蕃小邦制的演变及外来影响 [J] .青藏高原论坛，2013（2）.

[21] 阿贵."米域吉亭"小邦及其相关历史问题考 [J] .西藏大学学报（藏文），2014（2）.

[22] 阿贵.吐蕃地名"苏浦"考 [J] .青海民族大学学报（藏文），2015（4）.

[23] 阿贵.藏文史籍《王统日月宝串》所载吐蕃小邦考 [J] .青藏高原论坛 2016（3）.

[24] 阿贵.敦煌古藏文文献 P.T.1288 古吐蕃历史地名"准"考 [J] .西藏大学学报（藏文）2018（1）.

[25] 阿贵.敦煌古藏文文献 P.T.1288 古吐蕃历史地名"斯孔"考 [J] .中国藏学（藏文），2018（1）.

[26] 阿贵.敦煌地名"扎夏热"考 [J] .青海社会科学（藏文），2018（4）.

[27] 何周德.西藏扎囊斯孔村墓葬群的调查与试掘 [J] .考古与文物，1995（2）.

[28] 普布多吉，其美次仁藏文史籍《亚桑宗派源流明鉴》解析 [J] .西藏大学学报（社会科学版），2018（4）.

[29] 达瓦次仁.古代悉立国方位考辨 [J] .西藏大学学报（社会科学版），2019（1）.

译后记

　　《弟吴宗教源流》是我2004年撰写硕士学位论文时的主要参考文献之一，因此，长久以来对此念念不忘，情有独钟，终生译注之念想。2009年，在成都攻读博士学位之时，曾通读原文并尝试翻译。2012年，我将此内容申报了国家社科基金项目，并于2015年顺利结项，获得了良好。正式的翻译工作始于2013年，用时一年有余。正如恰白·次旦平措和诺章·乌坚两位前辈所说："原文中有不少藏文缩写，有些地方还以数字代替文字。特别是原文抄写者文化水平较低，抄写潦草，在术语、语法等各方面都有特别多的错误，也有许多文字、内容缺漏的现象。"因此，实际翻译工作并不轻松。尽管做了很大的努力，坚持尊重原文、完整转换其学术价值的原则，逐字逐句进行翻译，以期达到较好的学术转换目的，但由于本人才疏学浅，水平有限，故译文或注释难免有误，敬请广大专家学者批评指正，以便使拙译日后更加完善，以利学界。

拙译的完成，要特别感谢西藏大学夏吾卡先博士，是他在我开始着手翻译时提供了《弟吴宗教源流》原文复印件，为此特向他致以谢忱！西藏大学亚达老师曾对此给予了很大关注，在百忙之中应我的请求，通阅初稿并提出了宝贵的修改意见；《西藏研究》编辑部刊发了本书吐蕃部分的内容；《青藏高原论坛》编辑部刊发了本书古印度部分的内容；我的学生拉毛东知为文中输入藏文等方面付出了努力；青海人民出版社为译本的出版做了大量工作，在此一并向为拙译付出辛勤劳动的人们表示衷心的感谢！

翻译过程中，译稿以原文写本为主，同时参考了《弟吴宗教源流》西藏人民出版社1987年第1版、2010年第2版，以及许德存2013年译本。章节设置，仍保留了藏文版出版时的基本做法，没有根据内容再做调整。

最后，多年来我得到了家人的大力支持。若没有他（她）们的支持，我也就不可能有效利用业余时间开展翻译工作。因此，特以此书献给我的家人。

阿贵（阿旺贡觉）

2019年4月6日于拉萨